趋势、创新与破局

基金投资法律实务精要

国枫研究院 编

中国法治出版社
CHINA LEGAL PUBLISHING HOUSE

  国枫律师事务所（简称"国枫"）创立于1994年。经过30余年的稳健发展，现已成为中国领先的具有高度专业化的大型综合性律师事务所。

  国枫专业特色突出，尤其在资本市场法律服务领域实力超群，业内有口皆碑；在争议解决、房地产和建设工程、跨境投资与并购、知识产权、银行与金融、破产重整、税务、合规、财富管理等专业领域，国枫亦凭借优秀的口碑和强大的专业实力居于业内领先梯队。

  国枫始终以客户需求为导向，致力于客户愿景的达成，并汇聚了一大批素质优良、兼具理想与热情、学术功底扎实、经验丰富并勇于实践的专业法律人才，精益求精地为客户提供全方位、多层次的法律解决方案。

  国枫研究院创立于2024年。作为依托于国枫的专业研究机构，其旨在通过法律实务与理论前沿的深入研究，行业趋势与政策导向的敏锐洞察，为业界提供针对性、适用性、务实性、创新性的法律见解与专业思考，并将始终秉承"专业、严谨、创新"的研究精神，以法律为志业，为法治添动力，不断推动法学研究与实务探索的深度融合。

编辑委员会

总　　编：张利国

主　　编：马　哲　刘　倩

编　　委：（按姓氏笔画排序）

王　岩　刘元涛　刘亚玮　李　铃　邹林林

张学达　胡　琪　施忞旻　梁振东　焦新哲

执行编辑：王婉卿　徐秋迪

序言

作为国内首批从事证券法律业务的律师事务所,国枫始终坚持在"高度专业化、有限多元化、适度规模化"的道路上稳中求进,是中国资本市场公认的行业领先者,现已成为中国领先的具有高度专业化的大型综合性律师事务所。

作为中国内地法律服务行业之发展的经历者、见证者、参与者,三十余年来国枫以突出的专业特色、强大的专业实力、丰富的专业经验,始终践行着"专业立身、勤勉精进"的初心;凭借对政策法规的深刻理解、扎实稳健的专业功底、丰富务实的实践经验,以及一系列富有开创性的服务案例,坚持为客户提供个性化、专业化的解决方案,让法律服务有"质感"、更有"温度"。

匠之为匠,精工在握。在瞬息万变的市场浪潮中,国枫始终秉承着"高度专业化"的发展理念以及"有限多元化"的业务模式,持续深耕资本市场法律服务及相关领域,并以客户需求为导向,不断引进和培育了争议解决、知识产权、房地产和建设工程、合规、税务等业务领域的成熟专业化的律师和团队,充分整合国枫优质的专业力量与资源,适度扩大专业领域规模,在一体化组织下积极促进多元业务领域和资本市场领域的联动,致力于为客户提供高度专业化、多维度、多层次的法律服务。

心之所系,质量为先。作为一家致力于为客户提供"一站式"法律服务的律师事务所,国枫始终倡导律师应深耕于各细分法律服务领域,以"开放、共享"的心态,构建支持性高、协作性强的工作环境;通过团队间的相互赋能、相互协作,共同推动事务所实现高质量发展。为搭建更加多元化、联通化的交流平台，有效促进国枫律师对法律业务及行业的深入研究，国枫研究院应运而生，覆盖五大业务专业组、三大行业委员会，致力于为客户提供高品质、全方位的专业法律服务。

博观而约取，厚积而薄发。国枫人坚守着霜叶如花的承诺、秉持着磨砺无悔的态度，在前行的路上坚持探索、积累。为分享实践经验、推动行业知识积累与专业提升，国枫证券资本市场、不动产与建设工程、合规、金融与投资等众多领域资深合伙人及专业律师，将执业以来的思考与感悟梳理提炼、编纂成册，为中国法律服务行业的建设添砖加瓦，唯愿国枫人在未来的征途中磨砺以须、倍道而进，薪火赓续、奋楫笃行；唯愿中国法律服务市场行稳致远、如日方升，风正帆悬、一往无前。

道阻且长，行则将至；行而不辍，未来可期。

是为序。

国枫律师事务所首席合伙人

目录

第一章　并购基金篇

第一节　并购基金综述　　002
第二节　并购基金架构搭建的平衡与合规　　009
第三节　受并购基金控制之公司 IPO 或并购退出之审核观察与思考　　020
第四节　并购基金参与上市公司私有化的路径、角色和作用　　033
第五节　并购基金在上市公司破产重整中的角色与作用　　049

第二章　私募基金篇

第一节　以案例视角解读募集阶段私募基金全流程运作中的争议焦点　　058
第二节　以案例视角解读投资管理阶段私募基金全流程运作中的争议焦点　　090
第三节　以案例视角解读退出阶段私募基金全流程运作中的争议焦点　　122

第四节	个人信息保护视角下私募基金募集的合规要点	161
第五节	《有限合伙企业国有权益登记暂行规定》下的国有出资私募基金该如何应对	172

第三章　S 基金篇

第一节	私募股权投资市场"流动性纾困"之 S 基金交易浅析	200
第二节	保险资金参与基金 S 交易法律合规要点解析	218
第三节	S 基金区域性份额转让平台的发展	234
第四节	S 基金交易之国有基金份额的转让	256

第四章　跨境投资篇

第一节	中资美元债的发行、监管及典型问题分析	276
第二节	ESG 视角下，中国企业出海的法律挑战与对策	290

第五章　投资专题篇

第一节	企业冲刺 IPO，投资人的考验与抉择	304
第二节	新《公司法》视角下投资人如何行使股东知情权控制项目风险	318
第三节	新《公司法》视野下投资方主张目标公司履行回购责任的实务探究	328
第四节	新《公司法》视野下债权人追究公司股东出资责任的探究	337

第五节	私募基金参与对赌的主要法律问题分析	345
第六节	投资并购的反垄断合规研究	364
第七节	当估值坐上过山车——降价融资的冲突与困境	384
第八节	新能源汽车充电桩项目投资法律问题解析	399
第九节	医疗美容行业的合规关注	416
第十节	顺势而为：网络游戏公司的合规要点	424

第一章

并购基金篇

第一节　并购基金综述

胡　琪　龚曼昀　付涵冰

一、并购基金的缘起、特征与概念

并购基金作为私募股权投资基金的重要类型，滥觞于20世纪中期的美国。20世纪60年代，伴随科技迅速发展，计算机、材料、航空航天等产业在美国兴起，钢铁、石化、通信等传统产业巨头对新兴产业的整合并购，带动了美国第三次并购浪潮的兴起，私募股权投资基金正是在此阶段进入并购市场的。20世纪70年代起，由于美国利率管制逐渐放松，并购贷款业务盛行，并购基金凭借着并购贷款以及发行垃圾债券，利用杠杆并购、敌意并购等模式，在美国第四次并购浪潮中大放异彩。进入20世纪90年代，受到整体经济环境影响，垃圾债券市场崩溃，并购基金的杠杆率大幅降低，使得并购基金开始更加重视长期投资，通过与管理层、其他股东协作帮助企业提升价值，从而实现更高的投资收益。相比于其他私募股权投资基金，并购基金通常具有以下特征：

1. 投资目标通常为具有一定规模、发展相对成熟，且现金流相对稳定的企业。一方面，并购基金不同于风险投资基金与其他私募股权投资基金，通过产融结合、实现超额收益是其运作的核心特征。投资于已经相对成熟、具有一定规模的企业，更有助于并购基金实现投资目标与保障投资安全。另一方面，并购基金通常采取杠杆收购模式或债务融资，为了完成融资和降低偿债压力，通常以目标企业的资产和未来现金流作为担保或偿债来源。

2. 投资目的通常为取得目标企业的控制权。并购基金不同于单纯的财务投资，其在投资后更希望通过自身的资源、管理优势，对目标企业赋能，提升目标企业的价值，实现投资收益的倍增。而为了实现对目标企业进行整合与运营，并购基金通常需要取得目标企业的控制权。

3. 投后管理与整合是并购基金的灵魂。并购基金在取得目标企业的控制权后，通常会采取整合资源、协同管理、资产重组等综合手段提升目标企业的经营效益与价值。例如，黑石基金收购塞拉尼斯公司后，通过改组管理层、精减机构和人员、出售低效与非主营资产、并购新业务等方式，帮助目标公司大幅提升效益并在纽约证券交易所上市，实现了高额的投资收益。

因此，我们认为并购基金通常是指以具备一定规模和发展相对成熟的企业为投资目标，以收购目标企业控制权为主要目的，通过整合资源、协同管理、资产重组等综合手段提升目标企业价值后，借助首次公开募股（Initial Public Offering，简称IPO）、并购退出、转售等方式完成退出实现投资收益的私募股权投资基金。不过，随着并购基金在中国土壤的生根发芽，伴随着中国市场的实际情况，也衍生出各具特色的并购基金，呈现出不同的特征与运作模式。

二、国内并购基金的发展历程

（一）阶段一：本土基金的启航

2003年，弘毅投资的成立被认为是中国本土并购基金的启航。弘毅投资于2003年12月间接收购并控制苏华达后，通过一系列的资本运作与重组整合，搭建中国玻璃作为上市主体并最终实现在我国香港联合交易所有限公司（以下简称香港联交所）成功上市。弘毅投资对中国玻璃的资本运作也成为本土并购基金的成名代表作。在同一时期成立的本土私募股权基金公司，还包括中信资本设立的海外并购基金、从中国国际金融有限公司分拆后成立的鼎晖投资等。

总体来说，在 2000 年至 2005 年期间，国内并购基金发展开始逐渐崭露头角，中国加入世界贸易组织（WTO），也为开展跨境并购与资本运作提供新的机遇，但同样也面临着市场与监管制度不成熟所带来的挑战。

（二）阶段二：国内并购基金监管框架成形

2006 年至 2009 年，据不完全统计，中国市场总计成立了 36 支并购基金[①]。伴随国内并购基金的加速发展，法律监管制度也趋于完善。2006 年 8 月，《中华人民共和国合伙企业法》[②]的出台，对私募股权基金产生了重大影响，有限合伙企业的形式使得私募股权基金能够更灵活地运作。2006 年 8 月，商务部等六部门联合发布的《关于外国投资者并购境内企业的规定》，界定了外国投资者并购境内企业的含义与范围，对并购审批程序进行了详细规定，并明确了外国投资者可以以股权的方式并购境内企业，深刻地影响了跨境并购的运作模式。2007 年 8 月发布的《反垄断法》，建立了对可能导致垄断的并购活动的审批和监管制度。此外，这一时期还出台了《企业破产法》《外汇管理条例》《外商投资产业指导目录》（已失效）。

上述法律、法规和规范性文件的出台与施行，为并购基金开展并购重组业务提供了更明晰的法律、政策指引，促使并购基金提升自身规范运作能力，规范了并购重组活动，避免了并购重组无序发展对市场公平竞争秩序、国内产业与外汇管理的损害。

[①] 徐宝胜、毛世辉、周欣：《并购基金实物运作与精要解析》，中国法制出版社 2018 年版，第 50 页。

[②] 本书中引用的《中华人民共和合伙企业法》统一简称为《合伙企业法》，全书其他法律法规采用同样的处理方式。

（三）阶段三：国内并购基金羽翼渐丰

进入 21 世纪的第二个十年，国内并购基金发展也进入了新阶段，展现出了新的特征。

结合中国市场的基金运作模式兴起。2011 年，长沙天堂大康基金的设立，拉开了"上市公司 +PE"类私募基金的序幕，该基金由私募机构硅谷天堂与上市公司大康牧业共同设立。与"上市公司 +PE"类私募基金模式近似的还有"嵌入式并购基金"，其特点在于，他们将基金机构的募资、投资专业优势与上市公司的产业优势相结合，围绕上市公司产业战略投资，背靠上市公司具有相对明确的退出渠道。虽然不少"上市公司 +PE"类私募基金、"嵌入式并购基金"主要的功能在于提供通道、夹层基金，与典型的并购基金的内涵存在差异，但是同样对繁荣并购交易市场有着重要意义。

中国企业并购重组又现高峰。受到二级市场的波动和 IPO 暂缓影响，中国企业并购重组 2013 年至 2015 年达到了又一高峰。2015 年的并购交易总量上升 37%，交易总金额上升 84% 达到 7,340 亿美元，并购交易的数量和金额均创下历史最高纪录。有 114 笔并购交易的单笔金额超过 10 亿美元，创下历史新高[1]。然而，尽管并购活动在短期内呈现出繁荣景象，但不少上市公司在并购完成的短暂高光时刻之后，便迅速陷入了商誉减值泥潭。这种"狂欢"之后的混乱局面，使得市场开始反思，并购重组不应仅仅被视为一种套利或市值管理的策略。真正的并购价值，在于能否实现业务的协同效应和有效的资源整合。

出海并购热潮涌现。2013 年起，中国企业出海并购热情高涨成为新态势，至 2016 年达到高峰，中资海外并购交易数量超过 700 宗[2]。在此时期，不仅仅是复星系、海航系等产业集团组建的并购基金在海外并购中大展身手，A 股上市公司也借助并购基金不断尝试海外并购，如韦尔股份收购美国豪威、

---

[1] 普华永道：《2015 年中国企业并购市场回顾与 2016 年展望》。
[2] 晨哨集团：《2022 中资海外并购年报》。

闻泰科技收购荷兰安世半导体、九阳股份收购 SharkNinja（尚科宁家）、继峰股份收购德国格拉默。此外，海外上市公司的私有化并购在这一阶段同样也表现抢眼，如巨人网络与奇虎 360 借助并购基金完成私有化并在 A 股借壳上市。

与此同时，监管制度也在进一步完善。对于境内基金的监管，国家发展和改革委员会等四部门于 2017 年 8 月发布了《关于进一步引导和规范境外投资方向的指导意见》，中国人民银行等四部门于 2018 年 4 月发布了《关于规范金融机构资产管理业务的指导意见》，对并购基金的境外投资方向、杠杆比例设置、债权融资比例、差额补足安排、增信机制设置等都提出了更严格的监管要求。对于境外基金的监管，《外商投资法》于 2020 年 1 月起正式实施，国家发改委于同年发布的《外商投资安全审查办法》也正式施行，在贯彻内外资一致的原则，保护外资在中国进行公平竞争环境的同时，正式建立了国家安全审查和监管制度，防范外资并购对国家安全产生风险。

（四）阶段四：国内并购基金的发展将进入新阶段

进入 21 世纪的第三个十年，受到席卷全球的公共卫生事件与紧张对峙的国际环境影响，国内并购基金的启程并不顺利。清科研究中心发布的数据显示，2021 年至 2023 年，中国股权投资基金市场募集资金金额分别为人民币 22,085.19 亿元、21,582.55 亿元、18,244.71 亿元，整体呈下降趋势，反映出一级市场的募集资金难题。根据同花顺 IFIND 数据，2023 年 A 股上市公司披露并购重组方案的交易 134 笔，交易金额约人民币 2,180 亿元，同比分别下滑 15.7%、55.65%，2023 年并购市场相对低迷。

尽管如此，多位并购基金领军人士均看好国内并购市场发展潜力。晨壹基金创始人刘晓丹认为中国并购市场已初显产业竞争、资本市场、公司治理这三大要求，并购市场将有望持续活跃[①]。

[①] 新浪财经：《刘晓丹：中国并购市场终破茧成蝶》，https://finance.sina.com.cn/stock/marketresearch/2023-03-21/doc-imymrhnx9845939.shtml?r=0，最后访问日期：2024 年 8 月 28 日。

此外，证监会在 2024 年初以来多次表态，支持上市公司实施并购重组提高自身质量，并落实了具体的政策与措施，包括发布定向可转债购买资产新规，提高对并购估值的包容性，放松对非大股东资产注入并购重组交易的对赌业绩承诺，研究对头部大市值公司重组实施"快速审核"，支持"两创"公司并购处于同行业或上下游、与主营业务具有协同效应的优质标的等。

在整体经济环境与资本市场新态势的催化下，在利好政策的支持和鼓励下，中国并购市场迎来了新的机遇，而并购基金凭借其产业思维和运作能力，也有望随之大展拳脚。

三、并购基金发展的展望

从市场表现来看，资本市场的周期波动形成了一级市场相对二级市场资金更加充裕的情形，加上前期科创板推出后激发的一级市场高估值潮等原因，导致二级市场估值倒挂，降低投资机构二级市场退出的效益，从而消解投资机构投资的热情。如何使估值理性回归，重新引发市场的并购热潮，尚待继续观察监管和政策的风向。经济下行带来市场整体估值涨幅放缓趋于理性，为投资者带来寻求优质低估值标的的机会。以医药板块为例，由于公共卫生环境事件、集采控费、诊疗秩序整顿等因素的影响，估值受到持续压制，此时正是并购基金本身赛道确认、质量优良的低估值标的投资的良好时机，低估值阶段或为投资人迎来新的机遇。

从监管动向来看，2023 年下半年以来，发行审核呈现明显放缓趋势，证监会作出阶段性收紧 IPO 节奏，促进投融资两端的动态平衡安排[①]，拟上市企业通过首次公开发行进行融资的难度增大，对于投资人而言，通过 IPO 证券

---

① 中国证券监督管理委员会：《证监会统筹一二级市场平衡优化 IPO、再融资监管安排》，http://www.csrc.gov.cn/csrc/c100028/c7428481/content.shtml，最后访问日期：2024 年 8 月 28 日。

化套利的空间受到挤压。与此同时，证监会对上市公司控股股东、实际控制人通过二级市场减持进一步限制[①]，在此背景下，上市公司控股股东、实际控制人、投资者也将寻求新的方式来实现退出。2023年下半年以来，中企并购市场宣布交易趋势整体上扬，并购活动较上半年明显活跃，2023年12月披露预案792笔并购交易，同比上涨10.61%[②]，2024年并购市场延续活跃态势值得期待。

从制度建设来看，中国并购市场发展至今，经过多层次、多结构、多角度的规则优化，已经为境内并购市场的生产发展打下了基础，但放眼将来并购基金在境内市场深度繁荣的需要，仍然存在制度优化的空间。例如，目前重大资产重组中设置的强制业绩补偿制度[③]，其出发点是为兼顾上市公司和中小股东保护，但在实践中却在一定程度上显露出对交易定价和企业整合的阻碍，且业绩承诺无法实现的情况也屡见不鲜。对于此等情形，能否借鉴境外市场的经验，采用盈利支付机制[④]，同时增加用以衡量的财务指标类型，以及非财务指标标准，探索更为多元和市场化的形式，让我们拭目以待。

---

① 中国证券监督管理委员会：《证监会进一步规范股份减持行为》，http://www.csrc.gov.cn/csrc/c100028/c7428483/content.shtml，最后访问日期：2024年8月28日。
② 投中研究院：《2023年中国并购市场统计分析报告》。
③ 《上市公司重大资产重组管理办法》第三十五条。
④ 盈利支付机制，即Earn-out，是或有支付的一种，其目的是解决买卖双方之间在对价值评估上有差异的前提下达成交易，将一部分可能的支付和出让资产与出让公司的交割后表现挂钩。

第二节　并购基金架构搭建的平衡与合规

陈　成　蔡守华

并购基金作为私募股权基金的一种，主要目的是通过收购目标企业的股份，获取目标企业的控制权，进而对目标企业的资产进行重组和整合，在企业上市后退出或者通过股权出售而获取收益。在并购市场发展的过程中，并购基金扮演着重要的角色，也是推动企业并购顺利开展的关键主体力量。并购基金不仅拓展了并购资金来源的渠道，弥补了市场融资的缺口，而且能有效发挥并购市场定价机制的作用，从而推动并购市场效率的提升和市场机制的健全。

并购基金的设立及投资过程中如何兼顾投资者与基金管理人利益的动态平衡及如何规避可能存在的反垄断监管的合规风险，应该是并购基金在架构搭建的过程中予以重点关注的事项，也是决定基金能否稳健、有效运行的关键。

一、并购基金架构演变中 LP 与 GP 的平衡

（一）LP 与 GP 在基金中扮演的角色

我国私募股权基金一般采用的形式包括公司型、合伙型、契约型三类，其中有限合伙制是最为常见的形式，在有限合伙制形式下，并购基金通常由两类主要参与者组成：有限合伙人（Limited Partners，LP）和普通合伙人

（General Partners，GP）。LP 是基金的投资者，提供资金给基金，而 GP 则是负责管理基金并进行投资决策的实体。随着并购基金行业的发展，GP 在基金管理和投资决策方面的权力逐渐增强。他们通常具有更多的投资经验和专业知识，因此在基金管理中扮演着核心角色。

市场上的 LP 的类型千差万别，通常包括政府引导基金、政府背景产业基金、上市公司等，不同 LP 的利益需求不同，对 GP 的决策及 GP 的强势程度也会产生一些影响。随着市场竞争的加剧和投资环境的变化，LP 对基金管理的透明度和合规性要求也越来越高，特别是上市公司和国资 LP 也逐渐出现介入乃至掌控并购基金管理的趋势。

一般上市公司参与并购基金的设立，意在通过产业基金投资一些价值被低估的企业，对被投资企业进行资源整合，以实现产业、架构的转型与升级的目标。而由于上市公司往往非专业投资机构，专注于投资的机会和经验相对缺乏，因此为规避风险并且提升投资研究的科学性和有效性，上市公司通常倾向于选择与专业投资机构合作设立并购基金，通过并购基金再投向目标企业。大多数上市公司在作为 LP 参与并购基金的过程中，关注点相较于回报率而言，更多落脚于产业协同效应的实现，也即通过投资目标企业获取更多参与市场及项目的机会和信息。

在另外一种国资作为主流 LP 的并购基金中，国资 LP 更为关注的重点在于，并购基金所投资的项目能否促进或刺激当地经济的发展，能否给地方经济的税收和就业带来重大利好导向。相比较于大多数 GP 热衷于实现投资回报的高收益率而言，国资 LP 更倾向于追求投资的低风险以及招商引资的效益最大化。私募基金管理人与国资 LP 及其他社会 LP 在投资阶段、风险偏好、投资周期、投资回报等方面的诉求存在天然的差异化。

不同类型 LP 之间以及 LP 与 GP 之间都有着不同的利益需求倾向，平衡好 GP 与 LP 的诉求是一件充满挑战的事，我国并购基金的架构在不同监管环境下的演变实际上也是 GP 与 LP 在不断地进行角力与平衡，并且通过双方不断地调整以适应市场监管和投资发展的趋势。

（二）并购基金的架构模式演变

1. 结构化并购基金模式

在 2014 年至 2015 年前后，一些并购基金的 GP 和上市公司合作，成立了结构化并购基金的模式。该种模式下，基金 GP 和部分 LP 赚取确定的收益，本身没有太大话语权，更像一个融资通道，对于标的选择、定价方面都没主动权；而上市公司劣后兜底保本，通过少量资金，撬动大量资金收购资产，适合快速扩张，在该类型基金里上市公司作为 LP 是并购基金的主导角色。

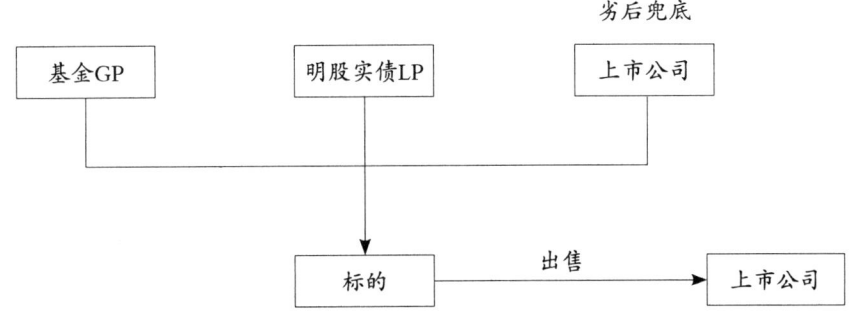

但 2018 年 4 月 27 日，《关于规范金融机构资产管理业务的指导意见》（以下简称资管新规）正式生效，对并购基金的结构搭建、资金筹措等方面均产生了巨大的影响，之前业界通用的很多运作模式无以为继，结构化并购基金模式亦在此列。尤其是资管新规第二十一条规定"分级资产管理产品不得直接或者间接对优先级份额认购者提供保本保收益安排"，故并购基金不得对优先级份额持有人承诺保本保收益，结构化并购基金模式违反现行监管要求，在资管新规实施后就销声匿迹了。

尽管结构化并购基金模式已经销声匿迹，依然值得我们思考这种模式在当时盛行的底层商业逻辑。一方面，GP 负责募资，GP 和保底 LP 可以获得保底收益；另一方面，上市公司参与并购基金可以获得杠杆，并提前锁定行业内的并购标的，在可预见的时间段内自主选择注入上市企业的时机。但上市公司在该种模式下实际承担了巨大风险，且后续也面临大额且持续的商誉减值，持续减少当期净利润，最后风险和损失转嫁给上市公司中小股东，自然是监管所不能接受的。

2.控股型或类控股型并购基金模式

此处控股是指取得上市公司控制权。与早期和上市公司合作，赚取固定收益的结构化并购基金不同，控股型或类控股型并购基金已初具欧美并购基金雏形，比较经典的如高特佳收购博雅生物。该种模式下，并购基金一方面取得上市公司实控权，另一方面提前收购标的资产，在规避借壳上市的期限后将标的资产装入上市公司来实现退出并获得收益。

该种模式下的并购基金不再充当上市公司的通道，结构也与现在的并购基金趋同，但为了确保交易的确定性，在并购基金背后往往会隐现原上市公司实控人或标的资产实控人。此外，由于该模式的并购基金往往需要兼顾利益多方，进而也衍生出双 GP 乃至三 GP 的架构。

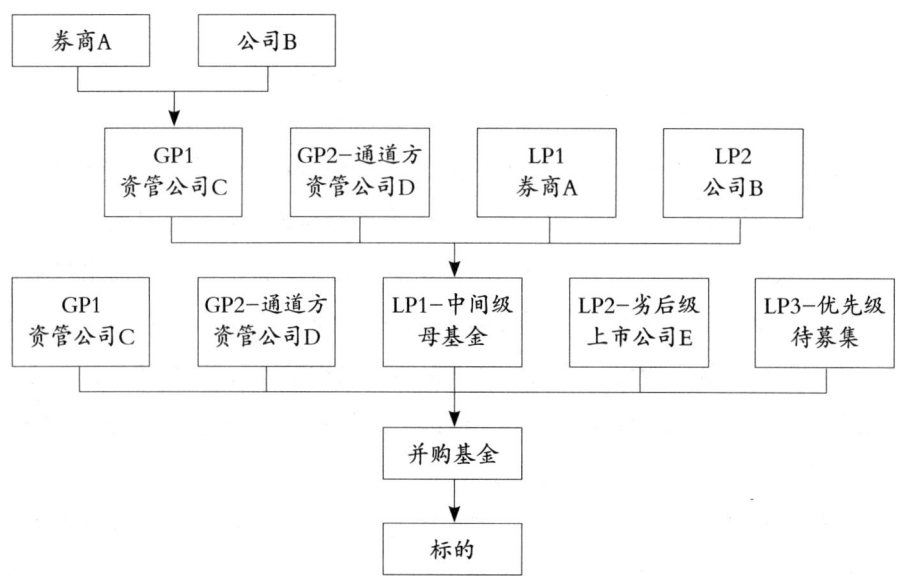

但该模式的并购基金，尽管不再甘心只做通道，但依然会带有一定的结构化属性。就高特佳的案例而言，2017 年 4 月，高特佳与博雅生物联合发起设立了产业并购基金前海优享，基金总认缴规模高达 38 亿元。在该基金中，平安证券出资额 15.75 亿元，出资比例达 41%，为第一大 LP。当时的公告并未披露前海优享是否存在结构化安排，直到本次平安证券申请的财产保全，才让前海优享的明股实债成分暴露在大家眼前。最终，博雅生物收到了证监会对该并购案的否决通知，随后，博雅生物宣布终止收购事项。①

3. 新形势下并购基金的分岔路

2017 年初，凯雷联手中信集团以 20.8 亿美元的价格拿下麦当劳中国 20 年经营权，才有了今天的"金拱门"。②据悉，凯雷以 18 亿美元的价格出掉了所持麦当劳中国业务的全部股份，从而获得了 6.7 倍的回报。这是 2014 年至 2015 年并购浪潮后比较著名的一起 Buyout 案例。这其实也是并购基金根据监管形势和商业需求新的尝试，也让大家进一步思考并购基金与一级股权投资基金的底层差别。一方面，并购交易的标的可能不全是高增长的企业，但需要有稳定的发展预期和自由现金流，大部分高增长但需要很高的资本开支或者市场费用投入、尚未盈利或者自由现金流为负数的企业，是不适合并购交易的；另一方面，对并购基金应当有比较合理的预期，因为并购交易是不太容易通过一、二级市场的估值差套利来实现超额回报的，但并购项目往往交易规模更大，LP 可以投放更多的资金，且通过并购基金的投后管理赋能，获得比二级市场股票投资更高的回报。因此，并购基金被认为能够穿越周期，但自然并购基金自带长期属性，这也反映在架构层面。

另外，国资最近几年在并购基金与私募股权投资基金占有越发重要的地位，这里面既有招商引资的考量，也有土地财政股权化的趋势。由于资管新规出台后，明股实债等夹层安排被禁止，为了保障国有资产的安全，越来越多国资或地方政府 LP 也希望能够参与到基金投决中，而不再做个纯粹的 LP。

---

① 深圳证券交易所：《关于签署价款返还〈协议〉暨终止发行股份、可转换公司债券购买资产的进展公告》，博雅生物（300294）。

② 《中信股份、中信资本、凯雷与麦当劳达成战略合作进一步发展麦当劳中国内地和香港业务》，http://citiccash.cn/service-product-list-details.php?dhid=4&id=41，最后访问日期：2024 年 8 月 28 日。

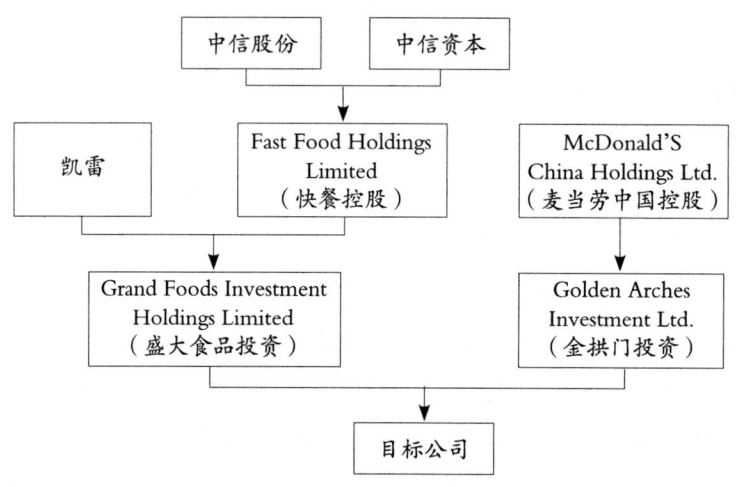

（三）并购基金的架构演变的影响

以上这些变化都对目前并购基金的架构搭建有着深远的影响，随着市场环境的变化，并购退出的意愿也在不断加强，投资人主动求变，通过更加多元的交易推动一级市场项目的协同发展。投资的同质化导致 IPO 退出赚钱效应削弱，一级市场的大规模投资很难完全通过 IPO 实现退出。

并购基金的架构随着市场环境和监管环境的变化在逐步调整，除了并购基金实务中通常关注的监管体系框架、基金常见架构、治理决策安排设计、收益分配机制、常见参与方及其特点、合规关注要点等主要法律问题，随着资方多元化，基金设立时经营者集中申报的相关监管问题也不容忽视。

二、并购基金成立时容易忽略的经营者集中申报

（一）经营者集中申报的判断标准

基金设立过程中，如果触及经营者集中申报监管的"红线"，而未及时进

行申报的，很可能会面临行政处罚的风险，尤其是上市公司参与的产业并购基金，更容易成为反垄断监管的重点。大多数投资者对经营者集中申报的认识存在误区，认为基金只有在投资、收购目标企业的时候，才可能关注是否需要进行经营者集中申报，而实际上在设立并购基金的过程中，也可能会触发经营者集中申报的义务。判断并购基金设立时是否达到经营者集中申报的要求，需要从以下两个维度进行判断：

（1）经营者集中的形成。根据《反垄断法》第二十五条的规定，所谓经营者集中分为三类：一是经营者合并；二是经营者通过取得股权或者资产的方式取得对其他经营者的控制权；三是经营者通过合同等方式取得对其他经营者的控制权或者能够对其他经营者施加决定性影响。反垄断法意义上的"控制权"与"决定性影响"与会计准则、公司法或证券法下对控制的认定不完全一致，持股比例是否超过50%和是否纳入财务报表范围并不是判断经营者是否对目标公司形成控制权的决定因素。实务中存在虽然股东持股比例远低于50%但依然被认定为取得控制权的情况。

（2）达到申报的营业额标准。2024年1月22日，国务院公布实施了新的申报标准规定，新的申报标准规定对经营者集中申报的标准进行了大幅的提高，经营者营业额标准达到以下任一标准的都需进行经营者集中申报：

① 参与集中申报的所有经营者上一会计年度在全球范围内的营业额合计超过人民币120亿元，并且其中至少两个经营者上一会计年度在中国境内的营业额均超过人民币8亿元；

② 参与集中申报的所有经营者上一会计年度在中国境内的营业额合计超过人民币40亿元，并且其中至少两个经营者上一会计年度在中国境内的营业额均超过人民币8亿元。

计算经营者营业额时，应当对经营者进行向上、向下的穿透，向上加总至最终控制人及该最终控制人控制的其他经营者的营业额，向下加总由经营者直接或间接控制的其他经营者（但前述主体之间发生的营业额不计入）。在并购基金的设立中，私募基金管理人作为参与集中的经营者，其实际控制人控制的其他基金被投目标企业的营业额，也是该私募基金管理人营业额的组成部分。

（二）可能引发经营者集中申报的基金架构模式

根据《关于经营者集中申报的指导意见》（以下简称《申报指导意见》）第四条规定，对于新设合营企业，如果至少有两个经营者共同控制该合营企业，则构成经营者集中；如果仅有一个经营者单独控制该合营企业，其他的经营者没有控制权，则不构成经营者集中。常规的并购基金的设立如果采用普通的单 GP 模式，基金管理人作为 GP，负责基金的管理与对外投资决策，LP 不参与基金管理。这种结构模式下，仅 GP 一方对基金形成了控制权，一般不会被认定为构成经营者集中。但若 LP 投资人为了确保其参与投资的基金能更好地满足其目标需求，会在基金设立之初，与基金管理人就基金的架构作出一些特殊安排，这类特殊安排将导致基金可能至少被两个合伙人共同控制，该架构下的基金也可能会构成新设合营企业型经营者集中。

1. 双 GP 模式

该模式中的投资人意在寻求作为 GP 参与基金的投资决策的机会，与此同时，他们也期待能有更专业的投资机构来承担投资管理的职能，因此会出现投资人指定主体与基金管理人共同担任 GP，投资人作为 LP 之一的基金架构模式，在双 GP 模式中，若双方通过条款的设置均实现了对基金运营管理能产生决定性影响的目标，则该基金已经构成了经营者集中，若参与集中的各方营业额达到申报标准的，则申报义务人需向主管部门进行经营者集中申报。

2. 合资 GP 模式

合资 GP 模式下，投资人指定主体与私募基金管理人共同设立 GP 主体，并进行基金的发起与设立，并由新设 GP 负责基金的日常运营管理与投资决策事项。在该模式中，投资人与基金管理人通常在新设 GP 层面通过协议对投资项目决策、合伙事务决策、收益分配等事项进行详细的安排，若在条款约定中，双方均可对基金投资决策施加决定性影响的，也存在触发经营者集中申报义务的可能。且该种模式下存在新设 GP 和新设基金两个层面均需履行申报义务的可能，若新设基金在后续投资中继续触发经营者集中申报义务的，则仍需再次进行申报。因此，在该种架构模式下，存在需多次进行经营者集中申报的可能。从简化经营者集中申报的角度考虑，投资者应在基金设立之初，尽可能避免采用该模式。

3. 其他

若 LP 为了参与基金管理的决策，而向投委会委派成员并对投资决策施加影响或对一些特殊事项的决策享有"一票否决权"的相关设置，也很可能会被认定与 GP 共同享有控制权，在参与集中的经营者达到营业额申报标准的情况下，将触发新设基金层面的经营者集中申报。

（三）基金涉及经营者集中申报的合规建议

1. 经营者集中申报的注意事项

（1）申报时间的确定

根据《反垄断法》第二十六条、《经营者集中审查规定》（以下简称《审查规定》）第八条的规定，经营者集中申报需事先申报，未申报的不得实施集中。其中对于"实施集中"的判断标准《审查规定》第八条明确了判断因素，包括但不限于"是否完成市场主体登记或者权利变更登记、委派高级管理人员、实际参与经营决策和管理、与其他经营者交换敏感信息、实质性整合业务等"。

（2）申报义务人的确定

根据《申报指导意见》第十三条规定，经营者集中申报由取得控制权的经营者进行申报。有申报义务的经营者是两个或两个以上时，可以约定由其中一个经营者负责申报，也可以共同申报。即若 GP 与 LP 均对该基金形成了实质控制权，各主体可以约定由其中一方合伙人申报或者共同申报。

（3）基金后续投资时触发申报的情况

若并购基金成立后，收购或并购的目标企业上一年度营业额超过申报要求标准的，在该收购过程中，如果设立的并购基金取得了对收购公司的控制权的，则该项投资应按照要求及时进行申报。并购基金在后续投资过程中触发的申报义务并不因其在设立时已经履行了申报义务而豁免。

（4）经营者集中申报的豁免

根据《反垄断法》第二十七条规定，如果参与集中的一个经营者拥有其他每个经营者百分之五十以上有表决权的股份或者资产的，或者参与集中的每个经营者百分之五十以上有表决权的股份或者资产被同一个未参与集中的经营者拥有的，可以不向国务院反垄断执法机构申报。并购基金在设立时应对 GP 和 LP 的情况进行核查，尤其是并购基金若采取合资 GP 模式的架构的，如果 LP 在新设 GP 中持有份额比例超过 50% 的，则新设基金层面可能满足申报豁免条件的情形。

2. 合规建议

为了避免因未履行经营者集中申报义务，给投资者及并购基金造成损失，参与各方应当在基金成立及运行的过程中及时关注该类风险，如参与各方在基金设立时的治理条款约定或架构设置上，存在触发经营者集中申报的可能或者参与各方无法确定的，应当及早向反垄断局、市场监管总局申请商谈，以对申报事项做出合理、准确的判断。另外，并购基金在投资运行的过程中，应建立合规风险评估的常态化机制，根据参与各方自身规模的变动情况，对营业额进行核算的更新，一旦达到申报的营业额标准的，应及时进行申报。

随着反垄断的常态化监管的不断推进，经营者对集中申报的主动意识不断强化。在基金设立及投资的过程中，各参与方更要对是否具有经营者集中申报的义务予以高度重视，避免因疏忽而导致行政处罚。

三、结语

并购基金在给并购市场带来机遇与活力、促进资本融通的同时，各类投资者也可以通过参与设立并购基金实现获取收益最大化或实现产业的转型升级、资源的整合以及促进地方经济发展等多重目标。因此，在并购基金的架构设计过程中，应关注不同投资者的利益需求点，并综合考虑好各方利益平衡以及监管合规等问题，避免给基金的后续投资运行带来风险或隐患，这样才能更好地实现投资者与被投资者的互惠互利、相得益彰，与此同时，金融市场也能更好地发挥其宏观调控的作用，促进各方资源的优化与配置，进而推动经济实现稳中有序的良好运行态势。

第三节　受并购基金控制之公司 IPO 或并购退出之审核观察与思考

胡 琪　许桓铭　刘 璐

并购基金作为私募股权投资基金（PE）的一种，主要用于并购目标企业及获得标的企业的控制权，并在并购后通过重组、改善、提升，实现目标企业上市，或者通过出售股权、管理层回购、兼并收购等方式退出，从而获得收益。而投资项目退出则是基金业务运作的重要环节。由于我国的资本市场起步较晚，并购基金的发展成熟度与发达国家具有一定差距，目前的主流退出方式仍为 IPO 后陆续减持退出或并购退出。

然而对于并购基金而言，无论 IPO 后陆续减持退出还是并购退出，在当前的市场环境下都将受到强监管，控制权的稳定、是否具备持续经营能力、是否存在可能导致利益输送的结构化安排等均为近年来监管部门在审核问询中重点关注的问题。本文拟通过对近年来以并购基金为控股股东/第一大股东的公司 IPO 或并购退出的重点案例进行梳理汇总，以期明晰法律问题及监管部门的审核关注重点，供读者参考借鉴。

一、IPO 退出机制

从投资收益角度而言，投资机构通常偏向 IPO 后减持退出的方式，此方式既能够使并购基金退出获得高额的回报，也有助于提升基金和管理人的知名度及市场影响力，但同时由于 IPO 的上市门槛较高、审核周期长、机会成本高等原因，多年来真正通过 IPO 后减持退出的并购基金寥寥无几。由于并购基金财务投资人的天然属性与 A 股 IPO 审核理念中实际控制人应对公司日常经营管理各方面施以管理和控制等存在种种矛盾，为保护投资者及市场利益，在并购基金作为控股股东 / 第一大股东的公司 IPO 过程中，监管部门会对一系列关键问题进行问询，以确保 IPO 的合规性和透明度，具体如下。

（一）实际控制人的认定

《〈首次公开发行股票注册管理办法〉第十二条、第十三条、第三十一条、第四十四条、第四十五条和〈公开发行证券的公司信息披露内容与格式准则第 57 号——招股说明书〉第七条有关规定的适用意见——证券期货法律适用意见第 17 号》（以下简称《证券期货法律适用意见第 17 号》）规定："实际控制人是指拥有公司控制权、能够实际支配公司行为的主体。发行人应当在招股说明书中披露公司控制权的归属、公司的股权及控制结构，并真实、准确、完整地披露公司控制权或者股权及控制结构可能存在的不稳定性及其对公司的持续经营能力的潜在影响和风险。"对于拟 IPO 公司而言，实际控制人作为实际掌握并支配公司行为的主体，其所作出的每一次决策都会或多或少地影响公司的经营发展与内部治理，其认定及变动情况是监管部门的重点审核及监管要点，对于具有财务投资属性的并购基金作为控股股东 / 第一大股东的企业如何进行这方面的认定，通过案例检索，主要存在以下方式。

1. 公司制并购基金

在并购基金为公司制企业的情况下，实际控制人的认定主要系依据《公司法》的规定，结合股东的股权（表决权）比例、对董事会的控制或重大影响方面来认定。就股权 / 表决权方面而言，存在以下情形：

如发行人直接股东层面股权较为集中，则直接持有发行人股份且作为发行人第一大股东的基金将被认定为发行人的控股股东，基金穿透后的实际控制人将被认定为发行人的实际控制人，或者由于穿透后持股层面股权结构分散最终导致被认定为无实际控制人。以 2017 年 11 月 21 日在深主板上市的中新赛克（002912.SZ）为例，在其申报 IPO 阶段，直接及间接控制中新赛克 47.025% 股份的深圳市创新投资集团有限公司（以下简称深创投）被认定为中新赛克的控股股东，最终穿透后实际控制深创投的深圳市国有资产监督管理委员会被认定为发行人的实际控制人。①

如发行人直接股东层面股权分散，需通过计算间接层面的股东持股情况来认定控股股东及实际控制人，如主要受同一主体控制，则该主体存在被认定为控股股东的可能，如间接层面股权依旧较为分散，发行人通常被认定为无控股股东、无实际控制人。以 2023 年 1 月在全国中小企业股份转让系统挂牌并公开转让的瑞能半导（873928.NQ）为例，其申报挂牌时直接股东层面股权结构较为分散，前三大股东南昌建恩半导体产业投资中心（有限合伙）、北京广盟半导体产业投资中心（有限合伙）、天津瑞芯半导体产业投资中心（有限合伙）分别持股 24.29%、24.29%、22.86%，由于前述股东均为私募股权基金且其执行事务合伙人均为北京建广资产管理有限公司（以下简称建广投资），最终认定前三大股东为共同控股股东、建广投资为间接控股股东，并且，由于建广资产的任一股东对其董事会及日常经营管理均无单独决策权，因此建广资产无实际控制人，进而瑞能半导无实际控制人。②

综上所述，前述认定方式与控股股东/第一大股东为普通公司制法人的认定逻辑一致，按照此逻辑作出的认定通常情况下将会被接受为合理的，但仍将被重点关注的是私募基金作为控股股东是否具备实际运营和经营企业的能力等问题。

2. 有限合伙制并购基金

在发行人的第一大股东为在中国证券投资基金业协会（以下简称中基协）备案的有限合伙企业私募基金的情况下，关于控股股东或实际控制人的认定

---

① 深圳证券交易所：《深圳市中新赛克科技股份有限公司首次公开发行股票招股说明书》，中新赛克（002912.SZ）。

② 全国中小企业股份转让系统：《瑞能半导体科技股份有限公司公开转让说明书》，瑞能半导（873928.NQ）。

逻辑与公司制基金的认定逻辑大体相似。如 2022 年 8 月 31 日在上交所科创板上市的微电生理（688351.SH），在其申报 IPO 阶段，由于股权结构较为分散，无股东及其一致行动人控制的表决权超过 50% 且前两大股东及其一致行动人的持股比例较为接近，即使第一大股东嘉兴华杰一号股权投资合伙企业（有限合伙）在报告期内曾持有"一票否决权"，最终还是仅认定嘉兴华杰一号股权投资合伙企业（有限合伙）为第一大股东，但发行人无控股股东或实际控制人。[①]

碧兴物联（688671.SH）系首次在认定已备案私募股权基金为发行人控股股东后，沿执行事务合伙人条线认定执行事务合伙人的实际控制人为发行人实际控制人的案例，碧兴物联于 2023 年 8 月 9 日在上交所科创板上市，其控股股东西藏必兴创业投资合伙企业（有限合伙）（以下简称西藏必兴）为已在中基协备案的创业投资私募基金，将其认定为控股股东后，沿执行事务合伙人条线穿透确认西藏必兴的私募基金管理人西藏碧海创业投资管理合伙企业（有限合伙）的实际控制人何某平为发行人的实际控制人。[②]在该案例中，何某平被认定为发行人的实际控制人并非仅由于其系控股股东西藏必兴的实际控制人，也与何某平在报告期前即担任发行人董事／董事长且全面负责发行人的经营决策与管理，在市场、研发、财务及预算、生产工程与运维、人力资源与管理等方面均亲身参与有关，且发行人其他股东亦召开股东大会一致投票确认了发行人的实际控制人。由此推断，即使能够跳过其他合伙人仅沿执行事务合伙人条线认定发行人的实际控制人，仍需要结合该等人员对发行人实际业务开展、技术研发、经营管理等方面的具体贡献及发行人其他股东的实际意愿进行认定，而非简单地将财务投资人管理人的实际控制人直接认定为发行人的实际控制人。

---

① 上海证券交易所：《上海微创电生理医疗科技股份有限公司首次公开发行股票并在科创板上市招股说明书》，微电生理（688351.SH）。
② 上海证券交易所：《碧兴物联科技（深圳）股份有限公司首次公开发行股票并在科创板上市招股说明书》，碧兴物联（688671.SH）。

因此，本文认为，对于部分有限合伙企业性质的私募股权基金而言，作为执行事务合伙人的私募基金管理人的出资比例一般较小，除非系私募基金已进入清算程序等法定原因，否则经持有基金份额三分之二以上的投资者同意即可变更私募基金管理人，在有限合伙人享有相当决策权的情况下，简单跳过有限合伙人而仅沿执行事务合伙人条线去认定实际控制人的合理性值得商榷，仍应当结合合伙企业合伙协议、内部决策机制等文件和合伙企业的实际运营作出实质判断。

（二）基金存续期与上市公司控制权稳定

并购基金究其根本仍属于私募股权基金的范畴，而私募股权基金通常设有固定的存续期限，如常见的"3+2"或"5+2"模式，但被投公司的成长发展周期可能远超基金的存续期限，尤其是对 A 股的首发上市而言，对作为控股股东或实际控制人的主体的锁定期至少为三年，由此导致基金到期清算时发行人可能尚未完成 IPO 或锁定期未届满，而对上市公司的控制权稳定性是监管机构和市场参与者关注的重点，因此监管部门在审核时会额外关注私募股权基金类型的控股股东的存续期限问题。如比特技术（2022 年 5 月 20 日申报科创板受理，已于 2023 年 10 月 23 日终止审核）案例[①]中，深圳中航智能装备股权投资基金合伙企业（有限合伙）（以下简称智能装备基金）系发行人第一大股东且为私募股权投资基金，智能装备基金的存续期自 2017 年 7 月起至 2025 年 7 月止，交易所在审核问询函中关注基金存续期满后的具体展期安排、需履行的程序、是否存在重大障碍、预计完成时间以及后续安排是否影响控制权稳定，发行人在回复中确认智能装备基金已召开合伙人会议同意经营期限顺延至十年，期限届满前如能完成上市则在延长期到期后再延长三年。

---

① 上海证券交易所：《关于深圳市中航比特通讯技术股份有限公司首次公开发行股票并在科创板上市申请文件的第二轮审核问询函之回复报告》。

因此，无论是公司制基金抑或有限合伙制基金，从基金管理人的角度而言，都需协调各投资人以确保并购基金存续期限的设置以及延长机制能够满足监管机构对发行人上市前和上市后稳定性的要求。

（三）并购基金管理下的发行人持续经营能力

由于并购基金通常为专业私募投资基金，未必具备直接下场经营管理公司及发展公司业务的能力，在此情形下其作为发行人的控股股东／第一大股东如何保证发行人的持续经营能力也是监管机构在审核过程中关注的重点问题。在中新赛克案例[①]中，证监会在反馈意见中重点关注深创投作为控股股东是否具备实际运营和经营企业的能力，以及欠缺企业运营能力对发行人未来发展的不利影响，中介机构亦如实回复深创投系专业私募投资基金，主营业务为创业投资及相关增值服务业务，不具备对中新赛克所从事业务的管理能力，公司日常经营活动及业务管理由管理层具体负责，深创投主要在公司三会治理、股权管理及业绩考核等方面对中新赛克及子公司人员进行管理，包括向发行人及其子公司委派多名董事、任命监事及监事会主席等人员、委派代表担任董事会专门委员会委员等。

此外，并购基金的财务投资属性决定了其为收益率需求有退出减持的冲动，如何确保并购基金的行为不会损害发行人及其他股东的利益并维持发行人持续经营也是监管的关注重点。如在碧兴物联案例[②]中，为确保在发行人上市后的较长期间内并购基金不会随意退出以维持发行人控制权的稳定性及持续经营，控股股东西藏必兴及其执行事务合伙人西藏碧海创业投资管理合伙企业（有限合伙）对退出机制作出了特殊承诺，包括但不限于在碧兴物联上市后的三年内，不转让其持有的西藏碧海创业投资管理合伙企业（有限合伙）

---

① 深圳证券交易所：《北京市君合律师事务所关于深圳市中新赛克科技股份有限公司首次公开发行（A股）股票并上市之补充法律意见书（三）》，中新赛克（002912.SZ）。
② 上海证券交易所：《关于碧兴物联科技（深圳）股份有限公司首次公开发行股票并在科创板上市申请文件的第二轮审核问询函之回复报告》，碧兴物联（688671.SH）。

与西藏必兴的财产份额，并阻止任何可能导致控制权稳定性变化的行为；在极端情况下，如其他合伙人的财产份额被司法机关强制执行，承诺行使优先购买权；如果其他合伙人转让其财产份额，承诺放弃优先受让权，并同意由实际控制人何某平优先受让。

（四）并购基金投资业务与同业竞争

在 A 股的 IPO 审核中，监管机构通常会关注控股股东、实际控制人控制的其他企业与发行人是否存在同业竞争或利益输送等情形，对以投资为主要业务的并购基金作为发行人控股股东或实际控制人的发行人而言，由于私募基金或其关联方在实践中往往会投资同行业的多家公司或者被投企业的上、下游公司，尤其是对并购基金而言，其通常会专注于投资与发行人相同的行业或细分市场，因此监管机构对此问题的关注只会更为严格。在理工光科案例中，其实际控制人为武汉邮科院、控股股东为烽火创投，证监会特别关注前述两个机构控制的除发行人之外的其他企业与发行人是否存在同业竞争。

另外，在中新赛克案例中，监管机构要求进一步核查了控股股东与总经理所持 5% 以上的企业是否与发行人存在同业竞争的情形，但是本文理解在当前的审核环境下，就同业竞争的认定范围主要还是限定于控股股东、实际控制人以及其控制的其他企业之间，若私募股权基金作为发行人的控股股东，同时还投资了同行业的其他公司但未构成控制的情况下，可认定为不构成同业竞争。

结合上述案例，本文认为，并购基金的投资业务是否与发行人构成同业竞争，需要综合考虑投资领域的相似性、业务的替代性和竞争性、利益冲突的可能性以及法律和监管要求，而不能简单以经营区域、细分产品、细分市场的不同来论述不构成同业竞争。在实际操作中，为了避免同业竞争问题，并购基金和发行人应当采取适当的措施，包括但不限于业务区分、信息隔离、合规管理等，确保双方的业务活动不会被认定为构成同业竞争。

二、并购退出机制

对多数并购基金而言，虽然在 2018 年资管新规颁布实施后，监管机构限制了资产管理计划的杠杆倍数，由此导致并购基金议价能力变低，但与 IPO 退出渠道的收窄及监管的日趋严格相比，结合我国经济环境的特殊情况，还是有一定数量的并购基金偏向通过"上市公司＋PE"这一并购模式退出，即由上市公司与 PE 机构共同成立有限合伙制的并购基金，在上市公司与 PE 机构根据上市公司的业务发展情况有针对性地选择投资标的后，由并购基金先行收购标的公司，在其各项指标达到上市公司收购要求后，由上市公司以现金或者发行股份的方式并购标的公司，从而实现并购基金退出。与 IPO 漫长且繁杂的排队上市压力及动辄三年的锁定期相比，此种退出方式更为高效、灵活，在并购交易完成且锁定期届满后即可一次性全部退出，交易价格及退出回报明确。由于"上市公司＋PE"模式不仅涉及成立并购基金过程的决议及信披程序，更与上市公司重大资产重组息息相关，在实际操作过程中亦将受到监管部门的重点关注，具体如下。

（一）交叉持股

"PE＋上市公司"模式下并购基金的退出总体依赖于参与设立并购基金的上市公司，退出方式为直接获得上市公司支付的现金实现退出，或者转换为上市公司股票至限售期结束后减持变现退出，也可能是两者结合的模式。如果采用换股退出的方式，上市公司持有并购基金份额的同时，并购基金又持有上市公司的股票，由此形成了交叉持股现象。

目前，《公司法》等法律法规中其实并未明确限制和禁止子母公司之间进行交叉持股，对于公司之间（证券公司、上市公司除外）存在的交叉持股情况，只要不存在其他法律瑕疵（如涉嫌虚假出资或者抽逃出资等），都应当认定为合法的投资关系。尽管没有违反法律法规，但当上市公司在并购过程中出现交叉持股现象时，将会受到监管机构的重点关注，甚至存在并购标的注入上市公司失败的风险。

在亚威股份（002559.SZ）案例①中，亚威股份作为LP与作为GP的南京平衡资本管理中心（普通合伙）及其他投资者共同出资设立淮安平衡股权投资基金中心（有限合伙）[并购后已更名为淮安平衡创业投资中心（有限合伙），以下简称淮安平衡基金]，淮安平衡基金持有并购标的无锡创科源激光装备有限公司（并购后已更名为江苏亚威创科源激光装备有限公司，以下简称无锡创科源）13.43%的股权，亚威股份对淮安平衡基金发行股份购买资产后，与淮安平衡基金形成交叉持股的局面。

亚威股份发行股份购买资产的方案在证监会审核时，两轮问询均关注交叉持股问题，监管机构主要关注：（1）并购基金内部普通合伙人与有限合伙人权利义务约定及决策机制；（2）并购基金与上市公司相互持股是否符合《公司法》等有关规定，是否构成本次交易的法律障碍；（3）相互持股对上市公司治理结构的影响及交易完成后并购基金所持上市公司股份的表决权安排。亚威股份亦作出了相应回复：（1）上市公司仅为并购基金的有限合伙人且仅占投资决策委员会一个席位，对并购基金不构成控制、共同控制或能够施加重大影响；（2）列举了我国相关法律法规的规定以论证法律层面并未禁止相互持股；（3）并购基金已事先作出承诺放弃因本次交易获得的上市公司股份的表决权及不会增持上市公司股份，且交易完成后并购基金持有的上市公司股份约0.533%，比例较小，并承诺将在锁定期届满后一年内减持完毕，不会对上市公司的三会运作、公司治理等施加影响。

结合亚威股份的案例，本文认为，如无法避免形成交叉持股局面，则应当对上市公司的治理结构进行妥善安排，将交叉持股可能造成的影响降到最低，可参照亚威股份，由并购基金承诺放弃所持有的上市公司股票表决权、不再增持上市公司股票并将获得的上市公司股票在限售期结束后的指定期间

---

① 深圳证券交易所：《江苏亚威机床股份有限公司及光大证券股份有限公司关于〈中国证监会行政许可项目审查一次反馈意见通知书〉的回复》《江苏亚威机床股份有限公司及光大证券股份有限公司关于〈中国证监会行政许可项目审查二次反馈意见通知书〉的回复》，亚威股份（002559.SZ）。

内减持完毕。

（二）结构化安排

结构化安排是私募股权投资基金中一种较为常见的风险/收益安排，它为不同风险偏好的认购方提供匹配的基金份额种类以满足投资者对不同风险和投资回报率产品的需求，最为常见的结构化设置方式即为优先/劣后的分级设计，即由劣后级份额的出资人作为并购基金的主导方，并首先保证优先级份额出资人在退出时实现其收益和本金，并且不排除以其他资产作为抵押或质押。结构化的本质是一种杠杆，高杠杆的结构必将影响并购基金结构的稳定性，从而进一步在上市公司发行股份购买资产后影响到上市公司股权的稳定性。因此，并购基金是否采用结构化安排以及结构化安排的合理性也一度是监管部门的关注重点。

自2016年起，多数结构化并购基金在上市公司并购重组的过程中均收到了证监会就此的反馈意见并进行了结构化的拆除或者取消了实质保本安排，如华联股份（000882.SZ）向特定对象北京华联集团投资控股有限公司非公开发行股份购买其持有的五家商业物业公司（北京华联商业管理有限公司、江苏紫金华联综合超市有限公司、无锡奥盛通达商业管理有限公司、合肥信联顺通商业管理有限公司、合肥达兴源商业管理有限公司）各100%股权案例[1]中，华联股份在向证监会提交的首次回复报告中论证虽然交易对方上海镕尚投资管理中心（有限合伙）的有限合伙人存在结构化安排，但对上市公司股权结构稳定性的影响较为有限，四个月后上海镕尚投资管理中心（有限合伙）解除了结构化安排。又如新潮能源（600777.SH）收购宁波鼎亮汇通股权投资

---

[1] 深圳证券交易所：《北京华联商厦股份有限公司关于〈中国证监会行政许可项目审查一次反馈意见通知书〉之回复报告》《北京市天元律师事务所关于北京华联商厦股份有限公司发行股份购买资产并募集配套资金暨关联交易的补充法律意见（三）》，华联股份（000882.SZ）。

中心（有限合伙）（以下简称鼎亮汇通）100% 权益份额案例[①]中，标的企业鼎亮汇通在证监会二次问询后亦解除了结构化安排，由此可见，监管部门对结构化并购基金参与上市公司并购重组的严厉监管态度。但在高新兴（300098.SZ）发行股份及支付现金购买资产并募集配套资金案例[②]中，重组交易对方珠海凯腾投资合伙企业（有限合伙）（以下简称凯腾投资）因存在结构化安排而被证监会要求披露设置结构化安排的背景及合理性，而后高新兴对并购基金的结构化安排进行了调整，即取消了劣后级出资人的差额补足以及回购义务，同时优先级合伙人承诺在并购基金持有上市公司股份解禁前不转让份额、不退伙，由此使得高新兴在交易对手仍旧保留结构化安排的情况下以发行股份及现金支付并购对价的方案成功过会并执行。

结合高新兴的案例，本文认为，监管机构对上市公司向结构化基金发行股份购买资产的审核要点在于：（1）持有上市公司股份的结构化并购基金是否结构稳定，但并未限制结构化安排的存在，可以通过修改基金内部的权利义务等方式满足监管的审核要求；（2）在穿透并购基金第一层出资人之上，是否还存在其他结构化安排，如存在建议比照清理。

（三）同业竞争

根据同业竞争的定义，上市公司的业务应当完全独立于控股股东、实际控制人控制的其他企业，其他企业不应当从事与上市公司相同或近似的业务。在"PE＋上市公司"模式下，如果上市公司的实际控制人或者通过其控制的主体对并购基金形成了实际控制，进而并购基金后续收购与上市公司业务相同或相近的并购标的，则导致上市公司实控人与上市公司同业竞

[①] 上海证券交易所：《关于烟台新潮实业股份有限公司发行股份购买资产申请文件反馈意见之补充回复报告》《山东新潮能源股份有限公司关于〈中国证监会行政许可项目审查一次反馈意见通知书〉（161817号）之反馈意见回复》，新潮能源（600777.SH）。

[②] 深圳证券交易所：《高新兴科技集团股份有限公司发行股份及支付现金购买资产并募集配套资金报告书（更新后）》，高新兴（300098.SZ）。

争。如在康力电梯（002367.SZ）联合苏州君子兰启航一号股权投资基金合伙企业（有限合伙）、苏州市吴江东方国有资本投资经营有限公司、苏州汾湖投资集团有限公司共同设立并购基金康力君赢物联网股权投资中心（有限合伙）后，被监管机构问询对投资基金拟投资标的是否有一票否决权、合作投资事项是否可能导致同业竞争，康力电梯回复："投资基金的投资决策委员会委员5名，采用4票通过制（5票中有4票表决通过则项目投决通过），其中公司推选两名委员，可能存在对拟投资标的看法不一致的情况，因此公司对投资基金拟投资标的不具有一票否决权，但能对投资基金的投资决策产生重大影响。物联网领域虽然与公司主业存在协同效应，但属于两个不同的领域，公司需要物联网技术、产品来带动电梯产品的智能升级，因此合作投资事项不存在导致同业竞争的情况发生。投资基金承诺在同等条件下优先向公司进行出售所投标的，公司同意在投资基金投资的标的资产符合收购条件时优先考虑收购，具体收购标准和收购条件、价格等届时由各方共同协商确定。"[1]

为避免被认定为同业竞争，上市公司的实际控制人参与设立并购基金，应当从实质重于形式原则出发，以有限合伙制并购基金为例，从三个方面避免控制并购基金：（1）从股权结构上不实际控制基金管理人；（2）从出资结构上不超过有限合伙份额的50%，且不是第一大有限合伙份额持有人，但仍需结合具体的合伙协议进行分析；（3）从投资决策上不占据绝对的决策地位。

---

[1] 深圳证券交易所：《康力电梯股份有限公司关于对深圳证券交易所问询函回复的公告》，康力电梯（002367.SZ）。

三、结论

综上所述，无论是通过 IPO 方式退出还是通过上市公司重组并购方式退出，对上市公司而言均需保持企业的运作规范性，基金侧存续期间的设定及结构化的安排及对公司日常经营的参与度、上市公司侧控制权的稳定性等问题均是需要上市公司及并购基金充分论证及规范的事项，建议并购基金与上市公司提前就重点问题做好战略上的安排及筹划，在确保合规性、透明度和公平性的基础上，合理设计交易结构，有效管理风险，以实现顺利的 IPO 或并购退出。

第四节　并购基金参与上市公司私有化的路径、角色和作用

胡　琪　董一平　曹　琳

一、前言——上市公司私有化的近期趋向引发的思考

A股上市公司数量已扩至5,000余家，中国多层次资本市场架构日渐清晰，未来几年内IPO整体释放节奏较过去三年趋缓的预期较强，以IPO作为主要退出渠道的私募股权创投机构的退出渠道受限。2024年3月15日，中国证监会发布《关于加强上市公司监管的意见（试行）》，针对重组上市、借壳上市的监管力度亦有所加强，在此背景下，越来越多的国内投资机构开始关注通过并购基金参与上市公司私有化这一投资路径，期望实现资本有序循环。

2023年港股市场中海通国际、达利食品、保利文化等十余家上市公司披露了私有化退市计划，亚美能源、江南集团等接近十家公司于2023年完成私有化退市并摘牌[1]。与此同时，A股市场2023年退市公司数量达45家，除被重组合并的中航机电及因经营面临重大不确定性而申请主动退市的经纬纺机外，其余43家公司均触及强制退市，并无私有化退市案例。虽有庞大的上市公司存量市场，A股上市公司私有化实践已长期止步不前。

---

[1] 部分完成私有化退市并摘牌的公司披露私有化计划的时间早于2023年，因此，此处完成退市摘牌的公司并非全部包含于前文2023年发布私有化计划公告的公司中。

基于此背景，本文拟结合海外并购基金的监管及实践情况对并购基金参与 A 股上市公司私有化的障碍及未来趋势进行对比与分析。

二、美国、中国上市公司私有化制度比较

（一）美国上市公司私有化的监管及路径

美国上市公司私有化受到美国证券交易委员会（SEC）监管，且需遵守双重法律规制。一方面需遵守美国境内的证券法、证券交易法、证券交易委员会的其他规则，另一方面则需遵守上市公司所在地（通常为开曼群岛）的法律法规。

美国证券法主要规定了信息披露的要求，包括对公司、5% 以上股东、董事以及其他内幕知情人的信息披露要求。

美国证券交易法关于公司私有化退市的规定主要集中在 13e-3 规则及 12h-6 规则。但因 12h-6 规则适用要求较高，上市公司多以适用 13e-3 规则为主。上市公司需根据 13e-3 规则的要求提交附表 13e-3 及其附件，对参与此次交易的主体、收购条件、收购协议、收购范围、收购的目的及影响等事项进行披露，并说明收购程序、收购价格、收购条件的公允性。

美国上市公司私有化通常以三种方式开展，包括一步式合并（One-step Merger）、两步式合并（Two-step Merger）及反向股票分割（Reverse Stock Split）。

1. 一步式合并

一步式合并通常由收购方设立离岸公司并由离岸公司新设全资子公司，通过将上市公司与收购方新设立的全资子公司合并，实现上市公司私有化退市。此时，如收购方为上市公司控股股东与 PE 共同组成并购基金，则私有化后的控股股东仍为原上市公司的控股股东，标的公司控制权并未发生转变，

仅为实现整体的股权结构调整及实现私有化之目的。如投资机构持股比例较高，则将成为最终的控股股东。

在私有化过程中，其他小股东可协商选择根据合并协议约定的对价退出股份，或将其所持有的上市公司股份上翻至收购方新设立的全资子公司层面，成为该公司的股东，若该等股东反对此次合并，根据相关法律法规，将作为异议股东，按照公允价格或协商价格被回购及注销股份。例如，注册在开曼群岛的上市公司，股东可依据《开曼公司法》第二百三十八条行使评估权，即与上市公司协商合理价格收购其股份，或协商不成时有要求法院评估价格后公司收购注销的权利。

一步式合并中，上市公司董事会需成立由非关联董事组成的特别委员会，特别委员会聘请律师和财务顾问协助特别委员会研究合并方案，且一步式合并需经上市公司股东大会审议，如上市公司为开曼公司，则须经出席会议的股东所持表决权的三分之二以上通过。

在此过程中上市公司董事会需由非关联董事组成的主要原因为管理层参与私有化交易在美国上市公司私有化过程中较为常见。管理层往往出于对公司进行改革或拟实际拥有公司权益等期望而积极参与私有化交易，通过私有化可使管理层的身份由单一的经营者角色变为所有者角色，因此，如未在相关私有化交易决策过程中设立回避制度，则部分作为董事的管理层人员有机会直接主导私有化进程。

淘米网（NYSE:TAOM）的私有化案例即采用了一步式合并方法，淘米网与Orient TM Parent Limited（东方TM母公司）及其全资子公司Orient TM Merger Limited（东方TM合并公司）签署了最终的私有化合并协议及方案，并向SEC提交13e-3表格，此次合并事项于2016年4月15日经特别股东大会三分之二以上多数通过。

2. 两步式合并

两步式合并中，收购方同样需新设合并子公司，并以收购上市公司90%以上的股份为目的进行全面要约，当收购方获得90%以上的流通股份或投票权后，即可触发简易合并程序，在此种情况下，无须经过拟私有化上市公司的股东大会批准，亦无须经 SEC 审核。当收购方完成对上市公司 90% 以上股份的收购后，则可适用"余股强制挤出制度"（Squeeze-out）将剩余小股东的股份挤出，且小股东并不拥有评估议价权。如收购方未能实现对上市公司超过 90% 的股份收购，则仍需使用一步式合并，并由上市公司召开股东大会投票表决。

3. 反向股票分割

反向股份分割即上市公司采取反向股份分割的方式缩减登记的股东人数，使得股东人数低于 SEC 的要求，从而无须继续递交信息披露报告，实现退市。根据《开曼公司法》，除非公司章程另有规定，反向股票分割经出席会议的股东所持表决权的二分之一以上批准即可通过。

并购基金在美国上市公司私有化的过程中可充分参与一步式合并及两步式合并的私有化方案，并在其中发挥重要作用。

（二）中国香港地区上市公司私有化的监管及路径

中国香港地区上市公司私有化主要需遵守香港证券及期货事务监察委员会颁布的"公司收购、合并及股份回购守则"（以下简称"香港收购守则"）等相关规定及公司成立地法律。

香港上市公司私有化常见的方式包括协议安排、全面要约、吸收合并。

1. 协议安排

香港上市公司通过协议安排实现私有化系收购方作为要约人依照上市公司注册地公司法的规定，向独立于要约人的股东提出相应的协议安排，以将上市公司私有化。收购方将向上市公司股东支付对价，此种协议安排需在提交法院批准后，方可对所有股东有约束力，公司将被撤销上市地位。根据"香港收购守则"，以协议安排实现上市公司私有化，需经出席股东大会的无利害关系股东（除要约人及其一致行动人外的股东）中投票权至少 75% 的票数投票批准；且投票反对决议的票数不得超过所有无利害关系股东的投票权的10%。协议安排多适用于红筹架构的上市公司私有化。

2. 全面要约

以全面要约方式进行私有化系指要约人向上市公司全部股东提出附条件的股份收购要约，根据"香港收购守则"，如要约人在要约开始后四个月内取得价值上不少于90%的无利害关系股份接纳，则有权行使强制收购的权利，取得余下证券，并撤销上市地位。

3. 吸收合并

吸收合并系在全面要约基础上适用于H股上市公司的私有化模式，具体操作为要约人提出根据《公司法》吸收合并上市公司的要约，并以吸收合并价格收购全部H股流通股（亦可包括内资股），最终实现上市公司退市并进行工商注销。此种方式的目的在于弥补H股公司因不适用境外"余股强制挤出制度"相关规则而在全面要约模式下无法完全私有化的瑕疵，使要约人及其一致行动人获得拟私有化上市公司100%的股权。

除股东大会审议程序外，港股上市公司私有化过程中，上市公司与收购方亦需承担信息披露义务，对收购协议内容进行披露，并聘请财务顾问确认收购方（作为要约人）有足够的资金完成要约。上市公司的董事需成立由无利害关系董事组成的独立委员会，对此次要约的利弊提供建议，并且独立委员会将指定独立财务顾问评估此次要约。除公司内部程序外，在以协议收购进行上市公司私有化的过程中需举行法院会议以批准协议安排。

（三）A股上市公司的私有化路径

近年来，A股上市公司私有化退市的实践案例有限，但中国证监会及沪深交易所规则仍为A股上市公司提供了多种主动私有化退市的路径，主要包括新设合并或吸收合并、要约收购。

吸收合并一般发生在子母公司之间或两家上市公司之间，前者子公司为上市公司，母公司以一定比例将子公司股票转换为母公司股票，由母公司代替子公司在交易所上市交易。例如TCL科技（000100）系吸收合并TCL通讯而实现集团整体上市，上市公司实施换股吸收合并应遵守《上市公司重大资产重组管理办法》。在此种模式下，并购基金无法直接参与私有化退市方案。

要约收购退市是指上市公司股东或第三方发出以终止股票上市为目的的全面或部分要约，通过其股本总额、股权分布等发生变化，导致上市公司因不再符合上市条件而退市。此种情形下应履行《上市公司收购管理办法》相关要求。

以《深圳证券交易所股票上市规则》为例，其规定的主动退市流程为由董事会、股东会审议通过终止上市相关议案后，向交易所提交终止上市申请书、股东会决议、终止上市方案、财务顾问报告、法律意见书，由上市委员会对公司出具审核意见，其间将重点关注退市方案对中小投资者权益的保护及上市公司决策程序的合法合规性，退市后，目标公司将进入全国中小企业股份转让系统挂牌，作为非上市公众公司继续履行信息披露等义务，保持股票的流动性，以维护中小股东的利益。

A股相关制度虽已对私有化退市的路径及程序进行规定，但因配套制度尚待完善，更多关注强制退市层面，主动私有化退市的实践有限。从美股、港股及A股私有化退市的制度及路径对比可见，A股市场在私有化退市方面监管理念和整体制度环境不同，因此，并购基金参与上市公司私有化的路径及选择范围也有所不同。

三、并购基金在上市公司私有化中的角色和作用

（一）上市公司私有化的主要原因及并购基金在其中承担的角色和作用

上市公司私有化的主要原因如下：一是认为上市公司股价未能反映公司实际价值；二是股票流通量及交投量低，缺乏二级市场融资能力；三是拟开展集团公司内部重组，尤其是管理层拟通过私有化对公司进行改革。

在私有化的过程中，启动私有化的收购方需要向拟退出的社会公众或其他股东支付一定价款，用于购买其持有的拟退市的上市公司股份。而如果拟进行私有化的上市公司市值较高，则收购方需要支付的对价较高。为此，收购方可能需要通过融资来解决股权转让对价的支付问题。以上原因也引申出并购基金在参与上市公司私有化过程中的重要角色与作用。

首先，并购基金在资金支持与融资结构设计方面具有重要作用。在上市公司私有化过程中，并购基金通常会通过设计合适的融资结构，如股权融资、债权融资或其他金融工具为收购提供必要的资金支持，帮助完成私有化交易，确保交易顺利进行。

其次，并购基金通常由专业投资机构参与，对目标公司进行深入的市场分析和估值，确保私有化价格合理，保护股东利益并考虑公司的长期价值。此外，在许多案例中，上市公司管理层亦会通过并购基金参与私有化，凭借其对目标公司经营情况的掌握及其在经营决策中的影响力对私有化进程产生更强的推动作用。例如，本节"三/（二）并购基金参与上市公司私有化案例分析——百丽国际私有化案例"中，百丽国际执行董事即与高瓴资本、鼎晖投资共同组成并购基金对上市公司进行私有化。

最后，并购基金擅长进行退出策略规划及风险管理，包括重新上市、部分或全部出售股份给其他投资者或战略买家等，且将评估交易过程中的潜在风险，提供风险管理建议，以降低交易不确定性和潜在的负面影响。

然而，国内并购基金与海外并购基金相比，在上述层面尚未充分发挥优势，可能存在的主要原因如下。

1. 国内并购基金与海外并购基金的投资策略不同

国内并购基金侧重于国内产业升级、国企改革、行业整合等，倾向于实现国内市场的深度开发和价值提升；海外并购基金参与跨国并购、跨行业投资更为常见，以实现全球范围内的资产配置优化和风险分散。

2. 国内并购基金与海外并购基金的参与模式不同

海外并购基金多发起控股型并购交易，而国内并购基金主要以"上市公

司 + PE"的并购模式推进,该模式首次出现于 2011 年硅谷天堂和大康牧业合作的并购交易中,此种模式相较于海外并购基金而言,PE 的参与度低,且对于投后管理的关注度低。根据 Mergermarket 数据统计,2022 年中国并购基金在全球范围内的控股型并购交易数量仅占美国并购基金的五分之一。

3. 国内并购基金与海外并购基金的资金来源不同

国内并购基金更多依赖于国内投资者,包括国有企业、民营企业、高净值个人等。同时,政府引导基金和政策性银行可能在资本结构中扮演重要角色。海外并购基金资本来源更多元化,包括养老基金、保险公司、大学基金、家族办公室等多种机构投资者。这些基金通常具有较为成熟的 LP 和资金募集机制。

4. 国内并购基金与海外并购基金的灵活性存在差异

国内并购基金的投资决策可能受到外商投资、外汇管制、退出机制等影响,而导致与海外并购基金相比国内并购基金的灵活性较低。

(二)并购基金参与上市公司私有化案例分析——百丽国际私有化案例

2017 年 4 月 28 日,百丽国际(01880.HK)发布公告披露公司管理层、高瓴资本、鼎晖组成收购集团,并共同成立并购基金 Muse Holdings lnc,以并购基金下设二级子公司 Muse Holdings-B lnc 作为收购主体,通过协议安排方式实施私有化。

本次私有化完成前,百丽集团总股本为 84.34 亿股,其中百丽集团创始人家族合计持股 25.74%,百丽集团高管于某、盛某控制的企业合计持股 2.66%,百丽集团其他管理层股东合计持股 12.06%,且该部分管理层股东拟参与私有化,其余无利害关系股东合计持股 59.53%。本次私有化完成后,百丽集团创始人家族拟不再持有公司股份从而实现变现退出,高瓴资本成为并购基金及完成私有化后的控股股东。

收购主体作为要约人以现金收购的方式收购创始人家族及其他无利害关系股东合计持有的 85.28% 的股份,收购价格为 6.3 港元 / 股,合计支付对价 453 亿港元。收购完成后，创始人家族及其他无利害关系股东合计持有的 85.28%、管理层股东所持的 12.06% 的股份被注销，作为对价，并购基金的股东之一智者创业向管理层股东发行股份作为对价。本次私有化的核心为取得 59.53% 的无利害关系股东的同意。

2017 年 7 月 17 日，法院会议和百丽国际股东特别大会按计划召开，此次私有化协议安排获得约 99% 的票数通过。2017 年 7 月 27 日，百丽国际的股份于香港联交所撤销上市。

在完成对百丽国际的私有化后，高瓴资本形成了对百丽国际的控制，并着手推进其业务转型。按照鞋类和运动服饰代销两大业务分类，对业务进行重组，并分别归集到相应的业务板块之下，包括将分散在不同子公司主体下的运动服饰代销领域全部注入滔搏，在 2019 年成功拆分滔搏上市。由此可见，除初始交易方案的设计外，并购基金亦倾注于私有化完成后的投后管理和长期战略规划，并承担重要角色。

四、国内并购基金参与境内上市公司私有化的障碍

（一）并购基金资金来源问题

上市公司私有化过程中收购方的资金来源通常包括自有资金、股权融资、债权融资、股份置换等，并购基金作为收购方自有资金有限，通常需通过股权融资、债权融资等形式筹措收购资金，包括利用目标公司的资产作为抵押或未来现金流量及收益作担保而取得收购资金。本节第"三/（二）"所述百丽国际私有化退市案例则是通过 Bank of America, N.A. 提供银行贷款及股东高瓴 HHBH、高瓴 HHBG 及 SCBL 提供股权融资银行贷款筹措私有化资金。其完成私有化后，下属子公司滔搏（06110.HK）后续分拆上市时的募集资金亦大部分被用于偿还上述债务。

基于公司在存续过程中，应经常保持与其资本额相当的财产的原则（资本维持原则），同时为维护公司债权人及中小股东利益，并考虑到在交易过程中控制杠杆收购、避免市场操纵或变相抽逃出资等目的，部分国家在法律法规中对财务资助持禁止或限制态度。例如，在2021年《公司法（修订草案）》第一百七十四条首次引入了公司法层面的禁止财务资助制度，并在此次2024年7月1日起实施的《中华人民共和国公司法（2023修订）》（以下简称《公司法（2023修订）》）第一百六十三条中落地，即规定"公司不得为他人取得本公司或者其母公司的股份提供赠与、借款、担保以及其他财务资助，公司实施员工持股计划的除外"。相关规定体现的禁止财务资助制度系为防范公司控制权人滥用权限，使用公司资产为股东或潜在股东取得本公司股份进行不当的利益输送，同时保护债权人利益。

同样，在境内上市公司、非上市公众公司规则层面亦存在相关财务资助规范制度，除上市规则中对财务资助的相关限制外，在上市公司增发股份时亦会重点关注发行对象、收购主体的资金来源是否为自有资金，是否存在对外募集、代持、结构化安排或者直接间接使用发行人及其关联方资金用于认购的情形，是否存在发行人及其控股股东或实际控制人直接或通过利益相关方向认购对象提供财务资助、补偿、承诺收益或其他协议安排的情形。

而在《上市公司收购管理办法》第八条第二款对财务资助亦作出了相关限制，"被收购公司董事会针对收购所做出的决策及采取的措施，应当有利于维护公司及其股东的利益，不得滥用职权对收购设置不适当的障碍，不得利用公司资源向收购人提供任何形式的财务资助，损害公司及其股东的合法权益"。《非上市公众公司收购管理办法》亦存在相关规定。除财务资助外，上述规则中亦存在对上市公司或非上市公众公司对外提供担保的限制性规定，因此，在上市公司私有化交易中，由目标公司为收购人融资提供担保或以目标公司未来现金流量及收益为收购人偿还债务的杠杆收购交易模式受到约束。若A股上市公司100%私有化则不再适用前述《上市公司收购管理办法》等规则对上市公司的约束，亦无须根据《非上市公众公司收购管理办法》等规则作为公众公司纳入监管，但在启动私有化方案时，《公司法（2023修订）》中"公司不得为他人取得本公司或者其母公司的股份提供赠与、借款、担保以及其他财务资助"的基本要求仍很大程度上遏制了收购方在私有化初始阶段利用杠杆收购交易模式的可能性。

可见，目前公司法、中国证监会及证券交易所的相关规则对并购基金通过融资方式参与上市公司私有化存在一定限制。

（二）上市公司私有化制度存在完善空间

A股上市公司私有化路径本身存在的限制也导致并购基金参与A股上市公司私有化的机会缺失。

1.少数股东退出困难

在私有化交易中，即使目标公司已经退市，其可能仍有合计持股比例很少但是数量很多的少数股东继续持股。此时由于二级市场的流动性受限，少数股东出售股份比较不便，同时缺少退出途径的少数股东对于公司经营管理缺乏影响，甚至可能会阻挠收购人与目标上市公司的正常经营管理。

针对此类情况，如本节"二、美国、中国上市公司私有化制度比较"所述，部分国家及地区采取"余股强制挤出制度"，当收购方完成对上市公司90%以上股份的收购后，则可适用"余股强制挤出制度"将剩余小股东的股份强制挤出，且小股东并不拥有评估议价权。"余股强制挤出制度"能够有效解决少数股东拒绝转让股权而导致收购方无法实现完全收购的问题。

境内相关法律法规对"余股强制挤出制度"的引入曾体现于2015年的《证券法（修订草案）》，《证券法（修订草案）》第一百二十二条第一款规定，在收购要约期限届满后，收购人收购一个上市公司的非关联股东持有的有表决权股份数超过90%，或收购一个上市公司有表决权股份超过95%的，收购人有权以要约收购的同等条件收购其他股东有表决权的股份，其他股东应当出售。与境外适用较多的"余股强制挤出制度"较为接近，但该条款最终未被采纳。

然而，对于"余股强制挤出制度"，此次《公司法（2023修订）》一定程度上借鉴了相关制度，增加了控股子公司的简易吸收合并，具体体现为《公司法（2023修订）》第二百一十九条第一款"公司与其持股百分之九十以上的公司合并，被合并的公司不需经股东会决议，但应当通知其他股东，其他股东有权请求公司按照合理的价格收购其股权或者股份"。对于已退市的公司，因为A股退市公司的股票仍会在全国中小企业股份转让系统（以下简称股转系统）的两网公司及退市公司板块进行交易，作为非上市公众公司，仍需遵守股转系统的相关交易规则和信息披露义务。

简易合并制度为剩余少数股东提供了相对便利的退出途径，一定程度上可推动挤出少数股东剩余股份的效果，提供了完全私有化退市的途径。但与境外常见的"余股强制挤出制度"不同，此处的少数股东退出为该部分少数股东选择行使的权利，而非收购方拥有要求强制收购的权利，因此，其能否有效促进上市公司私有化等完全收购方案需进一步结合实践情况观察。

2. 管理层推动力不足

如前文所述，上市公司进行私有化的主要原因包括管理层拟通过私有化对公司进行改革或开展集团公司内部重组，而"董事会中心主义"的公司治理模式是以特拉华州为代表的美国公司法[①]的基本立场，在此种治理模式下，董事会及公司管理层对于公司的经营管理事务有较为权威的权力，除个别情形外，股东不得对董事会的决策内容提出质疑，董事会及管理层对公司经营深度参与并直接决策。因此，董事会及管理层对于私有化交易的支持无疑是推动海外上市公司私有化进程的关键因素之一。

而在我国公司法规定下的公司治理层面，股东会为公司权力机构，董事会及管理层在公司的话语权相对较弱，因此，在私有化交易过程中的推

---

① 《特拉华州普通公司法》第141（a）条规定，"根据本章设立的每家公司的经营与业务均由董事会负责管理或在董事会的指挥下管理，除非本章或公司章程另有规定。如果公司章程有此规定，本章授予董事会的权力与职责就由章程规定人员按照章程规定行使"。

动力有限。然而，此次公司法修订重点之一便是对包括董事会角色定位在内的公司治理进行改革，也在一定程度上体现了"董事会中心主义"的倾向。

一方面，《公司法（2023修订）》实施前，参与公司治理的主体包括股东会、董事会、监事会，彼此分权制衡，其中董事会主要作为执行机构而存在，对股东会负责。而在《公司法（2023修订）》中，删除了"对股东会负责"的表述，且公司可以不设监事会与监事，由董事会内设机构审计委员会来行使监事会职权，在治理结构层面体现了董事会职权的收拢与加强。

另一方面，《公司法（2023修订）》对股东作为公司所有者的权力和董事会作为公司的经营者的权力分配进行了调整，其中第五十九条关于股东会职权的规定中删除了"决定公司的经营方针和投资计划"和"审议批准公司的年度财务预算、决算方案"两项经营性权力，但作为所有者，股东会保留了"审议批准公司的利润分配方案和弥补亏损方案"和"对公司合并、分立、解散、清算或者变更公司形式作出决议"的权力，而就"对发行公司债券作出决议"等经营性权力可授权董事会行使，间接削弱了股东会在公司经营及财务管理方面的权力。除董事会相关变化外，《公司法（2023修订）》删除了对经理职权的列举内容，而在条文中明确其职权由公司章程规定或董事会授权执行，同样体现了管理层在公司经营层面的自主程度提高。但上述权力涉及经股东会授权和由公司章程规定的相关要求仍体现了股东会在经营管理方面对于董事会和管理层的制约。

虽然制度修订在实践中的传导效果需经一定时期的运作方能体现，但总体而言，本次公司法的修订将在一定程度上从公司治理层面及股权流转层面对国内上市公司私有化制度的完善起到促进作用。

（三）并购基金参与度低且退出渠道有限

国内并购基金退出渠道更多依赖于国内资本市场如 A 股市场 IPO、并购重组等，而在前文提到的"上市公司 + PE"模式下，上市公司多作出回购承诺，一定程度上对并购基金退出作出保障，因此也促使境内"上市公司 + PE"的非控股型并购交易更为流行。而海外并购基金的退出机制与之相比更为多样化，可选择将被私有化的上市公司转让予其他产业基金、管理层收购等，流动性更强，从而并购基金参与境外上市公司私有化的意愿更强。上市公司私有化后，需要对后续再次上市、分拆上市等安排进行长期规划，而国内私募股权市场中以风险投资为主，主要关注少数股东的权益，对于投后管理的关注有限且话语权低，导致并购基金对上市公司私有化的参与度有限。

此外，私有化后重新上市亦为海外并购基金的常见选择。例如戴尔公司（Dell Inc.）于 2013 年 2 月公告私有化方案，其集团创始人迈克尔·戴尔（以下简称戴尔创始人）会同 SILVER LAKE 基金，以 249 亿美元为对价将戴尔私有化。

为完成此次交易，戴尔创始人向微软贷款 20 亿美元，用现金加股票作为融资的方式完成交易。交易前戴尔创始人拥有公司 14% 的股权，在交易完成后继续担任董事长及 CEO。私有化交易完成后，戴尔创始人持股比重增至 75%。2015 年 10 月，戴尔公司宣布以 670 亿美元收购全球数据存储公司 EMC，并于 2016 年 9 月完成对 EMC 的收购。2018 年 7 月，戴尔公司宣布将通过发行新股或现金置换的方式收购旗下控股公司 VMware 追踪股票（DVMT），交易总规模约为 217 亿美元，并于 2018 年 12 月 28 日在纽约证券交易所上市。按其上市首日收盘价格计算市值约 350 亿美元，较私有化开展前，在业务方面及市场价值方面均产生重大提升。

前文所述百丽国际私有化完成后，已于 2022 年 3 月向香港联交所递表申请挂牌上市，并于 2024 年 3 月再次递表。从戴尔公司及百丽国际的案例中可见，通过私有化退市后整合其他资产整体或分拆重新上市亦是海外并购基金重要且有价值的退出渠道，对股东亦能产生可观的投资回报。而在当前 A 股监管政策下，多数基金特别是市场化程度较高的并购基金，因存在一些国内监管部门重点关注的问题，如难以确定实际控制人、难以穿透，可能影响发行人上市后的控制权稳定等，而且锁定期较长，导致并购基金控制的公司难以在 A 股再次通过 IPO 上市，同时也遏制了其作为并购基金退出渠道的可能性。另外，如拟再次在 A 股 IPO 上市，A 股市场虽然目前暂无对二次上市直接明确的禁止性规定，但仍需提前规划再次上市时应满足《监管规则适用指引——发行类第 4 号》对于发行人资产来自上市公司的相关要求，完整履行相应的信息披露义务及决策程序，确认所涉及的资产转让不存在诉讼、争议或潜在纠纷。近期，浙江国祥临时暂停 IPO 发行程序很大程度上起因于其被舆论质疑通过上市公司资产置换后以同一资产二次上市，最终导致引起监管部门关注而暂缓发行。虽然交易所最终说明浙江国祥现有资产与业务已发生根本变化，并不构成二次上市，其 IPO 进程仍受到实质性影响。

五、国内并购基金主导上市公司私有化的未来发展趋势和方向

法律法规和政策环境的支持与优化。随着中国经济的转型和高质量发展的推进，国家对并购基金的政策支持力度有望进一步增强，相关趋势已在近期修订的公司法中有所体现。政策环境的优化将为并购基金提供更为宽松的发展空间，鼓励其参与上市公司私有化，促进产业链的重构和市场存量经济的盘活。且并购基金有望与政府引导基金展开更多合作，共同推动产业升级和区域经济发展，实现资源共享和互利共赢。

资金来源的多元化。目前，国内并购基金面临的主要瓶颈之一是资金来

源渠道，缺少长期资金，但随着国内资本市场专业化和市场化的推进，未来，并购基金资金来源将更加多元化，有助于提升其在私有化交易中的资金实力和操作灵活性，提高投资回报率，从而形成良性循环。

退出机制的完善。随着 A 股市场私有化及退市制度的不断完善，包括私募股权份额转让市场的建立等，并购基金可获得更多退出渠道，降低退出成本，提高资金的流动性和使用效率。

伴随 A 股市场的多维度发展，国内上市公司私有化制度将得到不断完善，并购基金亦会有更多机会顺应发展趋势，在国内上市公司私有化过程中发挥更多专业优势，实现有效资源配置。

第五节　并购基金在上市公司
破产重整中的角色与作用

胡　琪　董一平　付涵冰

一、上市公司破产重整概况

　　破产重整是《企业破产法》规定的三大破产制度之一，其兼具公平与效率，通过执行重整计划，帮助可能或已经具备破产原因，但同时又具有维持价值和再生希望的企业，脱身于财务危机泥潭，重获生产经营能力，避免破产清算，减少社会资源的浪费，维护债权人、债务人、企业员工等多方利益。上市公司破产重整是以上市公司为债务人，因其社会关注度高、影响资本市场稳定、关系投资者保护等重要问题，是一类更为特殊的破产重整案件。

　　2020年3月，新《证券法》正式实施，其对暂停上市与终止上市的规则进行了调整。2020年10月，国务院印发《国务院关于进一步提高上市公司质量的意见》，将健全上市公司退出机制作为一项重要任务，要求完善退市标准，简化退市程序，加大退市监管力度。在退市制度改革的背景下，面对保壳压力，上市公司对破产重整的需求增加，也越发引起产业投资人的关注。

　　从（被）申请破产重整的上市公司数量上看，2021年度至2023年度，上市公司（被）申请破产重整（含预重整）的数量均在20家以上，其中2023年度为25家，明显高于2019年的14家。从被法院裁定受理重整的上市公司数量上看，2023年度的数量为16家，2020年度至2022年度均在10家以上，其中2021年度多达19家，明显高于2019年的7家。从被法院裁定批准重整计划的上市公司数量看，2020年度至2023年度的数量均在10家以上，其中2023年度的数量为15家，明显高于2019年的6家。

二、并购基金参与上市公司破产重整中的角色

（一）上市公司破产重整的特点

上市公司破产重整是面棱镜，从性质上看，上市重整投资是破产重整程序的重要环节，需要适用破产重整的司法程序；从功能上看，上市重整投资主要作用和目的在于帮助债务人盘活资源、提供债务清偿资金，实现重整各方整体利益最大化；从方式上看，重整投资主要仍属于并购交易，重整投资方通常会取得债务人的控股权或取得债务人的实质运营资产，以便更高效地完成资源的整合。上市公司破产重整投资具有以下主要特点。

1. 重整价值高。重整价值是判断企业是否可以进入破产重整程序的关键要素，是重整后产生的效益与破产清算价值之间的差额。与非上市公司相比，面临债务危机的上市公司具有更高的重整价值，一方面，偿债资源优势。上市公司股票流动性强，且在产业投资人引进资源的加持下，具有想象空间，容易获得债权人接受，重整成功率高。另一方面，上市公司因其规模大、知名度高、产供销体系完善、运营模式成熟，并拥有技术与人才储备，在细分领域具有显著影响力，成为投资人整合产业资源或开拓新领域的理想选择。

2. 投资透明度高。信息不对称风险是并购投资中的实质风险，信息不对称可能导致投资人错误判断目标公司价值与投资风险。在上市公司重整投资中，由于标的公司是上市公司，上市公司的财务信息、经营状况、重大事项需按法定要求进行公开披露。且重整程序中，管理人需根据《企业破产法》要求对债务人的债权债务进行审查与确认，对资产、合同履行情况进行清查。

管理人手握"尚方宝剑",在债权人严格的监督下,对债务人的尽职调查往往比常规交易更为全面、深入和细致。所以在上市公司信息披露与管理人尽调的加持下,重整投资的透明度更高,信息不对称带来的风险更小。

3. 投资人保护机制有限。由于重整投资项目的高透明度和低信息不对称风险,投资人保护机制相对有限,许多重整投资项目遵循"现状交割"和"风险自担"的原则。债务人的原实控人、控股股东由于自身糟糕的财务状况以及出资人权益的调整,也无力对重整投资人做出进一步的保证与承诺。因此对于债务人既有的资产瑕疵、合规问题等风险,通常将由投资人在交割后自行承担和处理。甚至,在部分重整项目中,为获得重整投资机会并在债权人会议中获得通过,重整投资人可能需要向债权人承诺上市公司重整后的业绩目标。

4. 投资成本低、资金需求大。上市重整投资对投资人的重要吸引力之一便是投资价格优惠。据统计,在2023年法院批准的15家上市公司重整计划中,财务投资人通常以相当于以股抵债价格的10%—20%受让股票,而产业投资人的受让价格则通常为财务投资人价格的70%—100%。同时,为了偿还债务并引入后续经营的增量资金,上市公司对重整投资人的资金投入需求大。据统计,在2023年批准重整计划的15家上市公司中,除未引入重整投资人的ST中捷,以及分别获得43.40亿元和19.28亿元重整投资资金的ST正邦和ST新联之外,其他12家公司的重整投资人平均投入约人民币10.93亿元[①]。

由于重整投资处于司法程序中,具有法定的时限要求,且面临着上市公司保壳和金融机构不良债务出表的压力,同时涉及职工债权人、金融机构债权人、经营性债权人、上市公司管理层、实际控制人、中小股东、属地政府等多方利益主体,所以重整投资相较于一般的并购交易,还具有时间紧迫性强、利益主体与诉求多元、司法强制性保障等特点。

---

① 申林平:《中国上市公司破产重整2023年度报告》。

（二）并购基金特点和参与上市公司破产重整投资的角色

根据目前上市公司破产重整实践，重整投资人的类型包括产业投资人与财务投资人，两者相互配合，共同助力债务人脱身债务泥潭，实现破产重整制度价值。产业投资人不仅为债务人提供资金支持，还以其产业背景、管理能力与行业经验帮助债务人恢复自主生产经营。财务投资人主要提供资金支持，为债务人提供偿债与后续经营增量资金，但并不参与上市公司日常管理与运营。

并购基金通常是指以具备一定规模和发展相对成熟的企业为投资目标，以收购目标企业控制权为主要目的，通过整合资源、协同管理、资产重组等综合手段提升目标企业价值后，借助IPO、并购退出、转售等方式完成退出实现投资收益的私募股权投资基金。上市公司破产重整的特点，与并购基金运作理念、模式相互契合，并购基金以产业投资人的身份参与到上市公司破产重整中可谓相得益彰。

首先，并购基金倾向于具有一定规模、发展相对成熟的投资标的，而上市公司虽然面临债务困境，但是仍具有较高的重整价值，且上市股票的流通性为并购基金提供了灵活的退出机制，从而确保了投资的可实现性和收益性。

其次，并购基金为完成对标的公司的整合与协同，通常以取得目标企业的控制权为目标，因而对尽职调查的标准更高。重整投资的透明度高，降低了信息不对称风险，更有利于并购基金对投资风险的整体把控与对目标公司的准确控制，提高投资安全性和成功率。

最后，并购基金相较于其他股权投资基金，通常具有更强的产业整合能力，并购基金不仅提供资金支持，还能够通过引入新的管理团队、优化业务结构、整合行业资源等方式，帮助债务人企业迅速恢复正常运营，并提升其整体价值。这种综合的运营支持满足了重整过程中各方利益相关者对产业投资人的要求，有助于实现重整目标的最大化。

三、并购基金参与上市公司破产重整的实践与作用

并购基金参与上市公司破产重整投资已成趋势。它们通过专业的投资策略和产业整合能力,为困境中的上市公司提供了有效的重整方案和资金支持。在早期的案例中,四源合投资基金联合重庆战新基金于2017年底成功参与重庆钢铁(601005)的破产重整并成为其实际控制人。重整投资后,四源合投资基金采取了多项措施,包括改选上市公司管理层、改善公司治理水平,降本增效、精简机构,实施员工持股计划、提升员工积极性,产业升级、共同设立合资公司开展智慧制造相关合作,这不仅为重庆钢铁带来了新的生机,也为投资者实现了价值增长。2020年底,四源合投资基金将持有四源合产业发展基金(重庆钢铁控股股东、长寿钢铁的控股股东)的合伙权益转让予有限合伙人四川德胜实现了退出,而同时中国宝武因四源合产业发展基金解散分配获得长寿钢铁40%股权并与重庆战新基金达成一致行动协议,在此次交易完成后,中国宝武取得长寿钢铁的控制权,成为重庆钢铁的实际控制人。

近年来,随着市场环境的变化和重整需求的增加,并购基金的参与变得更加频繁和深入。例如,共青城胜帮凯米投资合伙企业(有限合伙)作为产业投资人,参与了尤夫股份(002427)的破产重整,五矿金通股权投资基金管理有限公司设立的专项基金作为产业投资人参与了东方海洋(002086)的破产重整,不仅提供了必要的资金支持,还通过产业协同和资源整合,帮助企业实现了业务的转型升级。

并购基金作为专门的投资机构,相较于其他类型的产业投资人具有独特的优势。例如,并购基金具有并购交易所需的专业人才,在尽职调查、投资方案设计、价值发现等方面都具有丰富的经验,也更能理解重整投资各方的利益诉求,利于交易的迅速开展与推进。另外,并购基金根植于资本市场,作为资产管理机构,具有更强的募集资金能力。所以并购基金凭借其优势,

在破产重整的不同环节中可以发挥多元的作用，提供不同层面的帮助。

1. 在预重整阶段或进入重整阶段早期，并购基金作为潜在的投资人如可提前介入，可以发挥其专业优势，协助管理人对债务人进行全面尽职调查、充分挖掘债务人的重整价值、与债权人沟通等。例如五矿金通股权投资基金管理有限公司，从预重整阶段便参与东方海洋（002086）重整工作，包括与主要债权人谈判、引入优质资产、优化重整方案、重整审批推进等，协助东方海洋妥善化解了相关经营风险，保留了东方海洋的重整价值。

2. 在重整投资人招募阶段，并购基金可以发挥其资源优势，协助管理人招募财务投资人。根据目前的重整投资操作实践，为了充分化解债务人的债务危机并增加债务人的后续增量资金，通常会同时招募产业投资人与财务投资人。2023年15家经批准的上市公司重整计划显示，该15家重整上市公司均同步引入了财务投资人。

3. 在重整投资后帮助上市公司改善公司治理、引入经营资源，提升经营能力和整体价值。根据东方海洋（002086）的经营方案，在重整成功后，其重整投资人五矿金通股权投资基金管理有限公司提供的支持和资源包括：①改善销售能力。引进优质医疗集团的渠道合作，为上市公司大健康产业已有产品拓宽销售渠道和增强销售力度提供赋能。②注入优质资产。择机、逐步将其拥有的优质资产资源注入上市公司，打造上市公司新利润增长点。③拓宽融资渠道。支持上市公司获得银行贷款、融资租赁、供应链融资、债券融资、票据贴现、增发等多种形式融资，用于保证上市公司发展所需资金需求。④完善公司运行体系。重整投资人将协助上市公司整合和搭建统一的运营管理平台，并将为上市公司引入职业化的优质管理团队，实现上市公司规范化、市场化、体系化、信息化运营。

4. 为上市公司并购重组提供专业支持。并购重组是上市公司提升质量和规模的有效手段。并购基金作为专业的投资机构，拥有专业的投资团队，其以产业投资人身份参与上市公司破产重整后，可以充分发挥专业优势，协助上市公司遴选适格标的企业、选择适当投资时机、把控投资风险、促成并购交易，以巩固上市公司的行业地位，拓展上市公司的业务布局。

四、结语

近年来，随着经济形势的复杂多变和市场竞争的加剧，上市公司破产重整案件日渐增多，并购基金作为专业的投资机构，其在上市公司破产重整过程中的作用不容忽视。通过提供资金支持、产业整合以及管理优化等专业服务，并购基金不仅助力困境企业重获新生，也为债权人提供了更多的清偿资源，保护了中小投资者的利益，促进了资本市场的健康发展。随着市场的进一步成熟，并购基金自身运作管理水平和风险控制能力的提升，并购基金参与上市公司重整的机制与模式将会更加成熟，充分实现重整制度、优化资源配置的核心价值。

第二章

私募基金篇

第一节 以案例视角解读募集阶段私募基金全流程运作中的争议焦点

刘 倩 陈冲夷

一、试探析私募基金争议解决中私募基金管理人谨慎勤勉义务之边界——募集篇

1. 引言

私募基金凭借灵活的投资策略、较高的收益潜力以及较快的市场反应能力，深受高净值投资者和机构投资者的青睐。然而，与高收益相伴的往往是高风险，私募基金在运作过程中面临着诸多不确定性，这就要求私募基金管理人必须履行严格的谨慎勤勉义务，确保投资者权益得到充分保障，维系金融市场的健康发展。

私募基金管理人的谨慎勤勉义务贯穿基金从募集、投资、管理到退出的整个生命周期，每一个环节都要求管理人尽职尽责，以投资者的利益最大化为出发点。这不仅是对私募基金管理人专业能力的考验，更是对其法律意识和职业道德的严峻挑战。本系列文章从管理人的角度出发，对其在"募、投、管、退"阶段应履行的谨慎勤勉义务进行详细分析和探讨，以期为相关从业者提供法律指导和实践参考。本文则重点关注募集阶段的谨慎勤勉义务。

2. 私募基金管理人募集阶段谨慎勤勉义务的有关规定

私募基金管理人（以下简称管理人）的谨慎勤勉义务具有明确的法律依

据。中国证券监督管理委员会（以下简称中国证监会）、中国证券投资基金业协会（以下简称基金业协会）针对私募基金行业制定了相应的法律法规和监管要求，明确了管理人在募集阶段应履行的各项义务和责任。这些法律法规和监管要求不仅为管理人的行为提供了指引和规范，也为投资者提供了法律保障和救济途径。

关于现行法律法规及自律规则中有关募集阶段管理人谨慎勤勉义务的规定，整理如下：

规定名称	规定层级及发布机关	规定内容
《证券投资基金法》	法律 全国人民代表大会常务委员会	第九条　基金管理人、基金托管人管理、运用基金财产，基金服务机构从事基金服务活动，应当恪尽职守，履行诚实信用、谨慎勤勉的义务 基金管理人运用基金财产进行证券投资，应当遵守审慎经营规则，制定科学合理的投资策略和风险管理制度，有效防范和控制风险 基金从业人员应当具备基金从业资格，遵守法律、行政法规，恪守职业道德和行为规范
《私募投资基金监督管理条例》	行政法规 国务院	第三条第三款　私募基金管理人管理、运用私募基金财产，私募基金托管人托管私募基金财产，私募基金服务机构从事私募基金服务业务，应当遵守法律、行政法规规定，恪尽职守，履行诚实守信、谨慎勤勉的义务 第五十八条第一款　私募基金管理人、私募基金托管人、私募基金服务机构及其从业人员违反本条例或者国务院证券监督管理机构的有关规定，情节严重的，国务院证券监督管理机构可以对有关责任人员采取证券期货市场禁入措施

续表

规定名称	规定层级及发布机关	规定内容
《私募投资基金监督管理暂行办法》	部门规章 中国证监会	第四条第一款　私募基金管理人和从事私募基金托管业务的机构（以下简称私募基金托管人）管理、运用私募基金财产，从事私募基金销售业务的机构（以下简称私募基金销售机构）及其他私募服务机构从事私募基金服务活动，应当恪尽职守，履行诚实信用、谨慎勤勉的义务 第三十三条　私募基金管理人、私募基金托管人、私募基金销售机构及其他私募服务机构及其从业人员违反法律、行政法规及本办法规定，中国证监会及其派出机构可以对其采取责令改正、监管谈话、出具警示函、公开谴责等行政监管措施
最高人民法院关于印发《全国法院民商事审判工作会议纪要》的通知	司法解释 最高人民法院	第九十四条　资产管理产品的委托人以受托人未履行勤勉尽责、公平对待客户等义务损害其合法权益为由，请求受托人承担损害赔偿责任的，应当由受托人举证证明其已经履行了义务。受托人不能举证证明，委托人请求其承担相应赔偿责任的，人民法院依法予以支持
《私募投资基金登记备案办法》	行业规定 基金业协会	第三条第二款　私募基金管理人、私募基金托管人和私募基金服务机构从事私募基金业务活动，应当遵循投资者利益优先原则，恪尽职守，履行诚实信用、谨慎勤勉的义务，防范利益输送和利益冲突
《私募投资基金募集行为管理办法》		第六条　募集机构应当恪尽职守、诚实信用、谨慎勤勉，防范利益冲突，履行说明义务、反洗钱义务等相关义务，承担特定对象确定、投资者适当性审查、私募基金推介及合格投资者确认等相关责任 募集机构及其从业人员不得从事侵占基金财产和客户资金、利用私募基金相关的未公开信息进行交易等违法活动

续表

规定名称	规定层级及发布机关	规定内容
《中国证券投资基金业协会会员管理办法》	自律规则 基金业协会	第二十九条　对违反法律法规及中国证监会授予协会实施自律管理的规范性文件或协会自律规则的会员或从业人员，协会可视情节轻重给予惩戒，实施自律管理措施或纪律处分。 会员或从业人员违反上述规定，需要对其实施行政监管措施或行政处罚的，移交中国证监会等有关机关处理。

3.募集阶段管理人的谨慎勤勉义务的具体义务

（1）合规性审查的法律义务

在私募基金募集阶段，管理人的首要任务是对基金产品的合规性进行全面审查。具体而言，管理人需要对基金产品的投资策略、投资范围、投资比例等进行细致审查，并确保基金的基本情况合规、稳定、与推介信息一致。对于任何可能违反法律法规或监管要求的投资策略或行为，管理人都应及时提出并督促相关方进行整改。同时，管理人还需要对基金产品的风险控制措施进行审查，确保其充分、有效，能够切实保护投资者的合法权益。若管理人未能履行合规性审查义务，导致基金产品存在违法违规行为或给投资者带来损失的，将可能面临监管部门的行政处罚以及投资者的法律追责。

‖典型案例‖　在上海市浦东新区人民法院（2021）沪0115民初97875号[1]案件中，案涉基金为C私募基金，投资标的为T公司拥有的T大厦物业收益权。法院认为，被告C公司（管理人）未适当履行诚实信用、谨慎勤勉的管理义务。主要表现在：在案涉基金发行前，管理人未尽投前尽调义务，

---

[1] 中国裁判文书网：顾某与C公司等私募基金纠纷一审民事判决书，（2021）沪0115民初97875号。

在融资人已经存在不履行生效法律文书确定的文书、被列为失信被执行人，存在资金及信用风险的情况下，管理人仍发行案涉基金为其融资，有违基金发行人应履行的审慎审核及风险管控之基本职责。法院认为，被告C公司作为基金管理人，因管理过程中的重大过错导致原告损失，应对原告所受的实际损失承担赔偿责任。

‖ 案例评析 ‖ 本案中管理人过错较为明显，未进行基本的尽职调查（或进行了尽职调查但无法提供证据），导致基金投资人无法充分判断风险就进行了投资，作为管理人的违约过错之一是相对没有争议的。

（2）投资者适当性管理的义务

投资者适当性管理是管理人保护投资者利益的重要手段，也是其法定义务之一。在募集阶段，管理人需要对投资者的风险承受能力、投资经验、投资目标等进行全面了解，并根据这些因素对投资者进行分类管理。对于不同类型的投资者，管理人应推荐与其风险等级相匹配的基金产品，并充分揭示基金产品的风险。若管理人未履行投资者适当性管理的义务，导致投资者购买了与其风险承受能力不匹配的基金产品并遭受损失的，将可能面临投资者的法律索赔。

（3）违反适当性义务的主要情形

现行法律法规与行业规定中，暂未对适当性义务的细节作出规定，就目前公布的行政处罚、行业规定处罚案例而言，违反投资者适当性义务的行为主要包括：

违反情形	来源
存在未合理审慎地审查用于产品宣传的相关数据	沪证监决〔2023〕25号
未实际参与基金的募集	深圳证监局行政监管措施决定书（2022）32号
未完善合格投资者认定程序	关于对杭商资产管理（杭州）有限公司采取出具警示函措施的决定

续表

违反情形	来源
未谨慎勤勉履行管理人职责，未要求投资者提供收入或资产证明，未对投资者做冷静期回访，由非公司员工办理基金合同签署	关于对杭州康绛私募基金管理有限公司采取出具警示函措施的决定
未履行谨慎勤勉义务。根据协会前期收到的举报材料，蜂巢股权与荣道资本签订了系列《私募基金委托服务协议》及《补充协议》，上述协议中约定"荣道资本借助蜂巢股权私募基金的通道，发行私募基金产品""私募基金成立后由荣道资本担任实际管理人并独立操作，蜂巢股权仅提供私募基金通道服务"	中基协处分〔2023〕86号
将私募基金的项目尽职调查、基金推介募集、投资者适当性审查等私募基金主要管理职责委托非管理人实际执行	中基协处分〔2023〕84号

（4）民事诉讼中，如何认定管理人违反适当性义务

结合自律规则及实务案例总结，管理人需要履行的适当性义务及其在民事诉讼中需要提供的证据载体主要包括：

1）履行合格投资者审查义务，需要以《合格投资者承诺书》《投资者基本信息表（自然人）》《基金投资者风险测评问卷（自然人）》《投资者风险评估结果确认书》作为证据载体；

2）履行产品风险评级义务，需要以自行或者委托第三方机构对私募基金进行的风险评级的书面文件作为证据载体；

3）履行适当推荐销售义务，需要以《投资者风险匹配告知书及投资者确认函》以及相应的私募基金评级文件作为证据载体；

4）履行告知与说明义务，需要以《风险揭示书》《投资者风险匹配告知书及投资者确认函》作为证据载体；

5）此外，管理人还应当履行冷静期回访义务，需要以《回访确认书》作

为证据载体。

根据笔者经验，司法实践中存在这样的案例：投资人在案涉基金合同中所附《风险揭示书》以及《合格投资者承诺书》《基金投资者风险测评问卷（自然人）》《投资者风险评估结果确认书》《投资者风险匹配告知书及投资者确认函》《投资者基本信息表（自然人）》《回访确认书》等文件中进行了签名，且该签名真实、有效，加之评测显示投资人风险承受能力得分结果与案涉基金风险等级匹配，投资人亦承诺其符合合格投资者要求，前述文件的签署、测评结果、投资人承诺等均能证实管理人在案涉基金的销售、募集过程中，向投资人履行了风险能力评测、合格投资者调查、风险告知、冷静期回访等义务，符合法律法规规定的适当性义务履行内容。

但是，受限于现实的复杂情况，我们理解管理人与投资人可能遭遇到特殊情况（包括但不限于打款时间提前等情况），从而导致管理人受到客观条件的限制而无法履行适当性义务或对履行适当性义务进行书面留痕。我们总结了以下两种特殊情况，以及相关的法院观点。

争议问题一：基金合同签署后，补签投资者风险评估能否认为已经履行了适当性义务

在民事责任领域，对于如何认定管理人违反适当性义务则更加注重与相关证据的配合。其中，以履行适当性义务过程中的书面留痕最为关键。管理人可能处于特殊情况，造成基金募集先于投资者风险评估等行为，那么对于这种情况而言，如何认定管理人的责任呢？

‖典型案例‖ 在（2022）京0101民初17526号[1]判决书中，案涉基金"B基金1号"投资范围主要为全国中小企业股份转让系统（以下简称新三板）挂牌公司股票（含定向发行）、新三板做市交易的股票等高风险投资品

---

[1] 中国裁判文书网：张某与Z公司金融委托理财合同纠纷—审民事判决书，（2022）京0101民初17526号。

种。基金推介和销售发生于 2015 年 3 月 31 日之前；至 2015 年 4 月 3 日，案涉基金已成立并通过托管账户向定增预交款项缴款账户进行了划款。但是管理人 Z 公司对投资人张某的风险承受能力评估在 2015 年 4 月 19 日才进行。即使投资者后续评估符合要求，或者充分认识风险并同意继续申购，都无法抵消 Z 公司未及时履行自身义务的过错，故法院认为 Z 公司在销售基金产品的过程中履行适当性义务不及时、不全面，未能及时评估投资者风险承受能力即接受投资者认购基金产品并在投资者认购基金产品前未能充分揭示投资风险，存在一定过错。

此外，本案中补充进行风险评估的时间与案涉基金合同成立及基金成立时间相距较短，投资者风险承受能力在短期内发生明显变化的可能性并不大，后续评估显示张某符合案涉基金产品的合格投资者要求，且投资者在其后补充签署了《基金合同》并对认购事宜予以确认，法院认为 Z 公司上述适当性义务的违反并未在实质上过度影响投资者在认购案涉基金方面的自主决定，但仍应对其上述不规范行为对投资者承担一定赔偿责任。综合考量本案情形，法院酌情确定 Z 公司按照投资者认购金额 20% 的标准对投资者予以适当赔偿。

‖案例评析‖ 从这个案例中可以看出，未能及时评估投资者风险承受能力即接受投资者认购基金产品并在投资者认购基金产品前未能充分揭示投资风险，存在一定过错，管理人需要为该种行为承担部分赔偿责任。但同时，由于风险评估与基金成立相差时间不长，投资者风险承受能力在短期内发生明显变化的可能性并不大，法院也未要求管理人承担投资者的全部本金损失。

争议问题二：能否以投资者同期投资了其他私募基金投资来免除私募基金募集机构在销售案涉基金的适当性义务

投资人可能在同一时期多次投资不同的基金。实践中也存在投资人并非亲笔对风险测评问卷、回访确认书、冷静期确认书签名的情况。在这种情况下，能否通过其他同期私募基金的适当性义务的履行来免除案涉基金的适当性义务或者降低管理人应当承担的责任呢？

‖典型案例‖ 在（2023）鲁民终163号[①]判决书中，山东省高院认为：根据一审法院查明的事实，T公司提交的回访确认书、冷静期确认书、投资者认证开户手册等材料中签名处均不是投资者赵某本人所写，亦无其他证据证明T公司已通过其他方式履行了风险评估告知义务。虽然赵某从事财务工作、在同时期亦投资了其他私募基金产品，但不能因此免除T公司在销售涉案基金产品时应尽的适当性义务，亦不能以其他私募基金适当性义务的履行来代替其销售涉案基金产品应尽的义务。因此法院认定T公司在销售涉案基金产品的过程中并未尽到适当性义务，应对赵某遭受的实际损失承担赔偿责任。

‖笔者建议‖ 实践中，投资人可能在同期投资多笔私募基金，也可能出现非投资人本人签署与其他私募基金同样内容的适当性义务留痕文件（如风险测评问卷、回访确认书等）。从目前的司法实践来看，管理人无法通过其他不同管理人的私募基金履行的适当性义务从而免除或减轻自身的责任，即便投资人购买了与其风险承受能力相匹配的基金产品。因此，建议管理人应当严格履行相应的适当性义务，做好书面留痕工作；对于因特殊情况无法亲自签名的投资人，不能简单采信该投资人同期提交的适当性义务文件，投资人可考虑通过电子签名、远程视频、对签名进行公证认证等方式做好留痕工作。

4. 总结

在私募基金募集阶段，管理人的谨慎勤勉义务十分重要。管理人需要全面、准确、及时地披露基金产品的相关信息，充分揭示潜在风险，确保投资

[①] 中国裁判文书网：T公司、赵某等金融委托理财合同纠纷二审民事判决书，（2023）鲁民终163号。

者在充分了解的基础上做出投资决策,并且管理人需要对基金产品的合规性进行严谨、细致的合规性审查。同时,管理人还需要对投资者的适当性进行管理,确保投资者具备相应的风险承受能力和投资经验。这些义务的履行对于保护投资者的合法权益、维护金融市场的稳定具有重要意义。

谨慎勤勉义务的履行是一个持续、动态的过程。随着金融市场的不断创新和发展,管理人面临越来越多的挑战和考验。因此,管理人需要不断提升自身的专业素养和综合能力,加强与投资者、监管部门等的沟通与协作,共同推动私募基金行业的健康发展。

二、适当性义务的争议要点

> **案例解读**

1. 基金管理人/销售机构不违反适当性义务的案例

编号	审理法院及案号	关键事实	判决认为
1	上海金融法院(2022)沪74民终976号[①]	销售机构通过风险调查问卷确认投资人系合格投资者,在此基础上对其进行了风险等级评估,并向其销售与测评风险等级匹配的金融产品,且通过《风险揭示书》《基金业务申请表》等材料告知案涉基金产品的投资项目、募集规模、管理人、托管人等信息,多次揭示案涉基金产品的高风险,投资者签署的《投资者承诺书》《君创并购一号私募基金基金合同》等亦表明了案涉产品的相关情况并揭示案涉基金产品的高风险情况	销售机构已履行了适当性义务以及风险揭示和告知说明义务

---

① 中国裁判文书网:S公司与L公司等财产损害赔偿纠纷二审民事判决书,(2022)沪74民终976号。

续表

编号	审理法院及案号	关键事实	判决认为
2	上海金融法院（2021）沪74民终1012号①	（1）上诉人（投资人）填写了《会员入会申请表》，并在风险测评一栏签字。在被上诉人（销售机构）一审提供的电话录音中，上诉人业已确认了解其风险识别能力与所购基金相匹配。根据上诉人勾选情况测算得分，上诉人风险测评个人问卷得分结果显示其风险偏好类型为平衡型，比较适合投资中风险产品，也可配置一部分低、高风险产品。而本案所涉《基金合同》中明确约定基金产品的风险等级为中风险，与上诉人的风险测评结果并无相悖之处 （2）结合被上诉人举证其已对金融消费者的风险认知、风险偏好和风险承受能力进行了测试、向金融消费者告知产品的收益和主要风险等情况，本案中亦无证据表明被上诉人存在违反当性义务的情况，亦未有证据证明被上诉人影响上诉人作出案涉基金产品购买、入金等自主决定 （3）涉案《风险揭示书》已披露案涉基金的风险等级以及基金投资运作中可能存在的各类风险。上诉人还签署了《投资风险提示与确认函》，再次以书面签字确认的形式表示其已清楚该产品的投资风险，并自愿自行承担投资目标产品的收益和损失风险 （4）而在被上诉人对上诉人所作的电话回访录音中，上诉人亦明确表示对涉案产品的投资风险已有认知 （5）在主观方面，从上诉人的过往投资经历来看，在购买涉案基金产品之前，其曾购买与涉案基金产品风险等级相当的产品，还曾从事股权投资等风险较高的投资行为，因此，上诉人系具备一定经验的金融消费者，对系争产品发生亏损的风险亦应有所预期	销售机构已履行了适当性义务以及风险揭示和告知说明义务

---

① 中国裁判文书网：朱某与G公司财产损害赔偿纠纷二审民事判决书，（2021）沪74民终1012号。

【裁判分析】

根据上述案件的分析，审理法院一般围绕销售机构/代销机构①是否已进行投资者风险能力测评；②是否对私募基金产品可能产生的风险进行披露提示；③投资者的风险承受等级与私募基金产品的风险等级是否匹配；④投资者是否对已签署风险承诺文件等方面进行审查。

履行适当性义务存在瑕疵情形下的抗辩：卖方机构能够举证证明根据金融消费者的既往投资经验、受教育程度等事实，适当性义务的违反并未影响金融消费者作出自主决定的，对其关于应当由金融消费者自负投资风险的抗辩理由，一般会予以支持。司法实践中，在投资者自愿购买产品、自愿自行承担投资目标产品的收益和损失风险情形下，法院认定即使代销机构在销售过程中履行适当性义务存在瑕疵，但并未构成侵权过错。

告知说明义务与适当性义务的关系。告知说明义务不同于适当性义务，卖方机构的告知说明义务是其适当性义务的组成部分之一，而不是全部；告知说明义务是针对卖方金融机构拟销售的金融产品或提供的金融服务，强调的是"信息披露"和"风险揭示"，即金融机构在推销金融产品时，应该向金融消费者充分说明与金融产品相关的市场风险、信用风险、合同的主要内容等重要事项，使得金融消费者对所要投资的金融产品有足够的认识从而做出投资决定。

司法实践对告知说明义务/风险揭示义务的衡量标准：告知说明义务的履行是金融消费者能够真正了解各类高风险等级金融产品或者高风险等级投资活动的投资风险和收益的关键，人民法院应当根据产品、投资活动的风险和金融消费者的实际情况，综合理性人能够理解的客观标准和金融消费者能够理解的主观标准来确定卖方机构是否已经履行了告知说明义务。

2. 基金管理人/销售机构违反适当性义务的案例（投资人无过错情形）

要点	审理法院及案号	关键事实	判决认为	损失承担
基金管理人与代销机构共同违反适当性义务	上海市静安区人民法院（2023）沪0106民初16072号[①]	（1）《基金风险提示函》中载明的"本风险揭示书的揭示事项仅为列举性质，未能详尽列明投资者参与私募基金投资所面临的全部风险和可能导致投资者资产损失的所有因素"，"已经理解并愿意自行承担参与私募基金投资的风险和损失"不足以证明告知说明义务的履行。原告确认被告未告知其涉案基金风险等级，未对其进行过风险测评，其无法判断原告是否为"适当的投资者"（2）两被告在涉案基金销售过程中均未充分评估投资者适当性，由此导致投资者在案涉基金投资过程中遭受损失的，应当承担连带责任	基金管理人未适当履行应尽的了解客户、了解产品、将适当的产品销售给适合的金融消费者的适当性义务。代销机构根据《证券投资基金法》第一百四十五条第二款承担连带责任	连带承担100%的投资款与利息损失，以954,067.45元（本金）为基数计算的利息损失（自2019年6月20日起至2019年8月19日止按年利率4.75%计算，自2019年8月20日起至实际清偿日止按同期一年期全国银行间同业拆借中心公布的贷款市场报价利率计算）
销售机构违反适当性义务	上海金融法院（2020）沪74民终461号[②]	（1）投资人不具备金融专业知识或从业背景，基金管理人未举证证明其实施了问卷调查程序以评估常某的风险识别和承担能力	在基金管理人未充分揭示投资风险，且未尽到适当性义务的情况下，	基金管理人承担100%的投资款与利息损失，按照中国人民银行发布的

[①] 中国裁判文书网：杨某与上海某公司等其他合同纠纷一审民事判决书，（2023）沪0106民初16072号。

[②] 中国裁判文书网：H公司、常某与P公司上海分行证券投资基金交易纠纷二审民事判决书，（2020）沪74民终461号。

续表

要点	审理法院及案号	关键事实	判决认为	损失承担
销售机构违反适当性义务	上海金融法院（2020）沪74民终461号	（2）虽然向投资人提示了项目的未来具有不确定性、股权投资的风险肯定存在且大于其他投资等风险因素，但同时又通过项目背景、市场前景等介绍，客观上淡化了项目介绍中的风险描述，在告知说明义务的履行方面存在瑕疵	投资人作为普通投资者，难以自行作出合理决策并评估交易风险，其在《风险承诺函》上签字的行为不构成"过错"，故基金管理人应对常某的实际损失承担全部赔偿责任	同期同类存款基准利率计算利息
代销机构违反适当性义务	广东省深圳市中级人民法院（2020）粤03民终26388号①	（1）风险承受能力调查问卷系空白，且没有签署日期 （2）代销机构没有进行风险承受能力调查。由于投资人和推介人员是朋友关系，对其资产状况和投资习惯比较了解 （3）代销机构的推介人员不知道案涉基金产品存在杠杆等风险 （4）代销机构未提交任何证据证明其对投资人做出了投资本金和收益可能发生最大损失风险的特别说明 （5）本案特色：不具备基金销售牌照公司的主体事实上从事了基金销售，被认定为与投资	代销机构未尽适当性义务，对投资人损失存在过错，应承担赔偿责任；投资人是完全民事行为能力人，在进行重大投资时亦负有审慎义务，且投资发生亏损的直接原因是金融市场的正常变化和波动	酌定损失的分担，即由投资人承担30%的本金损失，由代销机构承担70%的本金损失。利息按照LPR标准计算

---

① 中国裁判文书网：K公司、徐某芬金融委托理财合同纠纷二审民事判决书，（2020）粤03民终26388号。

续表

要点	审理法院及案号	关键事实	判决认为	损失承担
代销机构违反适当性义务	广东省深圳市中级人民法院（2020）粤03民终26388号	人之间存在金融委托理财合同关系。从K公司（代销机构）的经营范围来看，其经营范围包括投资咨询，不包括基金的销售，但从其向徐某芬提供的一系列服务来看，徐某芬通过K公司的推介了解案涉基金、决定认购案涉基金，并根据K公司提供的《元普定增11号认购签约指引（个人客户）》完成了认购款的支付，通过K公司提供的服务完成了案涉基金合同的签订。由此可见，徐某芬整个认购基金的过程都是在K公司的服务下完成，故K公司在徐某芬认购案涉基金的过程中不仅仅提供咨询服务，还包括案涉基金的销售。徐某芬通过K公司提供的一系列服务进行基金投资，系出于其金融委托理财的需要，因此在双方之间形成金融委托理财合同关系		

【裁判分析】

在投资人不具有过错的前提下，如果管理人在履行适当性义务的过程中存在瑕疵，通常由管理人承担投资人本金损失的全部责任。

但是，也有法院认为，投资人是完全民事行为能力人，在进行重大投资时亦负有审慎义务，且投资发生亏损的直接原因是金融市场的正常变化和波动，要求管理人承担投资人的全部损失对管理人施加的义务过重，故而酌情要求由投资人承担30%的本金损失，由代销机构承担70%的本金损失。（如

（2020）粤03民终26388号案例）。

但是，我们认为，根据《全国法院民商事审判工作会议纪要》（以下简称《九民纪要》）第七十八条的规定，管理人可以免责的情况主要包括：

> 投资人故意提供虚假消息；

> 投资人拒绝听取管理人的建议等自身原因导致购买到与其风险不匹配的产品；

> 投资人具备一定程度的投资经验、受教育程度，管理人未履行适当性义务并未影响投资人的自主决定。

同时，《九民纪要》第七十四条也规定了："金融产品发行人、销售者未尽适当性义务，导致金融消费者在购买金融产品过程中遭受损失的，金融消费者既可以请求金融产品的发行人承担赔偿责任，也可以请求金融产品的销售者承担赔偿责任……"对于适当性义务来说，未尽适当性义务即为赔偿责任的履行前提，而非由金融市场的正常变化和波动来影响管理人责任的承担。在未尽适当性义务且投资人不存在过错的前提下，理应由管理人承担相应的本金损失赔偿责任。

3. 基金管理人/销售机构违反适当性义务的案例（投资人存在过错情形）

要点	审理法院及案号	关键事实	判决认为	损失承担
管理人违反适当性义务，投资人自身存在过失	上海市浦东新区人民法院（2022）沪0115民初86174号[1]	（1）原告进行了个人投资者风险承受能力评估，结果为稳健型，而案涉资管产品的风险显然已超出原告的风险承受能力，此时，被告的风险提示及明确说明义务显得更加重要	难以认定被告在本案中尽到投资者适当性义务。原告亦应对自己的投资行为承担相应不利的法律后果	投资人承担30%的本金损失，管理人承担70%的本金损失

---

[1] 中国裁判文书网：汪某与L公司财产损害赔偿纠纷一审民事判决书，（2022）沪0115民初86174号。

续表

要点	审理法院及案号	关键事实	判决认为	损失承担
管理人违反适当性义务，投资人自身存在过失	上海市浦东新区人民法院（2022）沪0115民初86174号	（2）被告提供了《联储证券有限责任公司金融产品或金融服务不适当警示及客户投资确认书》，仅简单地以打钩方式向原告告知其所购买产品的风险等级高于其风险承受能力，并要求原告以签名方式确认其事先打印的"关于投资人明确知悉并承担该投资可能引起的损失"等内容，尚不足以证明被告曾就原告购买超越其风险等级的案涉资管产品进行了充分的风险提示，亦无法证明被告采取的该告知方式已足以使原告认识到购买超越其风险等级产品所可能造成的损失及其他后果 （3）原告在明知其风险承受能力不匹配的前提下，仍与被告签订《资管合同》并主动划付了投资款。被告在《资管合同》中提示了涉案资管计划的中高风险及本金损失的可能、投资者自担风险与损失。同时，被告也对相关文件和风险进行了披露与公示，且通过《风险揭示书》向原告提示了投资风险。原告亦应对自己的投资行为承担相应不利的法律后果，不能将由此产生的法律后果全部由被告承担		

续表

要点	审理法院及案号	关键事实	判决认为	损失承担
管理人违反适当性义务,投资人自身存在过失	上海市浦东新区人民法院(2020)沪0115民初22706号①	(1)基金管理人无法举证证明其对原告的投资风险认知、风险偏好和风险承受能力进行了测试并向原告充分告知系争产品的主要风险因素,未完全尽到适当性义务(2)(基金运作过程中)基金管理人在信息披露、风险控制等方面,亦存在未尽到谨慎勤勉的管理义务的过错(3)投资人在投资涉案产品时,未充分了解涉案产品的相关信息,在进行大额投资时本人未签署合同文本,具有一定的过错。原告亦应当对自己的投资行为承担相应不利的法律后果,不能要求由此产生的损失全部由被告承担	基金管理人在销售涉案产品时存在未了解客户、未将适当的产品销售给适合的金融消费者的问题,未能完全尽到投资者适当性义务	酌定基金管理人对投资人的赔偿范围为实际投资损失金额的50%,未支持利息损失
管理人违反适当性义务,投资人自身存在过失	上海市杨浦区人民法院(2019)沪0110民初11905号②	(1)基金管理人在投资人填写"投资者风险承受能力调查问卷"后,并未对投资人进行评级,也未能举证证明其就投资人评估后的结果与涉案基金高风险等级不匹配的情况向投资人履行了专门的告知说明义务。此外,在投资人签订《基金合同》时,基金管理人提供的	基金管理人未履行投资方风险评级、未履行告知说明义务、未合理揭示风险;投资人具有既往投资经验,本次投资未尽到审慎注意义务,应当承担主要责任	投资人承担80%的本金损失,基金管理人承担20%的本金损失,未支持利息损失

---

① 中国裁判文书网:俞某与L公司金融委托理财合同纠纷一审民事判决书,(2020)沪0115民初22706号。

② 中国裁判文书网:孔某与R股权投资基金管理有限公司、R资产管理有限公司财产损害赔偿纠纷一审民事判决书,(2019)沪0110民初11905号。

续表

要点	审理法院及案号	关键事实	判决认为	损失承担
管理人违反适当性义务，投资人自身存在过失	上海市杨浦区人民法院（2019）沪0110民初11905号	环保基金说明书中有"基金预计年化收益率不低于50%"的字样，对基金的高风险却只字未提，对投资人的判断造成了一定的误导。基金管理人在推介环保基金时履行适当性义务存在瑕疵，应对投资人的财产损失承担一定的赔偿责任 （2）投资人具有类似的成功投资经验，是对涉案基金的运作模式和存在的风险具有识别能力和承担能力的合格投资者 （3）投资人作为具有完全民事行为能力且多次进行投资理财的投资人，其在投资理财过程中，应当尽到审慎注意义务。投资人在购买系争环保基金过程中，未能主动了解环保基金的相关情况和风险等级，对投资结果和风险没有形成足够的认识而决定投资，故投资人自身对投资失败造成的损失具有过错，应承担主要责任		

【裁判分析】

根据上述案件的分析，结合《九民纪要》第七十八条的规定："【免责事由】因金融消费者故意提供虚假信息、拒绝听取卖方机构的建议等自身原因导致其购买产品或者接受服务不适当，卖方机构请求免除相应责任的，人民法院依法予以支持，但金融消费者能够证明该虚假信息的出具系卖方机构误导的除外。卖方机构能够举证证明根据金融消费者的既往投资经验、受教育程度等事实，适当性义务的违反并未影响金融消费者作出自主决定的，对其关于应当由金融消费者自负投资风险的抗辩理由，人民法院依法予以支持。"

在投资人存在过错的情况下，法院通常会采用"过失相抵"的原则对管理人的责任进行细化，在判断金融机构是否履行适当性义务时，通常会结合投资者的理解力、判断力等因素。从司法实践来看，判断投资者的过错程度时，法院会综合考虑投资者的行为能力、投资经验、受教育程度、义务违反类型等因素。

对于投资经验欠缺的投资人来说，法院对于管理人的适当性义务的履行要求更高，特别是对于销售高于投资人风险承受能力的产品的情况下，需要更严格的告知程序，如"（2022）沪0115民初86174号"案例中，法院认为管理人不能仅简单地以打钩方式向投资人告知其所购买产品的风险等级高于其风险承受能力，从而要求管理人承担投资人70%的本金损失。

同时，对于之前已经有过投资经验的投资人来说，法院对其审慎义务的履行要求更高，正如前文所述"（2019）沪0110民初11905号"案例，法院认为，投资人具有类似的成功投资经验，是对涉案基金的运作模式和存在的风险具有识别能力和承担能力的合格投资者，在这种情况下，即便基金管理人未履行投资方风险评级、未履行告知说明义务、未合理揭示风险，仍然要求投资人承担80%的本金损失，而管理人仅需承担20%的本金损失。这也反映了在法院中，对于投资人利益的保护，针对经验不同的投资人，法院对管理人及投资人双方各自应当承担的义务也会酌情进行调整。

4. 其他无须承担适当性义务的情形

要点	审理法院及案号	关键事实	判决认为
投资人损失尚未确定	上海市浦东新区人民法院（2020）沪0115民初65708号①	（1）本案为财产损害赔偿纠纷，侵权构成要件之一为损失，投资人损失是否明确、被告是否需要承担侵权责任是本案的争议焦点 （2）无论被告行为在基金推介、销售过程中是否存有不当或者过错，在基金未经清算完毕、未明确投资人不能兑付损失的情况下，特别是在投资人已经申请仲裁要求被申请人返还投资本金、赔偿利息损失的情况下，投资人是否受损仍未最终确定	驳回全部诉讼请求
投资人是专业投资人	上海市虹口区人民法院（2021）沪0109民初7347号②	（1）原告在签订《资管合同》时，投资者基本信息勾选的资产规模为金融资产不低于500万元或近3年个人年均收入不低于50万元；私募基金或者资产管理计划投资者，最近20个交易日金融资产均不得低于300万元或近3年个人年均收入不低于50万元。投资者基本信息勾选的投资经历为具有2年以上证券、基金、期货、黄金、外汇等投资经历，或者具有2年以上金融产品设计、投资、风险管理及相关工作经历的自然人投资者，或者属于《证券期货投资者适当性管理办法》第八条第一款所规定的专业投资者的高级管理人员、获得职业资格认证的从事金融相关业务的注册会计师。原告据此申请成为专业投资者，被告C公司向原告出具《专业投资者确认及告知书》，告知原告被认定为专业投资者，并告知了相关事项 （2）原告在申购涉案资管计划时申请成为专业投资者，且根据投资人的资产情况和投资经历，完全符合专业投资者条件 （3）根据《基金募集机构投资者适当性管理实施指引（试行）》的相关规定，C公司无须对专业投资者进行风险测评	驳回全部诉讼请求

---

① 中国裁判文书网：周某与J公司、黄某财产损害赔偿纠纷一审民事判决书，（2020）沪0115民初65708号。

② 中国裁判文书网：卢某与C公司等其他合同纠纷一审民事判决书，（2021）沪0109民初7347号。

续表

要点	审理法院及案号	关键事实	判决认为
推介人员推荐第三方产品	江苏省邳州市人民法院（2019）苏0382民初8962号①	（1）虽然推介人员系工作期间以建行邳州支行大堂经理身份在工作场所向投资人推荐案涉基金产品，但是推荐的基金产品并非建行代销的产品，受益人并非建行邳州支行，该行为也并非基于建行邳州支行的意志。该推介人员的行为不构成职务行为 （2）投资人在未签署任何风险提示、权益须知、委托理财合同等文件的前提下直接向第三方公司转账。投资人未尽到合理的注意义务，其行为明显与一名完全民事行为能力人的基本认知不符，因此，投资人在主观上具有过失 （3）推介人员起到了介绍、推荐的作用，最终起决定作用的，还是投资人的个人意愿。投资人购买基金产品所产生的风险，应由其自行承担	驳回全部诉讼请求

【裁判分析】

此处列举的情况均为我们在检索案例的过程中遇到的特殊情况，对于无须承担适当性义务的情形，主要包含以下几类：

（1）基金未经清算完毕、未明确投资人不能兑付损失的情况下，投资人损失未确定，管理人暂无须承担损害赔偿责任；

（2）投资人是专业投资人；

（3）在第三方人员（非管理人、非代销机构）的推介下，投资人在未签署任何风险提示、权益须知、委托理财合同等文件的前提下直接向第三方公司转账，行为明显违反一名完全民事行为能力人的基本认知。

---

① 中国裁判文书网：张某与中国建设银行股份有限公司邳州支行、郑某财产损害赔偿纠纷一审民事判决书，（2019）苏0382民初8962号。

其中，第一点较为特殊，在过去的司法实践中，法院通常认为需要先确定投资人的损失再确定管理人的损害赔偿责任，一般在涉案基金清算后才能确定相关的损失情况。但是，由于涉案基金通常存在运营困难，管理人缺乏动力或难以进行清算，并且，上述裁判思路也让管理人怠于清算，即便已经有充足的证据证明管理人存在违反适当性义务的情况，法院也较难确定管理人的损害赔偿责任，对于保护投资人的合法权益产生了影响。

三、未满足合格投资者要求签署基金合同的效力问题

1. 重点法规

➤《民法典》

第一百五十三条　违反法律、行政法规的强制性规定的民事法律行为无效。但是，该强制性规定不导致该民事法律行为无效的除外。

违背公序良俗的民事法律行为无效。

➤《九民纪要》

第三十条　【强制性规定的识别】合同法施行后，针对一些人民法院动辄以违反法律、行政法规的强制性规定为由认定合同无效，不当扩大无效合同范围的情形，合同法司法解释（二）第14条[1]将《合同法》第52条第5项[2]规定的"强制性规定"明确限于"效力性强制性规定"。此后，《最高人民法院关于当前形势下审理民商事合同纠纷案件若干问题的指导意见》进一步

---

[1]《最高人民法院关于适用〈中华人民共和国合同法〉若干问题的解释（二）》（已失效）第十四条　合同法第五十二条第（五）项规定的"强制性规定"，是指效力性强制性规定。

[2]《合同法》（已失效）第五十二条　有下列情形之一的，合同无效：（一）一方以欺诈、胁迫的手段订立合同，损害国家利益；（二）恶意串通，损害国家、集体或者第三人利益；（三）以合法形式掩盖非法目的；（四）损害社会公共利益；（五）违反法律、行政法规的强制性规定。

提出了"管理性强制性规定"的概念,指出违反管理性强制性规定的,人民法院应当根据具体情形认定合同效力。随着这一概念的提出,审判实践中又出现了另一种倾向,有的人民法院认为凡是行政管理性质的强制性规定都属于"管理性强制性规定",不影响合同效力。这种望文生义的认定方法,应予纠正。

人民法院在审理合同纠纷案件时,要依据《民法总则》第153条第1款[①]和合同法司法解释(二)第14条的规定慎重判断"强制性规定"的性质,特别是要在考量强制性规定所保护的法益类型、违法行为的法律后果以及交易安全保护等因素的基础上认定其性质,并在裁判文书中充分说明理由。下列强制性规定,应当认定为"效力性强制性规定":强制性规定涉及金融安全、市场秩序、国家宏观政策等公序良俗的;交易标的禁止买卖的,如禁止人体器官、毒品、枪支等买卖;违反特许经营规定的,如场外配资合同;交易方式严重违法的,如违反招投标等竞争性缔约方式订立的合同;交易场所违法的,如在批准的交易场所之外进行期货交易。关于经营范围、交易时间、交易数量等行政管理性质的强制性规定,一般应当认定为"管理性强制性规定"。

第三十一条 【违反规章的合同效力】违反规章一般情况下不影响合同效力,但该规章的内容涉及金融安全、市场秩序、国家宏观政策等公序良俗的,应当认定合同无效。人民法院在认定规章是否涉及公序良俗时,要在考察规范对象基础上,兼顾监管强度、交易安全保护以及社会影响等方面进行慎重考量,并在裁判文书中进行充分说理。

---

① 《民法总则》(已失效)第一百五十三条第一款 违反法律、行政法规的强制性规定的民事法律行为无效,但是该强制性规定不导致该民事法律行为无效的除外。

> 《证券投资基金法》

第八十七条　非公开募集基金应当向合格投资者募集，合格投资者累计不得超过二百人。

前款所称合格投资者，是指达到规定资产规模或者收入水平，并且具备相应的风险识别能力和风险承担能力、其基金份额认购金额不低于规定限额的单位和个人。

合格投资者的具体标准由国务院证券监督管理机构规定。

第九十一条　非公开募集基金，不得向合格投资者之外的单位和个人募集资金，不得通过报刊、电台、电视台、互联网等公众传播媒体或者讲座、报告会、分析会等方式向不特定对象宣传推介。

> 《私募投资基金监督管理暂行办法》（以下简称《私募监管暂行办法》）

第十二条　私募基金的合格投资者是指具备相应风险识别能力和风险承担能力，投资于单只私募基金的金额不低于100万元且符合下列相关标准的单位和个人：

（一）净资产不低于1000万元的单位；

（二）金融资产不低于300万元或者最近三年个人年均收入不低于50万元的个人。

前款所称金融资产包括银行存款、股票、债券、基金份额、资产管理计划、银行理财产品、信托计划、保险产品、期货权益等。

2. 案例解读

编号	审理法院及案号	关键事实	裁判观点	裁判结果
1	广东省深圳前海合作区人民法院（2016）粤0391民初1193号[1]	（1）2015年8月31日骆某山（原告）与J基金（被告）签订《某基金认购合同》，投资金额为人民币40万元[2] （2）认购合同第二条约定："基金名称为某基金，类别为私募投资基金，募集总额为2.75亿元，每份基金的份额为10万元，共计200份，投资目标是在保证投资者资金安全的前提下，通过短线交易和趋势交易，实现基金资产规模的稳步增长，最低认购额为50万元，其中被告作为普通份额持有人承诺认购92.7%，即2.55亿元，基金存续期限为1年，即自2015年9月起至2016年8月止" （3）根据中国证券投资基金协会官网公示的信息，被告J基金属于已备案的基金管理人，但处于"失联（异常）状态"，异常的原因为未按要求提交经审计的年度	本院认为，私募基金合同在本质上也是属于合同，对其效力的判断应以《合同法》的规定作为依据。对照本案，没有符合《合同法》第五十二条的前四种情形。重点应当分析本案是否符合第五种情形。第五种情形规定，"违反法律、行政法规的强制性规定"将导致合同无效。就本案而言，不管是原告的非合格投资者身份还是涉案基金产品未进行备案登记，均属于违反《私募监管暂行办法》中有关强制性规定。但本院认为，这两点均不能导致涉案私募基金合同无效 首先，从所违反的强制性规定的层级看，《私募监管暂行办法》系证监会制定，属于部门规章，不属于法律或行政法规。在规范性文件的效力层级上不符合《合同法》第五十二条第五项规定的"法律、行政法规"。强制性规定一般以三种情况出现：第一种情况是强制性规定本身直接规定了违法行为的效力；第二种情况是强制性规定本身没有直接明确规定违法行为的效力，但引致或结合其	基金合同有效 （关键词：《私募监管暂行办法》不属于"法律、行政法规"）

---

[1] 中国裁判文书网：骆某山与J基金、何某合同纠纷一审民事判决书，（2016）粤0391民初1193号。

[2] 编者注：《私募监管暂行办法》于2014年8月21日实施，本案例中投资者未满足投资于单只私募基金的金额不低于100万元的要求。

续表

编号	审理法院及案号	关键事实	裁判观点	裁判结果
1	广东省深圳前海合作区人民法院（2016）粤0391民初1193号	财务报告，未按要求进行产品更新或重大事项更新累计2次以上，此外，其实缴资本低于100万元或实缴资本低于25%，法定代表人王某超无基金从业资格，涉案的"某基金"没有进行登记备案，也未进行信息披露	他法律条文，其他法律条文明确规定了该违法行为的效力；第三种情况是强制性规定本身没有直接明确规定违法行为的效力，也没有引致到其他具体的法律条文中，更没有其他法律条文对其效力予以明确规定。通说认为，强制性规定还应当进一步区别为效力性规定和管理性规定，只有违反效力性强制性规定的合同直接无效 其次，从强制性规定的性质看，法律法规并没有规定违反《私募监管暂行办法》中关于合格投资者门槛和基金备案的规定将导致合同无效，且没有证据显示违反该规定若使合同继续有效将直接损害国家利益和社会公共利益，故该强制性规定不属于效力性规定，而是属于管理性规定。因此，作为被告的J基金向非合格投资者的原告出售未经备案登记的基金产品，违反了《私募监管暂行办法》这一部门规章，应受到监管部门的行政处罚，承担行政违法的责任，但不能直接导致本案私募基金合同的无效。原告主张合同有效，于法有据，本院予以支持，被告何某如辩称合同无效缺乏事实和法律依据，本院不予支持。 综上，不管是从合同的形式要件还是从影响合同效力的实质要件来分析，本案的私募基金	

续表

编号	审理法院及案号	关键事实	裁判观点	裁判结果
1	广东省深圳前海合作区人民法院（2016）粤0391民初1193号		合同都是有效成立的，合同双方当事人应当受其拘束。被告J基金在基金到期后没有按照合同约定返还认购款并支付相应的收益，应当承担相应的违约责任	
2	北京市第二中级人民法院（2020）京02民终7993号①	（1）基金投资者J与基金管理人X、基金托管人D银行签订了《基金合同》，并且约定在不违反法律法规及监管部门相关规定的前提下，基金份额持有人可向其他合格投资者转让基金份额，基金份额转让须按照中国基金业协会要求进行份额登记（2）然后，J（转让方）与Y公司（受让方）、X公司（基金管理人）签订《转让协议》，约定：一、转让标的为转让方合法持有的《基金合同》项下的基金份额及对应的权利和义务。二、转让价款：基金的申购价格以基金份额面值为基准。转让份额为1000万份，转让价款为人民币10,870,640.78元	《最高人民法院关于适用〈中华人民共和国合同法〉若干问题的解释（二）》第十四条规定，合同法第五十二条第（五）项规定的"强制性规定"，是指效力性强制性规定。据此，只有违反法律、行政法规的效力性强制性规定的合同才可认定无效。根据《证券投资基金法》第八十七条、第九十一条的规定，非公开募集基金应当向合格投资者募集，不得向合格投资者之外的单位或个人募集资金。首先，该法中并未明确规定违反上述规定的基金合同及基金转让协议无效；其次，私募基金份额转让行为仅发生在特定投资者内部，双方系平等投资主体，一方通过支付对价的方式获得另一方的基金份额，向不合格投资者转让私募基金份额仅关系到当事人的利益，并不导致任何第三方权益受损，该	转让协议有效 关键词：效力性强制性规定

---

① 中国裁判文书网：Y公司等与陕西省教育基金会合同纠纷二审民事判决书，（2020）京02民终7993号。

续表

编号	审理法院及案号	关键事实	裁判观点	裁判结果
2	北京市第二中级人民法院（2020）京02民终7993号	（3）二审期间，Y公司提交其2020年7月资产负债表，证明Y公司截至二审开庭时不符合相关法律规定的合格投资者的要求，一审判决客观上无法履行	转让行为亦未损害国家、集体及社会公共利益；最后，私募基金引入"合格投资者"制度，其目的在于保护投资人，在一定程度上起到风险提示与风险阻遏作用，是行政管理的需要。综上，《证券投资基金法》第八十七条、第九十一条属于管理性强制性规定，并非效力性强制性规定，Y公司是否为合格投资人不影响案涉《转让协议》的效力。Y公司主张案涉《转让协议》违反法律强制性规定，应属无效的上诉理由，于法无据，本院不予支持	
3	广东省深圳市福田区人民法院（2020）粤0304民初32972号①（双方当事人均未提起上诉）	（1）原告与被告N公司、刘某堂签订一份《投资暨代持协议》，约定：原告向被告N公司投资60万元，该投资由被告刘某堂代持，原告投资款最终通过被告N公司定向投资于第三人，原告投资期限为365天，被告N公司按年收益率11%向原告分配投资收益，其中每月定期分配投资收益，到期一次性返还本金及最后一期收益 （2）原告通过银行转账向	本院认为，私募投资基金是通过非公开的方式面向合格投资者募集资金的资产管理方式。私募投资基金与公募投资基金在资金募集方式和投资人门槛等方面存在诸多区别。私募市场产品设计及产品信息无须向公众公开，更多的是当事人之间意思自治的产物。相较于公募基金，私募基金风险更高，因此决定了私募市场是面对高净值人士的市场，需要由具备风险识别能力和承受能力的合格投资者进入市场。我国《证券投资基金法》第八十七条第一款规定，非公开募集基金应当向合格投资者募集。中国证	合同无效 关键词：强制性规定

---

① 中国裁判文书网：陈某丽、N公司等合同纠纷一审民事判决书，（2020）粤0304民初32972号。

续表

编号	审理法院及案号	关键事实	裁判观点	裁判结果
3	广东省深圳市福田区人民法院（2020）粤0304民初32972号（双方当事人均未提起上诉）	被告N公司支付了投资本金60万元 （3）被告N公司未在中国证券投资基金业协会登记，某基金产品未备案	券监督管理委员会《私募监管暂行办法》第十一条第一款亦规定，私募基金应当向合格投资者募集。因此，合格投资者制度是私募市场健康发展的基石 本案中，原告通过被告N公司投资于第三人同赢合伙的资金仅有60万元，未能达到"投资于单只私募基金的金额不低于100万元"的最低限额，现有证据无法证明原告系具备风险识别能力和风险承担能力的合格投资者。因原告并非合格投资者，其与被告N公司、刘某堂签订的案涉《投资暨代持协议》违反了《证券投资基金法》与《私募监管暂行办法》关于私募基金应当向合格投资者募集的相关规定，属于《合同法》第五十二条第五项规定的情形，应当认定为无效	
4	广东省深圳市福田区人民法院（2019）粤0304民初26746号①（双方当事人均未提起上诉）	（1）2018年5月31日，原告向被告Z企业（有限合伙）转账20万元 （2）2018年6月7日，二被告向案外人刘某梅出具《A合伙企业（有限合伙）出资确认书》。该出资确认书载明，被告S公司作为被告Z企业（有限合伙）的管理	本案中，原告与二被告之间未签订书面合同。原告通过向被告Z企业（有限合伙）账户转账20万元，二被告出具《A合伙企业（有限合伙）出资确认书》，原告与被告Z（有限合伙）之间成立事实上的私募基金合同法律关系。原告在庭审中称其为家庭主妇、出资20万元购买基金份额；且从涉案《A合伙	合同无效 关键词：违背公序良俗

① 中国裁判文书网：朱某娴与S公司、Z企业合伙协议纠纷、委托理财合同纠纷一审民事判决书，（2019）粤0304民初26746号。

续表

编号	审理法院及案号	关键事实	裁判观点	裁判结果
4	广东省深圳市福田区人民法院（2019）粤 0304 民初 26746 号（双方当事人均未提起上诉）	人，收到案外人刘某梅签署的《A 合伙企业（有限合伙）合伙协议》，于 2018 年 6 月 7 日收到案外人刘某梅作为有限合伙人的出资资金。出资金额为 300 万元，包含刘某梅（出资 80 万元）、原告（出资 20 万元）等十余人共同出资；出资日期 2018 年 6 月 7 日；投资期限：C 类一年度。基金成立后，本合伙企业将自基准投资日起按月支付预期投资收益；基金不成立时，本有限合伙企业将自结束之日起十个工作日内退还投资本金，并按照银行同期活期存款利率支付利息	企业（有限合伙）出资确认书》看，出资金额系由原告及十余名案外人拼集构成，明显为规避国家关于私募基金单笔投资金额下限的规定。因此，现有证据无法证明原告系具备风险识别能力和风险承担能力的合格投资者。因原告并非合格投资者，其与被告 Z 企业（有限合伙）之间的基金合同违反了《私募监管暂行办法》关于私募基金应当向合格投资者募集的相关规定，属于《民法总则》第一百五十三条第二款违背公序良俗之规定的情形，应当认定为无效	

【裁判分析】

根据目前的检索情况显示，对于投资者未满足合格投资者要求认购私募基金时，相关的基金合同是否有效的问题，争议的核心在于如何认定《证券投资基金法》第八十七条、第九十一条以及《私募监管暂行办法》第十二条的性质，从而确定能否根据《民法典》第一百五十三条的规定，判定基金合同无效。

目前司法实践中的主流观点认为，需要违反效力性强制性规定才能导致合同无效，而《证券投资基金法》第八十七条、第九十一条以及《私募监管暂行办法》第十二条用于保护投资者，降低投资风险，是国家行政部门为管理需求而制定的强制性规定，应当被认定为管理性强制性规定，对合格投资者相关法律法规的违反并不必然导致基金合同无效。在这种情况下，并不因为私募基金管理人未尽到合格投资者审查义务而影响《基金合同》的效力。值得注意的是，前述观点并不因为涉案管理人是否备案，投资的基金产品是否已备案而产生任何影响。

此外，我们也注意到，司法实践存在较少数的观点认为，非合格投资者与私募基金管理人签订《基金合同》的行为违反了《私募投资基金监督管理暂行办法》关于私募基金应当向合格投资者募集的相关规定，属于违背公序良俗的行为，应当被认定为无效合同。此时，私募基金管理人需相应返还投资者的投资款。

我们认为，司法实践中认定基金合同是否有效，主要取决于法官对于所要保护的法益如何权衡。如果法官认为在该案件中需要保护投资者的利益，则倾向于认定基金合同无效从而判决私募基金管理人返还相应的投资本金；若法官认为在该案件中需要保护私募基金管理人的利益，则倾向于认定基金合同有效从而按照基金合同的约定确定双方责任。

第二节　以案例视角解读投资管理阶段私募基金全流程运作中的争议焦点

刘　倩　顾忻媛

一、试探析私募基金争议解决中私募基金管理人谨慎勤勉义务之边界——投资管理篇

根据《证券投资基金法》第九条第一款规定："基金管理人、基金托管人管理、运用基金财产，基金服务机构从事基金服务活动，应当恪尽职守，履行诚实信用、谨慎勤勉的义务。"根据《私募投资基金监督管理条例》第三条第三款："私募基金管理人管理、运用私募基金财产，私募基金托管人托管私募基金财产，私募基金服务机构从事私募基金服务业务，应当遵守法律、行政法规规定，恪尽职守，履行诚实守信、谨慎勤勉的义务。"可见，"谨慎勤勉"始终是私募基金管理人在投资管理基金过程中管理、运用私募基金财产之原则。

近年来，随着我国金融行业的快速发展，私募基金也随之快速发展。然而，许多私募基金管理人虽在基金合同中对于法律法规要求的"谨慎勤勉"进行原则约定，依葫芦画瓢地复制法律法规的相关要求，但对于"谨慎勤勉"在投资管理场景项下的具体内涵，理解得却相对表面，也往往因为不知其内涵，在日常投资管理时常常忽略"谨慎勤勉"原则。《全国法院金融审判工作会议纪要（征求意见稿）》（以下简称《金融审判纪要（征求意见稿）》）显示，最高人民法院于2022年12月召开全国法院金融审判工作会议，对当前金融审判工作中一些疑难法律适用问题取得共识。《金融审判纪要（征求意见稿）》设

专章对"关于私募投资基金纠纷案件审理的法律问题"提出了处理意见。

可见,《金融审判纪要(征求意见稿)》目前也在尝试梳理私募基金管理人勤勉尽责之内涵。鉴于《金融审判纪要(征求意见稿)》目前尚处于征求意见阶段,其列举的情形相较于实际审判而言有所简化,本文拟归纳近年来各地法院及仲裁机构之裁判案例,梳理私募基金管理人在投资管理过程中被认定违反谨慎勤勉义务之情形,试图进一步厘清私募基金管理人在投资管理私募基金场景下对于"谨慎勤勉"义务的具体适用。

1. 在运用私募基金之前未对投资标的开展适当的尽职调查

‖典型案例‖ 在刘某与Y资产管理有限公司等合同纠纷案[①]中,就X公司在尽职调查中是否尽到谨慎勤勉义务,北京金融法院认为,基金管理人系专业受托人,其谨慎义务的标准应高于一般受托人,在设立基金之前应对投资项目的真实性及其还款来源、收益保障作出全面、详尽的调查。X公司提交的尽职调查报告及相关材料仅能反映出其对ATM机权属及投放情况进行了调查,并未对项目合作协议的履行及ATM机更新情况进行调查,存在重大疏漏。此外X公司在诉讼中亦未能对《尽职调查报告》中"可获承诺技术管理费应收款286,276,050元"的计算方式作出说明,其在对收益的预期方面也存在含混不清的情况,故应认定其未尽谨慎勤勉义务。此外,X公司错误理解应收账款质押登记的效力,且未向出质人直接询证,亦不能认定其尽到谨慎勤勉义务。综上,法院认定其违反谨慎勤勉义务的行为与案涉T基金既未能从T公司获得预期的回购款,也未能从质押的应收账款中获得足额受偿的结果有因果关系。法院综合考虑上述情况,判定X公司对投资者损失按照40%的比例承担赔偿责任。刘某获得赔偿后,对基金后续清算中刘某可获得清偿的部分,X公司有权在赔偿金额范围内处置。

类似的案例也曾在北京市朝阳区人民法院判决的刘某与W投资管理有限

---

① 中国裁判文书网:刘某与Y资产管理有限公司等合同纠纷二审民事判决书,(2023)京74民终312号。

公司等合同纠纷案[1]中出现。该案中，结合投资人提交的录音证据，可以证明尽调报告并非X公司（基金管理人）自行制作，依赖于他方（标的公司）提供的财务数据，且X公司对陵园墓地行业并不具备专业运作能力，北京市朝阳区人民法院认定X公司投前未尽审查调查和勤勉尽责义务。

‖笔者建议‖ 此类违反勤勉义务的情形主要适用于股权类私募基金。私募基金管理人为履行谨慎勤勉义务，在运用私募基金进行投资前，应当充分理解投资标的，自主对投资标的开展适当的尽职调查，对投资标的的真实性及其资金使用情况、收益来源、收益保障措施作出全面、详尽的调查，而不应直接使用标的公司自行制作的尽职调查报告，且作为专业受托人，应当对于投资标的有一定的专业识别能力及运作能力，包括但不限于准确认知投资交易结构、判断投资标的的风险、了解投资标的的运作方式等。实际上，目前的私募基金市场中，具备专业的项目运作能力的管理人越来越"吃香"。这类管理人一方面能够更加精准地了解投资标的的情况，另一方面也可结合其专业能力为投资企业进行赋能，或整合投资标的的上下游企业，打造全产业链投资，通过这种方式打造投资者、管理人、投资标的的多赢的局面，充分履行其"勤勉尽责"义务。

2. 违反基金合同约定的投资范围进行投资活动，或者无正当理由改变原定的投资标的或投资范围

（1）周某华诉J管理（上海）有限公司等私募基金纠纷案

‖典型案例‖ 上海金融法院发布的2021年度典型案例：周某华诉J公司等私募基金纠纷案[2]中，一审上海市浦东新区人民法院认为：案涉私募基金已经依法成立，周某华成为案涉基金的基金份额持有人，仅投资收益未实现并不导致合同目的无法实现。故对周某华依据《合同法》第九十四条第四项

---

[1] 中国裁判文书网：刘某与W投资管理有限公司等合同纠纷一审民事判决书，（2021）京0105民初33101号。

[2] 中国证监会：《上海证监局、上海金融法院在国家宪法日联合发布十件涉私募基金典型案例》，https://www.csrc.gov.cn/shanghai/c100581/c7447326/content.shtml，最后访问日期：2024年8月27日。

要求解除涉案基金合同的主张不予支持。J公司作为案涉私募基金管理人，违反法定、约定义务造成周某华的损失：一是J公司未能提供投资者风险测评等相关证据，仅凭周某华签署的《风险揭示书》不足以证明J公司在销售过程中妥善履行了投资者适当性义务；二是J公司未核实G公司的实际合伙人与《私募基金合同》约定不符，轻信G公司的单方说辞，未查明上市公司Z公司的公示股东名单中并无M公司的事实，严重违反了管理人勤勉尽责管理财产的义务。故对周某华要求J公司赔偿基金投资款损失3,000,000元、认购费损失30,000元及资金占用损失的诉讼请求，法院予以支持。而根据P公司出具的《资金到账确认函》、案涉私募基金销售服务费的支付情况、投资人电话会议记录等相关事实，足以认定P公司实质参与案涉私募基金的推介、销售、投资、管理，故P公司应承担连带赔偿责任。如判决后周某华在清算过程中获偿，该部分应在J公司、P公司的赔偿金额中予以扣除。二审上海金融法院认为，一审判决J公司、P公司对被上诉人周某华在投资中遭受的全部损失承担连带赔偿责任，认定事实和适用法律并无不当。

‖案例评析‖　值得关注的是，本案还有一特殊之处：在大多数损失赔偿案件中，多数法院会要求在损失确定后再行起诉判定损失赔偿责任。因此，在投资者主张私募基金管理人承担损失赔偿责任时，许多私募基金管理人会以私募基金尚未完成清算，损失尚未确定为由，请求法院驳回损失赔偿的诉讼请求。然而在该案中，一审浦东新区人民法院提出，由私募基金管理人先行赔付损失，如判决后投资者在清算过程中获偿，该部分应在管理人及其实控人的赔偿金额中予以扣除。二审上海市金融法院也支持了上述观点，认为基金的清算结果是认定投资损失的重要依据而非唯一依据，有其他证据足以证明投资损失情况的，人民法院可以依法认定损失。如果坚持等待清算完成再行确认当事人损失，不利于投资者权益保护。一审法院根据投资款、认购费、资金占用利息确定损失，并明确若周某华在后续清算过程中获得清偿，应予抵扣，符合损失填平原则，二审法院予以认可。该案判罚后成为典型，在前文提到的刘某与Y资产管理有限公司等合同纠纷二审案中，北京金融法院也作出了类似的要求管理人前置赔偿、后续基金清算时可在投资者可获清偿范围内处置的判决。

（2）申请人李某与被申请人A公司私募基金合同纠纷案

‖典型案例‖ 某仲裁委裁决的申请人李某与被申请人A公司私募基金合同纠纷案中，投资人李某（本案申请人）与管理人A公司（本案被申请人）、某证券公司共同签订《私募基金合同》，约定李某认购A公司管理的基金产品100万元，并由李某与A公司签订《基金说明书》。此后，A公司在判断合同约定的案涉基金的投资标的存在风险且不宜投资后，未将所募集资金投向《基金说明书》约定的一号基金，而是将案涉基金的资金投资于其他私募基金。因A公司在合同到期后未按约定向李某支付本金和收益，2020年5月李某向A公司、某证券公司发出解除私募基金合同告知书，要求解除《私募基金合同》。A公司在收到李某的解除通知后拒绝向李某退还本金并支付收益。基于此，李某请求仲裁庭裁决解除《私募基金合同》、A公司偿还其本金及利息等费用。

仲裁庭认为，依据《合同法》第九十四条第四项及案涉《基金说明书》的规定，本案的争议焦点在于管理人A公司变更投资标的是否属于根本违约，导致李某的投资目的不能实现。根据李某与A公司签署的《基金说明书》的约定，案涉基金的主要投资标的为某项目，但A公司并未将募集资金投入上述合同约定的主要投资标的，而是在判断某项目不宜投资后，将募集资金全部投入其他私募基金，故李某签订的《私募基金合同》的主要目的已经落空，且A公司实际投入的其他私募基金，投资周期长、流动性差，不符合合同对资金闲置期的限制性约定，即"对于投资主要标的之外的其他资产仅限于资金闲置期，资金尚未投入主要投资标的或者已经从主要投资标的退出但尚未分配之前的期间，应属临时和短期的投资行为"。同时，A公司未依约进行投资决策，怠于披露重大事项，违背诚实信用、勤勉尽责的原则，严重违反了《私募基金合同》约定的基金管理人的合同义务。综上，仲裁庭认为A公司已根本违约，李某可以解除案涉《私募基金合同》，并由A公司返还投资款及占用款项期间的利息。

‖案例评析‖ 申请人李某与被申请人 A 公司私募基金合同纠纷案中，A 公司未按《私募基金合同》约定投资于约定的投资标的，而是在判断合同约定的案涉基金的投资标的存在风险且不宜投资后，将案涉基金的资金投资于其他私募基金，实际上与周某华诉 J 公司等私募基金纠纷案存在一定相似，均为私募基金管理人违背诚实信用、勤勉尽责原则的典型案例。相较而言，在广东省深圳市福田区人民法院作出的李某安、Z（深圳）资产管理有限公司等委托理财合同纠纷案[①]中，Z 天津公司因政策原因暂停新三板挂牌及定向增发，并改为实行首轮私募股权融资。上述政策性不可控因素因触发《睿信壹号资管合同》载明的监管风险并可能对流动性风险产生影响，被告 Z 深圳公司通过《睿信壹号补充协议书》及其附件《补充协议说明函》的方式对原告履行了充分的说明告知义务和风险提示义务，并赋予了原告在内的全体投资人在此时自主选择继续履行或者终止履行合同的权利。广东省深圳市福田区人民法院认为，被告 Z 深圳公司在变更涉案基金的投资范围及存续期限时已向原告进行了充分的告知及说明，履行了基金管理人的勤勉义务。

然而值得注意的是，在周某华诉 J 管理（上海）有限公司等私募基金纠纷案判决中，一审法院认为，案涉私募基金已经依法成立，周某华成为案涉基金的基金份额持有人，仅投资收益未实现并不导致合同目的无法实现。故对周某华依据《合同法》第九十四条第四项要求解除涉案基金合同的主张不予支持。而在申请人李某与被申请人 A 公司私募基金合同纠纷案中，仲裁庭认为 A 公司已根本违约，李某可以解除案涉《私募基金合同》。就真实投资标的与《私募基金合同》约定不一致是否能直接认定为合同目的不能实现，进而导致合同解除之结果。两案的裁判思路存在较大差异，但笔者认为，虽然管理人在投资者投资私募基金时告知了私募基金的投资标的，与盲池基金不同，投资者投资基金时存在一定的预期，但投资者签署基金合同，其合同目的首先是成立私募基金，进而才是由私募基金投资到投资标的，在私募基

---

① 中国裁判文书网：李某安、Z 天津公司等委托理财合同纠纷一审判决书，（2021）粤 0304 民初 14059 号。

全成立后，从维护交易的稳定性角度考虑，应审慎认定"合同目的不能实现"，进而因根本违约导致合同解除的效果。

‖笔者建议‖ 此类违反勤勉义务的情形多发生于单一项目的股权投资基金。私募基金管理人为履行谨慎勤勉义务，在投资项目时应谨慎履行私募基金合同，注意投资标的与合同约定的一致性；同时，也应谨慎核查投资架构，确认交易对手的真实性，并确保交易对手有足够权利履行拟定的投资交易。如拟超出基金合同约定的投资范围进行投资活动，或者改变原定的投资标的或投资范围的，应当事先书面告知全体投资者，充分提示前述变更可能产生的风险，相应调整基金合同，并请投资者签署确认。在调整基金合同的同时，也可视情况赋予投资者自主选择继续履行或者终止履行合同的权利。

3. 违反管理人内部决策意见进行对外投资

‖典型案例‖ 在 X 有限公司等与肖某燕合同纠纷案[①]中，二审北京金融法院认为，根据《基金合同》约定，私募基金管理人按照诚实信用、谨慎勤勉的原则履行受托人义务，管理和运用基金财产。本案中，虽然 X 公司提交了尽调报告，主张其在基金运作前进行了详细的尽职调查，但尽调报告中载明的相应风控措施并未完全充分落实，包括未能落实股权质押登记、未能落实应收账款质押登记、实际办理抵押的不动产抵押物与计划不符且价值偏低等情形，在前述风控措施均未落实的情况下，X 公司仍指示受托银行放款，增加了案涉私募基金的投资风险，且未能及时向投资者披露相关信息。故一审法院认定 X 公司未能尽到基金管理人的勤勉谨慎义务，构成重大违约，并无不当，本院予以确认。X 公司认为在委托贷款中其对 H 银行尽到了指示义务，但其作为基金管理人的义务并不因此免除或减少，本院对该项上诉理由不予采信。关于投资人的损失，一审判决根据本案实际情况及投资者损失情况认定 X 公司承担违约责任的范围，并无不当，本院予以维持。

‖笔者建议‖ 前述案件系管理人未履行在投资前尽调报告中提到的风

---

① 中国裁判文书网：X 有限公司等与肖某燕合同纠纷二审民事判决书，（2023）京 74 民终 804 号。

控措施，笔者猜测可能属于《金融审判纪要（征求意见稿）》所提出的"违反管理人内部决策意见进行对外投资"的情形之一，且从字面意思推断，法院可能还认定包括私募基金投资了被投资决策委员会否决的项目等情形。但是，笔者对法院将此类情形认定为违反谨慎勤勉义务却有些疑虑。实践中，私募基金管理人在管理投资项目时，通常会有完整的审核流程，"管理人内部决策意见"可能包括的项目立项意见、投资决策意见、投资顾问意见、合规审查意见等均会形成管理人内部决策意见，哪些会被法院认定为有效决策意见、如何证明及认定管理人曾经做出与对外投资结果相悖的内部决策意见等，都是有待后续审判思考的问题。

当然，就现阶段而言，笔者建议私募基金管理人为履行谨慎勤勉义务，在选择投资项目时应当积极履行尽调报告载明的风控措施，如未达成任何已披露的风控措施，应向投资者及时充分披露，并积极寻找替代方案，或取得投资者对于该风控措施未达成的豁免同意，以充分履行私募基金管理人的勤勉义务。

4. 未按合同关于止损、补仓、减仓、平仓、清盘的约定进行投资

‖典型案例‖ 在王某明与 G 有限公司等证券投资基金交易纠纷案[①]中，北京市西城区人民法院认为，Y 公司作为基金管理人，应当按照诚实信用、勤勉尽责的原则履行相应的管理职责。如果基金管理人存在违反合同约定或监管规定等管理不当的情形，应承担相应责任。《基金合同》约定"自触及止损线的下一个交易日起，基金管理人须对本基金持有的全部非现金资产进行不可逆变现，直至本基金财产全部变现为止"，自 2018 年 3 月 13 日起涉案基金净值跌破 0.85 止损线，Y 公司应当将非现金资产进行不可逆变现。但是 Y 公司在 F 股票恢复交易之后未立即将股票卖出，直至 3 月 26 日才将该股票全部卖出，后续又进行了多次股票买卖，违反了合同中关于预警止损风控机制的约定。因此，Y 公司应承担 0.85 止损线之下，也就是 85% 的损失部分，0.15 止损线之上，即 15% 的部分，系市场风险导致的损失，王某明作为

[①] 中国裁判文书网：王某明与 G 公司等证券投资基金交易纠纷一审民事判决书，（2021）京 0102 民初 10068 号。

投资者应当自行承担。

‖笔者建议‖ 此类违反勤勉义务的情形多发于证券类私募基金，因此证券类私募基金管理人为履行谨慎勤勉义务，应当积极履行合同约定，根据《基金合同》约定履行止损、补仓、减仓、平仓、清盘等管理职能。

5. 未能合理确定私募基金所投资资产的期限，使得私募基金与投资标的之间出现期限错配

‖典型案例‖ H投资基金（北京）有限公司与吴某红合同纠纷案【（2022）京74民终809号】中，北京金融法院认为，H公司作为基金管理人将基金财产投向终止时间晚于基金终止时间的信托产品，基金终止时信托计划尚未到期，直接导致了不能清算的结果，这显然违反了基金管理人的谨慎勤勉义务。二审过程中，H公司提交了其作为借款人的催收告知函、微信催收聊天记录截图以及其发布的涉案基金项目与其进展情况公告等证据，意图证明其持续催收的行为。但H公司作为基金管理人，仅采取上述行为，而未积极采取诉讼或增加增信措施等其他方式进行催收，不能认为其履行了管理人的谨慎勤勉义务。

‖笔者建议‖ 此类违反勤勉义务的情形适用于各类私募基金，但近期新兴的母基金以及投资于其他资管计划的基金需格外关注。私募基金管理人为履行谨慎勤勉义务，应当在投资时注意所投资资产的期限，尤其是存在延长期的资管产品（包括私募基金产品）。在笔者实操案例中，许多母基金管理人都会重点关注子基金的延长期，包括投资者是否拥有延长期的决策权限。通过投资前的尽职调查和基金合同的谈判修改，避免私募基金与投资标的之间出现期限错配。

6. 未适当履行投资项目的投后管理工作

‖典型案例‖ J有限公司等与张某慧其他合同纠纷案[1]，基本案情与周某华诉J公司等私募基金纠纷案一致，二审上海金融法院认为，私募基金管

---

[1] 中国裁判文书网：J有限公司等与张某慧其他合同纠纷二审民事判决书，（2021）沪74民终1249号。

理人应向投资者承担信义义务，忠诚勤勉地履行合约。本案中，《基金合同》亦明确约定，基金管理人应按照诚实信用、勤勉尽责的原则管理和运用基金财产，并配备足够的具有专业能力的人员进行投资分析、决策，对本基金投资范围内的投资标的进行详细调查。根据两上诉人陈述，案涉基金的投资方向为先行注入合伙型基金，再由合伙型基金以股权代持的方式投向标的公司。然而，在该等结构复杂、风险较高的投资模式中，J公司作为基金发行人，在募集阶段既未对投资标的充分进行尽职调查，也未能尽到投资者适当性管理义务；在投资、管理过程中，未能施以必要的注意义务，密切关注并把控各个环节中的风险，未主动行使查阅权、监督权，就募集资金的流向只是核对了股权投资书面文本和资金转账截屏，在案外人伪造的转账截屏存在明显瑕疵的情况下，未及时向股权投资标的企业进行必要核实，使得投资款处于高度风险状态，对投资款脱离掌控存在重大过错。因此，J公司违规、违约行为与投资者的损失存在相当因果关系，应当承担相应的赔偿责任。

同样，在周某华诉J公司等私募基金纠纷案中，浦东新区人民法院认为，基金投入M公司后，J公司作为M公司的有限合伙人，有权监督执行事务合伙人执行合伙事务的情况，有权查阅合伙企业会计账簿等财务资料，但其轻信案外人周某伪造的投资款划款银行流水、投后管理报告、部分资金已到账的银行网页，未尽到监督管理责任。

‖笔者建议‖ 前述案例所涉情形并未在《金融审判纪要（征求意见稿）》列举的"勤勉义务"情形中，但是鉴于此类案件也较为普遍，笔者此处也略作归纳。同时，笔者建议，私募基金管理人为履行谨慎勤勉义务，在投后管理阶段应当密切关注并把控各个环节中的风险，如有底层投资项目的，应当主动向项目公司/合伙企业行使查阅权、监督权，积极查阅会计账簿等财务资料，认真制作、核查投后管理报告；对于资金投资的流向，也应时刻保持警惕，通过多种方式验证投资款去向，以免投资款脱离掌控。

7. 未适当履行法规、自律规则、基金合同要求的信息披露义务

‖典型案例‖ 在北京市中小企业服务中心与X投资中心（有限合伙）

等股权转让纠纷案[1]中，北京市第一中级人民法院认为，从事拆借行为、关联交易行为等，在任何公司经营过程中均系被严格限制的行为，必须履行相应的披露和决策程序；在公司投资出现股权冻结、破产重整等重大事项时，及时告知股东，以便采取相应措施避免扩大损失，亦是管理者应尽的必要谨慎和注意义务；投资或者退出项目时由投资人决策确认，是管理人从事投资管理行为的基本要求。X投资中心作为受托从事管理活动的企业，对于其违约经营行为将导致的投资风险应有足够的认知，无论是否在客观上造成了严重后果，其行为均将投资人和投资企业置于较大的风险之中，不应得到肯定性的法律评价。

‖笔者建议‖ 虽然前述案例所涉情形并未在《金融审判纪要（征求意见稿）》列举的"勤勉义务"情形中，但笔者认为，私募基金管理人的勤勉义务也应包括及时、充分地履行信息披露义务。但是，在实务审判中，信息披露义务如何与投资者的损失产生因果联系，目前尚无明确案例，笔者也将持续关注类似案例的判罚。

同时，笔者建议，私募基金管理人为履行谨慎勤勉义务，除在私募基金募集阶段进行风险揭示等信息披露，也应当在投资、管理过程中时刻依规依约进行基金信息披露，包括但不限于定期报告及重大事项临时报告。当然，投资者的知情权，应当在法律法规和合同约定的框架内正当行使，不可过度滥用而影响基金管理人、托管人的正常经营，并需注意对相关信息遵守保密义务。

在近期的实务案例中，笔者也注意到，早期私募基金普遍存在投资粗犷、投后管理工作缺失或非标准化等各种各样的问题，随着较多早期私募基金进入退出期，前述问题已经逐渐暴露出来，并在诉讼、仲裁等案件中均已显现。与此同时，全面、完整及持续性的投后管理工作的重要性也显示出来。因此，笔者建议存量基金的管理人可以同步做两手准备，一方面建立健全科学完整

---

[1] 中国裁判文书网：北京市中小企业服务中心与X投资中心（有限合伙）等股权转让纠纷二审民事判决书，（2021）京01民终6257号。

的投资及投后管理制度，充分履行勤勉义务；另一方面积极主动开展自查，全面梳理存量基金和项目，对于此前存在的问题前置解决或制定相应的应对策略，以避免被认定为违反勤勉义务，最终承担相应赔偿责任。

二、未规范运作的私募基金合同性质认定

1. 重点法规

> 《私募投资基金监督管理暂行办法》

第七条　各类私募基金管理人应当根据基金业协会的规定，向基金业协会申请登记，报送以下基本信息：

（一）工商登记和营业执照正副本复印件；

（二）公司章程或者合伙协议；

（三）主要股东或者合伙人名单；

（四）高级管理人员的基本信息；

（五）基金业协会规定的其他信息。

基金业协会应当在私募基金管理人登记材料齐备后的20个工作日内，通过网站公告私募基金管理人名单及其基本情况的方式，为私募基金管理人办结登记手续。

第八条　各类私募基金募集完毕，私募基金管理人应当根据基金业协会的规定，办理基金备案手续，报送以下基本信息：

（一）主要投资方向及根据主要投资方向注明的基金类别。

（二）基金合同、公司章程或者合伙协议。资金募集过程中向投资者提供基金招募说明书的，应当报送基金招募说明书。以公司、合伙等企业形式设立的私募基金，还应当报送工商登记和营业执照正副本复印件。

（三）采取委托管理方式的，应当报送委托管理协议。委托托管机构托管基金财产的，还应当报送托管协议。

（四）基金业协会规定的其他信息。

基金业协会应当在私募基金备案材料齐备后的 20 个工作日内，通过网站公告私募基金名单及其基本情况的方式，为私募基金办结备案手续。

2. 案例解读

（1）"名基实债"的认定及法律责任

编号	审理法院及案号	关键事实	裁判观点	裁判结果
1	深圳前海合作区人民法院（2022）粤0391民初9664号①	①2018年4月26日，原告与被告T公司签订了《基金合同》，约定原告向被告T公司支付的借款的用途对象包含投资J公司股权。②同日，原告与K公司签订了《回购协议》，约定K公司回购的标的为原告持有的××股权投资私募基金份额（该基金份额刘某华实缴300万元）及应计收益，其中原告应得的预期收益标准为：实缴金额大于等于300万元小于500万元时，预期年化收益率为11.5%。③2018年4月28日，被告T公司向原告出具《契约基金财务通知书》，确认原告出资300万元，按	首先，刘某华与T公司虽签订了《基金合同》，但实际并未按照《基金合同》的约定履行。上述合同约定在基金存续期间不进行收益分配，于基金清算日分配本基金及其收益。但T公司在2018年4月28日向原告出具《契约基金财务通知书》，确认固定年化收益率为11.5%，每月20日按固定金额支付收益，并确定每期收益支付的时间、金额。《基金合同》签订当日，K公司与原告签订《回购协议》，约定确保本金及固定收益。其次，《基金合同》约定涉案基金投资J公司股权，但T公司向J公司支付款项后，J公司股权并未实际发生变更，基金到期后，双方并未就股权投资事宜进行清算，也未采取回购股权或者办理股权过户等	合无无效关键词：违背公序良俗

---

① 中国裁判文书网：刘某华、T公司等民间借贷纠纷、委托理财合同纠纷一审民事判决书，（2022）粤0391民初9664号。

续表

编号	审理法院及案号	关键事实	裁判观点	裁判结果
1	深圳前海合作区人民法院（2022）粤0391民初9664号	照11.5%的年化收益率计算；投资期限为12个月。④截至2020年6月1日，被告已还本金119,625.83元，尚欠本金2,880,374.17元，2020年5月31日之前的利息已经结清。四被告未向原告返还借款，违反合同约定	措施将投资款项返还给基金管理人；基金管理人也未在基金到期后对基金财产进行清算并对投资人进行分配。最后，从T公司、J公司、K公司的持股情况来看，三被告公司为持股关联公司，并且根据本院于2021年12月17日作出的（2021）粤0391民初5598号民事判决书，认定上述三被告公司实际控制人均为被告童某峰	
2	深圳前海合作区人民法院（2019）粤0391民初300号①	①2017年11月16日，原告与D公司签订了两份《××24号私募投资基金合同》，约定原告认购D公司发行的××24号契约型私募投资基金，认购金额合计人民币600万元，基金存续期为12个月，封闭运作投资于深圳市坪山金地朗悦商业项目公司的股权，并且不进行托管。②原告出资完成后，D公司向原告出具了两份《财务通知书》，对原告的投资预期收益做了明确约定即13%，并按照13%的年化收益率计算	非公开募集基金的收益和风险应在基金合同中约定由基金份额持有人共担。而从《合伙人财务通知书》来看，投资人实际获得收益是固定利率的回报。东亚基金公司股东东亚投资公司对原告的投资本金与收益做了兜底性质的担保。从合同的实际履行来看，原告一直获取固定收益回报（年化利率为13%）。综上，本案所涉基金合同，基金管理人D公司与原告约定了固定的投资收益，并已按该约定实际履行，故双方法律关系不具备合伙投资的本质特征，实质的法律关系应为民间借贷合同	双方成立民间借贷关系，按照实际执行的固定收益率作为借款利率支付本金及利息关键词：固定收益回报；股东提供兜底担保

① 中国裁判文书网：吴某吉与深D基金管理有限公司、D投资有限公司民间借贷纠纷一审民事判决书，（2019）粤0391民初300号。

续表

编号	审理法院及案号	关键事实	裁判观点	裁判结果
2	深圳前海合作区人民法院（2019）粤0391民初300号	了每个季度应当支付的收益金额，直至近期无法兑付。③T公司作为D公司100%的持股股东，亦通过与原告签订《预约受让协议》的方式为D公司的募资行为提供兜底保证		
3	深圳前海合作区人民法院（2020）粤03民终28072号①	①2017年9月23日，原告与L、J签订了《前海隆达深圳（并）购基金合同》，原告自愿以有限合伙人身份加入被告Q合伙企业并认购有限合伙出资份额，认购金额为550万元，投资期限为12+6个月。②合伙协议书第8.1.2.1条约定，根据合伙企业收益情况，每季度向全体有限合伙人分配一次收益，并进一步具体约定了不同年化收益率情况下的分配方法。③庭审中，原告确认被告Q已按照《合伙人财务通知书》的约定向原告支付了前5期收益	在被告Q合伙企业的执行事务合伙人即被告L向原告出具的《合伙人财务通知书》中却明确自投资款550万元到账次日即2017年9月23日开始计算收益，按年化13%预期收益率计算收益，每季度28日分配收益，并明确了每一期收益的具体金额，最后一期收益结算日即2019年3月22日返还投资本金。由此看出，原告投资的目的是在保障本金的情况下定期取得固定利息，被告Q、L亦是通过向原告作出保本保收益的承诺以取得投资人的投资。此外，从双方履行的情况来看，被告Q向原告支付的投资收益均是按照固定利率即年利率13%进行结算，从被告Q的工商登记来看，被告Q也并	两者的关系被认定为民间借贷关系，按照合伙协议约定确定借贷利率关键词：投资年化收益率；已经支付收益

---

① 中国裁判文书网：L公司、陈某作等民间借贷纠纷二审民事裁定书，（2020）粤03民终28072号。

续表

编号	审理法院及案号	关键事实	裁判观点	裁判结果
3	深圳前海合作区人民法院（2020）粤03民终28072号		未将原告变更为有限合伙人。最后，签订基金合同的当日，原告与被告Z、Q就签订了回购协议，约定原告拟将其持有的合伙企业全部财产份额转让予Z，Z同意受让，Z应按照原告依据合伙协议的约定自合伙企业取得投资还付款项的同一时间、同等金额，向原告分期支付上述合作份额转让交易对价的预付款。该回购协议实质上也是Z向原告作出的到期还本付息的承诺。综上所述，原告与被告Q、L之间法律关系的性质应为民间借贷，本案应按照民间借贷进行审理	
4	重庆市第二中级人民法院（2018）渝02民终2247号[①]	① 2016年1月22日，余某雪（甲方）与T公司（乙方）签订《委托投资协议书》（协议编号：AETZ890146）一份，约定甲方自愿将自有合法资金委托乙方投资于珠海宝顺机动车检测设备有限公司股权及运营；甲方委托投资金额20万元；委托期限12个月，自2016年1月22日至2017年1月21日；预期	一审法院认为，虽然余某雪与T公司签订的是委托投资协议书，但在委托投资协议书中约定余某雪按月领取投资收益，到期赎回本金，双方的权利义务内容符合民间借贷的特征，即委托人收取固定收益，不承担投资风险，故余某雪与T公司之间实际是民间借贷关系。对于案涉《委托投资协议书》的性质问题，首先，该协议约定余某雪按月领取投资收益，到期赎回本金，不承担投资风	双方成立民间借贷关系，按照实际执行的固定收益率作为借款利率支付本金及利息

[①] 中国裁判文书网：牟某芳、贺某群与余某雪保证合同纠纷二审民事判决书，（2018）渝02民终2247号。

续表

编号	审理法院及案号	关键事实	裁判观点	裁判结果
4	重庆市第二中级人民法院（2018）渝02民终2247号	年化收益率14%；甲方的收益在委托投资资金汇入"同盈AET收购基金"的专用账户后开始计算，每三个月分配一次；基金封闭期满后，委托投资人可在10个工作日内提出申请选择赎回本金。同日，余某雪向同盈公司的账户缴纳了20万元。②此后，T公司分别于2016年4月22日、2016年7月22日按每三个月6,600元向余某雪支付了两次收益共计13,200元	险，符合民间借贷法律关系的特征；其次，该协议虽然约定预期年化收益率为14%，但从同盈公司支付余某雪利息的实际情况来看，双方执行的标准低于该预期年化收益率（每三个月6,600元），一审法院在认定案涉《委托投资协议书》性质为民间借贷法律关系的同时，确认双方实际执行的固定收益为借款利率标准是正确的	关键词：预期年化收益率
5	深圳前海合作区人民法院（2018）粤0391民初3701号①	① 2017年6月6日，原告与被告Z公司签订了一份《××（有限合伙）合伙协议书》，该合伙协议书包括《风险提示书》、合同主文、《合伙份额认购书》《预约受让协议》，合同主要内容：T投资中心（有限合伙）通过投资于被告S公司旗下控股的A有限公司水厂扩大生产规模，从中获得收益，而原告愿	本案签订的合同性质如何确定？原告与被告Z公司签订的是目标企业T投资中心（有限合伙）的原告入伙协议，但是投资目的有多种陈述，包括签订的合同是入伙协议，而目标企业T投资中心（有限合伙）给原告出具的《收款确认书》中称投资款为"T基金1号（半年期或6个月）的投资款"、《债权债务转移协议》中表示为原告投资购买被告Z公司的S有限公司仙寓山山泉水	双方关系为民间借贷合同 关键词：投资目的；固定回报年化收益，未进行基金备案

---

① 中国裁判文书网：邹某玲与S公司、Z公司合同纠纷一审民事判决书，（2018）粤0391民初3701号。

续表

编号	审理法院及案号	关键事实	裁判观点	裁判结果
5	深圳前海合作区人民法院（2018）粤0391民初3701号	意加入该有限合伙企业，成为有限合伙人；合同主文第9.1.3条约定有限合伙人优先分配年化收益率为14%，在每个自然月15日前，合伙企业向有限合伙人支付截至当日的预期投资收益，在投资期结束即视为投资期满，最迟三个工作日兑付本金和剩余收益；②经在中国证券投资基金业协会网站进行私募基金公示的查询，未查询到"T基金1号"的公示信息	基金等。结合原告在签订《合伙协议书》后并未实际登记为目标企业T投资中心（有限合伙）股东的情况，且《合伙协议书》关于入伙给予固定回报年化收益率为14%或15%的内容，明显违背了《合伙企业法》中关于合伙企业管理、入伙、退伙的规定。另外，"T基金1号"经公开查询，并不是私募基金。因此，从本案实质来看，无论入伙协议还是私募基金都不是合同目的，也不是实际履行的合同，被告Z公司的实际目的就是借入伙协议或私募基金之名，行资金融通之实，本案法律关系应定性为民间借贷纠纷	
6	北京市昌平区人民法院（2021）京0114民初19572号[①]	①2016年9月12日，基金份额持有人张某与基金管理人W公司、基金托管人X银行签订《Z新能源一号私募投资基金基金合同》，约定未来公司设立专项基金，向Z公司进行增资及取得本次投资/增资完成后51%的股权。②2016年9月19日，	张某与W公司、X银行之间的基金合同系各方当事人真实意思表示，不违反国家法律法规的强制性规定，应属合法有效。案涉基金经过备案登记，成立于2016年9月12日，当事人应当按照约定全面履行合同义务。现无证据证明案涉基金已经清算，对于张某以民间借贷为由	双方不属于民间借贷关系。关键词：合同有效；基金已备案

[①] 中国裁判文书网：张某与陈某斌等民间借贷纠纷一审民事判决书，（2021）京0114民初19572号。

续表

编号	审理法院及案号	关键事实	裁判观点	裁判结果
6	北京市昌平区人民法院（2021）京0114民初19572号	W公司出具Z新能源一号私募投资基金认购确认函。之后，H公司出具《Z新能源一号私募投资基金》承诺函，陈某斌出具本人签字捺指印的《个人无限连带担保函》等文件。③W公司第一年按照9.5%按季度向张某支付了收益，第二年按照10%按季度给付了前三个季度的收益，最后一个季度收益7.5万元和基金本金300万元至今未付	主张W公司返还基金本金及支付收益、利息的请求，本院不予支持	

【裁判分析】

对于私募基金合同，尽管监管部门多次指出禁止保本刚兑类私募基金产品，但是出于吸引投资者等角度的考量，实践中多会以"预期收益率""目标收益率"等字样约定固定收益，并通过承诺回购基金份额的方式达到刚兑的效果。

需要注意的是，固定收益率的安排并不必然导致法院将私募基金合同的性质定性为民间借贷合同。法院会从投资者实际的投资目的以及合同实际履行的情况出发，综合认定合同的性质。例如，若私募基金管理人根据合同约定的预期收益率定期向投资者分配收益，则法院倾向于将私募基金合同的性质认定为民间借贷合同。

一旦法院将私募基金合同认定为民间借贷合同，则法院会将投资人实际支付的投资款认定为民间借贷合同的本金,判决私募基金管理人根据相应的约定向投资人返还本金及利息。需要注意的是,法院并不会将私募基金合同中约定的固定收益率作为借贷利率直接认定,而是结合合同的实际履行情况,按照私募基金管理人和投资人之间实际履行的情况,将私募基金管理人向投资人分配的实际利益作为民间借贷合同的利率。

借贷双方之间的利息是否应按照之前约定的固定收益进行履行呢?目前实践中主流裁判观点为,固定收益约定未超过民间借贷利率上限的[根据《最高人民法院关于审理民间借贷案件适用法律若干问题的规定》(以下简称《民间借贷新规》),2020年8月19日之后,民间借贷约定利率上限的计算方式为一年期贷款市场报价利率(LPR)的四倍],应予支持。反之,法院则会按照民间借贷利率上限依法予以调整。我们也注意到,在少数案件中,法院会直接判决被告按照人民银行同期同类贷款利率进行支付或者如果保本保收益条款系对借款利率约定不明,法院裁判应按照《民间借贷新规》的第二十四条进行处理。

(2)"基金管理人"未备案"基金",如何认定"私募基金合同"的性质

编号	审理法院及案号	关键事实	裁判观点	裁判结果
1	上海市黄浦区人民法院(2021)沪0101民初16003号①	① 2015年5月14日,原告何某跃与被告签订《A基金合同》。合同约定了基金的基本情况、存续期限、基金初始资产规模等。合同约定了基金的备案,基金的成立:本基金初始销售期限届满,符合下列条件的,基金管理人将全部募集资金划入托管资金账户,	双方当事人签订了《A基金合同》,约定设立"A系列新三板定向股权投资基金",被告作为基金管理人负有办理基金备案的义务。但被告并未对该基金进行备案。原告作为投资人履行了出资义务,但其投资基金产品并未成立备案,因此案涉基金合同	投资人依法享有合同解除权,可以解除合同并要求被告赔偿其损失。关键词:基金未登记;合同目的不能实现;返

① 中国裁判文书网:何某跃与L公司证券投资基金交易纠纷一审民事判决书,(2021)沪0101民初16003号。

续表

编号	审理法院及案号	关键事实	裁判观点	裁判结果
1	上海市黄浦区人民法院（2021）沪0101民初16003号	基金托管人核实资金到账情况，并向基金管理人出具基金资金到账确认函，基金成立；基金的初始资产合计不低于3,000万元。合同约定了基金管理人的义务，包含基金的备案手续。②原告提交（2019）沪74民终123号生效民事判决中查明被告作为案涉基金的基金管理人，在中国证券投资基金业协会的备案登记时间为2015年9月18日。该管理人名下产品除两个有限合伙企业，还包括"L公司"及"L公司"基金产品，根据中国证券投资基金业协会公示信息，其成立于2014年8月30日，备案于2016年8月1日，基金类型为"创业投资基金"。该基金《清算期信息披露报告》显示，其定向投资于"永安新三板策略壹期证券投资基金"。从基金类型、名称、规模等均与本案案涉基金不一致。故本案案涉基金没有成立备案	的订立目的不能实现，且该合同目的不能实现之结果应归因于被告未履行相应义务。因此，原告依法享有合同解除权，可以解除合同并要求被告赔偿其损失。原告主张返还的金额及按同期存款利率计算的资金占用损失，于法无悖，本院予以支持	还资金占用损失

续表

编号	审理法院及案号	关键事实	裁判观点	裁判结果
2	北京市朝阳区人民法院（2021）京0105民初18769号[1]	① 2019年9月12日，刘某杰作为投资者、资产委托人，H公司作为资产管理人，签订《协议书》，约定：本资产管理计划存续期限为6个月；本资产管理项目计划将募集资金主要投资于河北省张家口市及河南省南阳市生活垃圾焚烧发电厂工程项目；运作方式为契约型，在存续期内原则上封闭式运作；本计划项下委托人收益的计算方式为委托人享有收益减去相关费用、税收及业绩报酬（如有）后全部剩余收益，本期预期年化收益率为20%。此外，合同的声明和承诺载明委托人知悉并认同，本合同所提及的预期收益率是20%，不构成资产管理人、资产托管人对委托财产收益状况的任何承诺或担保，该等预期收益率具有不确定性，在某些情况下，资产委托人仍可能面临投资收益甚至本金受损的风险。上述合同有刘某杰的签字及H公司的盖章，无托管人盖章。 ②另外，经检索中国证券投	首先，根据中国证券投资基金业协会公示信息，H公司并未登记为基金管理人，《协议书》中所称相关资管产品和私募基金产品亦未备案。 其次，《协议书》约定募集资金后资管计划财产独立且由Z银行担任托管人，但从本院的调查结果看，Z银行并未作为托管人，且合同约定账户并非托管账户，H公司亦未将刘某杰的投资款集中在该账户中，而是自行收取了全部投资款项，这与合同中约定的资管计划的形式及资管计划财产独立明显不符。 最后，案涉合同中明确约定预期年化收益率，虽亦写明不承诺保本保收益，但确认函载明即日计息，且刘某杰也实际收取了固定收益。 综上，可见案涉《协议书》虽以设立基金为名，实质是以约定固定收益为主要特点的借贷协议。在H公司未提交相反证据的	双方成立民间借贷合同关系，管理人按照预期年化收益还本付息 关键词：管理人未登记；基金未备案；约定收益并实际支付

[1] 中国裁判文书网：刘某杰与H公司合同纠纷一审民事判决书，（2021）京0105民初18769号。

续表

编号	审理法院及案号	关键事实	裁判观点	裁判结果
2	北京市阳区人民法院（2021）京0105民初18769号	资基金业协会官网，H公司并未登记为基金管理人，亦未涉及管理相关资管产品和私募基金产品	情况下，结合本案查明的事实，本院认定刘某杰与H公司之间成立民间借贷法律关系	
3	浙江省宁波市中级人民法院（2020）浙02民终3430号①	①2017年12月14日，Y公司（管理人、甲方）、叶某鸥（基金认购人、乙方）与许某峰（投资顾问、丙方）签订《李某演唱会投资基金认购协议》，该协议约定：乙方同意投资于甲方发起并管理的李某演唱会投资基金，基金的投资范围为2018年李某个人巡回演唱会，演出城市为北京、成都、深圳、郑州、上海、南京。甲方发起并管理的本基金总份额为2,400万元，基金认购人认缴金额达到80%时，本基金即可宣告成立。本基金存续期为自2017年12月14日起至2018年12月30日止。乙方基金认购金额为120万元。②根据中国证券投资基金业协会官网公示的信息，被告Y公司未进行私募基金管理人备案，涉案的"李某演唱会基金"没有进行登记备案，也未进行信息披露	从合同内容上看，涉案的《李某演唱会投资基金认购协议》虽然较为完整地涵盖了法律规定的私募基金合同基本要素，但涉案的《李某演唱会投资基金认购协议》的性质属于名为投资基金，实为民间委托理财合同，理由如下： 1. 本案Y公司未进行基金管理人备案登记。 本案Y公司虽具备私募股权投资管理经营资质，但实缴资本或者实际缴付资本不足1,000万元，亦未提供证据证明其具有两名符合条件的持牌负责人及一名合规风控负责人，因而不具备向基金业协会申请登记的资质，因此，本案演音公司并非合格的私募基金管理人。 2. 涉案的李某演唱会投资基金未经登记备案。	双方成立委托理财关系，因管理人过错导致损失，判赔投资本金及收益 关键词：管理人未登记；基金未备案

① 中国裁判文书网：叶某鸥、Y公司、许某峰等证券纠纷二审民事判决书，（2020）浙02民终3430号。

第二章 私募基金篇 | 113

续表

编号	审理法院及案号	关键事实	裁判观点	裁判结果
3	浙江省宁波市中级人民法院（2020）浙02民终3430号		根据中国证券投资基金业协会官网公示的信息，涉案的"李某演唱会基金"未登记备案，亦未进行信息披露。 3.涉案的《李某演唱会投资基金认购协议》约定的投资项目既不属于证券投资类、股权投资类基金，亦不属于风险投资类基金。况且，根据上述分析并结合本案情况可知，演音公司并非合格的私募基金管理人，涉案的李某演唱会投资基金未经登记备案，所以从性质上看，涉案的《李某演唱会投资基金认购协议》不具备私募基金合同的构成要件。 根据协议约定，合作期间原告将指定账户中的资金委托演音公司投资李某演唱会，承担风险并赚取收益，演音公司收取一定比例的管理费作为报酬，因此，涉案的《李某演唱会投资基金认购协议》属于名为私募基金投资，实为有偿的民间委托理财合同的情形。该合同系双方当事人真实的意思表示，且不违反法律、行政法规的强制性规定，本院对于双	

续表

编号	审理法院及案号	关键事实	裁判观点	裁判结果
3	浙江省宁波市中级人民法院（2020）浙02民终3430号		方之间民间委托理财合同的法律效力予以确认	

【裁判分析】

司法实践中，法院一般会以基金管理人未进行登记、所涉基金未进行备案为由，将案涉私募基金合同定性为民间借贷合同或民间委托理财合同，或者认为投资人的合同目的无法实现，最终解除基金合同。根据对案例的分析，本所律师认为：

1）若案涉基金管理人为在中国证券投资基金业协会登记的私募基金管理人，但案涉基金未进行备案，则该类案件中投资人可以合同目的不能实现为由解除投资合同，要求返还本金及资金占用费；

2）若案涉基金管理人未在中国证券投资基金业协会登记为私募基金管理人，合同中约定了固定收益条款并且投资人可以证明基金管理人按照固定收益的模式实际履行的，则该类案件中双方的关系会被认定为民间借贷合同关系，并根据投入的投资额和实际履行的收益率分别作为借贷合同的本金及利息要求基金管理人履行还本付息的义务；

3）若案涉基金管理人未在中国证券投资基金业协会登记为私募基金管理人，合同中亦未约定固定收益条款并且实际履行时也未按照固定收益的方式分配收益，则该类案件中双方的关系会被认定为民间委托理财关系，并且按照管理人在投资管理过程中的过失认定需要赔偿的投资本金及收益的比例。

三、私募基金中差额补足承诺函等增信文件的性质及效力认定

1. 重点法规

➢ **《九民纪要》第九十一条**

信托合同之外的当事人提供第三方差额补足、代为履行到期回购义务、流动性支持等类似承诺文件作为增信措施，其内容符合法律关于保证的规定的，人民法院应当认定当事人之间成立保证合同关系。其内容不符合法律关于保证的规定的，依据承诺文件的具体内容确定相应的权利义务关系，并根据案件事实情况确定相应的民事责任。

➢ **《最高人民法院关于适用〈中华人民共和国民法典〉有关担保制度的解释》第三十六条**

第三人向债权人提供差额补足、流动性支持等类似承诺文件作为增信措施，具有提供担保的意思表示，债权人请求第三人承担保证责任的，人民法院应当依照保证的有关规定处理。第三人向债权人提供的承诺文件，具有加入债务或者与债务人共同承担债务等意思表示的，人民法院应当认定为民法典第五百五十二条规定的债务加入。前两款中第三人提供的承诺文件难以确定是保证还是债务加入的，人民法院应当将其认定为保证。第三人向债权人提供的承诺文件不符合前三款规定的情形，债权人请求第三人承担保证责任或者连带责任的，人民法院不予支持，但是不影响其依据承诺文件请求第三人履行约定的义务或者承担相应的民事责任。

2. 案例解读

（1）关于差额补足承诺函的定性

审理法院及案号	关键事实	裁判观点	裁判结果
上海市高级人民法院（2020）沪民终567号[1]	① 2016年2月，Z公司与G公司等共同发起设立上海J基金，其中Z公司认购优先级有限合伙份额28亿元，G公司认购劣后级有限合伙份额6千万元，GJ公司（G公司的全资子公司）为基金执行事务合伙人。 ② 2016年4月，G公司向Z银行出具《差额补足函》，载明"Z银行通过Z公司设立的专项资产管理计划，认购基金的优先级有限合伙份额28亿元……我司同意在基金成立满36个月之内，由B科技或我司指定的其他第三方以不少于【28亿元×（1+8.2%×资管计划存续天数/365）】的目标价格受让基金持有的J投资管理有限公司100%的股权，我司将对目标价格与股权实际转让价格之间的差额无条件承担全额补足义务。届时，资管计划终止日，如果MPS公司股权没有完	关于《差额补足函》的效力：被告并非所涉投资资金的管理人或者销售机构，不属于《私募股权投资基金监督管理暂行办法》所规制的刚性兑付行为。上海J基金系被告与B集团公司共同发起设立的产业并购基金，原、被告分别认购上海J基金的优先级、劣后级有限合伙份额，被告系基于自身利益需求，自愿利用上述结构化安排以及《差额补足函》的形式，与原告就双方的投资风险及投资收益进行分配，不构成无效情形。 关于《差额补足函》的法律性质：被告出具《差额补足函》的目的确系为原告投资资金的退出提供增信服务，但是否构成保证仍需根据保证法律关系的构成要件进行具体判断。本案中，原告不是《合伙协议》及MPS公司股权回购协议中的直接债权人，被告履行差额补足义务也不以《合伙协议》中上海J基金的债务履行为前提。被告在《差额补足函》中承诺的是就香港J公司股权转让目标价格与实际转让价格之间的差额承担补足义务或在MPS公司股权没有完全处置时承担全额差额补足义务，与MPS公司股权回购协议的相关债务不具有同一性。因此，差额补足义务具有独立性。被告直	裁判结果：《差额补足合同》为独立合同 关键词：差额补足义务与回购债务不具有同一性

---

[1] 上海市高级人民法院：G公司与Z公司其他合同纠纷二审民事判决书，（2020）沪民终567号。

续表

审理法院及案号	关键事实	裁判观点	裁判结果
上海市高级人民法院（2020）沪民终567号	处置，我司同意承担全额差额补足义务"。G证券系G公司唯一股东，其向G公司出具《关于光大跨境并购基金的回复》，载明"我司已知悉并认可G公司对Z银行的补足安排"。③后因收购的MPS公司濒临破产，上海J基金无法顺利退出，Z银行遂诉请G公司履行差额补足义务	接向原告承诺差额补足义务是为确保原告的理财资金能够在资管计划管理期限届满时及时退出。在未能按期完成股权转让交易的情况下，被告需无条件独立承担支付义务，与基金项目是否清算无关，故履行条件已成就	

（2）关于差额补足承诺函的效力

编号	审理法院及案号	关键事实	裁判观点	裁判结果
1	广东省广州市中级人民法院（2019）粤01民终23878号①	①2015年9月，赖某静（基金投资者）与C公司（基金管理人）签订了主合同，约定：赖某静保证有完全及合法的授权委托C公司和基金托管人进行该财产的投资管理和托管业务；C公司承诺依照相关原则管理和运用基金财产，不保证基金财产一定盈利，也不保证最低收益；基金的名称	首先，赖某静授权委托C公司和基金托管人进行涉案财产的投资管理和托管业务，属于委托代理关系。根据委托代理制度的相关规定，有偿代理的代理人只承担因自己的过错造成被代理人损失的责任，而不承担因不可归责于代理人的事由所造成的被代理人损失的责任。涉案《补充协议》违反了委托代理制度的根本属性，应属无效。其次，根据权利义务相对等的原	《补充协议》（差额补足性质）无效 关键词：保底或者刚兑条款无效

---

① 中国裁判文书网：赖某静、C公司委托理财合同纠纷二审民事判决书，（2019）粤01民终23878号。

续表

编号	审理法院及案号	关键事实	裁判观点	裁判结果
1	广东省广州市中级人民法院（2019）粤01民终23878号	为A1号基金，运作方式为契约型开放式，投资目标为通过将赖某静投入的资金加以集合运用，对资产进行专业化的管理和运用，谋求资产的稳定增值。 ② 2017年6月21日，赖某静与C公司签订《补充协议》，约定：赖某静于2015年12月2日参与认购《A1号基金》投资计划，认购该产品份额1,000,000元，双方同意资产管理计划在2017年9月30日终止，C公司同意赖某静赎回该产品，如果到期产品净值是1.0以下，则1.0以下的造成赖某静的损失（1.0以下差额部分）由C公司负责补足给赖某静，其他条款按原合同执行。2017年10月23日，赖某静收到购回款624,178.24元，附言为"A1号基金，H公司"	则，高收益的权利对应的是高风险的义务。按照涉案《补充协议》约定，赖某静既享受了高额收益的权利，又无须承担相应高风险的义务，而C公司则需承担本应由赖某静承担的因投资风险所带来的损失。该约定中的民事权利义务配置极不对等，双方的权利义务严重失衡，不仅违背了市场经济基本规律和资本市场规则，也违背了民法的公平原则。再次，根据《证券法》第一百四十四条规定，证券公司不得以任何方式对客户证券买卖的收益或者赔偿证券买卖的损失作出承诺。《全国法院民商事审判工作会议纪要》亦明确信托公司、商业银行等金融机构作为资产管理产品的受托人与受益人订立的含有保证本息固定回报、保证本金不受损失等保底或刚兑条款的合同，人民法院应当认定该条款无效。实践中，保底或者刚兑条款通常不在资产管理产品合同中明确约定，而是以"抽屉协议"或者其他方式约定，不管形式如何，均应认定无效。虽然C公司并非证券公司，但亦属于具有资质的投资机构。在C公司作为投资机构管理多个理财产品的情况下，如果认定涉案理财产品保底条款的有效性，势必将影响投资机构的存续性及其管理的其	

续表

编号	审理法院及案号	关键事实	裁判观点	裁判结果
1	广东省广州市中级人民法院（2019）粤01民终23878号		他理财产品的投资本金、利润，进一步将影响该投资机构理财产品其他投资者的本金、利润的回收，亦会造成实质不公。而且，《私募投资基金监督管理暂行办法》第十五条规定，私募基金管理人、私募基金销售机构不得向投资者承诺投资本金不受损失或者承诺最低收益。最后，涉案《补充协议》中的承诺本金不受损失的条款违反了前述规定，属于法律法规所禁止的保底条款。一审法院认定该保底条款无效，进而认定《补充协议》属无效协议理据充分	
2	浙江省杭州市中级人民法院（2020）浙01民终3445号①	①X玖号基金于2017年7月5日成立，经中国证券投资基金业协会备案，备案编码为××，基金管理人为X公司，采用契约式募集基金。②基金设有结构化安排，分为A类份额与B类份额，徐某认购500万元基金份额，系A2类份额投资人。③2017年9月15日，T公司出具《差额补足承诺函》一份，载明：T公司作为X公司的母公司，	T公司向徐某出具的《差额补足承诺函》系其真实意思表示，内容不违反法律及行政法规的强制性规定，具有法律约束力。T公司在承诺函中承诺：在投资项目到期时（项目成立后满18个月）……对于投资金额不低于300万元的A类份额投资者，若所获取收益不足按其本金存续期11%年收益率计算所得的收益，则T公司将提供差额补足担保，支付差额部分，确保该类投资者收回全部投资本金并获得年化收益率11%的投资收益。现投资项目已于2019年1月4日存续期满，	《差额补足承诺函》有效关键词：私募基金管理人的关联方作为独立的自然人/法人向投资

---

① 中国裁判文书网：徐某、X公司合同纠纷二审民事判决书，（2020）浙01民终3445号。

续表

编号	审理法院及案号	关键事实	裁判观点	裁判结果
2	浙江省杭州市中级人民法院（2020）浙01民终3445号	作出以下承诺：在投资项目到期时，对于投资额不低于300万元的A类份额投资者，若所获得收益不足按其本金存续期11%年收益率计算所得的收益，则T公司将提供差额补足担保，支付差额部分，确保该类投资者收回全部投资本金并获得年化收益率11%的投资收益。	徐某并未收回本金及获得约定收益，其有权要求T公司按承诺对项目到期时徐某未收回的投资本金及应当获得的投资收益承担差额部分的补足责任	者做出补足承诺，系真实意思表示且内容不违反法律行政法规的强制性规定，具有法律约束力

【裁判分析】

差额补足作为私募基金领域较为常见的增信措施，目前我国的司法实践中，对于差额补足相关文件，存在保证合同、债务加入及独立合同三种认定方式，由此可见我国政策和裁判仍具有一定的不确定性。法院裁判时，主要根据《最高人民法院关于适用〈中华人民共和国民法典〉有关担保制度的解释》第三十六条的规定判断差额补足类文件的性质，综合上述案例，本所律师认为，差额补足类文件的认定及相关裁判标准主要归纳如下：

目前多数的差额补足安排往往是主债务人无法清偿对应债权时，差额补足义务人承担主债务人未清偿的债权部分。从这种安排形式上，本所律师认为该类差额补足承诺属于一般保证责任，所谓内容符合法律关于保证的规定，具体指差额补足类文件上载明了包括被保证的主债权的种类、数额，债务人履行债务的期限，保证的方式、范围和期间等条款。差额补足函被认定为保证合同，就具备了附属性质，任何排除对该函独立性的约定均无效。在这种情况下，若不存在与之对应的主债权，或主合同无效或不生效，均会导致差额补足函的效力产生瑕疵，从而给证券期货经营机构或私募基金管理人带来风险。

在实践中，若差额补足承诺函接收方并非差额补足承诺函原投资合同相关文件的债权人，此时差额补足承诺函便不再具有从属性，法院可能会认为差额补足义务具有独立性，与具有从属性的保证责任明显不同。因此，独立合同不违反法律法规的强制性规定，即便原投资合同及相关文件具有重大瑕疵，差额补足函的提供方也应向接受方承担差额补足义务。

此外，杭州地区的司法实践倾向于认为私募基金管理人的关联方向投资者做出补足承诺，系真实意思表示且内容不违反法律行政法规的强制性规定，具有法律约束力，《差额补足承诺函》有效；而广州地区倾向于认定由私募基金管理人的关联方出具差额补足承诺函的行为系规避法律、行政法规的监管而作出的约定，进而认为私募基金管理人的关联方作出的《差额补足承诺函》无效。

第三节 以案例视角解读退出阶段私募基金全流程运作中的争议焦点

刘 倩　陈雪颖

一、试探析私募基金争议解决中私募基金管理人谨慎勤勉义务之边界——退出篇

经过30余年的发展，中国境内的私募基金存量逐年增加，大量基金已进入退出期或清算期。根据上海国际仲裁中心及上海金融法院发布的私募基金案件统计数据，私募投资基金争议案件数量逐年增加，且退出解决产生的纠纷占比超过半数。在退出阶段，投资方常常以"私募基金管理人未尽到谨慎勤勉义务"为由要求私募基金管理人（以下简称管理人）承担损失赔偿义务。但是，《证券投资基金法》《私募投资基金监督管理暂行办法》等现行有效的法律法规仅仅构建了原则性的法律依据，其高度概括性、抽象性的表述难以直接阐述其内涵和外延，导致管理人的义务边界不够清晰。因此，本文将结合真实的司法案例，深入解析管理人在退出阶段的谨慎勤勉义务范围，明确司法认定路径及常见情形，厘清损失认定原则，并提出切实可行的实操建议。

1. 管理人在退出阶段未履行谨慎勤勉义务的常见情形

根据《金融审判纪要（征求意见稿）》，在私募基金退出阶段，基金管理人未履行勤勉尽责义务的情形包括未按约定对私募基金进行清算及违反勤勉

义务的其他情形。结合司法裁判案例，本文将对以下常见情形进行具体分析。

值得注意的是，除法律法规层面的法律依据以外，《基金合同》《公司章程》或《合伙协议》等文件通常对管理人的谨慎勤勉义务作出进一步的约定，形成契约及意思自治层面的法律依据。因此，管理人应当同时履行现行法律法规、自律监管规则及基金文件中的规定和约定，严格履行、落实各项义务和责任。

争议焦点一　投资项目触发退出条款时，基金管理人未及时采取措施

私募基金投资协议通常会约定"退出条款"及"触发条件"。其中，典型情形为股权回购条款，如果标的公司未能如约履行合格上市义务、未经投资方书面同意转移重大资产、未完成业绩指标、变动关键人士或其他可能损害投资方权益的行为，则投资方有权要求标的公司及/或实际控制人/控股股东承担全部或部分股权的回购义务。因此，管理人应当持续关注标的公司的经营运作情况，如果标的公司经营能力严重下降、业绩大幅下滑、管理团队发生重大变更，进而达成"退出条款"的"触发条件"，则管理人应当按照投资协议的约定采取包括但不限于回购等应对措施，减少可能产生的投资损失，履行其忠实、勤勉义务。

‖典型案例‖ 在上海市浦东新区人民法院顾某仑与 C 公司等私募基金纠纷案[①]中，融资人未经基金管理人同意，将私募基金所投的物业收益权转让给案外人，且自 2018 年 10 月 31 日后再未支付过收益，已符合《物业收益权回购协议》约定的基金管理人要求融资人回购的条件，但基金管理人未及时要求融资人进行回购。并且，第三方与基金管理人签订了《物业收益权回购质押担保合同》《物业收益权回购保证担保合同》，为融资人的回购义务提供担保。上述担保合同中均明确约定了基金管理人行使担保权的条件和措施，

---

① 中国裁判文书网：顾某仑与 C 公司等私募基金纠纷一审民事判决书，（2021）沪 0115 民初 97875 号。

但基金管理人未提供证据证明其积极行使了上述担保权,直至2022年基金管理人才提起诉讼向融资人及担保方主张权利。因此,上海市浦东新区人民法院认为,基金管理人虽就标的物业收益权的回购签署了一系列协议,但融资人自2018年违约起长达三年多的时间里严重怠于行使合同权利,严重损害了基金投资人的利益,有违《基金合同》约定的诚实信用、勤勉尽责义务。并且,基金管理人因管理基金过程中的重大过错导致投资方损失,应对投资方所受的实际损失承担赔偿责任。

类似的情形也曾在上海金融法院判决的马某印等与K公司财产损害赔偿纠纷案[①]中出现。该案中,融资人及其保证人多次违反《回购合同》约定的事项,主要涉及对其持有的项目公司15%的股权进行质押融资,其持有的项目公司24%股权被司法冻结,2017年累计新增借款超过2016年末净资产的20%;项目公司涉及众多诉讼、资产被查封、扣押和冻结,担保人担保能力下降等情形,明显违反了其在《股权收益权转让与回购合同》中的陈述和保证条款。但是,管理人作为专业的金融投资机构,对上述事项却没有及时披露和控制相应风险,亦未采取积极有效的措施促使《回购合同》项下的义务得以履行。因此,上海金融法院认定,管理人对于其应尽的谨慎勤勉的管理义务存在一定的过错;结合管理人过错程度,综合酌定其对投资方的赔偿范围为投资本金的50%。

‖笔者建议‖ 管理人完成私募基金的股权投资项目后,仍应当持续关注被投项目的实际经营运作情况,包括但不限于密切关注财务数据、回购触发情形、权利负担、司法诉讼情形,而不是"坐等投资收益送上门"。实际上,被投项目及融资人很可能受到市场波动及资金周转等因素的影响,作出违反投资协议约定的行为,并间接损害投资方的权益。如果管理人未能及时发现前述违约行为,等到投资期限届满或者私募基金进入退出期后才"临时抱佛脚"试图补救,则往往面临被投项目"债务缠身"、担保人破产等不利局面,管理人

---

① 中国裁判文书网:马某印等与K公司财产损害赔偿纠纷二审民事判决书,(2022)沪74民终384号。

很可能因此面临投资方关于"违反谨慎勤勉义务"的高额赔偿诉讼。

争议焦点二　管理人怠于寻找多种途径积极推动投资项目退出

虽然基金管理人在签署投资协议时通常会提前约定回购、股权转让等多种退出路径,但是受到市场环境波动影响,私募基金很可能无法通过既定路径妥善退出。这时,管理人应当积极寻找其他可行的退出路径,制定退出方案并且及时披露方案进度,与投资方保持积极沟通。

‖典型案例‖ 深圳市福田区人民法院李某安、S公司等委托理财合同纠纷[①]中,深圳市福田区人民法院认为,非上市公司股权投资基金是高风险与高收益并存的投资项目,因此,选择何时以及以何种方式处置股权将会直接影响甚至决定投资人的投资收益,故对于基金管理人而言,选择合适的时间节点对股权进行处置的过程,既要考虑效率,也要尽量考虑收益最大化。此外,涉案基金的底层投资标的T公司作为私募投资机构,本身亦受国家金融政策影响。市场环境、监管政策等不可控因素将给T公司的发展战略及资本运作方案的落实带来不确定性。如果在政策、行业均处于低潮期时进行股权变现不但可能找不到合适的买家,还可能无法获得利益最大化的退出方案,同时也失去了未来政策再发生变化时可能的红利机会,故应给予基金管理人一定决策的权利。

本案中,基金管理人一直在论证或尝试各种退出方式,包括2018年4月至2019年期间,基金管理人的法定代表人曾就标的公司股权出售事宜与潜在购买方有过沟通;2019年3月21日,基金管理人发布《××资产管理计划的补充说明》,就标的公司的经营状况及未来退出路径向投资人作出补充说明,并表示在积极协调有意向的第三方收购拟退出股东的股份、寻求海外上市(不限于香港主板市场)、寻求A股借壳上市以及其他可行的退出方式;

[①] 中国裁判文书网:李某安、S公司等委托理财合同纠纷一审判民事决书,(2021)粤0304民初14059号。

2019年12月，标的公司曾论证能否通过定向减资方式让部分股东退出；2020年4月17日，基金管理人发布《临时信息披露报告》，就涉案基金可能的退出路径再次作出了说明并披露标的公司将在推动境内上市、推动境外上市以及协助有退出意愿的股东寻求有意向的投资方置换存量股权加大力度，推动投资项目的处置退出，提升标的公司投资收益，通过分红等方式加快股东投资资金的回流；2020年8月，标的公司编制MI项目推介方案并向多家机构进行推介；2020年9月，标的公司聘请律师事务所专门出具了重组方案的法律分析意见等。现有证据显示，基金管理人不仅在论证并尝试涉案基金的各种退出方式，而且向投资人进行了披露说明。因此，深圳市福田区人民法院认为，基金管理人已经尽到勤勉尽责义务。

相比之下，在北京市第二中级人民法院审理的H公司与M公司营业信托纠纷案[1]中，按照M公司（受托人）制定的《项目退出方案》草稿和初步设想，如果股价有较大程度的浮亏，信托计划可以通过转让其持有的资管计划份额实现信托财产的变现。L公司股价自2018年1月以来持续下跌，但受托人既未能说明转让资管计划份额的可行性，亦未能举证证明其尝试过转让资管计划份额，且在2019年1月发给H公司（委托人）的说明函中主张其当时拟采取的处置方案是减持股票，故L公司作为受托人在股价不断下跌的情况下并未形成明确的信托财产处置思路，不利于信托财产处置。并且，L公司本次非公开发行股票所募资金主要用于轨道车辆制造及铝型材深加工建设项目，项目预算投资的大幅增加和项目进度的延期必然将影响L公司的股价，进而影响委托人的信托投资收益。受托人亦认为L公司就项目预算投资的大幅增加未能给出具有强说服力的解释，项目预算投资的大幅增加和项目进度的延期应属于"信托财产可能遭受重大损失"的重大事项。根据信托合同的约定，受托人应当向投资方及时披露重大事项，提出受托人采取的应对措施，包括提出是否变现信托财产的主张与理由。但是，受托人未认识到项

---

[1] 中国裁判文书网：H公司与M公司营业信托纠纷一审民事判决书，（2020）京02民初302号。

目预算投资的大幅增加和项目进度的延期可能导致信托财产遭受重大损失，未履行信息披露义务，导致投资方丧失采取转让受益权、协商提前赎回等积极止损措施的可能性。更重要的是，受托人因判断失误而未能及时采取变现措施，贻误信托财产处置时机，造成投资方财产损失。因此，北京市第二中级人民法院认为，受托人在信托财产变现处置过程中未能做到诚实、信用、谨慎、有效，该行为与投资方财产损失之间存在一定的因果关系。

‖笔者建议‖ 当私募基金投资标的受到市场环境、监管政策等不可控因素影响，出现可能无法实现投资收益的情形，并且难以基于既定的投资协议约定条款实现合理退出时，基金管理人应当选择合适的时间节点对投资标的重新制定退出方案，充分考虑退出效率，兼顾收益最大化。基金管理人还应当根据基金合同的具体约定，及时向投资方披露可能发生的投资风险、预期损失、救济措施、处置方案等信息。基金管理人应当积极推动、执行新的退出方案，避免贻误投资变现时机，造成投资方财产损失。

争议焦点三 投资项目经营不佳、无法正常退出时，未及时提起诉讼仲裁

在私募基金投资项目未能合理履行投资协议项下的各项义务，且无法通过协商等方式解决的情况下，部分管理人怠于通过诉讼、仲裁方式解决争议，且未将前述情形及时告知投资方，致使私募基金进入退出期且最终进入基金清算程序时，难以向投资标的及相关担保主体追讨损失，从而造成投资方损失。

‖典型案例‖ 上海金融法院R股权投资基金管理有限公司、孔某苓与H资产管理有限公司财产损害赔偿纠纷[①]中，基金管理人在发现N公司经营状况不佳后于2018年4月、2018年7月、2018年9月5日等时间多次向蒋某某（N公司的股东方，曾与基金管理人签署股权转让协议、补充协议、解除确认函等法律文件，由于涉及股权转让纠纷，已另案起诉）发函，但并未

---

① 中国裁判文书网：R股权投资基金管理有限公司、孔某苓与H资产管理有限公司财产损害赔偿纠纷二审民事判决书，（2020）沪74民终371号。

采取提起仲裁或要求对方提供财产抵押或担保等合法有效的措施及时挽回损失。2018 年 9 月 14 日，T 合伙与蒋某某签署《股权转让协议之补充协议二》，将双方之前协议中约定的争议解决方式由仲裁变更为向法院提起诉讼解决后，仍未及时向其提起诉讼，仅在 2018 年 12 月 25 日、2019 年 4 月 30 日、2019 年 10 月 15 日以 T 合伙的名义向蒋某某发出《履约催告函》。直至 2019 年 12 月 13 日，基金管理人才以 T 合伙的名义着手向一审法院起诉蒋某某。虽然，提起仲裁或诉讼并不是履行管理人谨慎勤勉义务的必要条件，但基金管理人未能举证证明其采取了切实有效挽回损失的措施，故法院认为基金管理人在履行诚实信用、谨慎勤勉义务上存在瑕疵。

类似的情形也曾在北京金融法院审理的 H 投资基金有限公司与吴某红合同纠纷案[①]中出现，本案中，委托人 H 公司指定 Z 公司将全部信托资金用于向借款人发放借款。H 公司作为基金管理人将基金财产投向终止时间晚于基金终止时间的信托产品，基金终止时信托计划尚未到期，直接导致了不能清算的结果。二审中，H 公司提交了其作为借款人的催收告知函、微信催收聊天记录截图以及其发布的涉案基金项目与其进展情况公告等证据，意图证明其持续催收的行为。但 H 公司作为基金管理人，仅采取上述行为，而未积极采取诉讼或增加增信措施等其他方式进行催收，不能认为其履行了管理人的谨慎勤勉义务。

值得注意的是，在济南铁路运输中级法院审理的高某玲与 Y 资产管理有限公司、H 公司民间委托理财合同纠纷一审民事案件[②]中，Y 公司作为基金管理人，未按照合同约定的"委托贷款"的方式进行投资而是直接向实际用款人 Z 公司发放贷款。且委托贷款合同和差额补足承诺函中的某银行公章系假章，Y 公司虽在形式上对该银行的公章进行了审查，不能直接认定 Y 公司存在恶意，但是其在明知岳某为该银行办理该事项的被委托人的情况下，未与

[①] 中国裁判文书网：H 投资基金有限公司与吴某红合同纠纷二审民事判决书，（2022）京 74 民终 809 号。

[②] 中国裁判文书网：高某玲与 Y 资产管理有限公司、H 公司民间委托理财合同纠纷一审民事判决书，（2020）鲁 71 民初 145 号。

岳某签订合同而是找到并无授权的闫某华，再加上其绕开该银行直接向Z公司发放贷款等行为，客观上导致了该银行未参与本案委托贷款及印章虚假的情况未被发现，在Z公司不能偿还贷款时，无法要求该银行承担差额补足的责任，增加了涉案基金资金风险。在葫芦岛市中级人民法院作出（2019）辽14民初57号民事判决[①]后，Y公司作为管理人，既未征询投资人对于上诉或再审的意向，亦未通过追究闫某华的责任等其他方式积极行使权利，追回欠款。根据葫芦岛市中级人民法院作出的（2020）辽14执45号执行裁定，对Z公司的该次执行已经终结，投资人的损失已经确定。综上，法院认为，Y公司作为涉案基金管理人，违反合同约定，未按照合同约定的方式进行投资，造成基金风险增加，现投资款无法收回，Y公司应当对基金投资人承担赔偿责任。

‖笔者建议‖ 在私募基金投资项目出现经营状况不佳、迟延回款等情况时，管理人的谨慎勤勉义务不应仅停留于"催款"，而是需要作出更进一步的动作，例如发起诉讼、仲裁等。实践中，不同地区的审理法院对基金管理人提起诉讼、仲裁的审判思路存在一定差异。例如，上海金融法院认为，虽然提起仲裁或诉讼并不是履行管理人谨慎勤勉义务的必要条件，但基金管理人应当合理举证证明其采取了切实有效挽回损失的措施；北京金融法院认为，如果基金管理人未积极采取诉讼或增加增信措施等其他方式进行催收，则可能被认定为未履行谨慎勤勉义务。然而，济南铁路运输中级法院则认为，即使基金管理人已经提起诉讼、仲裁，但是面对一审裁决不利的情形，基金管理人应当征询投资方关于上诉、再审的意向，并且通过其他途径进一步追究相关责任主体的法律责任，追回欠款。这无疑给基金管理人施加了较重的义务。

在北京市朝阳区人民法院审理的孙某与H投资基金管理有限公司金融委托理财合同纠纷一审民事判决书[②]中，对于基金管理人是否应当基于勤勉尽责

[①] 中国裁判文书网：Y公司与Z公司、何某明借款合同纠纷一审民事判决书，(2019)辽14民初57号。

[②] 中国裁判文书网：孙某与H投资基金管理有限公司金融委托理财合同纠纷一审民事判决书，(2020)京0105民初41421号。

义务提起诉讼、仲裁，H 公司提出，考虑到标的公司的行业特殊性以及公司目前短期流动性紧张的情况，若启动诉讼可能会导致大面积投资人诉讼，对标的公司的经营情况缓解非常不利。为了能够快速解决标的公司的自身经营情况以及投资人的投资回款，我司已启动赋能投资标的公司，与标的公司利用各自资源，共同从回收应收账款、寻找新的投资方、制定重组方案几方面解决其目前经营困境，以尽快争取投资人的股权投资顺利得以实施回购。上述论述代表了基金管理人基于商业判断，未选择诉讼、仲裁，而是启动其他重组方案的合理性，对于其他基金管理人具有一定参考意义。但是，由于法院并未在该案件中具体审理基金管理人是否存在违约情形，故上述论述是否能获得法院支持尚不确定。

‖笔者建议‖ 基金管理人在退出阶段的勤勉尽责义务不应受限于是否"提起诉讼、仲裁"的单一维度判断，而是应当综合案情，结合基金管理人已经采取的其他救济措施，充分考虑诉讼、仲裁的时间节点以及对于获得投资款的实际效果，判断基金管理人是否合理履行了勤勉尽责义务。

争议焦点四　未履行基金合同约定，怠于实质性推动清算进展工作

私募基金存续期满后，如果基金管理人和投资方未能就基金延期事宜达成一致意见的，则基金管理人应当基于法律法规及基金合同的约定启动清算程序。实践中，清算过程往往要经历一个比较长的周期，如果基金管理人未及时启动、未跟进清算事宜，导致私募基金未能妥善完成清算、投资方发生损失的，投资方往往会以基金管理人未尽职履责或履职不当为由提起司法裁判，要求管理人承担相应赔偿责任。

‖典型案例‖ 在北京市朝阳区人民法院马某蔚与 W 投资管理有限公司等合同纠纷案[①]中，管理人存在多处违反合同约定及勤勉尽责义务的行为：

---

① 中国裁判文书网：马某蔚与 W 投资管理有限公司等合同纠纷一审民事判决书，（2021）京 0105 民初 33102 号。

在未召开基金份额持有人大会的情形下，自行延长基金期限；在历次《基金清算公告》中关于基金是否终止、是否清算及终止日的披露信息不一致；发布清算公告后，管理人在长达两年时间里未按时依约成立清算小组，并向投资方回复"产品并未真正进入清算"，且无实质性清算进展工作。管理人在庭审中陈述"兑付工作小组实际上就是清算小组"。因此，北京市朝阳区人民法院认为，管理人关于私募基金到期后基金是否延期、是否清算存在前后陈述不一致，模糊概念，存在误导投资方的情况。

类似案件包括北京市朝阳区人民法院审理的董某燕与Z公司等合同纠纷一审民事案件[1]，私募基金到期后，管理人未经投资方同意多次单方以公告形式决定延期、延长兑付期限，公告中对清算、兑付等用语存在混淆概念，表意不清的情况，与《基金合同》的约定不符。因此，法院认为，管理人存在明显违约。在W公司等申请公司强制清算案[2]中，管理人在成立清算组后未依法办理清算组备案，未在上述规定期限内告知债权人公司解散清算事宜、告知债权人向清算组申报债权，也未在公司注册登记地省级以上有影响的报纸上予以公告。因此，江苏省苏州市姑苏区人民法院认为存在"违法清算可能严重损害债权人或者股东权益"的情形。

在北京市朝阳区人民法院审理的庞某与H公司合同纠纷一审民事案件[3]中，管理人怠于行使清算义务，导致投资方的基金赎回金额无法确定，已经构成违约；H公司作为管理人的实际控制人，与管理人存在必然的利益关联，在管理人怠于履行基金管理人职责，且已经失联的情况下，H公司截至本判决作出之日，未采取任何有效措施，推动涉案基金的清算工作，更未就涉案基金目前的剩余资产价值情况提供任何证据证明。因此，法院认为H公司应当按照

---

[1] 中国裁判文书网：董某燕与Z公司等合同纠纷一审民事判决书，（2021）京0105民初57598号。

[2] 中国裁判文书网：陆某、W公司等申请公司强制清算与破产裁定书，（2021）苏0508强清5号。

[3] 中国裁判文书网：庞某与H公司合同纠纷一审民事判决书，（2020）京0105民初4884号。

《协议书》的约定,按照基金净值0.9的标准向投资方承担差额补足责任。

‖笔者建议‖ 私募基金存续期届满、进入清算程序后,基金管理人应当及时、准确披露信息,实质性推动清算进展工作,并且依照法定程序履行清算义务,包括但不限于依约成立清算小组、办理清算组备案、公告债权申报、办理工商、办理税务等注销手续,保存基金清算材料等事宜。此外,为避免管理人在基金存续期内未完成清算而被诉承担责任,可在基金合同中约定赋予管理人单方延长期限的权利。

争议焦点五　未依照法定程序履行清算义务、分配清算资金

经笔者检索,实践中存在基金管理人发布公告表示即将向投资方分配清算资金后,却未能实际完成分配的情形。

‖典型案例‖ 北京市朝阳区人民法院审理的李某彭与J基金管理有限公司等合同纠纷案[1],2021年5月8日,基金管理人J公司发布《金谷2号基金清算公告》,内容为:J2号基金于2019年5月8日成立,2019年9月11日通过基金业协会备案,依据基金合同,本基金的存续期限为18个月,管理人可根据项目的退出情况延长6个月,目前,基金管理人通过对基金所投标项目的持续有效管理,已按照基金既定退出目标实现项目退出回款,本基金将于2021年5月8日到期并启动清算流程,根据基金托管人对基金清算流程的要求,本次分配款项预计于本公告发布之日起20个工作日内支付给基金份额持有人。但是,J公司并未按照公告内容完成对基金份额持有人的款项分配。庭审中,J公司对上述公告真实性认可,但是称投资项目还没有完全退出,仍然在退出的过程中。法院认为,J公司作为基金管理人在2021年5月8日发布清算公告,表示已经按既定退出目标实现项目退出回款之后,却未向投资人分配清算资金,在诉讼中未向法庭说明基金投资与清算情况,也未提交相关证据,J公司的行为已经违背诚信勤勉义务。

---

[1] 中国裁判文书网:李某彭与J基金管理有限公司等合同纠纷一审民事判决书,(2021)京0105民初79879号。

‖笔者建议‖　一旦基金管理人对外公告清算过程并明确清算资金分配日期，则投资方已产生合理期待，基金管理人应当遵守公告承诺，完成清算资金分配。实践中，如果私募基金投资的底层资产确实无法变现或清算过程中出现基金管理人预料以外的情形导致无法按照计划履行的，基金管理人可以选择实物分配方式，特别是直接向投资方分配投资标的股权等方式尽快完成清算分配，或者及时就最新情况与投资方沟通，履行信息披露义务，避免清算公告无法实际履行，进而将私募基金清算资金贬值的风险完全归于基金管理人承担。

争议焦点六　允许特定投资方优先退出，未公平对待同一基金的投资方

根据《私募投资基金登记备案办法》第七十条及《关于加强私募投资基金监管的若干规定》第九条第一款第五项规定，管理人不得"不公平对待同一私募基金的不同投资者，损害投资者合法权益"，基金业协会可以采取书面警示、要求限期改正、公开谴责、暂停办理备案、限制相关业务活动、撤销管理人登记等自律管理或者纪律处分措施。因此，在私募基金退出阶段，管理人应当注意不得让特定投资方优先退出，否则可能被认定为损害投资方合法权益，进而受到行政处罚或自律监管措施。

‖笔者建议‖　根据笔者的检索，目前公示的司法裁判中涉及"特定投资方优先退出"的公开案例较少。尽管如此，笔者认为基金管理人应当尽量避免设定投资单元、允许特定投资方优先退出，否则，将存在其他投资方是否能直接主张其分配所得无效、要求返还分配款，或者要求基金管理人就其他投资方退出时与特定投资方优先退出时的分配差额进行损害赔偿等风险。

2. 管理人违反勤勉尽责义务的法律后果

投资方以其违反勤勉义务为由请求管理人对基金的损失承担与其过错相适应的赔偿责任的，人民法院应当予以支持。同时，《金融审判纪要（征求意见稿）》对于指导实操层面判断管理人是否违反勤勉尽责义务及是否应当承

担损失赔偿责任提供了更为明确、清晰的指引和参照，具有一定的积极意义。

基于《金融审判纪要（征求意见稿）》相关规定，可以推导出管理人违反勤勉尽责义务的构成要件：（1）客观上管理人存在违反勤勉义务的行为；（2）主观上管理人存在故意或重大过失；（3）投资方遭受实际损失；（4）管理人的行为和投资人的损失之间存在因果关系。

如果基金管理人违反勤勉尽责义务且因此造成投资方损失的，在基金合同已有相关约定的情形下，人民法院通常按照基金合同约定认定赔偿金额。

‖典型案例‖ 在庞某与 H 公司一审民事案件[①]中，北京市朝阳区人民法院认为，虽然涉案基金尚未清算，从严格意义上来说，投资方的损失金额尚未确定，但综合考虑涉案基金的存续期限尚未届满（剩余期限在两年以上）、基金管理人被采取行政监管措施并被刑事立案侦查的实际情况，以及差额补足责任人与基金管理人之间存在间接控股的关系，为减少当事人的诉累，合理保护投资方的合法权益，本院认定差额补足责任人（基金管理人的间接控股股东）根据基金合同的约定，按照基金净值 0.9 的标准向投资方承担差额补足责任。

若基金合同并未明确约定的，法院会根据实际情况判定赔偿的金额及计算方式。在司法实践中，即使基金尚未完成清算程序，只要客观上能够认定投资方的经济损失已经实际发生，那么为合理保护投资方的合法权益，人民法院通常判决先行赔付投资方投资本金及相应资金占用损失。例如，在许某光与 H 投资基金管理有限公司等委托理财合同纠纷民事一审案件[②]中，上海市奉贤区人民法院认为，投资方未取得基金投资份额收益分配的损失已经实际发生，投资方客观上已存在经济损失。虽尚未完成清算，原告损失的具体金额尚未确定，但为避免原告诉累，法院先行判决基金管理人对投资本金无法返还的损失承担全额赔偿责任，并赔偿相应资金占用损失。判决生效后，

[①] 中国裁判文书网：庞某与 H 公司合同纠纷一审民事判决书，（2020）京 0105 民初 4884 号。

[②] 中国裁判文书网：许某光与 H 投资基金管理有限公司等委托理财合同纠纷一审民事判决书，（2021）沪 0120 民初 10361 号。

投资方在清算过程中获得的清偿部分，应当在返还金额中予以扣除。在 H 有限公司、常某人与 P 公司上海分行证券投资基金交易纠纷二审民事案件[①]中，上海金融法院认定了管理人的违约责任，但因清算未完成，故判决管理人应在清算完成后十日内对投资方清算后的实际损失（包括损失的本金和利息）承担赔偿责任。

但是，值得注意的是，实操中，管理人怠于清算的原因是多样的，并非都是违反了法定或约定义务。如果管理人有合理理由迟延清算，可以部分或全部抗辩赔偿责任；如果管理人能够证明怠于清算行为与投资方损失无因果关系的，笔者认为应当不承担赔偿责任。

3. 总结

"退出难"目前是整个基金行业共同面临的问题。谨慎勤勉义务在目前的司法裁判中存在不同的适用尺度，笔者认为主要原因是"谨慎勤勉"义务在实操中确实相对主观，很多情形下跟管理人自身的专业能力也息息相关，而裁判者对于这种义务执行的深度、广度等理解更有不同，未来随着更多典型案例的出现，对于勤勉尽责义务可能会有更统一的思路。一方面，笔者希望裁判者不要基于社会舆情和其他投资人带来的方方面面的压力，矫枉过正，超额适用谨慎勤勉义务甚至导致限缩了管理人基于基金合同和投资文件项下约定的合法权利。另一方面，面对严峻的经济形势和市场走势，管理人不应消极面对，而应当基于法律法规及基金合同中赋予的权利，妥善履行谨慎勤勉义务，恪尽职责，尽最大努力维护投资方合法权利，在投资标的存在法律风险时及时采取应对措施，面对复杂多变的商业环境，合理判断商业退出路径，及时向投资方披露各项信息。同时，管理人应当注意自身保护措施，合理保留相关证据，维护自身权益。

[①] 中国裁判文书网：H 有限公司、常某人与 P 公司上海分行证券投资基金交易纠纷二审民事判决书，（2020）沪 74 民终 461 号。

二、私募基金回购安排的效力认定

1. 重点法规

《私募投资基金登记备案办法》

第二十七条第二款　私募基金管理人及其股东、合伙人、实际控制人、关联方和基金销售机构，以及前述机构的工作人员不得以任何方式明示或者暗示基金预期收益率，不得承诺或者误导投资者投资本金不受损失或者限定损失金额和比例，或者承诺最低收益。

《九民纪要》

第九十二条　【保底或者刚兑条款无效】信托公司、商业银行等金融机构作为资产管理产品的受托人与受益人订立的含有保证本息固定回报、保证本金不受损失等保底或者刚兑条款的合同，人民法院应当认定该条款无效。受益人请求受托人对其损失承担与其过错相适应的赔偿责任的，人民法院依法予以支持……

实践中，保底或者刚兑条款通常不在资产管理产品合同中明确约定，而是以"抽屉协议"或者其他方式约定，不管形式如何，均应认定无效。

《关于加强私募投资基金监管的若干规定》

第六条　私募基金管理人、私募基金销售机构及其从业人员在私募基金募集过程中不得直接或者间接存在下列行为：……直接或者间接向投资者承诺保本保收益，包括投资本金不受损失、固定比例损失或者承诺最低收益等情形……

《证券期货经营机构私募资产管理业务管理办法》

第四条第一款　证券期货经营机构不得在表内从事私募资产管理业务，不得以任何方式向投资者承诺本金不受损失或者承诺最低收益。

《证券期货经营机构私募资产管理业务运作管理暂行规定》

第三条　证券期货经营机构及相关销售机构不得违规销售资产管理计划，不得存在不适当宣传、误导欺诈投资者以及以任何方式向投资者承诺本金不受损失或者承诺最低收益等行为……

《私募投资基金募集行为管理办法》

第二十四条　募集机构及其从业人员推介私募基金时，禁止有以下行为：……以任何方式承诺投资者资金不受损失，或者以任何方式承诺投资者最低收益……

《私募投资基金监督管理暂行办法》

第十五条　私募基金管理人、私募基金销售机构不得向投资者承诺投资本金不受损失或者承诺最低收益。

2. 案例解读

编号	审理法院及案号	关键事实	裁判观点	裁判结果
1	上海金融法院（2021）沪74民终663号①	①2018年1月30日，吕某端与M公司（私募基金管理人）、案外人A股份有限公司（基金托管人）签订《基金合同》一份。《基金合同》中《私募基金风险揭示书》约定：私募基金管理人依照恪尽职守、诚实守信、谨慎勤勉的原则管理和运用基金财产，但不保证基金财产中的认购资金本金不受损失，也不保证一定盈利及最低收益……②2018年3月14日，甲方（保证人）M公司与乙方吕某端签订《保证与回购协议》一份，约定：为保障乙方的投资安全及投资收益的实现，保证人自愿为主合同项下的全部义务向乙	一审法院认为：根据《私募投资基金监督管理暂行办法》第十五条规定，私募基金管理人、私募基金销售机构不得向投资者承诺投资本金不受损失或者承诺最低收益，对此，已经备案的《基金合同》在《私募基金风险揭示书》中多处表示作为基金管理人不对本金及收益作出承诺，但其向吕某端发布的《成立公告》中明确承诺年投资收益率10.4%的投资收益，与吕某端另行签订《保证与回购协议》的M公司也以提供回购的方式承诺了年化10.4%的回购价，已不构成证券投资基金法律关系，实为借贷，M公司应向吕某端支付约定的回购价款，一审法院认定回购价款按《保证与回购协	回购协议无效关键词：违反《信托法》第三十四条的强制性规定

---

① 中国裁判文书网：M公司与吕某端证券投资基金回购合同纠纷二审民事判决书，（2021）沪74民终663号。

续表

编号	审理法院及案号	关键事实	裁判观点	裁判结果
1	上海金融法院（2021）沪74民终663号	方承担不可撤销的连带责任保证担保；甲乙双方一致同意，同时满足下列条件时，乙方即有权要求甲方一次性回购乙方所持有的全部基金份额：1.自乙方认购之日起，期限满18个月时；2.未达到主合同项下本息收益；甲方应按下列计算公式和金额合同项下本息收益；甲方应按下列计算公式和金额向乙方支付回购价款：回购价款＝乙方认购款×（1+［10.4%］×认购之日至投资期限届满之日之间的天数／365）-乙方已于主合同中实际获得的本息收益；甲方应按以下时间点支付对应的回购价款：乙方要求回购之日起十个工作日内，甲方向乙方一次性支付回购价款 ③ M公司系在中国XX协会登记的私募基金管理人，涉案《基金合同》已经备案	议》第五条规定计算，包含本金5,000,000元及2期未兑付收益519,999.99元 二审法院认为：在《保证与回购协议》中，M公司向投资者吕某端就上述《基金合同》下的投资认购款、利息等，作出了明确固定回报的承诺以及连带责任保证。上述约定显然为刚性兑付约定，违反了《信托法》第三十四条①的强制性规定，为无效约定。吕某端据此提出的相应诉讼请求，缺少合同依据。一审法院的有效认定，本院予以更正。但是，因M公司将吕某端的投资款实际并未用于股权投资，而是用于出借，改变了资金用途，违反了《基金合同》的约定，属于重大违约行为。因此，投资者吕某端不享有案涉基金中的相应份额，同时亦不应当承担相应的投资风险，M公司应当承担赔偿吕某端投资款本息的违约责任，且上述给付义务亦不应以基金清算为前提	

---

① 《信托法》第三十四条：受托人以信托财产为限向受益人承担支付信托利益的义务。

续表

编号	审理法院及案号	关键事实	裁判观点	裁判结果
2	北京市海淀区人民法院（2020）京0108民初5521号[①]	①宋某林称H公司同意以112%对价回购，提交了其（甲方）与H公司（乙方）于2018年5月24日签订的《基金份额回购协议》，约定：本轮投资时间自2018年5月25日起至2019年5月24日止，届时甲方可以要求乙方以投资本金的112%的对价回收甲方的基金份额 ②H公司认可该协议所盖公章系其公司公章，但称对内容不知情，且该协议亦属无效。H公司另称R资产管理有限公司于2018年6月12日以退预收款名义向宋某林转款90,000元，该款项系支付的汇盈红利进取型1号私募证券投资基金的本金或利息部分，应予以扣减，但未提交相关证据	本院认为，依法成立的合同，对当事人具有法律约束力。当事人应当按照约定全面履行自己的义务。宋某林与H公司、Y证券公司签订的基金合同系当事人真实意思表示，且未违反法律及行政法规的强制性规定，应属合法有效，各方均应遵守履行。就宋某林与H公司签订的回购协议，其本质系保证委托人本金不亏损并取得固定收益的保底协议，该协议导致双方权利义务严重失衡，违反了资本市场规则。根据我国《私募投资基金监督管理暂行办法》的规定，私募基金管理人、私募基金销售机构不得向投资者承诺投资本金不受损失或者承诺最低收益。H公司作为有资质的投资机构，其与宋某林签订的保底协议应属无效，故宋某林要求按照回购协议返还本金及支付收益的诉讼请求本院不予支持	双方权利义务失衡，合同无效 关键词：私募基金管理人、私募基金销售机构不得向投资者承诺投资本金不受损失或者承诺最低收益

[①] 中国裁判文书网：宋某林与H公司民间委托理财合同纠纷一审民事判决书，（2020）京0108民初5521号。

续表

编号	审理法院及案号	关键事实	裁判观点	裁判结果
3	浙江省杭州市中级人民法院（2020）浙01民终9807号①	① 2018年12月7日，A、B、方某、陈某（案涉基金管理人的关联公司与实际控制人）共同出具"新鼎明影视拾号承诺函"一份，载明：在基金到期时（基金成立后满18个月）或提前终止清算时，该基金的A类份额投资者如未能获得本金及年化10%的收益，则A、B及上述公司实际控制人方某、陈某将根据A类份额投资者的指示，在基金到期日或提前终止清算日后的三个工作日内，受让A类份额投资者持有的上述基金的份额收益权并完成付款，受让价格为A类份额投资者从基金中"实际获得的资金"与"投资本金及该部分本金按投资期限及年化10%计算的收益的总金额"之间的差额。A类份额投资者有权选择A、B、方某、陈某中的一方单独或者多方共同作为前述受让义务主体。承诺人在履行上述受让义务时有权指定其他	A、B、方某、陈某与景某君之间的基金份额回购的合同关系已经成立且生效。二上诉人提出，A、B、方某、陈某的承诺函并非向景某君出具、景某君通过非法手段获得该份《承诺函》，但未提交证据证明景某君系通过非法手段获取的《承诺函》，且《承诺函》的内容是A、B、方某、陈某承诺在一定条件下受让A类份额投资者持有的涉案基金的份额收益权并完成付款，景某君作为案涉基金的A类份额投资者，持有《承诺函》原件完全是合乎情理的。A、B、方某、陈某向景某君出具《承诺函》，系其真实意思表示，内容不违反法律及行政法规的强制性规定，对各方均有法律约束力	基金份额回购的合同关系成立且生效 关键词：内容不违反法律及行政法规的强制性规定

---

① 中国裁判文书网：X公司、陈某合同纠纷二审民事判决书，（2020）浙01民终9807号。

第二章　私募基金篇 | 141

续表

编号	审理法院及案号	关键事实	裁判观点	裁判结果
3	浙江省杭州市中级人民法院（2020）浙01民终9807号	第三方主体代为支付全部或部分回购款，但承诺人应确保第三方主体在基金到期日或提前终止清算日后的三个工作日内完成该支付行为。该承诺函原件为景某君所持有 ②景某君在取得上述承诺函的同时，还取得A与B的股东会决议各一份，均载明：拾号私募投资基金是H作为基金管理人履行的契约型基金。公司作为H的关联公司，股东会同意以公司全部财产承担承诺函所载明的义务		
4	上海市浦东新区人民法院（2021）沪0115民初24875号①	① 2020年9月30日，原告与被告H公司签订了《××基金份额转让协议》及《基金份额转让协议之补充协议》，约定被告将其持有的100万份××一号1期私募投资基金份额转让给原告，转让价款为100万元。《补充协议》第一条标的基金份额的回购约定："1. 乙方（原告）有权在持有标的基金份额满167	《转让协议》及《补充协议》系原、被告双方同一天签订，且内容都是围绕"被告向原告转让其持有的××一号1期基金份额"，庭审中原、被告双方也一致确认两个协议应作为整体来审查。从两份协议的内容来看，名义上是被告向原告转让其持有的100万份××一号1期基金份额，但《补充协议》约定了无条件回购条款，只要原告持有转让	回购约定构成以虚假意思表示，无效关键词：虚假意思表示无效

---

① 中国裁判文书网：张某红与H公司等其他合同纠纷一审民事判决书，（2021）沪0115民初24875号。

续表

编号	审理法院及案号	关键事实	裁判观点	裁判结果
4	上海市浦东新区人民法院（2021）沪0115民初24875号	天时要求甲方（被告H公司）提前回购标的基金份额。如乙方要求甲方提前回购标的基金份额的，乙方应于持有标的基金份额满167天的对应日的前10个工作日之前，向甲方提交提前回购的书面申请，甲方在收到申请后应同意回购并支付相应的标的基金份额回购价款（以下简称回购价款）；如乙方未按时提出申请的，即视为放弃要求甲方提前回购的权利，则乙方应持有标的基金份额至本基金到期日，届时由甲方直接回购并支付相应回购价款 2.甲方支付回购价款的金额＝乙方支付的转让价款×7%×当前经过的天数/365+乙方支付的转让价款。" ②上述协议签订后，原告向被告H公司支付转让价款100万元。被告H公司同时作为××基金的基金管理人向原告出具《××基金转让/受让确认书》，载明被告合益资产所享有的100万份××一号1期私募投资基金份额及相应一切衍生权利转让给原告	的基金份额满167天对应日的前10个工作日之前向被告申请回购，被告须无条件按照原告支付的转让价款×7%×当前经过的天数/365+原告支付的转让价款回购；且即使原告未在上述时间内申请回购，在涉案基金到期时，被告也须无条件按照上述金额回购。而《全国法院民商事审判工作会议纪要》认为："回购交易中的出让方负有在一定期间经过之后以固定价格买回协议标的物的义务……从合同双方当事人所追求的效果意思来看，卖出方回购一方所追求的是获得资金融通，买入返售一方所追求的效果意思是获得固定的本息回报。"故本案原、被告双方签订的《转让协议》与《补充协议》系名义上为基金份额转让协议实质上为借款合同法律关系，根据《中华人民共和国民法典》第146条的规定，行为人与相对人以虚假的意思表示实施的民事法律行为无效。以虚假的意思表示隐藏的民事法律行为的效力，依照有关法律规定处理。因此，本院根据借款合同法律关系来解决原、被告二者之间的纠纷。	

续表

编号	审理法院及案号	关键事实	裁判观点	裁判结果
5	上海市嘉定区人民法院（2020）沪0114民初17974号①	① 2017年11月16日，被告成立"××私募投资基金"，并于同年12月19日在中国证券投资基金协会备案登记。2017年11月7日，原告作为投资者、被告作为基金管理人、P公司作为基金托管人签订《××私募投资基金基金合同》（编号：QYXJJSMZH-02-047）一份 ② 2020年5月12日，作为甲方（投资者）的原告与作为乙方（管理人）的被告签订《【××私募基金份额】回购协议》，载明甲方于2019年11月15日赎回××全部投资份额，依照基金合同，乙方应将甲方原始投资款及基金收益兑付给甲方。由于基金的底层资产无法变现且原基金担保方未履行担保义务，乙方无法依约兑付甲方的基金份额赎回申请，故乙方承诺按照本协议约定回购甲方持有的××私募基金份额。乙方应于2020年5月15日前按约定的回购	①关于案涉回购协议是否成立并生效。被告辩称其法定代表人本人并未在回购协议上盖章，也未授权他人签订该回购协议，故回购协议对被告不发生效力，对此本院认为，首先被告对案涉基金合同、回购协议上公司公章及其法定代表人名章的真实性均不持异议。原告称其与被告的销售人员张某君先后订立了基金合同和回购协议，对此被告仅确认张某君代表公司与原告签订了案涉基金合同，但对回购协议的签订人员未予说明，本院认为该举证责任在于被告，现被告无法说明签订回购协议的公章使用人，亦无证据证明其公章、法定代表人名章遗失、遭盗用或原告与无权代理人恶意串通等情形，故推定原告与被告销售人员订立回购协议具有高度盖然性，该行为所产生的法律后果应由被告承受 ②关于回购协议是否因违反"刚性兑付"规定而无效。《指导意见》旨在保障投资者合法权益，防范系统性风险。回购协议系在基金赎回阶段，因被	基金份额回购约定有效 关键词：违反刚兑仍被认定有效

---

① 中国裁判文书网：朱某与F公司证券投资基金回购合同纠纷一审民事判决书，（2020）沪0114民初17974号。

续表

编号	审理法院及案号	关键事实	裁判观点	裁判结果
5	上海市嘉定区人民法院（2020）沪0114民初17974号	价格回购甲方持有的全部标的基金份额。回购价格 = 投资本金 + 应付未付利息【402,500】+（投资本金 × 11.5% × 1.5 × 产品赎回延长天数/365），上述公式中的产品赎回延长天数自客户提出赎回的基金开放日活基金合同原到期日起算，至乙方实际付清回购款项之日止。乙方未按期足额支付回购价款的，按照延迟支付金额和天数的日万分之五支付逾期罚金	告无法依约兑付原告的基金份额赎回申请而订立，有别于在金融产品的推介、销售过程中为诱导投资者而承诺的保底回购条款，被告在该协议中承诺的以约定的回购价格回购原告持有的全部标的基金份额，可以视为被告在原告客观上无法实现投资目的时，双方达成的对原告予以补偿的合意，应属合法有效，即便履行回购协议与刚性兑付的结果均为原告收回投资款，也不必然导致协议无效，更与被告自愿对原告进行补偿的承诺无关。故对被告辩称该回购协议无效的意见，本院不予采纳	
6	山西省晋中市中级人民法院（2022）晋07民初33号①	① 2018年5月9日，Y银行作为资产委托人、H公司作为资产管理人、Z公司作为资产托管人，三方共同签订了编号1的《××专项资产管理计划资产管理合同》② 2018年5月9日，H公司与被告签订编号2的《应收账款收益权转让及回购合同》。合同约定：1. 被告将持有的应收账款转让	Y银行、H公司、Z公司签订的《××专项资产管理计划资产管理合同》，H公司与被告签订的《应收账款收益权转让及回购合同》，均系各方当事人的真实意思表示，内容不违反法律、行政法规的强制性规定，合法有效，当事人理应恪守，依法履行合同义务H公司根据委托人Y银行的指令，通过Z公司将委托资金5亿元放款用于受让被告所持有	基金份额回购约定有效关键词：不违反法律、行政法规效力性强制性规定

① 中国裁判文书网：X某、吉林某公司金融不良债权追偿纠纷民事一审民事判决书，（2022）晋07民初33号。

续表

编号	审理法院及案号	关键事实	裁判观点	裁判结果
6	山西省晋中市中级人民法院（2022）晋07民初33号	给上海华富利得公司；2.被告承诺按照合同约定回购应收账款；3.转让价款为5亿元；4.回购价款为转让价款+溢价款，具体计算方式为：回购价款总金额=转让价款+转让价款×年综合溢价率×回购期限÷365，年综合溢价率=基础溢价率×（1+C），其中基础溢价率为8.07%，C≈3.37214%；5.回购到期日为2019年5月9日；6.被告迟延支付回购价款，每迟延一日，应按照逾期付款金额的日万分之一支付违约金 ③上述合同签订后，H公司按照合同约定向被告支付了转让价款5亿元。合同约定的回购日到期后，经多次催收，被告未按约定支付回购价	的应收账款收益权，双方约定的回购期已到期，被告未依约足额、如期回购，已构成违约。阳泉商行作为资产托管人享有该债权权益，将其持有的合法债权依法转让与本案原告，并已履行通知义务，故案涉债权转让合法。原告主张被告支付回购价款及违约金于法有据	

【裁判分析】

在私募基金中，基金份额回购的本质是基金份额的转让或是买卖交易，但回购价格可以由当事人自由协商，甚至有时会发生无限溢价的情形，回购成了交易中"保本保收益"安排最常见的形式之一。此时，回购协议常常以基金份额受让协议、承诺函、无条件回购承诺、预约受让协议等不同形式的法律文件或协议具体呈现。此外，差额补足、保证担保等也可能会被同时作为配套安排。

但是对于基金份额回购协议是否有效，投资人能否根据基金份额回购协议向回购义务人主张份额的回购用来保障自己的投资本金问题，在我国目前的司法实践中并不存在统一的裁判，《九民纪要》第九十二条虽规定了保底或者刚兑条款无效，但是其规范对象是"信托公司、商业银行等金融机构"，对于私募基金管理人是否能适用相应的条款，法院也存在适用不一致的情况。

三、管理人失职或失联情况下，基金投资人的退出路径

1. 重点法规

➢ 《合伙企业法》

第六十八条 有限合伙人不执行合伙事务，不得对外代表有限合伙企业。有限合伙人的下列行为，不视为执行合伙事务：

（一）参与决定普通合伙人入伙、退伙；

（二）对企业的经营管理提出建议；

（三）参与选择承办有限合伙企业审计业务的会计师事务所；

（四）获取经审计的有限合伙企业财务会计报告；

（五）对涉及自身利益的情况，查阅有限合伙企业财务会计账簿等财务资料；

（六）在有限合伙企业中的利益受到侵害时，向有责任的合伙人主张权利或者提起诉讼；

（七）执行事务合伙人怠于行使权利时，督促其行使权利或者为了本企业的利益以自己的名义提起诉讼；

（八）依法为本企业提供担保。

> 《中华人民共和国公司法（2018修正）》（以下简称《公司法（2018修正）》）

第一百五十一条　董事、高级管理人员有本法第一百四十九条规定的情形的，有限责任公司的股东、股份有限公司连续一百八十日以上单独或者合计持有公司百分之一以上股份的股东，可以书面请求监事会或者不设监事会的有限责任公司的监事向人民法院提起诉讼；监事有本法第一百四十九条规定的情形的，前述股东可以书面请求董事会或者不设董事会的有限责任公司的执行董事向人民法院提起诉讼。

监事会、不设监事会的有限责任公司的监事，或者董事会、执行董事收到前款规定的股东书面请求后拒绝提起诉讼，或者自收到请求之日起三十日内未提起诉讼，或者情况紧急、不立即提起诉讼将会使公司利益受到难以弥补的损害的，前款规定的股东有权为了公司的利益以自己的名义直接向人民法院提起诉讼。

他人侵犯公司合法权益，给公司造成损失的，本条第一款规定的股东可以依照前两款的规定向人民法院提起诉讼。

> 《公司法（2023修订）》

第一百八十九条　董事、高级管理人员有前条规定的情形的，有限责任公司的股东、股份有限公司连续一百八十日以上单独或者合计持有公司百分之一以上股份的股东，可以书面请求监事会向人民法院提起诉讼；监事有前条规定的情形的，前述股东可以书面请求董事会向人民法院提起诉讼。

监事会或者董事会收到前款规定的股东书面请求后拒绝提起诉讼，或者自收到请求之日起三十日内未提起诉讼，或者情况紧急、不立即提起诉讼将会使公司利益受到难以弥补的损害的，前款规定的股东有权为公司利益以自己的名义直接向人民法院提起诉讼。

他人侵犯公司合法权益，给公司造成损失的，本条第一款规定的股东可以依照前两款的规定向人民法院提起诉讼。

公司全资子公司的董事、监事、高级管理人员有前条规定情形，或者他人侵犯公司全资子公司合法权益造成损失的，有限责任公司的股东、股份有限公司连续一百八十日以上单独或者合计持有公司百分之一以上股份的股东，可以依照前三款规定书面请求全资子公司的监事会、董事会向人民法院提起诉讼或者以自己的名义直接向人民法院提起诉讼。

> 《民法典》

第五百三十五条　因债务人怠于行使其债权或者与该债权有关的从权利，影响债权人的到期债权实现的，债权人可以向人民法院请求以自己的名义代位行使债务人对相对人的权利，但是该权利专属于债务人自身的除外。

代位权的行使范围以债权人的到期债权为限。债权人行使代位权的必要费用，由债务人负担。

相对人对债务人的抗辩，可以向债权人主张。

2. 案例解读

编号	审理法院及案号	关键事实	裁判观点	裁判结果
1	最高人民法院（2016）最高法民终756号①	① H投资中心于2013年1月23日成立，焦某、刘某、李某红系该合伙企业的有限合伙人 ② 2013年，H投资中心作为委托人、P银行作为受托人/贷款人、R公司作为借款人签订了两份《委托贷款合同》。上述贷款期限届满后，R公司未按约偿还借款本金及利息，H投资中心也一直未向R公司通过诉讼或仲裁等方式主张权利。焦某、刘某、李某红为督促	截至2015年1月1日，X资本公司作为执行事务合伙人，未就案涉到期债权向R公司提起诉讼或申请仲裁，也未与R公司达成任何保障有限合伙债权尽快实现的协议。如此不作为，足以认定X资本公司怠于行使权利 本院认为，焦某、刘某、李某红与H投资中心的关系，并非债权人与债务人的关系，而是有限合伙人与合伙企业的关系，不能适用《合同法》第七十三条规定。《××（有限合伙）合伙协议》约定，有限合伙人在执行事务合伙人怠于行使权利时，有权	投资人作为有限合伙人有权代位提起诉讼 关键词：私募基金管理人作为执行事务合伙人怠于行使权利

---

① 中国裁判文书网：焦某、刘某等与R公司金融借款合同纠纷二审民事判决书，（2016）最高法民终756号。

续表

编号	审理法院及案号	关键事实	裁判观点	裁判结果
1	最高人民法院（2016）最高法民终756号	X资本公司、H投资中心行使权利，曾向其多次邮寄律师函，但均被退回，并一直无法与其取得联系。焦某、刘某、李某红遂以H投资中心、X资本公司怠于主张债权为由诉至原审法院，请求判如所请	督促其行使权利或者为了本企业的利益以自己的名义提起诉讼，并未要求全体有限合伙人一致同意才能提起诉讼。《合伙企业法》第六十八条第二款第七项规定，执行事务合伙人怠于行使权利时，有限合伙人督促其行使权利或者为了本企业的利益以自己的名义提起诉讼，不视为执行合伙事务。该条款赋予了合伙企业的有限合伙人以自己的名义代表合伙企业提起诉讼的权利，且并未限定其在个人出资额范围内提出诉讼请求，只要满足以合伙企业的利益为目的这一要求即可。焦某、刘某、李某红代表H投资中心提起诉讼，既符合《××（有限合伙）合伙协议》的约定，又不违反《合伙企业法》的规定，故对R公司的此项上诉主张，本院不予支持	
2	浙江省宁波市中级人民法院（2023）浙02民终1400号①	① 2019年3月6日，梁某鸿、杨某伦与T公司、G公司签署《××合伙企业（有限合伙）合伙协议》（以下简称《合伙协议》），协议确定合伙企业的名称为Y，合伙企业有四名合伙人，其	《合伙企业法》第六十八条规定赋予了合伙企业的有限合伙人在执行事务合伙人怠于行使权利时，有权以自己的名义提起诉讼的权利。应主要审查天元壹号的执行事务合伙人天元海华是否怠于行使权利以及梁某鸿、杨某伦提起诉讼是否为了天元壹号的利益	投资人作为有限合伙人有权代位提起诉讼

---

① 中国裁判文书网：梁某鸿、杨某伦等合同纠纷二审民事裁定书，（2023）浙02民终1400号。

续表

编号	审理法院及案号	关键事实	裁判观点	裁判结果
2	浙江省宁波市中级人民法院（2023）浙02民终1400号	中普通合伙人为T公司，有限合伙人为G公司及梁某鸿、杨某伦，合伙企业由T公司担任执行事务合伙人 ②梁某鸿、杨某伦在知晓股权回购条件触发（目标公司核心管理人员变动超过三分之二的事实）后分别于2021年11月5日、12月1日、12月14日多次向Y合伙企业、T公司发送书面通知或律师函，明确要求其正式向A公司、B公司发送书面的回购通知函。虽然Y合伙企业或T公司在接到梁某鸿、杨某伦指令后通过微信向时任A公司法定代表人陈某宇转达了梁某鸿、杨某伦的回购请求，但并未按照梁某鸿、杨某伦的指令向A公司、B公司发送正式的书面回购通知	首先，根据在案认定的证据可以看出，天元海华在明知行权要件的情况下，仍未依梁某鸿、杨某伦要求及时向鸿鹄晓月、中科量安发送书面回购通知函件，也未采取包括提起诉讼在内的其他措施维护天元壹号的股权回购权利，足以说明天元海华存在怠于行使权利的情形 其次，关于梁某鸿、杨某伦提起诉讼是否为了Y合伙企业利益的问题。在梁某鸿、杨某伦得知目标公司核心管理团队人员变动已超过三分之二的情形后，因该情形已触发涉案《增资协议》中的回购条款，梁某鸿、杨某伦遂要求A公司、B公司向Y合伙企业履行股权回购的给付义务，故符合为了Y企业利益的目的	

续表

编号	审理法院及案号	关键事实	裁判观点	裁判结果
3	北京市海淀区人民法院（2021）京0108民初34147号①	① 2017年9月6日，B公司（甲方、应收账款收益权转让人）与F公司（乙方、应收账款收益权受让人、代表"G一号私募投资基金"）签订《应收账款收益权转让及回购协议》。同时，该协议第十一条为应收账款代位追偿权，具体内容如下：如出现以下情形，乙方可以向甲方代位行使追偿权，无须征得甲方的同意：本协议约定回购期到期后，甲方未能向乙方溢价回购应收账款；X公司应付账款到期后，甲方怠于行使债权而影响乙方的合法权利 ② 2018年1月24日，吴某平与基金管理人F公司、基金托管人S银行签订《G一号私募投资基金基金合同》，其主要条款约定，G一号私募投资基金采取契约性、半封闭式运作方式，基金募集总额人民币6,000万元。基金存续期预计为基金成立日	债权人提起代位诉讼应当满足以下四个条件：1.债权人对债务人的债权合法；2.债务人怠于行使其到期债权，对债权人造成损害；3.债务人的债权已到期；4.债务人的债权不是专属于债务人自身的债权。依据基金合同约定，基金管理人、基金托管人、基金委托人在实现各自权利义务的过程中，违反法律法规规定或合同约定，应当承担违约责任；给基金财产或基金合同其他当事人造成的直接损失，应分别对各自的行为依法承担赔偿责任。由此可见，吴某平作为基金委托人，在基金管理人F公司存在违法或违约行为，给其造成损失时，可以成为F公司的债权人。鉴于清算与否、清算情况及结果均不确定，F公司对吴某平负有多少债务及是否到期亦不能确定。基金合同约定了仲裁条款，相关债权的确定应由上海国际经济贸易仲裁委员会裁决确定。在该债权处于不确定的情形下，吴某平作为F公司的债权人，即便可以主张代位权，但也无法确定债权的行使范围此外，依据B公司与F公司签订的《应收账款收益权转让及回购	驳回原告诉讼请求

---

① 中国裁判文书网：吴某平与G公司债权人代位权纠纷一审民事判决书，（2021）京0108民初34147号。

续表

编号	审理法院及案号	关键事实	裁判观点	裁判结果
3	北京市海淀区人民法院（2021）京0108民初34147号	至最后一期份额对应投资期限届满之日。但根据本基金的收益退出情况，基金管理人有权决定提前终止该期基金投资或延期各期基金投资期限。因本合同的订立、内容、履行和解释或与本合同有关的争议，应尽量通过协商、调解途径解决。不愿或不能通过协商、调解解决的，任何一方均有权提交上海国际经济贸易仲裁委员会，仲裁地点在上海市，以该会当时有效的仲裁规则为准，仲裁裁决是终局性的，并对各方当事人具有法律约束力 ③2018年1月24日，吴某平通过转账将120万元款项汇入了G二号私募投资基金账户。F公司于2018年1月25日出具《确认函》，确认收到认购资金120万元，认购基金的起息日为2018年1月25日	协议》规定，回购期到期后，B公司未能向F公司溢价回购应收账款，或X公司应付账款到期后，B公司怠于行使债权而影响F公司的合法权利。F公司可以向X公司代位行使追偿权。该约定表明，向X公司行使追索权专属于作为基金管理人的F公司自身的权利。吴某平无权就该应收账款行使代位权	

【裁判分析】

目前，私募基金一共有三种组织形式：公司型、合伙型以及契约型。对于私募基金到期且私募基金管理人失联的情况，公司型私募基金及合伙型私募基金可以分别通过《公司法》第一百五十一条（2023年修订后《公司法》第一百八十九条）的规定及《合伙企业法》第六十八条的规定通过派生诉讼的方式，向私募基金管理人追责并要求其履行相关义务或直接代位私募基金管理人履行以私募基金名义签订的合同的义务。其中，公司型和合伙型私募基金在投资人提起派生诉讼时的区别主要在于：公司型私募基金的投资人作为股东提起派生诉讼时，需要满足《公司法》第一百五十一条规定（2023年修订后《公司法》第一百八十九条）的可以书面请求监事会/董事会或者不设监事会/董事会的有限责任公司的监事/董事向人民法院提起诉讼的前置程序；而实践中主流裁判认为合伙型私募基金的派生诉讼没有特定的前置程序，只要执行事务合伙人（私募基金管理人）怠于行使权利，投资人作为有限合伙人即有权以自己的名义提起派生诉讼。

契约型私募基金具有结构较为松散（一般由私募基金管理人负责联系各投资人）、涉及的人员面较少等特点，在私募基金管理人失联的情况下较难对私募基金管理人追责。结合目前司法实践，契约型私募基金管理人在管理人失联后的救济途径主要有：

A. 以代位权人的身份提起诉讼

目前我国民法典对于代位权的要件规定为：（1）债权人对债务人存在合法有效的到期债权；（2）债务人对次债务人存在合法有效的到期债权；（3）债务人怠于行使其债权或者与该债权有关的从权利；（4）债务人怠于行使自己的权利，已影响债权人的到期债权实现。在契约型私募基金案件中，目前主要的处理思路为：将私募基金管理人和投资人之间的关系定义为信托法律关系，在这种情况下，投资人享有的是信托受益权。在未进行清算的情况下，双方之间的债权债务关系不能明确，因此法院认为这种情况下投资人无法行使代位权。

此外，实践中也存在认为私募基金管理人与投资人之间存在委托理财关系的处理。在这种情况下，若投资人能举证私募基金管理人未履行勤勉尽责的义务，投资人可以举证其多次要求私募基金管理人履行其相关义务时，法院将认为私募基金管理人怠于主张已到期债权并未采取有效措施保护投资人的合法权益，并且在投资人的合法权益可能遭受损害的情况下支持投资人提起代位权诉讼。但是，目前《民法典》将原《合同法》第七十三条的"对债权人造成损害的"修改为"影响债权人的到期债权实现的"，本所律师认为，该修改的落脚点在于对到期债权的影响，若管理人失联并未进行清算，由于债权债务关系尚未确定，投资人行使代位权的可能性将会降低。

B. 召开基金份额持有人大会，更换私募基金管理人

在基金管理人怠于履职、失联的情况下，基金份额持有人可以根据基金合同的约定召开份额持有人大会，通过履行相应的更换程序由新的基金管理人接手基金进而依照份额持有人的指令代表基金，履行相应的管理职责，包括对投资相对方提起诉讼。目前，已有类似的实践案例，如（2021）沪0110民初13215号中，已经存在通过基金份额持有人大会作出变更私募基金管理人的决定，并由更换后的私募基金管理人提起诉讼追偿债务的案例。

四、契约型私募基金未经清算情况下的损失认定

1. 重点法规

> **《民法典》**

第五百条　当事人在订立合同过程中有下列情形之一，造成对方损失的，应当承担赔偿责任：

（一）假借订立合同，恶意进行磋商；

（二）故意隐瞒与订立合同有关的重要事实或者提供虚假情况；

（三）有其他违背诚信原则的行为。

第五百七十七条 当事人一方不履行合同义务或者履行合同义务不符合约定的,应当承担继续履行、采取补救措施或者赔偿损失等违约责任。

第一千一百六十五条 行为人因过错侵害他人民事权益造成损害的,应当承担侵权责任。

依照法律规定推定行为人有过错,其不能证明自己没有过错的,应当承担侵权责任。

2. 案例解读

(1) 管理人不赔偿损失

编号	审理法院及案号	关键事实	裁判观点	裁判结果
1	江西省南昌市红谷滩区人民法院(2023)赣0113民初13549号[1]	①2020年9月9日,原告彭某胜与被告某司甲签订合同编号为【AVICTC2020X0019】的《中航信托·天启【2020】19号深圳城市更新一号集合资金信托计划信托合同》,约定信托计划名称为"中航信托·天启【2020】19号深圳城市更新一号集合资金信托计划"②2022年3月16日,被告某司甲发出《关于中航信托·天启【2020】19号深圳城市更新一号集合资金信托计划的自动延期公告》,载明本信托计划预设存续期限届满日为2022年3月11日,截至本公告日,回购方某司乙未按约定支付回购价款,	案涉信托计划预定期限届满后,被告已根据信托计划说明书约定进行了公告延期,案涉信托计划尚未终止,案涉信托计划项下信托资金对应的标的变现时间、变现金额尚处于无法确定的状态,原告最终可以收回的信托本金及收益目前无法确定,即原告是否存在损失以及损失的数额尚未确定故对原告以其已经发生经济损失主张被告某司甲、某司乙、某司丙赔偿其投资本金损失及投资利益损失的诉请,本院不予支持	驳回投资人的起诉请求

---

[1] 中国裁判文书网:彭某胜与某司甲、某司乙等营业信托纠纷一审民事判决书,(2023)赣0113民初13549号。

续表

编号	审理法院及案号	关键事实	裁判观点	裁判结果
1	江西省南昌市红谷滩区人民法院（2023）赣0113民初13549号	担保人某司辛亦未履行担保义务，根据信托计划说明书第13.5条规定，存续的信托单位自动延期，预计延期2年，若届时信托财产仍未全部变现且可分配现金余额不足的，仍适用上述约定。延期期间，就交易对手违约行为，受托人已多次函告警示、积极敦促对方履约。受托人已要求追加部分新的担保，且已启动司法程序继续追索，案件已由广东省深圳市中级人民法院受理		

（2）管理人应当赔偿损失

编号	审理法院及案号	关键事实	裁判观点	裁判结果
1	上海金融法院（2021）沪74民终1113号①	① 2016年5月26日，G公司、H公司、Z公司共同签署《合伙协议》，成立M公司，约定：G公司、H公司为普通合伙人，Z公司为有限合伙人，由G公司任执行事务合伙人并委派周某为代表，执行合伙事务。2016年6月，Z公司成立涉案私募基	关于清算完成前，周某华的损失是否实际发生并可以确定。基金的清算结果是认定投资损失的重要依据而非唯一依据，有其他证据足以证明投资损失情况的，人民法院可以依法认定损失。根据《私募基金合同》，案涉基金的权益基础为M公司对L公司的股权收益，现基金资产已被案外人恶意挪用，M公司未取得L公司股权，犯罪嫌疑人亦未到案，合同	赔偿投资人投资款、认购费、资金占用利息

---

① 中国裁判文书网：G公司等与杨某中其他合同纠纷二审民事判决书，（2021）沪74民终1113号。

续表

编号	审理法院及案号	关键事实	裁判观点	裁判结果
1	上海金融法院（2021）沪74民终1113号	金并任基金管理人，基金由招商证券任托管人 ②但Z公司作为案涉私募基金管理人，违反法定、约定义务造成周某华的损失：一是Z公司未能提供投资者风险测评等相关证据，仅凭周某华签署的《风险揭示书》不足以证明Z公司在销售过程中妥善履行了投资者适当性义务；二是Z公司未核实G公司的实际合伙人与《私募基金合同》约定不符，轻信G公司的单方说辞，未查明上市公司L公司的公示股东名单中并无M公司的事实，严重违反了管理人勤勉尽责管理财产的义务	约定的基金权益无实现可能。因基金资产已经脱离管理人控制，清算小组无法接管基金财产，基金清算处于停滞，也无证据表明存在可资清算的基金财产。如果坚持等待清算完成再行确认当事人损失，不利于投资者权益保护。一审法院根据投资款、认购费、资金占用利息确定损失，并明确若周某华在后续清算过程中获得清偿，应予抵扣，符合损失填平原则，二审法院予以认可	关键词：案涉基金权益已无实现的可能；损失填平原则
2	天津市第二中级人民法院（2022）津02民终1733号①	①2017年12月26日，王某祥与H公司、B银行签订《T1号私募基金基金合同》，合同约定王某祥为基金份额持有人，H公司为基金管理人，B银行为基金托管人。基金名称为"T1号私募基金"，基金类别为契约型私募基金	虽然案涉合同未就赎回进行约定，且约定了基金期限届满后进行清算的内容。但是根据案涉合同的约定，基金用于受让领程公司对G公司的应收账款，被上诉人作为投资人，取得了基金投资份额，但生效判决已认定应收账款并不存在，上诉人未取得基金资产分配的损失已经实际发生，且上诉	赔偿投资人投资款及资金占用利息

---

① 中国裁判文书网：H公司、王某祥等合同纠纷二审民事判决书，（2022）津02民终1733号。

续表

编号	审理法院及案号	关键事实	裁判观点	裁判结果
2	天津市第二中级人民法院（2022）津02民终1733号	② 2018年1月11日，王某祥转账支付投资款100万元，H公司向王某祥出具《T1号私募基金认（申）购信息确认书》。2018年8月31日，H公司向G公司出具的《提前清偿通知函》，载明G公司出现违约行为，应于2018年9月5日前清偿欠款。G公司与H公司、徐某刚、徐某君于2018年10月26日签订的《延期偿付协议》，约定基金本金及收益的支付期限延期至2019年6月30日，并约定徐某刚、徐某君对G公司的支付义务承担无限连带保证责任 ③ 2020年12月11日G控股（集团）股份有限公司发布公告，主要内容为G公司因不能清偿到期债务且明显缺乏清偿能力已被申请进行破产清算	人未能按照法律和行政法规的规定，谨慎严格地履行案涉合同项下的义务，存在重大过错，其违规违约行为和被上诉人的财产损失之间存在相当因果关系，应就其未履行法定及约定义务向上诉人承担赔偿责任 关于是否必须先行清算的问题，基金的清算结果是认定投资损失的重要依据而非唯一依据，有其他证据足以证明投资损失情况的，人民法院可以依法认定损失。案涉基金并未用于受让应收账款，上诉人虽提起了诉讼要求L公司、G公司偿还款项，但生效判决至今未获执行，且G公司已进入破产程序，合同约定的案涉基金权益基本无实现可能。上诉人虽主张根据补充协议已将案涉基金的期限延长，但在延长期限届满后仍未进行清算，因此，考虑到本案的实际履行情况，如果坚持等待清算完成再行确认当事人损失，不具有现实可行性。故一审判决据此认定当事人损失已经固定，以投资款、资金占用利息作为损失基数，本院予以认可 另需明确被上诉人如在后续清算过程中获得清偿，应在上诉人赔偿金额中予以扣除，此亦符合损失填平及公平原则	关键词：进入破产程序，案涉基金权益已无实现的可能

【裁判分析】

目前我国尚未就契约型私募基金清算与投资者损失认定的关系形成统一的裁判观点。在这个过程中，各地法院对于清算是否作为确定损失的唯一标准有不同的司法实践，对投资者通过诉讼路径维权造成了不小的困难。

本所律师认为，在契约型私募基金投资者损失纠纷案件中，根据《民法典》第五百条、第五百七十七条以及第一千一百六十五条的规定，无论投资者以何种方式向管理人提起诉讼，法院在审理阶段都不可避免地会遇到认定损失的问题。在契约型私募基金类型中，由于私募基金合同案件中的基金财产因契约型私募基金的信托本质而具备了独立性。在确定损失的过程中，不经过清算，无法明确基金资产的具体价值，更加难以认定投资者因投资该基金所遭受的损失。

实践中，若基金合同约定基金投资退出后，管理人才能对基金财产进行清算。由于管理人怠于履行相关义务或其他原因，导致基金无法退出投资标的，又陷入了无法达成清算条件的死循环，这就导致投资者既无法按照原基金合同的约定取得基金退出的收益，又无法向法院请求赔偿弥补损失。因清算僵局直接驳回原告诉讼请求的判决方式，可能导致投资者与管理人在经历了漫长的诉讼过程后，仍无法确定相关权利义务，而投资者无法通过诉讼方式获得损害赔偿。

本所律师认为应该从两个维度来思考此问题：一方面，在私募基金管理人没有明显违约或违法的情况下，清算应当作为认定契约型私募基金投资者损失的前置步骤。同时，为免诉累，可以考虑采取在判决中预先支持投资者的诉讼请求，并给出计算赔偿比例的方式。并将管理人的支付赔偿义务延至清算后，既可以明确双方的权利义务关系，又避免了司法资源的浪费。另一方面，在私募基金管理人明显存在违法或违约情形时，过分强调清算与投资者损失的联系对投资者明显不公。私募基金管理人作为契约型私募基金的清算义务人，清算与投资者损失的绑定情况，则会产生管理人因其怠于履行清算义务反而获益的情况。因此，对于出现卖方机构违反适当性义务、基金资产被挪用、基金未按约定开展投资、基金无可供清算财产等不足以证明投资损失的情况下，如果可以采用其他证据证明投资者的损失，就无须通过清算而可直接认定赔偿范围，或者在已经难以进行清算的情况下，可以将投资者的初始本金作为认定损失的标准，即推定全损。但本所律师认为适用推定全损的方式也应慎重处理，这种应当仅适用于已经完全无法确定投资者的实际损失且管理人明显存在违法或违约的情形。

综上，参考（2021）沪74民终1113号、（2022）津02民终1733号的判决，就管理人的赔偿范围（清算后的实际损失）法院先作出判决，要求管理人在涉资管计划清算完成后十日内对投资人清算的实际损失承担赔偿责任，既考虑到了管理人在基金清算中的主导推动地位，也考虑到了诉讼效率，使得投资人不需要二次诉讼，本所律师认为对于未来案例具有比较好的示范效果，也将逐渐成为主流的审判思路。

第四节　个人信息保护视角下私募基金募集的合规要点

刘　倩　顾忻媛

近年来，随着世界各国对数据安全和个人信息保护的日趋重视，我国对于数据安全和个人信息的保护力度也在不断加大，《网络安全法》《数据安全法》和《个人信息保护法》在呼声中陆续出台，《民法典》中也设置了隐私权和个人信息保护专章。有关个人信息的处理（包括但不限于个人信息的收集、存储、使用、加工、传输、提供、公开、删除等）逐步形成明确的保护和监管规则。

在私募基金管理人进行基金募集时，通常需要处理投资者的信息，可能触及数据安全和个人信息保护的相关规定，本文主要结合《个人信息保护法》《民法典》及其配套法规和规定，对于实务中私募基金募集时通常处理个人信息的行为进行合规提示。

一、个人信息的范围

在分析个人信息保护之前，首先需要厘清个人信息的范围，辨析相关规定中所界定的个人信息边界。目前，与个人信息相关的主要有以下三个概念：

1. 个人信息

现行法律中，对于个人信息的定义，主要经过了以下转变：2016 年颁布的《网络安全法》第七十六条规定，个人信息，是指以电子或者其他方式记录的能够单独或者与其他信息结合识别自然人个人身份的各种信息，包括但不限于自然人的姓名、出生日期、身份证件号码、个人生物识别信息、住址、电话号码等。2020 年颁布的《民法典》第一千零三十四条第二款规定，个人信息是以电子或者其他方式记录的能够单独或者与其他信息结合识别特定自然人的各种信息，包括自然人的姓名、出生日期、身份证件号码、生物识别信息、住址、电话号码、电子邮箱、健康信息、行踪信息等。可以看到，《民法典》与《网络安全法》对于个人信息的认定主要聚焦于可"单独或与其他信息结合识别"，且《民法典》在《网络安全法》的基础上又对列举进行了一定的扩充。而在 2021 年颁布的《个人信息保护法》第四条中规定，个人信息是以电子或者其他方式记录的与已识别或者可识别的自然人有关的各种信息，不包括匿名化处理后的信息。《个人信息保护法》对于个人信息的定义已经作出了一定程度的扩张，在"可识别性"的基础上又增加了"相关性"的范围，个人信息未必仅限于可识别到特定自然人，只要与已识别或者可识别的自然人有关，即属于《个人信息保护法》项下定义的个人信息，但是如果个人信息已经过处理无法识别特定自然人且不能复原的除外。

私募基金管理人在募集基金时，为识别投资者及进行投资者适当性判断，对于个人投资者，通常会收集其姓名、出生日期、身份证件号码、住址、电话号码、电子邮箱等信息并进行储存、分析等信息处理工作。因此，《个人信息保护法》的颁布可能会影响到私募基金管理人处理个人信息的标准和范围，私募基金管理人需要注意对于个人信息处理的监管要求，并加强处理个人信息的合规意识。

2. 敏感个人信息

特殊于"个人信息"，《个人信息保护法》中还提出了"敏感个人信息"

的概念。根据《个人信息保护法》第二十八条规定，敏感个人信息是一旦泄露或者非法使用，容易导致自然人的人格尊严受到侵害或者人身、财产安全受到危害的个人信息，包括生物识别、宗教信仰、特定身份、医疗健康、金融账户、行踪轨迹等信息，以及不满十四周岁未成年人的个人信息。只有在具有特定的目的和充分的必要性，并采取严格保护措施的情形下，个人信息处理者方可处理敏感个人信息。在《信息安全技术——个人信息安全规范》（标准号：GB/T 35273-2020）（以下简称《个人信息安全规范》）中，个人敏感信息，是指一旦泄露、非法提供或滥用可能危害人身和财产安全，极易导致个人名誉、身心健康受到损害或歧视性待遇等的个人信息。个人敏感信息包括身份证件号码、个人生物识别信息、银行账户、通信记录和内容、财产信息、征信信息、行踪轨迹、住宿信息、健康生理信息、交易信息、14岁以下（含）儿童的个人信息等。《个人信息安全规范》附录还列举了以下个人敏感信息：

个人财产信息	银行账户、鉴别信息（口令）、存款信息（包括资金数量、支付收款记录等）、房产信息、信贷记录、征信信息、交易和消费记录、流水记录等，以及虚拟货币、虚拟交易、游戏类兑换码等虚拟财产信息
个人健康生理信息	个人因生病医治等产生的相关记录，如病症、住院志、医嘱单、检验报告、手术及麻醉记录、护理记录、用药记录、药物食物过敏信息、生育信息、以往病史、诊治情况、家族病史、现病史、传染病史等
个人生物识别信息	个人基因、指纹、声纹、掌纹、耳廓、虹膜、面部识别特征等
个人身份信息	身份证、军官证、护照、驾驶证、工作证、社保卡、居住证等
其他信息	性取向、婚史、宗教信仰、未公开的违法犯罪记录、通信记录和内容、通讯录、好友列表、群组列表、行踪轨迹、网页浏览记录、住宿信息、精准定位信息等

私募基金管理人在募集基金时，通常需要个人投资者提供银行账户信息及身份证件进行相关的业务操作；在进行合格投资者认定时，需要个人投资者告知存款信息等财产信息；在进行投资者适当性评估时，也会对个人投资者的风险承受能力等进行调查；部分私募基金公司还会收集个人投资者的指纹或收集人脸识别信息，以限定投资者的身份及私募的范围。

3. 隐私权中的私密信息

同时，《民法典》第一千零三十二条第二款对"隐私"进行了规定，隐私是自然人的私人生活安宁和不愿为他人知晓的私密空间、私密活动、私密信息。事实上，隐私权中的私密信息和个人信息、敏感个人信息会存在一定程度的重合，尤其是与敏感个人信息重合度较高。就其保护程度而言，隐私也有相对高的优先级，根据《民法典》第一千零三十四条规定，如果在处理个人信息时落入隐私权保护的"私密信息"，需要首先适用隐私权的规定，如果没有相关规定的，方可适用个人信息保护的相关规定。

需要注意的是，如果私募基金管理人未经个人投资者同意，即通过电话、短信、即时通讯工具、电子邮件、传单等方式进行私募基金推介的，可能属于《民法典》第一千零三十三条项下侵犯隐私权的行为。

此外，根据中国证券投资基金业协会发布的《私募投资基金募集行为管理办法》第三十条规定，如果由私募基金管理人自行募集的，其应当在投资冷静期满后，以录音电话、电邮、信函等适当方式进行投资回访。虽然《民法典》第一千零三十三条排除法律另有规定的情形，但由于《私募投资基金募集行为管理办法》不属于法律法规，为避免落入《民法典》规定侵犯隐私权之嫌，私募基金管理人应在向个人投资者推介基金时取得个人投资者的同意或在基金合同中明确回访制度。

二、基金募集中处理个人信息的原则和要求

1. 个人信息保护的一般原则

如前文所述,在私募基金的募集过程中,如果涉及个人投资人,势必会收集、处理个人信息,在《民法典》和《个人信息保护法》中,也分别对处理个人信息的主体提出了保护的要求和原则,概括来说,即合法、正当、必要、不过度原则。在处理个人信息前,个人信息处理者需要以显著方式、清晰易懂的语言真实、准确、完整地向个人告知以下事项,并取得该自然人或监护人的同意:

a)处理信息的规则;

b)处理信息的范围;

c)个人信息处理者的名称或者姓名和联系方式;

d)个人信息的处理目的、处理方式,处理的个人信息种类、保存期限;

e)个人行使《个人信息保护法》规定权利的方式和程序;

f)法律、行政法规规定应当告知的其他事项。

需要注意的是,私募基金管理人向个人投资者告知上述事项,既是一项单独的合规义务,也是取得投资者同意的前提。因此,在私募基金管理人进行基金募集的时候,如果涉及处理个人信息的,需要提前向投资者清晰、完整地说明上述事项,如果前述事项发生变更的,私募基金管理人应当将变更部分告知投资者。

此外,《个人信息保护法》第十三条也明确,如私募基金管理人为下述目的处理个人信息的,无须取得投资者个人同意:

a)为订立、履行个人作为一方当事人的合同所必需,或者按照依法制定的劳动规章制度和依法签订的集体合同实施人力资源管理所必需;

b)为履行法定职责或者法定义务所必需;

c)为应对突发公共卫生事件,或者紧急情况下为保护自然人的生命健康和财产安全所必需;

d）为公共利益实施新闻报道、舆论监督等行为，在合理的范围内处理个人信息；

e）依照《个人信息保护法》规定在合理的范围内处理个人自行公开或者其他已经合法公开的个人信息；

f）法律、行政法规规定的其他情形。

2. 个人信息保护的单独同意

需要注意的是，根据《个人信息保护法》的规定，私募基金管理人在处理投资者个人信息时，除遵守前述的保护原则，即提前告知信息并取得个人同意外，对于几项特殊的情形，还需要取得个人的单独同意。

a）处理敏感个人信息

《个人信息保护法》第二十八条第二款规定，只有在具有特定的目的和充分的必要性，并采取严格保护措施的情形下，个人信息处理者方可处理敏感个人信息。前文中我们提到，私募基金管理人在募集基金时，很有可能收集个人投资者的银行账户、存款信息、指纹、身份证等敏感个人信息并进行存储等处理，根据《个人信息保护法》第二十九条的规定，私募基金管理人处理敏感个人信息的，应当取得个人的单独同意。

还有一些私募基金管理人可能会收集人脸信息作为解锁软件和进行支付的密钥，需要注意的是，根据《最高人民法院关于审理使用人脸识别技术处理个人信息相关民事案件适用法律若干问题的规定》第二条规定，私募基金管理人也需要在征得自然人或者其监护人的单独同意的前提下处理人脸信息，且司法解释对"单独同意"作了排除性解释，以下几种情形下投资者的同意都不属于"单独同意"：

i. 信息处理者要求自然人同意处理其人脸信息才提供产品或者服务的，但是处理人脸信息属于提供产品或者服务所必需的除外；

ii. 信息处理者以与其他授权捆绑等方式要求自然人同意处理其人脸信息的；

iii. 强迫或者变相强迫自然人同意处理其人脸信息的其他情形。

b）向第三方提供个人信息

在实践中，私募基金管理人可能会存在集团化运作的情形，可能根据集团的规定将其处理的个人信息提供给集团总部或关联方，然而，鉴于法人人格的独立性，集团总部和关联方就属于《个人信息保护法》中的第三方。根据《个人信息保护法》第二十三条规定，私募基金管理人向其他个人信息处理者提供其处理的个人信息的，除需要取得个人的单独同意外，还应当向个人告知接收方的名称或者姓名、联系方式、处理目的、处理方式和个人信息的种类，并取得个人的单独同意。接收方应当在上述处理目的、处理方式和个人信息的种类等范围内处理个人信息。接收方变更原先的处理目的、处理方式的，应当依照本法规定重新取得个人同意。

c）其他需要取得个人单独同意的情形

除上述两种情形外，《个人信息保护法》第二十五条、第二十六条和第三十九条还分别规定，个人信息处理者在以下三种情况下，也需要取得个人的单独同意：

i. 公开个人信息；

ii. 在公共场所安装图像采集、个人身份识别设备，且所收集的个人图像、身份识别信息不用于维护公共安全的目的；

iii. 向境外提供个人信息。

由于在私募基金募集过程中，前两种情况相对少见，向境外提供个人信息又在本文第五章中分析，受篇幅所限，此处不再赘述。

三、私募基金管理人在募集基金时的合规要点

既然私募基金管理人在募集基金时可能处理较多个人信息，那么如何落实《个人信息保护法》的要求、妥善保护投资者的个人信息，就是亟待解决的问题。我们结合《个人信息保护法》的规定以及实务中的常规操作，提出

以下合规建议。

1. 建立个人信息保护管理制度和操作规程

对于私募基金管理人而言，首先需要在内部建立个人信息保护管理制度和操作规程。比如，在内部对个人信息实行分类管理，合理确定个人信息处理的操作权限，并定期对从业人员进行安全教育和培训。

2. 框定收集个人信息范围

私募基金管理人应当审核基金募集文件，根据《个人信息保护法》等法律的规定，确认收集的个人投资者信息是否符合合法、正当、必要、不过度原则，收集的敏感个人信息是否具有特定的目的和充分的必要性，是否为确认合格投资者及投资者适当性要求的必要而收集处理。

3. 调整基金募集文件及流程

根据前文介绍，个人信息根据适用场景和信息性质有不同等级的保护措施。因此，建议私募基金管理人审阅私募基金的募集文件及募集流程，在不同场景下，告知个人其所需要处理的个人信息并取得个人同意，并在收集敏感个人信息、向第三方提供个人信息、跨境传输信息前履行必要的告知义务，并取得个人的单独同意。

4. 采取必要的安全技术措施

私募基金管理人还可以采取提升网络安全保护等级、加密、去标识化等安全技术措施对个人信息的传输、存储、处理进行数据保护。需要注意的是，《个人信息保护法》中对个人信息的定义排除了"匿名化"处理后的信息，而在该法中还提到了"去标识化"的概念，这二者虽然有一定的相似性，但还是存在概念上的不同。去标识化，是指个人信息经过处理，使其在不借助额外信息的情况下无法识别特定自然人的过程。匿名化，是指个人信息经过处理无法识别特定自然人且不能复原的过程。因此，去标识化更类似于对信息加密，在一定信息的辅助下，仍然可以恢复识别到特定自然人。而匿名化处理则无法识别且不能复原，只有在这种情况下，才不属于《个人信息保护法》定义的个人信息。

5. 制作并组织实施个人信息安全事件应急处理预案

对于发生个人信息泄露、篡改、丢失的情形，私募基金管理人应当提前做好应急处理预案，结合自身的能力和资源，尽可能在个人信息安全事件发生时立即采取补救措施，并通知履行个人信息保护职责的部门和个人，最大限度地减少事件对于个人的影响。

四、委托外包机构销售基金的合规要点

在私募基金募集阶段，私募基金管理人除自行募集销售基金外，也可以委托第三方机构进行基金销售。因此，私募基金管理人委托第三方销售机构销售基金时，根据《个人信息保护法》的相关规定，还需要注意以下合规要求：

1. 事前评估

私募基金管理人委托处理个人信息、向其他个人信息处理者提供个人信息、公开个人信息的，应当事前对第三方销售机构进行个人信息保护影响评估。需要注意的是，对于第三方销售机构进行个人信息保护影响评估的内容至少需要包括以下三点：

a）个人信息的处理目的、处理方式等是否合法、正当、必要；

b）对个人权益的影响及安全风险；

c）所采取的保护措施是否合法、有效并与风险程度相适应。

此外，私募基金管理人如对第三方销售机构进行个人信息保护影响评估的，该评估报告和处理情况记录应当至少保存三年。

2. 订立委托合同

在完成前述个人信息保护影响评估报告后，私募基金管理人应当与受托的第三方销售机构订立委托合同，约定委托处理的目的、期限、处理方式、个人信息的种类、保护措施以及双方的权利和义务等，并对第三方销售机构的个人信息处理活动进行监督。同时，第三方销售机构应当按照约定处理个

人信息，不得超出约定的处理目的、处理方式等处理个人信息。如果是为了某一私募基金管理人委托收集投资者个人信息的，未经该等自然人同意，不能将其个人信息再作其他目的和用途。

3. 事后返还或删除

如果私募基金管理人与受托的第三方销售机构订立的委托合同不生效、无效、被撤销或者终止的，私募基金管理人应当敦促第三方销售机构返还其基于委托所处理的个人信息或者予以删除，不能继续保留。

4. 禁止转委托

根据《个人信息保护法》第二十一条的规定，未经私募基金管理人同意，第三方销售机构也不得转委托他人处理个人信息。这也与《民法典》中关于转委托的要求一致。

五、涉外基金的跨境传输

在实务过程中，不少美元基金以及 QDLP、QDII、QFII、QFLP 等跨境基金和金融产品因募集和客户管理需要，会收集、处理中国境内投资者的相关信息，而外资私募基金管理人（PFM）、中外合资私募基金管理人出于集团要求和反洗钱监管要求等原因，也会有收集、处理中国境内投资者相关信息的要求。根据《个人信息保护法》第三条第二款的规定，以向境内自然人提供产品或者服务为目的，分析、评估境内自然人的行为，在中华人民共和国境外处理中华人民共和国境内自然人个人信息的活动，适用《个人信息保护法》的规定。而私募基金投资者也不仅限于自然人，在募集中，也会涉及处理大量的机构投资者，如果需要向境外传输相关的数据，则可能落入《数据安全法》和《网络安全法》的监管范围。

在信息数据领域有一个现象，数据是越用越多的，而人们对于数据和个人信息的保护需求也是越来越高的。目前，我国对于个人信息的监管才刚刚起步，还有许多配套的法规、标准有待出台，法律的实施情况和监管口径也需要进一步在实操中领会。我们将持续关注数据、信息的监管对于私募基金运作的持续影响，以及后续相关配套细则、规定的落地和具体实施情况。

第五节 《有限合伙企业国有权益登记暂行规定》下的国有出资私募基金该如何应对

刘 倩　顾忻媛

近年来，随着中国私募基金行业相关法律法规和自律性规则的健全，我国的私募基金行业发展壮大，国有出资陆续投入私募基金中，又通过私募基金投资到下层私募基金或者资管计划中，最终投向底层标的。根据执中 ZERONE 发布的《2023 年全国私募股权市场出资人解读》统计数据[1]，2023 年度机构 LP 出资中，出资额最多的前三类机构是政府资金、企业投资者和保险业机构。在政府资金中出资最多的是政府投资平台，出资 5,224 亿元；各级政府引导基金出资超 2,300 亿元。政府资金近年来出资逐年增加，自 2018 年资管新规之后开始成为第一大出资主体，之后一直维持出资总额最多，2023 年占比约为 58%。可以看到，目前国资在私募行业体量已经相当可观。众所周知，合伙企业是私募基金的一种重要形式，而国资管理中，对于国资在有限合伙企业中投资的权益属性一直未能明确，导致国有资产对外出资的监管存在缺失，使得明确国有资产的权益、管理和保护国有资产的权益存在困难。

我们不敢揣测《有限合伙企业国有权益登记暂行规定》（以下简称《暂行规定》）是针对私募基金的管理而制定，但《暂行规定》的颁布，无疑对有限合伙型的国有出资私募基金（以下简称国有出资私募基金）在日常业务中产生方方面面的影响，本文针对此，从实务操作角度一一讨论影响的范围。需要注意的是，我们理解本次影响的并不只是国有出资占主要份额的私募基

---

[1] 《「财经分析」2023 年私募股权市场保持稳定 浙江省机构 LP 出资最多》，https://baijiahao.baidu.com/s?id=1787796825289062265&wfr=spider&for=pc，最后访问日期：2024 年 8 月 27 日。

金，只要基金普通合伙人（以下简称 GP）、有限合伙人（以下简称 LP）或者基金管理人等投资主体存在国有出资企业就会受到波及，因此许多管理人为非国资或者外资的管理人也应当予以关注。

一、国有属性认定规则的重申

实务中，国有属性认定一直是国有出资私募基金所关注的重大问题之一，在《暂行规定》颁布之后，该问题又重新被各实务界人士多次提及并展开了热烈的讨论。下面笔者将结合各大规定对该问题展开探讨。

1. 国有属性认定相关规定概论

《暂行规定》对国有属性认定事宜作出了相关规定。在此之前，国有属性认定一般结合国资委于 2012 年 6 月 1 日实施的《国家出资企业产权登记管理暂行办法》（以下简称 29 号令）以及国资委、财政部于 2016 年 6 月 24 日颁布并实施的《企业国有资产交易监督管理办法》（以下简称 32 号令）的相关规定作出认定。相关规定简要对比如下：

事项	29 号令	32 号令	《暂行规定》
国有属性认定	第三条 国家出资企业、国家出资企业（不含国有资本参股公司）拥有实际控制权的境内外各级企业及其投资参股企业（以下统称企业），应当纳入产权登记范围。国家出资企业所属事业单位视为其子企业进行产权登记。	第四条 本办法所称国有及国有控股企业、国有实际控制企业包括： （一）政府部门、机构、事业单位出资设立的国有独资企业（公司），以及上述单位、企业直接或间接合计持股为 100% 的国有全资企业； （二）本条第（一）款所列单位、企业单独或共同出资，合计拥有产（股）权	第二条 本规定所称有限合伙企业国有权益登记，是指国有资产监督管理机构对本级人民政府授权履行出资人职责的国家出资企业（不含国有资本参股公司，下同）及其拥有实际控制权的各级子企业（以下统称出资企业）对有限合伙企业出资

续表

事项	29号令	32号令	《暂行规定》
国有属性认定	前款所称拥有实际控制权，是指国家出资企业直接或者间接合计持股比例超过50%，或者持股比例虽然未超过50%，但为第一大股东，并通过股东协议、公司章程、董事会决议或者其他协议安排能够实际支配企业行为的情形。	比例超过50%，且其中之一为最大股东的企业； （三）本条第（一）、（二）款所列企业对外出资，拥有股权比例超过50%的各级子企业； （四）政府部门、机构、事业单位、单一国有及国有控股企业直接或间接持股比例未超过50%，但为第一大股东，并且通过股东协议、公司章程、董事会决议或者其他协议安排能够对其实际支配的企业。	所形成的权益及其分布状况进行登记的行为。 前款所称拥有实际控制权，是指国家出资企业直接或间接合计持股比例超过50%，或者持股比例虽然未超过50%，但为第一大股东，并通过股东协议、公司章程、董事会决议或者其他协议安排能够实际支配企业行为的情形。

由上述可知，29号令及32号令认定国有属性的逻辑基本为"持股比例为主、实际支配为辅"：国资拥有股权比例超过50%的属于国有控股企业，持股比例未超过50%，但为第一大股东，并且通过股东协议、公司章程、董事会决议或者其他协议安排能够对其实际支配的亦属于国有企业。针对此问题，在实践中公司制私募基金依照29号令及32号令认定其国有属性的争议并不大，但有限合伙制的国有出资私募基金的认定则存在巨大争议，很多唯GP论的实务人士从合伙企业法对GP及LP的分工及职责权限出发，认为有限合伙企业区别于公司，其一般情况下出资比例与企业控制权并不是对应的，国资仅作为LP出资，其是无法参与合伙事务执行的，更无法对企业进行控制，因此合伙企业的属性仅能根据GP予以判断。唯GP论者据此并结合29号令及32号令，认为"持股比例为主、实际支配为辅"的国有属性认定逻辑不适用于合伙企业。

笔者认为，上述"持股比例为主、实际支配为辅"的国有属性认定逻辑不适用于合伙企业的结论有失偏颇，一方面，32号令主要目的是明确国有资产的范围以及国有资产应当按照相应的法规要求进行相应的交易，而国有出资企业是否对国有资产的日常运营具有控制权并不是重点；另一方面，《暂行规定》"照搬"29号令关于"实际控制"的表述亦非无意之举，监管层正是通过在有限合伙企业国有权益登记的相关规定中重申"实际控制"的表述来填补29号令只适用于公司制企业的制度漏洞。此外，笔者认为，在《暂行规定》重申"持股比例为主、实际支配为辅"的国有属性认定逻辑的大前提下，实务人士，特别是国有出资私募基金有关人士，应当审慎对待，不能再把《合伙企业法》项下的制度逻辑惯性套用在国资监管语境下的国有属性认定问题上。当然，对于《暂行规定》中"实际控制"的具体定义，笔者认为，还是应当由发文机关作出明确定义，以免实践中各层级的执行部门产生歧义，影响《暂行规定》的具体落实。

2.《暂行规定》项下的国资监管另有深意

目前，《暂行规定》并未明确已被认定为国有属性的国有出资私募基金所投资的企业是否需要进行国有权益登记。但笔者理解，《暂行规定》第二条并未将合伙企业排除在出资企业的定义之外，因而如果国有出资私募基金已被认定为国有属性，其投资的企业也应当进行国有权益登记。因此，我们理解，随着国有股从转持时代跨入划转时代，以往对有限合伙企业国有属性进行"个案认定"的时代已经完结，现在《暂行规定》所要落实的就是对国有出资有限合伙企业的穿透监管，对多层嵌套"有限合伙"形式的中间层合伙企业进行国有属性认定并予以登记确认，赋予其稳定的法律意义。换言之，一旦国有出资私募基金被认定为国有属性，其国有属性将适用于所有法律情景，无论是国有股划转范围的认定事宜，还是产权转让涉及的进场交易事宜都将适用。

而作为有限合伙企业国有权益登记实操层面的纲领性文件，《暂行规定》当中涉及国有属性认定的规定对于国有出资合伙企业而言，其效果可能是最直接且一锤定音的。如前文所述，其关于国有属性认定的相关规定与29号令、32号令并无本质差别，依然是在重申"持股比例为主、实际支配为辅"的国有属性认定逻辑。这种认定逻辑是否合理呢？回答这个问题之前，需要回归到该种逻辑的制度基础或者法律基础。《暂行规定》的上位法是《企业国有资产法》，该法第一条开宗明义："为了维护国家基本经济制度，巩固和发展国有经济，加强对国有资产的保护，发挥国有经济在国民经济中的主导作用，促进社会主义市场经济发展，制定本法。"由此可知，国有属性认定的法律基础或者根本目的在于加强对国有资产的保护，防止国有资产流失。

笔者认为：第一，"持股比例为主、实际支配为辅"的国有属性认定逻辑虽然在某种程度上忽略了有限合伙企业架构的特殊性，但《企业国有资产法》与《合伙企业法》效力层级属于同一位阶，以《合伙企业法》项下的制度逻辑来质疑处于同一位阶的《国有资产法》语境下国有属性认定规则的合理性，本身就是不合理的；第二，"持股比例为主、实际支配为辅"是一种特殊的"实际控制权"认定规则，其与基于《合伙企业法》的"实际控制"或"控股"认定规则不能混同理解，其亦不能取代非国资监管语境下"控制"认定规则；第三，"持股比例为主"是"两难"背后所作出的无奈选择，虽然"持股比例为主"可能会损害民营资本与国资合作的积极性，使得部分民营资本亦受限于国资监管规则，但如果放弃"持股比例为主"，实践中将出现非国资GP运作巨额国资却不受国资监管的情形，面对"两难"，就目前而言，笔者理解，国资监管部门显然只有坚持"持股比例为主"的认定规则，才能更好地保护国有资产，防止其流失。

综上所述，国有出资有限合伙企业，特别是国有出资私募基金，应当严肃对待《暂行规定》关于国有属性认定规则的重申，一旦被认定为国有属性，其将适用于所有的法律场景，包括后文将分析的国有股划转。笔者建议，国资持股比例超过50%的私募基金应当加强与国资监管部门的沟通，以确认国有属性认定口径或与国资股东协商相应的解决措施（如降低国资比例等）；国资持股比例低于50%且为第一大出资人的私募基金，则应当自查企业是否存在国资实际支配的安排,并根据监管口径视情况减弱国资的支配力度(如协商修改相关国资支配约定、降低国资在投决会的票数等)。

二、国有出资私募基金的成立

根据《暂行规定》第四条,国家出资企业(不含国有资本参股公司)及其拥有实际控制权的各级子企业(以下统称出资企业)通过出资入伙、受让等方式首次取得有限合伙企业财产份额的,应当办理占有登记。可见,对于占有登记,《暂行规定》以国家出资企业首次取得有限合伙企业财产份额为要件。如果出资企业投资国有出资私募基金,无论是作为原始合伙人投资新设合伙企业,还是通过签署《份额转让协议》受让原先不是国有出资私募基金的合伙份额,抑或是通过增资形式入伙了原本不属于国有出资的合伙型私募基金,都需要办理国有权益占有登记。对于出资企业办理占有登记时需要填报的内容,《暂行规定》第五条[①]亦有明确的规定。对于实际操作中可能对国有出资私募基金产生的影响或注意事项,我们将在下文中予以分析。

1.《基金合同》的注意事项

(1)占有登记信息的固定和真实性

对于出资企业首次投资的私募基金,由于出资企业需要对其持有的国有权益提交占有登记,因此在投资前,应首先要求被投资基金的私募基金管理人或其他相关主体提交占有登记的相关信息,在被投资基金的《基金合同》中将该等信息作为附件,由管理人或其他相关主体对其所提供的填报信息进行陈述保证,并设置相应的违约责任以限制管理人或其他相关主体对前述信

[①]《暂行规定》第五条:占有登记包括下列内容:(一)企业名称;(二)成立日期、合伙期限(如有)、主要经营场所;(三)执行事务合伙人;(四)经营范围;(五)认缴出资额与实缴出资额;(六)合伙人名称、类型、类别、出资方式、认缴出资额、认缴出资比例、实缴出资额、缴付期限;(七)对外投资情况(如有),包括投资标的名称、统一信用编码、所属行业、投资额、投资比例等;(八)合伙协议;(九)其他需登记的内容。

息的错报、瞒报或漏报或其他不实陈述。在占有登记的内容中，较为值得关注的是第七项对外投资情况，这一点涉及国有出资私募基金的对外投资，我们将在本文第四部分进行详细阐述。

（2）占有登记信息的报送主体及职能分工

根据《暂行规定》第八条[①]的规定，我们理解出资企业作为报送义务主体，对其国有权益应按照出资关系逐级报送国家出资企业，由国家出资企业审核确认后完成登记，并报送国有资产监督管理机构（以下简称国资监管部门）。对于由多个出资企业共同出资的私募基金，由各出资企业分别进行登记。因此，如果在国有出资私募基金中出现多个出资企业需要登记国有权益的，应在《基金合同》中明晰权责分工，并在实操过程中统一各出资企业的报送信息，以免出现报送信息不一致导致报送信息来回传递、增加各层级出资企业和国资监管部门审核难度的情形。对于具体的报送方式以及信息登记要求，在《暂行规定》后应由相关主管部门出台细则予以明确。

2. 实际操作中的关注点

（1）登记顺序有先后

根据29号令[②]，企业应当在办理工商登记前办理产权登记。《暂行规定》第九条仅明确国有出资私募基金权益登记应当在相关情形发生后的30个工作日内办理。如前所述，占有登记的触发情形至少包括新设、受让和增资入伙三种。但以何基准认定上述三种情形的发生时点，《暂行规定》并没有明确，对于工商登记与国有权益登记的办理顺序也众说纷纭。《合伙企业法》第十三条规定：合伙企业登记事项发生变更的，执行合伙事务的合伙人应当自作出变更决定或者发生变更事由之日起十五日内，向企业登记机关申请办理变更

[①] 《暂行规定》第八条：出资企业负责填报其对有限合伙企业出资所形成权益的相关情况，并按照出资关系逐级报送国家出资企业；国家出资企业对相关信息进行审核确认后完成登记，并向国有资产监督管理机构报送相关信息。多个出资企业共同出资的有限合伙企业，由各出资企业分别进行登记。

[②] 29号令第十五条：企业发生产权登记相关经济行为时，应当自相关经济行为完成后20个工作日内，在办理工商登记前，申请办理产权登记。企业注销法人资格的，应当在办理工商注销登记后，及时办理注销产权登记。

登记。在涉及占有登记的三种方式中，受让份额和增资入伙实际上都属于合伙企业申请占有登记的事项，因此如果需要满足《合伙企业法》登记变更的时间要求，出资企业申请办理占有登记的时间只有发生变更事由或作出变更决定后的15日，我们合理判断，时间上可能来不及完成一整套的国有权益信息报送。另外，对于新设的私募基金，如果在合伙企业的设立工商登记完成前进行国有权益的信息报送，也可能存在实际的障碍，比如成立日期无法确认。虽然在《暂行规定》的答记者问上，国资委有关负责人提到，29号令主要针对公司制企业和全民所有制企业的国有产权，尚未覆盖有限合伙企业中的国有权益，然而我们认为，由于29号令中对于国有产权登记的范围并未明确排除有限合伙权益，因此29号令或是上海市国资委的规定是否适用于国有出资合伙企业，应由成文的法规进一步明确。让人困扰的是，尽管从法律法规的效力层级来看，作为法律的《合伙企业法》的效力应高于部门规章和地方规范性文件，然而根据我们的经验，实践中《合伙企业法》的这一条文也并没有被严格地执行。有鉴于此，笔者基于实践操作的推演以及基于对《暂行规定》内涵的理解，对于占有登记和工商登记的先后顺序，合理建议占有登记应当在工商登记之后。我们也迫切盼望市场监督管理部门应与国资监管部门对此问题进行沟通协商，明晰法律法规的适用原则，统一实践中的监管分工。

（2）合伙协议各不同

鉴于国有出资私募基金的组织形式是有限合伙企业，其《基金合同》通常也即该有限合伙企业的合伙协议。根据我们的了解，在实践中可能存在被投资的私募基金有两个版本的合伙协议，一方面，部分地方的市场监督管理部门不接受超出其提供的格式文本外对一些特殊事项进行约定的合伙协议，且私募基金也不希望非常具体的商业安排进行公示，会存在一个只具有基本条款的合伙协议；另一方面，中国证券投资基金业协会（以下简称基金业协会）在《私募投资基金合同指引3号（合伙协议必备条款指引）》中对《基金合同》的内容进行了框架性的要求，基于该指引达成的合伙协议不仅是合伙企业的纲领性文件，亦是合伙人之间就私募基金达成的商业上的合意；由于基金业协会要求的合伙协议内容更加详尽，更体现各方合伙人达成的合意，在私募基金的日常运营中通常适用的也是提交基金业协会的合伙协议。同时，在私募基金的日常运作过程中，可能出现需要对合伙协议未明确要求的事宜进行补充约定的情形，因此被投资的私募基金还可能存在合伙协议补充协议。另外，由于一些合伙人对管理人管理私募基金有特殊的要求，还可能会就私募基金的部分事宜与管理人签署单边协议，此类协议可视为基于合伙协议产生的衍生协议。在《暂行规定》对占有登记的内容要求中，第五条第八项明确需要提交合伙协议，但是此处的合伙协议是指向市场监督管理部门提交的基础版本，还是指向基金业协会提交的详细版本，是否还包括后续签署的合伙协议补充协议，以及出资企业与管理人签署的单边协议等，目前仅从《暂行规定》中并不能看出明确指向。我们理解，从谨慎性角度来讲，由于国资监管部门并无义务对外公示合伙协议，也没有对合伙协议格式的强制性要求，对于出资企业而言，应当提交最能体现被投资私募基金的各合伙人合意的合伙协议，在后续签署补充协议或单边协议后也应当及时更新占有登记内容。但是，《暂行规定》第十一条规定，国资监管部门定期对国有出资私募基金的国有权益登记情况进行核对，国资监管部门如何核对国有权益登记情况，目前尚不明确。假设国资监管部门与市场监督管理部门合作，对相关信息进行共享，那么如果向国资监管部门和市场监督管理部门提交不同的合伙协议，是否会导致国资监管部门核查时的困难。另外，两个主管部门之间能否达成信息共享的机制，共享信息应该如何完成对接以及如何对涉及商业的敏感信息进行保密，还需要谨慎地拟定相关机制进行约束。

三、国有出资私募基金的变更

《暂行规定》第六条[①]中，对于变动登记的办理情形进行了规定，与设立类似，国有出资私募基金在发生信息变更时也将面临除国有权益变动登记外多角度多层次的监管和信息报送。以下我们将分析关于在出现《暂行规定》所要求的变更登记时国有出资私募基金的注意要点。

1.《基金合同》的注意要点

（1）变动信息的及时通知

国有出资私募基金触发变动登记的情形，与之前占有登记所需要报送的材料没有太大差异，可以理解为，国有权益的变更登记其实是指在占有登记的信息发生变更时才被触发。因此，我们建议，在国有出资私募基金的《基金合同》中，应当明确约定发生《暂行规定》第六条所要求的企业名称、主要经营场所、执行事务合伙人、经营范围、认缴出资额、合伙人信息及其他需要办理变动登记的情形发生时，应该由私募基金管理人或其他信息报告的义务主体向出资企业报送其所需要的信息；同时，对于前述变更事项，在可能要发生变更时，应当提前或在发生变动的合理时间内书面通知出资企业。

在我们日常接触的私募基金业务中，变更企业名称、经营范围、主要经营场所这类经营事宜，部分《基金合同》会授权私募基金管理人独立决定；对于变更国有出资私募基金的执行事务合伙人、认缴出资额或其合伙人认缴出资额和出资比例这些与合伙企业组织形式、组织架构有关的事宜，一般都会在《基金合同》中要求需经过合伙人大会或全体有限合伙人同意。前述两类事宜都需要进行工商变更登记，因此实践中出资企业至少可以在签署工商

---

① 《暂行规定》第六条：有限合伙企业有下列情形之一的，应当办理变动登记：（一）企业名称改变的；（二）主要经营场所改变的；（三）执行事务合伙人改变的；（四）经营范围改变的；（五）认缴出资额改变的；（六）合伙人的名称、类型、类别、出资方式、认缴出资额、认缴出资比例改变的；（七）其他应当办理变动登记的情形。

变更文件时了解到相关信息，并准备相应的国有权益报送材料。如果出资企业是国有出资私募基金的主要投资人，我们理解出资企业以此商业谈判优势，可以在《基金合同》中要求前述两类事宜的变动需要提前取得出资企业的书面同意，这也可以使得出资企业更早地获得此类变动信息。

对于合伙人的信息变更，我们的理解是国有出资私募基金的合伙人发生的相关信息变更，主要分为两类：①出资企业自身的信息变更；②其他合伙人的信息变更。如果是出资企业自身的信息变动，其作为变动主体，有充足的材料和时间提交办理变动登记。但是，在国有出资私募基金的合伙人中，其他合伙人在没有与出资企业签署承诺材料或协议前，并无义务告知出资企业其自身发生的变动信息，尤其是其名称、类型或类别的改变。因此，谈判协商《基金合同》时，出资企业应当注意明确要求国有出资私募基金的其他合伙人在发生名称、类型、类别等信息变动时，应提前一定时间书面告知出资企业。但是，基于实践经验，此类要求可能会被其他合伙人拒绝，或者不及时履行或未能及时履行，而《暂行规定》仅可限制出资企业或其上级出资企业，却无法约束其他非由国资监管部门管理的企业。因此，这类信息变更的监督工作可能要落在出资企业的身上，出资企业需要不时地查看其他合伙人是否有信息变动，这无疑在无形中增加了出资企业的工作量。

（2）引导基金的适用性

另外，国家科技成果转化引导基金（以下简称引导基金）近几年在私募基金市场非常活跃，科学技术部和财政部对于引导基金投资的私募基金有特别的信息变动报告规定[①]，报告的内容与《暂行规定》不完全相同，没有对报告信息的时间要求进行具体明确。需要注意的是，根据现行规定，引导基金是向科技部及财政部进行信息报送，受到科技部及财政部的监管。我们理解，

---

① 《国家科技成果转化引导基金设立创业投资子基金管理暂行办法》（国科发财〔2014〕229号）第三十条：受托管理机构应向科技部、财政部定期提交子基金运作情况和引导基金投资子基金收入上缴情况，及时报告子基金法律文件变更、资本增减、违法违规事件、管理机构变动、清算与解散等重大事项。

按照现在国资监管部门和财政部双条线的监管模式，引导基金应受到财政部的监管，可能不适用《暂行规定》。当然，我们仍然期待国资监管部门和财政部出台进一步细则，对引导基金投资子基金与《暂行规定》的关系予以澄清。

2. 实际操作中的关注点

（1）是否需要进场交易

对于国有出资私募基金的变动登记，其在办理工商登记及国有权益登记时应关注的重点与设立时比较类似。值得注意的是，《暂行规定》的颁布并未明确在出资企业转让国有权益时，是否需要根据《国有资产法》以及32号令的规定进行进场交易[①]。尽管国资委曾在其网站上回复，认为国有企业转让合伙企业份额的监管不适用32号令，然而其回复并未指出其依据的法律法规，且回复本身也并不具备法律效力。对于能否依据《暂行规定》中定义的出资企业"对有限合伙企业出资所形成的权益"而将其解读为可包含于32号令第三条中"对企业各种形式出资所形成权益"的国有资产交易行为之内，我们认为，应当由国资监管部门和财政部出台明确的法规，对《暂行规定》和32号令之间的关系进行澄清和明晰。虽然我们理解，国有产权进场交易的目的是防止国有资产流失，不过，合伙企业与公司制企业相比具有较强的人合性，其是否需要完全以进场交易这样剔除人合因素仅依据资合因素的方式进行合伙份额的转让，我们对此持保留意见。我们认为，国资监管部门及相关主管部门应充分考虑国有出资私募基金的特性，适用更个性化的产权交易机制对国有权益进行转让交易。

此外，32号令第六十六条还规定，政府设立的各类股权投资基金投资形成企业产（股）权对外转让，按照有关法律法规规定执行。由于政府参与设立的各类股权投资基金（如政府引导基金）通常有提前退出的优惠条件，如《国家科技成果转化引导基金设立创业投资子基金管理暂行办法》中明确规定

[①] 《国有资产法》第五十四条：……除按照国家规定可以直接协议转让的以外，国有资产转让应当在依法设立的产权交易场所公开进行。转让方应当如实披露有关信息，征集受让方；征集产生的受让方为两个以上的，转让应当采用公开竞价的交易方式……

了引导基金在一定条件下转让股权的定价[①]。不过在具体执行中，我们建议出资企业还是谨慎操作，在转让前应先与当地国资监管部门、财政部门、市场监督管理部门、产权交易所等主管部门和对接机构进行充分沟通。

（2）登记顺序的先后

同时，工商登记与国有权益登记的先后顺序也是变更登记中的关注点。对于合伙企业的变动事项登记材料，市场监督管理部门目前并未增加要求提供产权登记证（表）。如果根据29号令第十五条，国有出资私募基金应先办理国有产权变动登记后，方可办理工商登记。然而如前所述，由于国资委在《暂行规定》的答记者问上对这份文件对合伙企业的适用性进行否认，导致实践中并没有明确可以适用的细则文件对国有出资私募基金发生变动时工商登记和国有权益登记的先后顺序予以明确。我们认为，国资监管部门应尽快通过成文规章或规范性文件明确工商登记和国有权益登记的顺序，并在与市场监督管理部门沟通协商后，出台相应的实操细则，以厘清实践中关于《暂行办法》中多个登记事项的具体登记流程以及需要提供的登记文件。另外，在基金业协会备案的时候，也应当与占有登记时一样，注意登记的提交时间。

四、国有出资私募基金的投资

目前，《暂行规定》并未明确国有出资私募基金的投资企业是否需要进行国有权益登记。在现行规定中也仅明确国有资产监督管理机构需要对出资企

[①] 《国家科技成果转化引导基金设立创业投资子基金管理暂行办法》第二十条：子基金存续期内，鼓励子基金的股东（出资人）或其他投资者购买引导基金所持子基金的股权或份额。同等条件下，子基金的股东（出资人）优先购买。对于发起设立的子基金，注册之日起4年内（含4年）购买的，以引导基金原始出资额转让；4年至6年内（含6年）购买的，以引导基金原始出资额及从第5年起按照转让时中国人民银行公布的1年期贷款基准利率计算的利息之和转让；6年以上仍未退出的，将与其他出资人同股同权在存续期满后清算退出。对于增资设立的子基金的，上述年限从子基金完成变更登记手续之日起计算。

业对有限合伙企业出资形成的权益及其分布状况进行登记[①]。

虽然在基础的投资形态下（详见图一），被投资的私募基金通常是直接投资取得被投企业的股权，在该等情况下的对外投资情况相对直接清晰；但是由于私募基金的投资可能存在嵌套关系，即国有出资私募基金可能以母基金形式投资子基金，再由子基金进行对外项目的投资（详见图二）；或者由于底层标的公司的特殊性，会由国有出资私募基金先设立特殊目的公司，间接持有底层标的公司（详见图三），亦可能是前二者情形的结合，由子基金通过特殊目的公司持有底层标的公司（详见图四）。如果国有出资私募基金仅填报第一层对外投资情况，国资监管部门无法了解国有出资私募基金间接持有的底层标的公司后续变动，这将导致《暂行规定》中国资监管部门对出资企业所形成的权益及其分布状况进行穿透监管的目的无法达成。

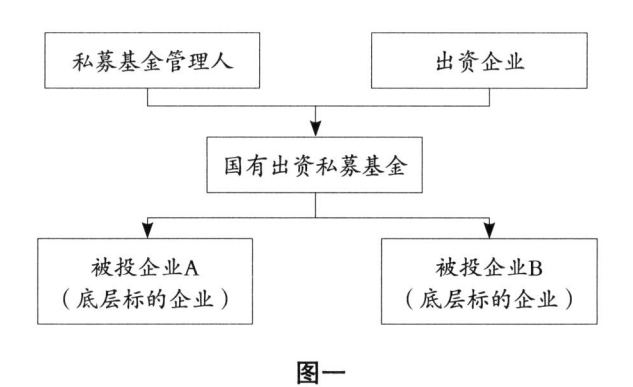

图一

[①] 《暂行规定》第二条：本规定所称有限合伙企业国有权益登记，是指国有资产监督管理机构对本级人民政府授权履行出资人职责的国家出资企业（不含国有资本参股公司，下同）及其拥有实际控制权的各级子企业（以下统称出资企业）对有限合伙企业出资所形成的权益及其分布状况进行登记的行为……

图二

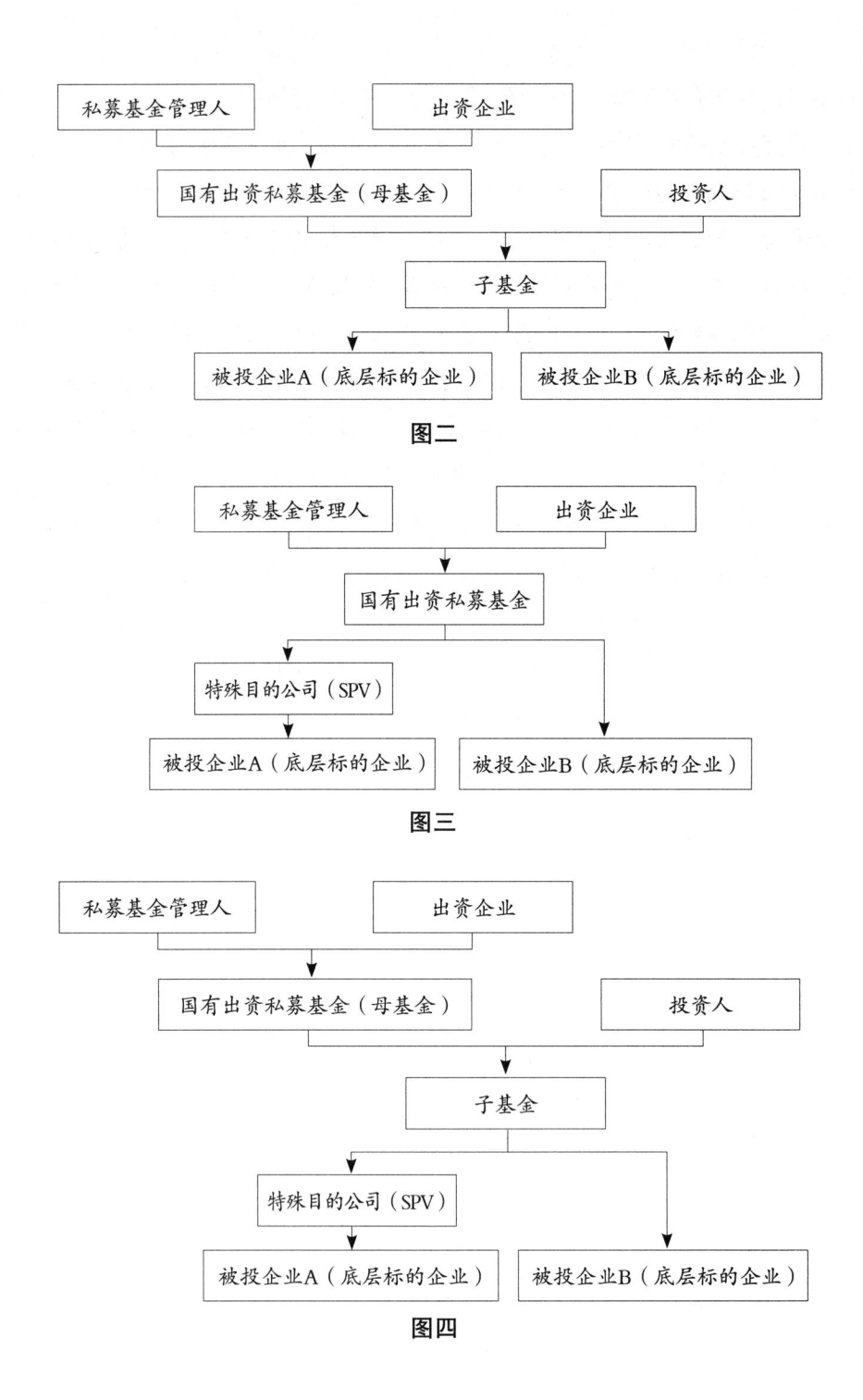

图三

图四

当然，对于国资监管部门而言，首先需要厘清的是其所需要掌握的国有权益信息究竟包括哪些，是否有必要采用国有出资的全流程监管，是否需要将市面上持有任何国有出资比例的企业全部纳入监管等。由于私募基金投资中存在上述嵌套投资的可能性，国资监管部门在确定穿透范围时还应谨慎考虑对中间架构的处置，以免造成要求提交的信息中存在大量价值不高的信息而增加了筛选信息的工作量。

五、国有出资私募基金的国有股划转

实践中，国有出资私募基金在投后退出时，大多不可避免地会遇到一个难题，即在所投资企业 IPO 时是否需要履行划转部分国有股充实社保基金的义务？

我们可以先通过以下几个案例来了解，在此前的国有股转持时代，实务中国资监管部门对国有股划转认定事宜的口径：

（1）文旅基金[①]

文旅基金系华凯创意（A 股代码：300592）的股东，其于华凯创意 IPO 时的合伙人情况如下：

普通合伙人姓名/名称	认缴出资金额（万元）	认缴出资比例	合伙人性质
湖南达晨文化旅游创业投资管理有限公司	2,230.00	1.02%	非国有企事业单位

[①] 深圳证券交易所：《湖南华凯文化创意股份有限公司首次公开发行股票并在创业板上市招股说明书》及《湖南启元律师事务所关于湖南华凯文化创意股份有限公司申请首次公开发行股票并在创业板上市的补充法律意见书（四）》，华凯创意（300592）。

续表

有限合伙人姓名/名称	认缴出资金额（万元）	认缴出资比例	合伙人性质
湖南电广传媒股份有限公司	59,000.00	26.91%	上市公司，国有法人股比例25%
湖南高新创业投资集团有限公司	59,500.00	27.14%	国有企事业单位
长沙先导产业投资有限公司	23,500.00	10.72%	国有企事业单位
湖南出版投资控股集团有限公司	23,500.00	10.72%	国有企事业单位
湖南广播电视台	15,000.00	6.84%	国有企事业单位
湖南盛力投资有限责任公司	14,000.00	6.39%	国有企事业单位
湖南省文化旅游产业投资基金管理中心	10,000.00	4.56%	国有企事业单位
湖南日报报业集团有限公司	5,500.00	2.51%	国有企事业单位
湖南省旅游局信息中心	3,000.00	1.37%	国有企事业单位
湖南省煤业集团有限公司	3,000.00	1.37%	国有企事业单位
湖南省博物馆	1,000.00	0.467%	国有企事业单位
合计	219,230.00	100.00%	——

在IPO审核时，IPO发行审核部门向其反馈问题："文旅基金的一般合伙人为湖南达晨文化旅游创业投资管理有限公司。14名有限合伙人中国有出资单位出资额占比超过50%。请发行人说明文旅基金是否履行国有股转持义务或豁免程序。"对此，湖南省财政厅于2016年11月23日出具湘财资函〔2016〕40号《湖南省财政厅关于认定湖南文化旅游投资基金企业（有限合伙）为混合所有制国有股东的批复》，同时华凯创意律师回复反馈称："文旅基金的国有出资人合计出资比例超过50%且第一大出资人为国有独资公司，系混合所有制国有股东，须根据《境内证券市场转持部分国有股充实全国社会保障基金实施办法》的规定及湖南省财政厅的相关批复，由其国有出资人履行转持义务。"

（2）联新投资[1]

联新投资系通源石油（A股代码：300164）的股东，其于通源石油IPO时的合伙人情况如下：

序号	名称	出资额（万元）	出资比例
一	有限合伙人		
1	上海联和投资有限公司	50,000	48.29%
2	苏州海竞信息科技集团有限公司	10,000	9.66%
3	上海华驰投资有限公司	5,000	4.83%
4	上海全科进出口有限公司	3,000	2.90%
5	邵晓立	2,000	1.93%
6	孙晖	5,000	4.83%
7	邢春梅	2,000	1.93%
8	马季华	1,000	0.97%
9	中国科学院国有资产经营有限责任公司	20,000	19.32%
10	厦门博鑫投资有限公司	2,500	2.41%
11	潘皓东	1,000	0.97%
12	洪辉煌	1,000	0.97%
二	普通合伙人		
1	上海联新投资管理有限公司	1,036	1.00%
	合计	103,536	100.00%

---

[1] 深圳证券交易所：《西安通源石油科技股份有限公司首次公开发行股票并在创业板上市招股说明书》，通源石油（300164）。

LP 中国科学院国有资产经营有限公司及上海联合投资有限公司均系国有企业，两者合计份额比例为 67.61%，已超过 50%。据通源石油招股说明书披露，根据上海市国有资产监督管理委员会沪国资委产权〔2010〕55 号文《关于西安通源石油科技股份有限公司国有股权管理有关问题的批复》，联新投资为国有股东。

（3）国投协力[①]

国投协力系金能科技（A 股代码：603113）的股东，其于金能科技 IPO 时的合伙人情况如下：

序号	合伙人姓名/名称	合伙人类型	出资数额（万元）	出资比例（%）
1	国投创新投资管理有限公司	普通合伙人	808.00	1.00
2	国家开发投资公司	有限合伙人	20,000.00	24.75
3	广西投资集团金融控股有限公司	有限合伙人	10,000.00	12.38
4	黑龙江辰能投资集团有限责任公司	有限合伙人	10,000.00	12.38
5	云南省投资控股集团有限公司	有限合伙人	7,000.00	8.66
6	安徽省投资集团控股有限公司	有限合伙人	5,000.00	6.19
7	湖南湘投控股集团有限公司	有限合伙人	5,000.00	6.19
8	辽宁省投资集团有限公司	有限合伙人	5,000.00	6.19
9	南京紫金资产管理有限公司	有限合伙人	5,000.00	6.19
10	甘肃省电力投资集团有限责任公司	有限合伙人	5,000.00	6.19
11	黑龙江省投资总公司	有限合伙人	3,000.00	3.71

---

① 上海证券交易所：《金能科技股份有限公司首次公开发行股票招股说明书》，金能科技（603113）。

续表

序号	合伙人姓名/名称	合伙人类型	出资数额（万元）	出资比例（%）
12	河南投资集团有限公司	有限合伙人	2,000.00	2.48
13	天津津融投资服务集团有限公司	有限合伙人	2,000.00	2.48
14	江西省投资集团公司	有限合伙人	1,000.00	1.24
合计			80,808.00	100.00

上述LP均为国有企业且GP含国有出资（从股权比例上可以推测为国有控股），但从招股说明书披露内容来看，并未将其认定为国有股东且未履行国有股转持义务。

因此，从上述案例来看，由于缺乏统一的认定主体，同时认定的依据也各不相同，每个认定主体对依据的理解也各不相同，所以实务中国有出资私募基金的国有属性认定较为混乱。我们理解这种混乱情况的产生可能是各地国资监管部门作为同级政府的国有资产持有主体，对于在其监管范围内的相关事宜在符合国务院国资委确定的监管原则下有一定的自由裁量权导致的。

2017年11月9日，国务院颁布并实施的《关于印发划转部分国有资本充实社保基金实施方案的通知》（以下简称《划转新规》）出台后，对于国有出资私募基金中的国有属性认定又有了进一步的明确。《划转新规》对划转范围作出了根本性的变革，即不再要求含国有股的拟IPO公司划转部分国有股，而是由中央和地方国有及国有控股大中型企业、金融机构进行划转。

《划转新规》出台后，一些国有出资私募基金人士提出疑问：国有出资私募基金在其最上层的集团母公司已经履行了划转义务的前提下，若国有出资私募基金或者其投资的项目公司属于"国有及国有控股大中型企业、金融机构"，此时国有出资私募基金或者其投资的项目公司是否需要再履行划转义务呢（架构详见图五）？

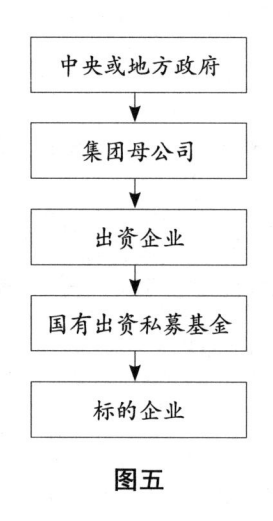

```
中央或地方政府
      ↓
   集团母公司
      ↓
    出资企业
      ↓
  国有出资私募基金
      ↓
    标的企业
```

图五

笔者认为：第一，《划转新规》第三条第二款规定划转对象为"企业集团股权"或"未完成公司制改革的企业集团所属一级子公司股权"，笔者理解此处"企业集团股权"应限缩解释为最上层母公司股权；第二，《财政部、人力资源社会保障部、国资委等关于全面推开划转部分国有资本充实社保基金工作的通知》（财资〔2019〕49号）（以下简称《划转新规细则》）第一条明确规定：纳入划转范围的企业，对其由国家直接出资形成的国有资本实施划转，即限于国家直接出资形成的国有资本，而不含国有资本再投资形成的国家资本，这也是对《划转新规》所规定的划转对象的呼应；第三，在最上层母公司股权已经履行划转义务的前提下，再要求其子公司履行划转义务，属于"重复划转"[①]。因此，笔者认为，在企业集团最上层的母公司已经履行了划转义务的前提下，其再投资的国有出资私募基金或其所投资的项目公司无须再履行划转义务。

但退一步而言，即使国资监管部门有意扩大划转口径，不仅要求最上层的集团母公司承担划转义务，而且要求其符合规定的子企业也要履行划转义

---

① 中伦官网：《国有资本划转新政丨对国资系有限合伙制私募基金的影响如何？》，https://www.zhonglun.com/research/articles/6724.html，最后访问日期：2024年8月27日。

务，此时对于国有出资私募基金而言，是否属于划转范围直接关乎其是否具有划转义务，而《划转新规》将划转范围确定为中央和地方国有及国有控股大中型企业、金融机构（公益类企业、文化企业、政策性和开发性金融机构以及国务院另有规定的除外）。因而，同时具备以下三个要件的国有出资私募基金需纳入划转范围：1）国有及国有控股；2）大中型企业或大中型金融机构[①]；3）不属于豁免划转的企业。而《划转新规细则》对划转范围"中央和地方国有及国有控股大中型企业、金融机构"及"豁免划转的企业"进行了详细的解释，但唯独未对划转范围中的"国有及国有控股"进行解释。

因此，笔者建议，国有出资私募基金可以结合《划转新规细则》以及前文笔者对于国有属性认定的相关分析，自身对照上述要件判断是否属于划转范围的同时，应当加强与国资监管部门的沟通，进一步明确划转范围、对象以及划转程序，以便更好地合规经营。

六、国有出资私募基金的清算及注销

在完成募集、投资、退出等私募基金的主要业务后，国有出资私募基金将面临合伙企业的清算及注销。国有出资私募基金的清算及注销流程大致如下：

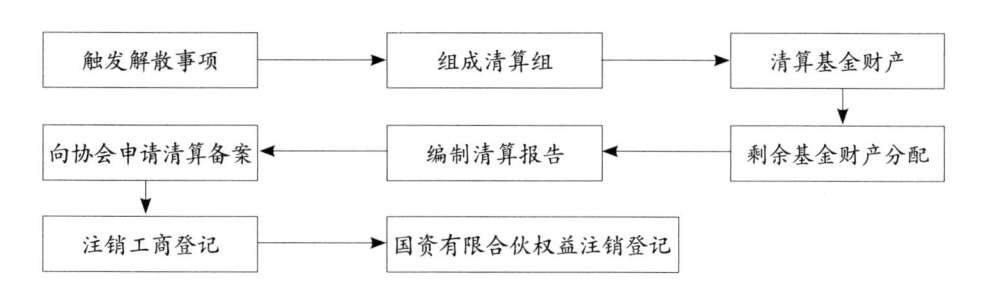

触发解散事项 → 组成清算组 → 清算基金财产

向协会申请清算备案 ← 编制清算报告 ← 剩余基金财产分配

注销工商登记　　国资有限合伙权益注销登记

[①] 《划转新规》规定的"大中型企业、金融机构"存在理解上的歧义，但《划转新规细则》已明确将"大中型企业、金融机构"解释为大中型企业及大中型金融机构。

由于触发基金清算的事由并不固定，只要符合法定、约定即可，而根据《暂行规定》第七条，有限合伙企业解散、清算并注销的应当办理注销登记。在国有出资私募基金中，该等合伙事务一般由管理人承担。而在管理人或者其他合伙人没有与出资企业签署承诺材料或协议前，管理人并无义务履行该等登记报送义务。因此，在谈判协商《基金合同》时，出资企业应当注意明确要求国有出资私募基金的管理人在注销事由触发后根据《暂行规定》及其配套文件的规定履行国资权益登记等义务。

此外，合伙企业解散后，清算人在清算期间负责执行合伙企业事务，若出资企业未担任清算组成员，则其他清算组成员并无义务及时告知清算状况。因此，为便于在清算过程中及时掌握清算状况以及避免对国有资产的侵害，谈判协商《基金合同》时，出资企业应当注意明确要求在清算时其必须担任清算组成员。

在《暂行规定》实施后，有限合伙企业国有权益注销登记也成为国有出资私募基金注销的必经环节。但《暂行规定》并未明确其与工商注销登记的先后顺序。但笔者认为，从《暂行规定》本身而言，其第七条规定，有限合伙企业解散、清算并注销的，应当办理注销登记。由此可知，只有在国有出资私募基金的工商登记注销完成后，国有权益注销登记的条件才触发。此外，回归法理，在有限合伙企业工商登记未注销前，其名义上仍是存在的，其合伙人的财产权益亦未灭失，若先注销国有出资私募基金的国有权益登记，至工商登记注销之日则存在"真空期"，即国有出资私募基金的财产权益仍然存在，但其又不受国有权益登记制度的监管。而且可以参照29号令第十五条，企业注销法人资格的，应当在办理工商注销登记后，及时办理注销产权登记。所以，无论是从《暂行规定》条文本身来理解，还是从国资监管的法理而言，国有权益注销登记应当在国有出资私募基金注销工商登记之后办理。

七、国有出资私募基金的日常合规

《暂行规定》第九条规定，出资企业应当于每年 1 月 31 日前更新上一年度所出资有限合伙企业的实缴出资情况及对外投资情况等信息。由此可知，国有出资私募基金需要按照该规定履行年度报告义务。笔者将国有出资私募基金所涉及的年度报告义务总结对比如下：

事项	《暂行规定》	市场监督管理部门	基金业协会
报送主体	出资企业	合伙企业	管理人、托管人及其他信息披露义务人
报送时间	每年 1 月 31 日前	每年 1 月 1 日至 6 月 30 日	次年 6 月底之前
年度报告	更新上一年度所出资有限合伙企业的实缴出资情况及对外投资情况等信息	报送上一年度的年度报告：1）企业通信地址、邮政编码、联系电话、电子邮箱等信息；2）企业开业、歇业、清算等存续状态信息；3）企业投资设立企业、购买股权信息；4）企业网站以及从事网络经营的网店的名称、网址等信息；5）企业从业人数、资产总额、负债总额、对外提供保证担保、所有者权益合计、营业总收入、主营业务收入、利润总额、净利润、纳税总额信息	年报内容：1）基金产品概况；2）基金运营情况；3）主要财务指标、基金费用及利润分配情况；4）基金投资者变动情况；5）管理人报告；6）托管人报告；7）审计报告

我们注意到，相比《暂行规定》第九条，基金业协会发布的信息披露[①]要求规定，年度报告的披露时间为次年 6 月底之前完成。虽然这是基金业协会

---

① 《私募投资基金信息披露内容与格式指引 2 号——适用于私募股权（含创业）投资基金》规定：信息披露半年度报告应在当年 9 月底之前完成，信息披露年度报告应在次年 6 月底之前完成。协会鼓励私募基金管理人向投资者披露季度报告（含第一季度、第三季度），季度报告不做强制要求。

的底线要求，但这也意味着出资企业需要远早于私募基金报送信息报告之前取得相关的投资信息。而且，《暂行规定》并未完全明确更新时需要报送的全部信息，除私募基金的实缴出资情况及对外投资情况外，是否还需要报送其他信息，是否需要如基金业协会所要求的提交基金所投资项目的具体运作情况，以及私募基金自身的财务数据，目前我们无法从《暂行规定》中得知。但对于出资企业，应当在协商谈判《基金合同》时，要求私募基金管理人或者其他相关主体就出资企业面临的国有权益信息登记年度申报事宜予以充分配合，或者通过其他形式要求私募基金管理人协助其完成每年的国有权益信息登记。

另外，如前文所述，《暂行规定》第十一条对于国资监管部门设置了定时核查的义务。然而如何进行核对，国资监管部门以何等来源的信息与国有出资私募基金的报送信息进行核对，《暂行规定》中并未明确。笔者认为，对于私募基金而言，基金业协会接受其报送的最详尽的各类信息，因此国资监管部门应考虑与基金业协会建立信息传送机制，或者与基金业协会合作，就国有出资私募基金的监管进行信息互享，在核对国有出资私募基金的国有权益登记情况时，也可适当对照其在基金业协会进行的报送信息。同时，为了能够和国资监管部门达到有效信息互享，基金业协会备案系统也可以考虑将国有出资私募基金和非国有出资私募基金分类监管。当然也需要注意到，私募基金在基金业协会的信息披露属于自主申报，其中也可能存在错漏信息。因此，如何利用基金业协会的信息报告，对此类信息的信赖程度，也是在采用此类联动信息互享时需要关注的重点。

另外需要注意的是，私募基金还可以采用契约型的形式发起设立，国有出资企业是否能够投资契约型私募基金，目前没有禁止性规定。但未来是否会在实践中对国有出资企业投资契约型私募基金进行专项监管，我们也会在日常业务中进行跟踪和关注。

《暂行规定》的出台对于国有出资私募基金而言，明确将其正式确认国有权益，然而根据本文分析，在实践操作中，仍存在大量实操中的落地以及与各部门之间的衔接问题亟待明确。我们也期盼着国资监管部门能够尽快出台细则，进一步明晰国有出资私募基金的权益登记流程以及法律法规之间的衔接与适用。

第三章

S基金篇

第一节　私募股权投资市场"流动性纾困"之 S 基金交易浅析

张学达　许晓雯

本文基于当前股权投资市场中的"退出难"现状，旨在探讨与解读由前述客观原因所催生的国内私募股权基金二级市场发展概况与具体势态等，并结合 S 基金交易的相关监管规则体系及典型交易案例，围绕 S 基金交易可能面临的风险与挑战，进一步梳理与分析 S 基金的常见交易模式、交易具体方式、实操流程及其相关关注要点等，持续观察与探索私募股权投资二级市场的中国式解决方案。

一、前言

S 基金，全称为 Secondary Fund，系私募股权二级市场的投资工具，主要通过购买现有的私募股权二手基金份额或投资项目组合或出资承诺等来为投资者提供流动性、缩短其回报周期等，并在实现溢价后进行出售获利。S 基金是私募股权基金二级市场中的重要参与者，为中国私募股权投资市场的基金退出提供新型路径。S 基金与传统的私募股权基金不同，传统私募股权基金一般直接投资于企业股权，交易对方系标的企业，而 S 基金则是从其他投资者手中收购企业股权或基金份额，交易对方系私募基金管理人和/或其基金的有限合伙人。

S 基金的关注度是随着私募股权基金"退出积压"问题逐渐凸显而不断

提升的，市场期待多层次资本市场和多元化退出机制。本文分析了 S 基金的起源及背景、我国目前 S 基金交易市场现状与发展趋势、S 基金交易的常见类型、主要运行模式等，并简要探讨与梳理了 S 基金交易所面临的风险挑战及相关实操关注要点等。

二、私募股权投资二级市场之 S 基金概述

（一）S 基金的溯源、背景及其优势

海外 S 基金的发展历史最早可以追溯到 1982 年，当时的美国风险投资基金集团（Venture Capital Fund of America）是最早参与私募股权二级市场交易的机构，并于 1984 年募资 600 万美元，成立了历史上第一支 S 基金[1]。随着时间的推移，尤其是在 2000 年互联网泡沫破灭后，私募股权二级市场开始快速发展。交易量从 2004 年的 70 亿美元增长到 2015 年的 400 亿美元。2020 年以来，受疫情导致的市场需求和交易挤压带来的影响，除在 2022 年交易量略有下降外，相关交易市场规模持续维持高位态势[2]。

目前，国内私募股权投资市场退出难问题已成为一项普遍挑战，主流的被投企业 IPO、并购重组、股权回购、股权转让、清算等私募基金退出路径不能满足现有私募基金存量规模需求，其客观上催生了国内私募股权基金二级市场的发展势态。结合买卖双方的需求与动机，为缓解一级市场的流动性问题，满足投资者进行多元化资产配置等诉求，S 基金交易应运而生，成为新的退出路径选择。回顾过去几年，特别是在 2015 年至 2017 年间，我国私

---

[1] 北京股权交易中心：《鲲鹏之变 S 基金系列研究 I（一）私募股权二级市场及 S 基金概况与现状》，https://fund.bjotc.cn:58888/web/#/showparticulars?moduleIndex=1&itemIndex=40，最后访问日期：2024 年 8 月 27 日。

[2] 北京股权交易中心：《S 基金专题 I 海内外 S 基金交易市场发展情况简析》，https://fund.bjotc.cn:58888/web/#/showparticulars?moduleIndex=1&itemIndex=47，最后访问日期：2024 年 8 月 27 日。

募股权基金经历了募资活动的一个显著高潮阶段，彼时设立的大量私募基金存续期限多在 5 年到 7 年区间，因此近几年存在众多私募股权基金存续期已届满或即将届满，基金管理人及投资者对于资金有效回收及资产再配置的流动性需求亦推动了 S 基金市场的高速发展。

S 基金交易对于私募股权二级市场的潜在买方而言，如同一个机会窗口，其提供了以相较于原始成本或公开市场价格更为优惠的条件，购入具有高潜力回报价值的底层资产，即买方可能利用相关交易市场来挖掘潜在的价值洼地，以较低的成本获得优质投资项目等，客观上促进了市场资源整合。反之，对于私募股权二级市场的卖方而言，S 基金交易机制如同一条通向资本流动性的新型通道。通过出售自身在私募基金中的既有出资份额或持有被投资项目公司的权益，卖方得以从长期锁定的状态中解脱出来，其转化过程不仅可增加资产的流动性，也为卖方进行多元化投资配置主动管理及风险管理处置等提供了重要补充。

S 基金作为一种特殊的私募基金，通过在私募二级市场上的交易活动，给予了投资者一个选择合适"上下车"时点的机会，在实现市场经济周期跨越的同时，增加了交易形式的多样性，其具备：（1）底层资产相对确定且可见度较高；（2）一定程度上缩短投资回报周期；（3）存在以折扣价取得优质权益或资产的可能性；（4）加速市场流动性的特点与优势[1]。

（二）国内 S 基金市场的发展现状

近年来，中国 S 基金市场发展势头强劲，并得到了相关政策和试点机制的大力支持。当前，国内私募股权二级市场 S 基金交易之发展概况与主要特征如下[2]：

---

[1] 北京股权交易中心：《鲲鹏之变 S 基金系列研究 I（一）私募股权二级市场及 S 基金概况与现状》，https://fund.bjotc.cn:58888/web/#/showparticulars?moduleIndex=1&itemIndex=40，最后访问日期：2024 年 8 月 27 日。

[2] 北京股权交易中心：《S 基金专题 | 海内外 S 基金交易市场发展情况简析》，https://fund.bjotc.cn:58888/web/#/showparticulars?moduleIndex=1&itemIndex=47，最后访问日期：2024 年 8 月 27 日。

1. 在交易规模层面。根据上海市国际股权投资基金协会、德勤中国发布的《2023年上海市私募股权、创投行业发展报告》[1]，中国私募股权二级市场（S基金市场）自2020年开始快速发展，2022年全年交易量突破千亿元。根据执中ZERONE的数据统计，国内S基金市场的交易金额与数量从2016年开始出现显著上升趋势，2020年至2021年呈现井喷式增长。根据清科研究中心统计，2022年上半年，私募股权二级市场共完成624笔交易，从交易总体量来看，其已达到2021年全年的三分之二，单笔交易的平均规模亦有所提升[2]。

2. 在交易资产类型层面。目前国内私募股权二级市场的主要交易资产类型为成长型VC基金。

3. 在交易模式层面。2022年国内私募股权二级市场约四分之一的交易案例属于"内部S交易"，即由原有限合伙人选择行使优先购买权，从而继续持有基金份额；而在剩余的交易构成中，占据主导地位的是"外部S交易"，即原LP不直接参与的市场流转，其中多数交易为基金份额转让交易。

4. 在交易买卖双方结构层面。一方面，S交易市场的卖方生态出现了结构性变革，金融机构响应新的监管政策，积极调整资产组合和投资策略，其在S交易市场中的活跃度明显增强，与此同时，市场化母基金及政府引导基金亦开始更多地参与到S交易活动中；另一方面，国内S交易市场上的买方主力军由个体投资者构成，达50%之多，紧随其后的是企业投资者群体，约占总份额的25%；专业投资机构的参与程度相对较浅，仅占13%左右的市场份额，总体呈现多元化且分布广泛的特性。

5. 在中介机构参与度层面。相对于国际成熟私募股权二级市场中第三方中介服务机构的广泛深度参与，国内相关交易中第三方机构的渗透步伐滞后，介入程度尚处于较低水平。

---

[1] 参见上海市国际股权投资基金协会、德勤中国：《2023年上海市私募股权、创投行业发展报告》。
[2] 参见清科研究中心：《2022年中国私募股权S交易研究报告》。

综合上述，S 基金在中国的发展起步较晚，约在 2010 年之后才逐渐出现，我国私募股权二级市场及 S 基金交易尚处于早期探索阶段，且市场影响力有限，但随着私募基金市场的成熟和退出机制的多样化，S 基金在中国的潜力逐渐得到市场的认识与挖掘，并有待持续创新，探索更符合我国国情的发展方向与解决方案。

三、简述我国现有 S 基金交易相关监管规则体系

根据前述私募股权投资二级市场 S 基金的概念及其国内交易现状等，在 S 基金交易中由于各私募基金的性质、组织形式及交易类型等的不同，其监管规则亦存在不同，主要如下[①]：

序号	要求	具体规定
1	法律	《证券投资基金法》《公司法》《合伙企业法》及其他相关法律规范等
2	行政法规	《私募投资基金监督管理条例》
3	部门规章	《私募投资基金监督管理暂行办法》《证券期货投资者适当性管理办法》等
4	规范性文件	《证券期货经营机构私募资产管理业务运作管理暂行规定》《关于规范金融机构资产管理业务的指导意见》《关于进一步明确规范金融机构资产管理业务指导意见有关事项的通知》等
5	基金业协会各项自律规则	围绕登记备案、内部控制、募集行为、信息披露、人员管理、服务业务等各方面，包括但不限于《私募投资基金登记备案办法》及其相关指引、《私募投资基金募集行为管理办法》等

---

① 参见北京基金小镇研究院：《中国私募股权（创投）基金退出研究报告》。

注：除上述国内整体监管体系规则外，若相关交易主体涉及国有资产、保险资金、外资和/或证券公司私募基金等，需注意遵守证券期货经营机构私募资产管理的相关监管规则、保险私募子基金相关管理规则、国有资产监管特殊规则及外商投资相关特殊规范要求等，因篇幅限制，本文在此暂未进行具体列举。

四、S 基金参与私募股权二级市场的常见运行模式、交易方式、典型交易案例及其关注要点

（一）S 基金常见交易类型、典型案例及其特点优势、关注要点分析

1. 基金份额转让 /LP 型交易（最常见、最传统之类型）

定义：基金份额交易类型系指 S 基金作为受让方，从存续基金原 LP 处受让基金的全部或部分份额，成为存续基金的投资人之一，通过存续基金间接持有底层资产权益，由受让方取代转让方的所有权利和义务。该等交易仅在存续基金层面完成，不涉及底层资产层面的权益变动，也不涉及存续基金从底层项目的退出。

特点与优势：在此种交易运行模式下，S 基金以最终取得标的基金的份额为目的，标的基金份额持有人（卖方）可以根据自身的流动性需求来选择转让全部或者部分的基金份额，转让的份额可以是卖方已实际出资的份额或者尚未完整实缴出资的份额。由此，卖方能够实现提前将基金份额变现，以获取资金的流动性，在锁定基金回报率的同时免除对未出资基金份额的出资义务；此外，S 基金收购卖方基金份额后，能够间接持有标的基金底层项目公司的股权，且其投资组合相对明确。

一般关注要点：（1）需关注 S 基金与存续基金是否存在期限错配问题；（2）目前，虽对于不属于证券期货经营机构资产管理产品的私募基金产品是

否需遵守有关嵌套层数的要求，尚待有权部门进一步明晰，但在设计基金份额转让交易方案时，各方需前瞻性地考量不同交易主体所对应的不同监管要求[①]，尤其是如何妥善处理多层嵌套的问题，确保交易既符合现行法律法规精神，又能在最大程度上保障投资者利益；（3）在基金份额转让的过程中，需考虑当 S 基金和存续基金的基金管理人并非同一实体的情况下，投资者通常须面对双重管理费和其他相关基金开支的负担，此外，投资者在两个层级的基金中均需向 GP 支付超额利润分成，其无疑会导致最终获取的实际收益相比只投资单一基金结构时有所缩水。故在交易过程中，除基于基金份额价值初步确定的对价，还需综合考虑管理费收取、GP 收益分成、过渡期损益承担等实际问题；（4）在涉及受让尚未实缴出资份额的 S 交易场景中，需特别注意：其一，在存续基金内其他投资人已按期完成全部或部分出资的前提下，若新投资人接盘部分未实缴的基金份额，可能导致各投资人之间的实缴进度出现差异，并直接影响到实缴出资比例的调整以及相应投资成本在各个投资者间的重新分配，进而对基金收益分配格局产生连锁反应，包括但不限于 S 基金所获收益的多少和分配顺序；其二，待转让的未实缴出资份额是否伴随出资违约行为，如有违约情况，新接手的投资人可能需承受由此产生的连带责任，包括但不限于支付违约金、赔偿金等，并可能因出资不足而受限于行使表决权等投资人权利，故在签署份额转让协议的过程中，须额外关注有关存续基金出资违约责任归属及转移的具体条款，转让双方应就可能发生的违

---

① 根据《私募投资基金监督管理条例》（国务院令第 762 号）第二十五条：私募基金的投资层级应当遵守国务院金融管理部门的规定。但符合国务院证券监督管理机构规定条件，将主要基金财产投资于其他私募基金的私募基金不计入投资层级。创业投资基金、本条例第五条第二款规定私募基金的投资层级，由国务院有关部门规定。

根据《关于规范金融机构资产管理业务的指导意见》（银发〔2018〕106 号）：资产管理产品可以再投资一层资产管理产品，但所投资的资产管理产品不得再投资公募证券投资基金以外的资产管理产品。

根据《关于进一步明确规范金融机构资产管理产品投资创业投资基金和政府出资产业投资基金有关事项的通知》（发改财金规〔2019〕1638 号）：符合规定要求的两类基金（符合条件的政府出资产业投资基金和创投基金）接受资产管理产品及其他私募投资基金投资时，该两类基金不视为一层资产管理产品。

约事件预先明确清晰的责任界限和应对措施①。

特殊关注问题②：除上述部分论述的基金份额转让具有共性且常见的关注要点外，在相关交易过程中还涉及如下特殊问题：

（1）该标的基金份额的可转让性，即其是否受限于其他 LP 的优先购买权等，虽在目前的实务中，有限合伙企业的其他 LP 是否具备优先购买权存在一定争议，但在基金份额转让交易中，若出现其他 LP 要求行使相关优先权的，可能导致交易无法继续推进，故买方应关注并明确存续基金合伙协议（含工商登记版本与详版）、基金合同、GP 与其他 LP 达成的协议及其补充协议等相关文件中是否存在优先权安排等；

（2）存续基金内部是否存在特殊决策机制，如存续基金内部明确份额交易仅需 GP 同意或由 GP 指定受让方、需提交咨询委员会或合伙人大会进行审议等，此时则需重点关注相关程序流程对交易周期、进度的影响，并可考虑将相应程序决议作为交割先决条件之一等；

（3）标的基金份额是否存在权利负担，即需关注存续基金是否已将相关基金份额进行出质等，此时转让交易的进展可能受限于质权人的具体行权情况；

（4）在 LP 主导的基金份额转让交易中，转让方为基金投资人（LP），其一般不参与基金的实际管理与运营，出于增加交易确定性等目的，建议可将基金管理人 /GP 纳入交易文件及相关陈述保证、承诺等的签署主体之一。

典型交易项目解析：【机构受让基金份额】③

交易概述：2021 年 8 月，洋河股份（全资子公司江苏洋河投资管理有限

---

① 北京股权交易中心：《鲲鹏之变 S 基金系列研究 I（二）S 基金交易常见类型以及关注要点》，https://fund.bjotc.cn:58888/web/#/showparticulars?moduleIndex=1&itemIndex=35，最后访问日期：2024 年 8 月 27 日。
② 参见北京基金小镇研究院：《中国私募股权（创投）基金退出研究报告》。
③ 深圳证券交易所：《江苏洋河酒厂股份有限公司关于与专业投资机构合作投资的公告》，洋河股份（002304.SZ）。

公司）以人民币 12.8 亿元的价格受让了云锋基金旗下上海云锋新呈投资中心（有限合伙）（以下简称云锋新呈）10% 的份额，转让方为存续基金原 LP 中国民生信托有限公司；云锋新呈成立于 2016 年 2 月，基金规模 100 亿元，投资范围主要涵盖金融、科技及企业服务、新零售与互联网等领域，此笔交易为国内 2021 年规模最大的一笔人民币基金 S 交易。

交易背景或特点：根据相关公开信息，云锋新呈转让方 LP 中国民生信托有限公司系出于资金流动性迫切需求等而出售其持有的基金份额，受让方洋河股份基于看好存续基金的底层资产，根据其公告"云锋新呈已进入管理退出期，底层资产明确清晰，投资分布在金融、科技、新零售、汽车、物流及医疗健康等领域……其中小鹏汽车、光云科技等项目已上市并实现较为理想的投资回报预期，其余项目也有相对明确的投后管理及退出策略"；此笔交易具备多元化投资的特点，即拓宽了 S 交易中潜在买方的范围，洋河股份作为白酒龙头企业，通过此次交易切入创投市场，实现了资金的有效利用和风险的合理控制。

交易意义：（1）洋河股份作为产业资本的代表，其参与 S 基金交易为私募股权二级市场注入了新的活力，亦表明了产业资本对私募股权投资二级市场的关注与认可；（2）此次交易具有广泛的市场影响力，其交易规模等标志着国内私募股权二级市场的发展进入了一个新的阶段，亦为后续的 S 交易提供了参考和借鉴。

2. 直接投资退出 / 底层资产转让 / 股权投资型交易 / 直投型交易

定义：S 基金通过直接购买存续基金所投资的一家或者多家企业股权，后通过企业上市、并购或其他退出事件中实现盈利。待底层资产的权属完成转让后，存续基金实现全部或部分的项目退出并取得项目处置收益，进一步向存续基金的原投资人进行分配。

特点与优势：在直投型交易完成后，作为买方的 S 基金便可拥有底层项目的直接所有权，而非通过存续基金来间接持有底层标的公司的股权。在此种模式下，S基金可选择依靠自身的专业能力对标的公司进行投后管理，同时无须支付给第三方管理费或者收益分成（亦可根据实际情况选择聘请专门的基金管理人或仍沿用原来的基金管理人对投资项目进行管理等）。

关注要点：相较于单纯的基金份额转让交易，直投型交易因其牵扯到直接权益载体——底层资产的权益变动，故在交易过程中，除需对基金层面的权益和义务进行全盘考量外，更要对底层项目的实际情况投入更多关注与审查。在此种交易模式中，交易的成败在很大程度上依赖于标的企业的实际控制人以及其他股东的配合态度，尤其在S基金与存续基金管理团队相分离时，此种合作意愿显得尤为重要。此外，在底层项目公司的决策程序层面，出售底层资产属于股权转让交易，需重点关注其他股东是否已放弃优先购买权以及公司章程、股东协议、其他历轮融资协议是否对向其他第三方进行股权转让存在其他限制等[1]。

典型交易项目解析：【人民币基金转让投资组合给美元基金】[2]

交易概述：昆仲资本于2016年设立了人民币一期基金，认缴规模为14.27亿元，其投资了多个项目，如人工智能领域独角兽影谱科技等，LP包含中金启元、盛世投资、招商局等知名投资机构；2020年2月，昆仲资本决定将该基金中的部分项目（多项目资产包，如爱笔智能、影谱科技等7个底层项目）打包转让给TR Capital美元四期基金，并与TR Capital等买家共同设立了新的美元基金，涉及规模约为1亿美元。

交易背景或特点：根据相关公开信息，本次交易的顺利开展与推动系基于：（1）买卖双方均存在流动性需求；（2）卖方LP的投资逻辑与预期的

---

[1] 北京股权交易中心：《鲲鹏之变S基金系列研究I（二）S基金交易常见类型以及关注要点》，https://fund.bjotc.cn:58888/web/#/showparticulars?moduleIndex=1&itemIndex=35，最后访问日期：2024年8月27日。

[2] 北京股权交易中心：《鲲鹏之变S基金系列研究I（一）私募股权二级市场及S基金概况与现状》，https://fund.bjotc.cn:58888/web/#/showparticulars?moduleIndex=1&itemIndex=40，最后访问日期：2024年11月6日。

转变，即从相信 IRR[①]（绝对收益）到重视基金 DPI[②]（资金回流）；（3）存在确定的底层资产项目托底，新美元基金 LP 以折扣价获得了优质的底层资产；（4）原存续基金中存在大约三分之一资产在交易前已经或正在搭建 VIE 结构，以为后续在境外或科创板上市做准备，故相关标的企业本身对于美元资金及海外架构搭建存在需求，其大大推动并节省了此次交易的时间与难度。

交易意义：昆仲资本的此次交易规模之大、交易方式的复杂与新颖性等，于 S 基金交易市场具有里程碑式的发展意义；其转受让不仅为原 LP 提供了流动性和现金回报，也为 GP 带来了新的募资机会和更为广阔的资金来源。同时，亦显示了国内私募股权二级市场的活跃度以及 S 基金在提供流动性、优化资产配置方面的重要作用。

3. 持续基金交易/基金接续重组/接续型基金交易

定义：S 基金与原基金管理人或其关联方共同设立新的基金即接续基金，并购买存续基金的全部或部分底层资产，原 LP 可以选择退出或继续投资。在接续基金模式下不仅发生了新老投资人之间的权利义务转移，在进一步实现流动性的前提下又能满足原有投资人对项目的继续持有需求，其为 S 基金的一种特殊交易形式。

特点与优势：（1）对 LP 而言，接续基金提供了一种提前退出的途径，尤其是在原有基金存续期限即将届满，但因各种原因存续基金难以实现对底层项目的退出或现阶段退出无法实现收益最大化的情形下；（2）接续基金允许存续基金延长其投资周期，利于优化投资组合与配置。

[①] 内部收益率，系衡量投资基金盈利能力的重要指标，它代表了基金在一定期间内，考虑了所有现金流（包括投入的本金、收回的收益以及任何可能发生的费用或负现金流）后，能够达到的年化平均收益率水平。

[②] 衡量私募股权和风险投资基金表现的指标，表示给投资者分配的回报与其投资者实际投入资本的比例。DPI 系评估基金投资效果的关键指标之一，它反映了投资者从基金中获得的现金回报与其最初投入的资金之间的关系。

特殊关注问题：

相较于前述基金份额转让或纯粹的底层资产转让，接续型基金交易展现出了更为丰富的维度和更加繁复的操作流程，除上述两种交易模式所需考虑的各项要素外，以下特殊问题还需予以重点关注[1]：

（1）由于基金接续重组交易中涉及多方主体，如存续基金 LP、接续基金 GP、LP 等，故如何兼顾与平衡各方利益以推进交易进展显得尤为关键，其亦引申出利益冲突及关联交易的特别问题。如对于存续基金 LP 而言，需注意 GP 是否为推进接续重组而将投资组合以不合理的低价进行出售、其是否为谋取自身权益而在接续基金中设置所谓的"捆绑认购"条件等以吸引新的 LP 进行出资等。除此之外，由于接续型基金交易天然存在关联交易的问题，即存续基金需向接续基金出售份额或投资组合等，故需特别关注交易主体内部关于关联交易需适用何种内部特殊决策机制、程序以及具体信息披露要求等，以避免出现争议。

（2）存续基金内部是否存在 GP 设立相同投资策略基金的限制性约定，如接续基金与存续基金在投资策略相同的情况下，需关注存续基金内部是否存在相关前置审议程序要求或其他特殊约定等，此种交易类型涉及的法律合规性问题显得更为突出。

（3）收益分成问题，即在接续基金交易中，由于涉及的交易主体较多且交易结构通常较为复杂，故需综合考虑接续基金投资项目的收益预期、退出方案／周期等因素，不同的底层资产项目可对应设计不同的收益分成机制。如对投资收益预期相对确定的项目，建议可设置阶梯化分成计提机制，如在投资回报超过一定占比或金额的情况下，由 LP 向 GP 让渡一部分收益分成等；而对于收益预期存在较大不确定性或可能发生亏损、交割延缓等的投资项目，存续基金 LP 可综合考虑设置与 GP 的对赌安排，如在投资回报表现不及预期或欠佳的情形下，约定扣减 GP 已收取的分成等，相关收益分成安排

---

[1] 参见北京基金小镇研究院：《中国私募股权（创投）基金退出研究报告》。

需结合具体交易背景等进行设计和谈判。

（4）特殊情形下的费用承担问题，如在接续基金未成功设立或已成功设立但在项目层面交割失败的情况下，相关交易费用应由交易主体如何承担等，应在交易谈判及协议签署中进行明确。

典型交易项目解析：【国内首例人民币接续基金重组交易】[①]

交易概述：2021年5月，深创投S基金与华盖资本联合发起设立了国内首支人民币架构的重组接续基金——厦门健康红土股权投资合伙企业（有限合伙）（以下简称厦门健康红土基金），此基金规模约人民币8亿元，主要用于对华盖资本旗下三只存续基金中尚未退出的6个优质医疗大健康领域项目（如复宏汉霖等）进行重组接续。根据公开信息披露，在该笔交易中，深创投不仅为厦门健康红土基金的最大LP，同时以双GP方式与华盖资本共同管理该接续基金；此外，接续基金还吸引了如TR资本、上实盛世S基金、活跃商业银行理财子公司等知名机构作为新的LP。

交易背景或特点：根据相关公开信息，深创投S基金与华盖资本在2020年中期接触，并达成了初步合作意向，旨在帮助华盖资本一期医疗基金等几只基金的LP实现退出。对华盖资本而言，本次交易涉及的底层项目均来自即将到期的存续基金，通过接续重组，一方面，可实现原LP的退出；另一方面，同时作为GP的华盖资本可继续管理优质项目，以期未来实现更大价值；对于深创投而言，其基于对华盖资本底层优质项目的看好（底层项目具备相对明确的退出预期、标的资产相对透明）、买卖双方未来可为底层项目的长期发展和资本化道路赋能以及对华盖资本在医疗领域投资能力的认可等，进行本次交易并作为接续基金最大LP与Co-GP。

交易意义：此次交易涉及新老两只基金的转换，相关交易在尽调谈判、

[①] 深创投官网：《深创投S基金联合华盖资本发起国内首只人民币架构重组接续基金》，https://www.szvc.com.cn/article/1065，最后访问日期：2024年11月6日。

结构设计、估值定价等方面存在较大难度与挑战，同时也为 TR 资本第一次通过 QFLP 结构参与境内人民币架构的 S 基金重组，其在实操层面具有相当的复杂性，该交易案例的成功不仅为市场参与者提供了新的退出渠道和流动性解决方案，也推动了国内私募股权投资二级市场的发展和创新，标志着国内 S 基金市场在交易类型上的创新与多元化，为后续的 S 基金交易提供了参考。

4. 收尾型交易 / 完整承接模式

定义及其特点：在此种模式下，由 S 基金收购存续基金（一般为即将到期的原有基金）的全部 LP 份额或其全部剩余资产，以帮助存续基金 LP 实现完全退出，同时加速锁定基金回报；此外，S 基金可确定新的基金管理人以承接存续基金的 GP 份额，使得 S 基金全面接管存续基金，并可重新设定基金的交易规则[1]。

除上述四种常见的私募股权投资二级市场 S 基金交易类型外，实践中，其亦可进一步细分或存在其他归类等，如集合权益交易[2]、扩充资本型交易[3]等，由于篇幅限制，本文暂不展开论述。

（二）国内 S 基金参与私募股权投资二级市场——从"场外交易"到"场内交易"

1. "场外交易"——非公开自行磋商交易（交易试点平台之外）

在我国开展股权投资和创业投资份额转让试点交易平台前，此种由拟转让方自行寻找受让方或者通过存续基金 GP 撮合、外部聘请财务顾问撮合以

---

[1] 中伦官网：《S 基金时代来临？——法律关注要点及实务分析》，https://www.zhonglun.com/research/articles/9506.html，最后访问日期：2024 年 8 月 27 日。

[2] 一般指基金份额持有人将多个不同的基金份额进行打包出售，对卖方而言系多个基金份额的同步退出，而非追求单个基金份额退出收益的最大化。

[3] 一般指 S 基金通过向存续基金增加出资的方式成为存续基金新入伙的有限合伙人，以扩大存续基金规模。在此种模式下，有助于解决存续基金原 GP 募资问题，并可增加基金规模，为原有 LP 提供增资的机会。

及存续基金其他 LP 介绍等方式获取交易信息并进行的"场外交易"为相对主流的交易方式。此种交易方式存在如下特点：（1）买卖双方可自行或通过 FA 等其他中介机构寻找交易对方，然而，由于相关市场特性涵盖了高度的私密性、封闭性和复杂性等特征，使得买卖双方在搜寻合适的交易对象时往往面临着较大的困难，即缺乏畅通的沟通渠道；（2）由于交易标的资产性质复杂多样，包含诸如交易流程标准化程度参差不齐、底层资产信息披露程度不透明以及基金管理人配合意向不确定等因素，前述的不确定性往往会引致资产估值与定价难题。信息不对称和各方预期与实际需求的差异，加大了对资产合理价值判断的难度；（3）鉴于基金份额转让本身的复杂属性，场外交易中可能发生份额所有权不明晰的情况，加之资金安全保障机制不健全，其可能导致交易各方的利益得不到有效保障，从而制约了交易的成功执行；（4）场外交易市场中的交易流程、规则以及合同条款等具有一定的灵活性，交易各方可根据自身需求和市场情况自由约定，但这同样意味着在缺乏统一标准的情况下，交易的达成更多依赖于个案磋商和定制化解决方案[①]。

此外，值得一提的是，在目前的 S 基金场外自行交易实践中，其资金流转的合规性问题亦可能成为阻碍其交易顺利进行的一大难点。根据中国证券投资基金业协会 2023 年 5 月公布的若干纪律处分决定书，其中涉及的基金份额转让"违规划转资金"处罚问题引起广泛关注。根据相关监管要求，无论是转让方与受让方通过银行账户私下进行结算，还是通过基金管理人代为收支结算，均属于"违规划转资金"的范畴。为保障资金足额且流向清晰明确，相关资金结算合规路径为：（1）针对场外自行交易，应由受让方向基金募集账户转账份额转让款，再经由该账户转入基金财产账户，此后，份额转让款应从基金财产账户回到基金募集账户，并最终返回转让方；（2）针对通过交易平台的场内交易，受让方可将转让款汇入交易试点平台或对应结算机构的

---

① 北京股权交易中心：《鲲鹏之变 S 基金系列研究 I（三）私募股权二级市场交易流程及关注要点》，https://fund.bjotc.cn:58888/web/#/showparticulars?moduleIndex=1&itemIndex=31，最后访问日期：2024 年 8 月 27 日。

专用结算账户，在满足付款条件后，由结算账户直接划转至转让方账户。

2."场内交易"——份额转让试点交易平台内进行交易

出于规范交易市场、提高 S 基金份额流动性以及保障交易安全等目的，国内市场开始探索建设基金份额转让试点。2020 年 12 月，北京股权交易中心经中国证监会正式批复同意开展股权投资和创业投资份额转让试点并成为全国首家私募基金份额转让平台，而后亦陆续出台相关业务登记配套规则等。上海市亦积极探索私募股权基金份额转让的市场建设，并于 2021 年 11 月获批成立了全国第二家股权托管交易平台（上海股权托管交易中心）。2023 年 8 月，中国证监会正式批复同意在广东股权交易中心展开基金份额转让试点工作。此外，浙江、江苏、安徽等地正陆续推出交易试点平台并出台相关业务规则及操作指南等，以此助力私募基金拓宽股权投资和创业投资退出渠道。

根据相关公开信息，截至 2024 年 3 月下旬，北京股权交易中心基金份额转让平台累计上线基金份额转让 85 单，上线基金份额 130.47 亿份，共计完成 59 单基金份额转让交易，交易基金份额 49.02 亿份，交易金额 44.27 亿元[1]；上海私募股权和创业投资份额转让平台共计上线 96 单基金份额（含份额组合），已成交 76 笔，成交总份数约为 177.63 亿份，成交总金额约为 206.75 亿元[2]；广东股权交易基金份额转让平台已上线基金份额转让 10 单，上线基金份额约 21.73 亿份[3]。国内市场通过建立法定、权威、合规、有资源的私募股权基金份额转让平台试点，有利于进一步汇聚买卖双方、减少信息不对称、降低交易门槛、提高转让效率、保障份额转让资金安全等，进而盘活卖方资产、化解存量需求、促进资本循环畅通。

综合上述，无论是否通过试点平台进行交易，S 基金交易的整体流程大

---

[1] 北京股权交易中心：《私募股权基金份额转让市场周报》（2024/03/25—2024/03/31）。
[2] 上海股权托管交易中心：《上海私募股权和创业投资份额转让市场周报》（2024/3/25—2024/3/31）。
[3] 参见广东股权交易中心基金份额转让系统（https://www.gdotc.com.cn/service/share-transfer/project.html）于 2024 年 4 月 1 日显示的挂牌信息。

致包括如下步骤[1]：（1）寻找受让方并初步接洽；（2）签署保密协议；（3）在买卖双方达成初步交易意向后，对交易标的资产（含标的基金及其底层资产）及交易对方等进行法律、财务及业务相关尽职调查等；（4）交易结构设计；（5）进行投资决策和估值报价谈判等，此步骤亦为国内S基金交易所面临的重要挑战之一，我国私募股权二级市场估值方法论与实践研究尚未形成相对统一的规范标准，其估值方法的选取、折扣和溢价程度判断等均存在不够客观的特性[2]；（6）交易执行——买卖双方开展交易谈判，并拟定签署相关交易文件；（7）进行交易交割与资金结算；（8）完成对应工商变更登记手续及基金业协会的重大事项变更手续；（9）资产管理，即在持有期间，S基金可能会参与到存续基金或底层项目的管理和决策中，以提升资产价值；（10）根据市场情况和投资策略，选择合适的时机和方式实施退出。

此外，在上述S基金交易的过程中，亦存在对相关特殊成分与性质的基金份额的特别监管要求与特殊规范要点，如国有企业或国有金融机构转让基金份额、外资或保险资金参与S基金交易以及券商私募基金参与S交易等，鉴于篇幅限制，本文暂不进行具体分析与论述，相关介绍可参见本所对应专题的其他文章内容。

---

[1] 北京股权交易中心：《鲲鹏之变S基金系列研究 I（三）私募股权二级市场交易流程及关注要点》，https://fund.bjotc.cn:58888/web/#/showparticulars?moduleIndex=1&itemIndex=31，最后访问日期：2024年8月27日。

[2] 参见清科研究中心：《2022年中国私募股权S交易研究报告》。

五、结语

综合上述，一方面，鉴于当前市场条件下股权投资项目的传统退出路径尚不够丰富且多元化，不少临近退出阶段甚至已经进入延长周期的私募基金，正试图通过S交易这一手段来达到顺利退出投资的目的。与此同时，随着国内私募股权投资二级市场的日渐成熟与完善，以及市场参与者对资产流动性的日益重视，越来越多处于投资期内的基金也开始倾向于通过出让基金内的份额或者直接转让其所投资的底层项目权益，以加速资金回笼，从而促进资本的有效周转和再投资循环。另一方面，随着私募股权投资二级市场规模的不断扩大，新的难题也会不断涌现，如本文中提到的估值定价难、信息不对称以及交易设计合规性问题等，由此我国市场亦进行了积极开拓与创新探索，如推动建立与不断完善S基金交易试点平台等，其系S基金交易在国内市场实践中产生的一大亮点，并在一定程度上解决了传统S交易的若干痛点。

结合境外S基金交易市场的演进历程，我们可以预见到未来境内S市场的活跃度及其专业化、规范化、体系化程度等将得到进一步提升，其交易类型亦将更加多元化和复杂化，S基金交易市场的进一步发展，对S基金交易的各相关主体，包括但不限于各类基金管理人、投资参与者、交易试点平台及第三方中介机构等，都提出了亟待解决的各类问题与挑战，私募股权二级市场S基金交易有待继续摸索和创新中国式的解决方案。

第二节　保险资金参与基金 S 交易法律合规要点解析

张学达　王诗漫

一、背景

根据中国保险资产管理业协会发布的《中国保险资产管理业发展报告（2023）》，截至 2022 年末，我国保险业总资产规模达 27.15 万亿元，同比增长 9.08%；保险资金运用余额 25.05 万亿元，同比增长 7.85%。32 家保险资产管理公司管理资金总规模为 24.52 万亿元，同比增长 15.11%[1]。随着保险资金运用市场化改革的持续深入推进，保险资金在股权投资方向占比逐步提高，私募股权投资逐渐成为保险资金的投资热点。国家金融监管总局发布的数据显示，截至 2023 年第 4 季度末，人身险公司的长期股权投资余额约为 2.3 万亿元，在保险资金运用规模占比为 9.15%，仅次于债券投资。财产险公司的长期股权投资余额也达到 1,306 亿元，在保险资金运用规模占比为 6.47%[2]。

而近年来，随着大量私募股权基金逐步进入退出期及市场环境的影响，S 基金[3]热度不断增加，保险资金参与 S 基金投资成为保险资金参与股权投资的

---

[1] 国信证券：《资产荒下的腾挪——2023 年保险资管业发展报告点评》，载《证券研究报告》2023 年 9 月 26 日。

[2] 国家金融监督管理总局：《2023 年 4 季度保险业资金运用情况表》，https://www.cbirc.gov.cn/cn/view/pages/ItemDetail.html?docId=1152868&itemId=954&generaltype=0，最后访问日期：2024 年 8 月 28 日。

[3] S 基金（Secondary Fund），也称二级市场基金，与 Primary Fund（一级市场基金）相对。

新方向及机遇。一方面，相对普通股权投资基金而言，S基金底层资产为明池资产，更有利于测算收益率和控制风险，同时S基金具备投资期限短、资金回流快、按一定折扣承接等其他优点，因此受到保险资金的青睐；另一方面，保险资金具有规模大、期限长、来源稳定等优势，是基金S交易[①]中重要的交易对手方之一。

虽然S基金业务与保险资金具有一定适配性，但是，鉴于保险行业属于强监管的行业，保险资金参与股权投资需符合国家金融监管部门的强制性规定，对保险机构自身、拟投基金及其管理人均提出了较高的要求。本文拟结合市场相关案例，探讨保险资金参与S交易的具体模式、监管规定以及实践中可能遇到的法律问题。

二、保险资金参与S交易的具体模式

本文中所称保险资金参与S交易，即保险机构[本文所称保险机构包括保险集团（控股）公司、保险公司和保险资产管理公司]直接或间接受让其他LP的二手私募股权基金份额（S份额），目前市场上交易的主要模式有以下三种：

（一）保险机构直接受让基金份额

此方式由保险机构直接受让LP拟转让的私募股权基金份额，为市场上主流的交易方式。投资人向受让方转让基金份额，双方履行基金文件约定的份额转让程序后，受让方成为基金的新投资人，并根据转让协议等交易文件的约定继受投资人在基金的各项权利义务。

---

① 本文所称基金S交易，是指私募股权投资基金份额资产的二级市场交易（Secondary Transaction）。

经查询公开信息[①]，由保险机构直接受让基金份额的部分案例包括：（1）2021年2月，长江养老保险股份有限公司受让宁波梅山保税港区乾平涌顺投资管理合伙企业（有限合伙）持有的国投（上海）科技成果转化创业投资基金企业（有限合伙）77,000万元份额；（2）2021年9月，大家人寿保险股份有限公司、诚泰财产保险股份有限公司、百年人寿保险股份有限公司等保险机构与其他投资人共同受让华资资产管理有限公司持有的北京国科汇金股权投资基金合伙企业（有限合伙）99.8%的份额；（3）2023年2月，阳光人寿保险股份有限公司出资6.45亿元购买江西海鸥贸易有限公司持有的南昌沪旭钢铁产业投资合伙企业（有限合伙）64,500万元份额。

（二）保险机构设立S基金进行S交易

在此方式下，保险机构直接设立专注于S交易市场的私募基金，并主动寻求与S基金策略相匹配的优质项目，通过与知名GP的联系寻求GP主导型S交易机会。

经查询公开信息，2021年9月，光大控股、光大永明人寿共同出资的S基金光控领航（深圳）私募股权投资基金合伙企业（有限合伙）（以下简称光大控股S基金）正式成立，该基金出资额为40,000万元，系私募股权投资基金，GP宜兴光控投资有限公司（光大控股全资子公司）持有50%份额，LP光大永明人寿保险有限公司持有50%份额。光大控股S基金定位于协同保险资金属性，一期优先投向与保险资金属性匹配度较高的优质资产包，同时也兼顾与保险行业属性关联性较高的行业，比如高科技、医疗健康、大消费、新零售等[②]。

[①] 查询网址：企查查（https://pro.qcc.com）；中国证券投资基金业协会：私募基金公示（https://gs.amac.org.cn/amac-infodisc/res/pof/fund/index.html），最后访问日期：2024年8月28日。

[②] 投资界：《光大控股首支S基金诞生：规模10亿元，险资罕见做LP》，https://news.pedaily.cn/202106/473730.shtml，最后访问日期：2024年8月28日。

2022年3月，光大控股S基金受让了武汉科技投资有限公司持有的湖北江捷股权投资合伙企业（有限合伙）3,500万元合伙份额（对应出资比例10%）；2022年7月，光大控股S基金与长城人寿保险股份有限公司、北京人寿保险股份有限公司等公司共同受让了华资资产管理有限公司持有的深圳市国科瑞华三期股权投资基金合伙企业（有限合伙）合计15,000万元合伙份额（对应出资比例3.33%）。

（三）保险机构设立投资S基金份额的股权投资计划参与S交易

保险资金参与S交易时，亦可选择由保险资产管理机构设立股权投资计划作为投资的工具。股权投资计划，是指保险资产管理机构作为管理人发起设立、向合格机构投资者募集资金、通过直接或间接方式投资于未上市企业股权、私募股权投资基金、创业投资基金等银保监会认可的资产的保险资产管理产品。该等资产管理产品的设立及投资需遵守《保险资产管理产品管理暂行办法》（中国银行保险监督管理委员会令2020年第5号）、《股权投资计划实施细则》（银保监办发〔2020〕85号）等规则的规定。

经查询公开信息[①]，2021年12月，中保投资有限责任公司发起设立的"中保投资—元禾辰坤股权投资计划"在中国保险资产管理业协会正式登记，该计划系保险行业首支投资S基金份额的资管产品。2022年，该资管计划通过上海股权托管交易中心，以场内竞价方式受让浦发银行理财资金转出的元禾辰坤管理的元禾秉胜母基金二手份额4.3亿元，该笔交易系上海股权托管交易中心第一单交易金额超过4亿元的二手基金实缴份额转让项目[②]。

---

① 中国保险资产管理业协会：《2021年12月28日登记项目编号披露》，https://iamac.org.cn/cpzc/cpdjxx/202112/t20211231_7642.html，最后访问日期：2024年8月28日。
② 21世纪经济报道：《首支二手基金份额保险资管产品发行背后，S基金市场迎多元化主体入局》，https://www.21jingji.com/article/20230117/herald/a6e192a1917cdc69b1ec42cdc162862e.html，最后访问日期：2024年8月28日。

三、保险资金参与 S 交易的法律监管体系

保险资金股权投资的主要方式包括直接投资股权与间接投资股权。直接投资股权是保险资金直接向企业进行投资，分为重大股权投资与非重大股权投资。间接投资股权是保险资金通过投资基金的方式间接进行股权投资。目前，保险资金间接投资股权存在投资股权投资基金、创业投资基金、保险私募基金[①]三种路径，分别主要由原银保监会颁布的 79 号文、101 号文、89 号文进行规范，该等主要规章体系详见下表。对于保险资金参与 S 交易而言，由于其主要通过股权投资基金进行投资，较为重要的规章为 79 号文，以及对 79 号文相关规定予以调整及细化的 59 号文、54 号文、47 号文。

序号	监管规定名称	实施时间	规章简称	主要内容
1	《保险资金运用管理办法》（保监会令〔2018〕1号）	2018.04.01	1号文	保险资金运用的纲领性规章（中国保监会 2010 年 7 月 30 日发布的《保险资金运用管理暂行办法》同时废止）
2	《保险资金投资股权暂行办法》（保监发〔2010〕79号）	2010.09.05	79号文	保险资金投资私募股权投资基金的规范性要求[①]
3	《关于保险资金投资股权和不动产有关问题的通知》（保监发〔2012〕59号）	2012.07.16	59号文	对《保险资金投资股权暂行办法》相关规定予以调整

[①] 保险私募基金是根据保监发〔2015〕89 号设立的一种基金，但该类私募基金的发起人必须是保险资产管理机构的下属机构，且保险资产管理机构及其关联的保险机构在下属机构的股权占比合计应当高于 30%。该类私募基金的管理人亦必须是其发起人或由该发起人指定的保险资产管理机构或保险资产管理机构的下属机构。

[①] 当保险资产管理机构及其关联的保险机构在基金管理人的股权占比合计低于 30% 时，该等私募基金应当被认定为私募股权投资基金而非保险私募基金，监管要求要按照 79 号文执行。

续表

序号	监管规定名称	实施时间	规章简称	主要内容
4	《关于保险资金投资创业投资基金有关事项的通知》（保监发〔2014〕101号）	2014.12.12	101号文	保险资金投资创业投资基金的规范性要求
5	《关于设立保险私募基金有关事项的通知》（保监发〔2015〕89号）	2015.09.10	89号文	保险资金设立私募基金的要求
6	《中国银保监会关于保险资金财务性股权投资有关事项的通知》（银保监发〔2020〕54号）	2020.11.12	54号文	对保险资金开展直接股权投资的投资标的及保险机构要求的细化规定
7	《中国银保监会关于修改保险资金运用领域部分规范性文件的通知》（银保监发〔2021〕47号）	2021.12.08	47号文	对59号文、101号文相关规定予以调整[①]

四、保险资金参与S交易的法律合规要点

相较于普通基金投资而言，S交易投资维度更多、技术要求更复杂，除了常规的对基金管理人的尽职调查、对基金法律文件的审查，S交易的尽职调查还涉及对底层资产、份额转出方、转让份额履行的程序及份额本身的权利负担等内容，而保险资金作为S交易的受让方，在S交易一般性关注内容

---

① 取消了此前保险资金投资创业投资基金单只基金募集规模不得超过5亿元的限制，还删除了59号文中关于"保险资金投资的股权投资基金，非保险类金融机构及其子公司不得实际控制该基金的管理运营，或者不得持有该基金的普通合伙权益"的规定（在后续的监管机构政策解释中，指出59号文中的"实际控制该基金的管理运营"是指实际控制该基金的投资决策、人事和薪酬）。

的基础上，还需要从基金管理人、标的基金、底层资产三个维度确认是否符合 79 号文、59 号文、47 号文等监管文件规定。

（一）基金管理人的合规要点

1. 管理人的制度建设要求

根据 79 号文的规定，保险机构投资股权投资基金，发起设立并管理该基金的投资机构，应当建立健全相关制度建设，具体如下：

（1）具有完善的公司治理、管理制度、决策流程和内控机制

一般而言，对于私募基金管理人，其在进行私募基金管理人备案时，已经根据基金业协会的要求提交了关于内部控制等相关制度文件，例如，根据《私募基金管理人登记申请材料清单（2023 年修订）》，申请机构应当根据拟申请的私募基金管理业务建立与之相适应的制度并提交相关制度文件，主要包括内部控制制度和合规管理制度（包括运营风险控制、信息披露、机构内部交易记录、关联交易管理、防范内幕交易及利益输送、业务隔离等制度）、私募基金运作制度（包括私募基金宣传推介及募集、合格投资者适当性、保障资金安全、投资业务控制、公平交易、外包控制等制度）、应急预案制度等。在评估管理人制度建设的过程中，可以参考基金业协会制定的相关制度标准，以全面了解管理人在制度建设方面的实施状况。

（2）具有健全的项目储备制度、资产托管和风险隔离机制

根据《证券投资基金法》《私募投资基金监督管理条例》《私募投资基金监督管理暂行办法》等相关法律法规的规定，私募基金可以不进行托管，如不进行托管，需在基金合同中明确约定保障私募基金财产安全的制度措施和纠纷解决机制，并在风险揭示书中向投资者进行特别提示。而保险资金投资的私募基金必须要求托管，管理人须完善内部的投资管理、托管和风险隔离等制度。

（3）建立科学的激励约束机制和跟进投资机制，并得到有效执行

管理人的激励约束和跟投机制及实际履行情况可以了解管理人团队是否

和目标基金利益绑定，投资管理团队是否稳定，该项要求符合险资审慎、稳健的投资偏好。激励约束机制在许多管理人设立之初可能并没有制定，相关监管规定也主要对公募基金管理人进行规范。参考基金业协会发布的《基金管理公司绩效考核与薪酬管理指引》，激励约束机制主要包括绩效考核与合规和风险管理等挂钩，禁止短期业绩考核和过度激励，采用绩效薪酬递延支付等手段，实现从业人员与基金份额持有人利益绑定。

（4）已建立风险准备金制度

风险准备金主要用于弥补因金融机构违法违规、违反资管产品合同约定、操作错误或者技术故障等给资管产品财产或者投资者造成的损失，目前主要适用于银行理财、保险资产管理机构、公募基金管理人、基金专户子公司等。对于私募股权基金管理人，协会并不强制要求建立风险准备金制度，管理人可参照《公开募集证券投资基金风险准备金监督管理暂行办法》的规定，每月从基金管理费收入中计提一定比例的风险准备金。

2. 管理人的注册资本要求

79号文对私募股权投资基金管理人注册资本最低限额予以了明确规定，要求管理人的注册资本不低于1亿元。59号文对该等要求调整为注册资本或者认缴资本不低于1亿元人民币，并不要求基金管理人全部完成实缴义务。

3. 管理人的管理团队人数及经验要求

79号文要求私募基金管理人具有稳定的管理团队，拥有不少于10名具有股权投资和相关经验的专业人员，已完成退出项目不少于3个，其中具有5年以上相关经验的不少于2名，具有3年以上相关经验的不少于3名，且高级管理人员中，具有8年以上相关经验的不少于1名；拥有不少于3名熟悉企业运营、财务管理、项目融资的专业人员。

在对管理人团队情况的尽职调查中，一般要求提供简历、劳动合同及管理人员变动情况的相关资料，以便了解管理人团队是否符合上述经验要求，以及管理团队的稳定性。针对专业人员已完成退出项目的要求，59号文中明确，其退出项目的最低要求，是指该机构专业人员作为投资主导人员，合计退出的项目数量。因此需提供团队成员参与项目的证明资料，可包括其在过往任职机构的作为主导人员退出的项目。

4. 管理人的管理资产要求

79号文要求私募基金管理人具有丰富的股权投资经验，管理资产余额不低于30亿元，且历史业绩优秀，商业信誉良好。59号文中对管理资产的余额进行了明确，其是指在中国境内以人民币计价的实际到账资产和资金的余额。

5. 最近三年未发现投资机构及主要人员存在重大违法违规行为

管理人是否合法合规经营，是否存在违反基金业协会管理规定而受到处罚的情况亦为一般S基金投资中对基金管理人进行尽职调查覆盖的范围。79号文并未对"主要人员"及"重大违法违规行为"进行界定，参考《私募投资基金登记备案办法》关于自律管理的相关规定，可重点关注管理人其法定代表人、董事、监事、高级管理人员、执行事务合伙人或其委派代表是否存在受到金融监管部门的行政处罚，被采取行政监管措施，受到行业协会的纪律处分措施，或者因违法犯罪活动被立案调查或者追究法律责任的情形。

（二）标的基金的合规要点

1. 标的基金的类型

根据59号文的规定，保险资金投资的股权投资基金，包括成长基金、并购基金、新兴战略产业基金和以上股权投资基金为投资标的的母基金。其中，并购基金的投资标的，可以包括公开上市交易的股票，但仅限于采取战略投资、定向增发、大宗交易等非交易过户方式，且投资规模不高于该基金资产余额的20%。新兴战略产业基金的投资标的，可以包括金融服务企业股权、养老企业股权、医疗企业股权、现代农业企业股权以及投资建设和管理运营公共租赁住房或者廉租住房的企业股权。母基金的交易结构应当简单明晰，不得包括其他母基金。

2. 标的基金需要符合的其他条件

根据 79 号文的规定，保险资金投资的投资基金，应当符合下列条件：

（1）具有确定的投资目标、投资方案、投资策略、投资标准、投资流程、后续管理、收益分配和基金清算安排

一般而言，基金合同具备关于基金投资目标、投资策略、收益分配、基金清算安排的相关内容，上述基金要素的核查，可以通过查阅基金合同来实现。此外，审查基金募集说明书及管理人制度文件、基金的定期管理报告亦可了解基金的投资标准、投资流程、投后管理制度。

（2）交易结构清晰，风险提示充分，信息披露真实完整

① 关于基金的交易结构及多层嵌套问题

根据《关于规范金融机构资产管理业务的指导意见》（以下简称资管新规）规定，资产管理产品可以再投资一层资产管理产品，但所投资的资产管理产品不得再投资公募证券投资基金以外的资产管理产品。私募投资基金适用私募投资基金专门法律、行政法规，私募投资基金专门法律、行政法规中没有明确规定的适用资管新规的规定（创投基金、政府出资产业投资基金的相关规定另行制定）。根据《关于进一步明确规范金融机构资产管理产品投资创业投资基金和政府出资产业投资基金有关事项的通知》（以下简称两类基金通知）的规定，对于符合该通知的创业投资基金和政府出资产业投资基金接受资产管理产品及其他私募投资基金投资时，该两类基金不视为一层资产管理产品。而于 2023 年 9 月 1 日实施的《私募投资基金监督管理条例》（以下简称私募条例）规定，符合国务院证券监督管理机构规定条件，将主要基金财产投资于其他私募基金的私募基金（母基金）不计入投资层级。创业投资基金和政府出资产业投资基金的投资层级，由国务院有关部门规定。因此，私募基金（根据私募条例和两类基金通知，创投基金、政府性基金和母基金除外）应适用资管新规中关于资管产品嵌套层数的相关规定。保险资金在对私募基金进行投资时，应结合具体的交易结构、投资层级中的基金是否满足可以豁免层级计算的条件等具体情况，确认是否符合资管新规关于多层嵌套

的规范性要求。

② 关于信息披露及信息报告

79 号文规定，管理人应当按照有关规定和合同约定，向保险公司及相关当事人履行信息披露义务。信息披露至少包括投资团队、投资运作、项目运营、资产价值、后续管理、关键人员变动，以及已投资企业的经营管理、主要风险及重大事项等内容，重大事项包括但不限于股权纠纷、债务纠纷、司法诉讼等。信息披露不得存在虚假陈述、误导、重大遗漏或者欺诈等行为。投资机构应当对信息披露的及时性、准确性、真实性和完整性承担法律责任。

此外，保险公司及托管机构应当于每季度结束后 30 个工作日内及每年 4 月 30 日前，就保险资金投资股权投资基金的情况，向保监会（现为国家金融监督管理总局）提交季度报告及年度报告，故保险机构需要在该等时间节点前从管理人处获取其履行报告义务所需的相关资料及信息。在实践中，部分托管机构不能或者不愿意配合接受质询或提供相关报告，因此在投资前应当事先与基金的托管机构沟通确认能否配合满足上述监管要求。

（3）已经实行投资基金托管机制，募集或者认缴资金规模不低于 5 亿元，具有预期可行的退出安排和健全有效的风控措施，且在监管机构规定的市场交易

目标基金应委托依法设立并取得基金托管资格的金融机构托管并签署基金托管协议，开立托管账户，并具备风险管理制度、风险隔离制度和风险准备金制度等相关监管规定要求具备的风控制度。此外，目标基金应当满足 75 号文关于募集或者认缴资金规模不低于 5 亿元，以及基金业协会《私募投资基金登记备案办法》关于初始实缴规模不低于 1,000 万元的要求。

（4）投资基金采取公司型的，应当建立独立董事制度，完善治理结构；采取契约型的，应当建立受益人大会；采取合伙型的，应当建立投资顾问委员会

如目标基金采用有限合伙企业的组织形式，则应当根据 75 号文的要求建立投资顾问委员会。目前基金业协会并不强制各基金建立投资顾问委员会，

为满足保险资金的投资要求，建议保险机构提前与管理人沟通投资顾问委员会的人员及组成方式、议事规则等事项。

3. 对基金合同的要求

根据79号文的规定，保险资金投资股权投资基金的，基金合同中应当载明如下条款：（1）管理费率、业绩报酬、管理团队关键人员变动、投资机构撤换、利益冲突处理、异常情况处置等事项相关条款[1]；（2）投资目标、投资方案、投资策略、投资标准、投资流程、后续管理、收益分配和基金清算安排条款[2]；（3）交易结构、风险提示、信息披露条款[3]；（4）独立董事条款（公司型基金）或者投资顾问委员会条款（合伙型基金）条款[4]；（5）退出机制条款（退出方式包括但不限于企业股权的上市、回购、协议转让及投资基金的买卖或者清算等）[5]。此外，79号文规定，保险公司可以要求管理人按约定比例跟进投资，基金合同中可以载明要求管理人按照约定比例跟进投资条款[6]。

（三）底层资产的合规要点

与投资新设基金不同的是，保险资金参与基金S交易，其被投项目标的已经确定且已完成投资，因此需要从保险资金监管的角度对基金的已投项目逐个进行必要的尽职调查，以确认及辨别已投项目是否符合79号文的监管要求。该等对底层标的资产的监管主要要点如下：

1. 关于底层投资标的的产业要求

根据79号文的规定，保险公司投资股权投资基金，基金的投资标的应当符合下列规定：（1）符合国家产业政策，具备国家有关部门规定的资质条

---

[1] 《保险资金投资股权暂行办法》第十九条第三款。
[2] 《保险资金投资股权暂行办法》第十三条第三项。
[3] 《保险资金投资股权暂行办法》第十三条第四项。
[4] 《保险资金投资股权暂行办法》第十九条第四款。
[5] 《保险资金投资股权暂行办法》第二十八条第一款。
[6] 《保险资金投资股权暂行办法》第十九条第四款。

件[1]；（2）产业处于成长期、成熟期或者是战略新型产业，或者具有明确的上市意向及较高的并购价值[2]；（3）具有市场、技术、资源、竞争优势和价值提升空间，预期能够产生良好的现金回报，并有确定的分红制度[3]。

根据54号文的规定，保险机构以出资人名义对未上市企业股权进行直接投资的，其所投资的标的企业不得存在不具有稳定现金流回报预期和确定的分红制度，或者不具有市场、技术、资源、竞争优势和资产增值价值，所属行业或领域不符合宏观政策导向及宏观政策调控方向，或者被列为产业政策禁止准入、限制投资类名单，或者对保险机构构成潜在声誉风险，高污染、高耗能、未达到国家节能和环保标准、产能过剩、技术附加值较低，直接从事房地产开发建设，包括开发或者销售商业住宅等情形。

在实践中，一只表现良好的私募基金，其部分底层标的在退出期中具有少许已减值（甚至已减值为零元）的情况并不少见。因此，并非所有标的均能符合上述关于产业处于成长期、并具有相关市场技术资源等优势及价值提升空间、预期产生良好的现金回报的要求。如果相关已投项目不符合原银保监会的监管要求，实践中，可以采取基金的投资排除条款，保险资金不参与该等项目投资、不分摊该等项目的投资成本，亦不参与该等项目投资分配的方式解决这一问题。但是，能否适用投资排除，并在投资已完成后追溯调整投资成本分摊情况，受限于目标基金合伙协议的机制设计以及管理人的配合。

2. 底层投资标的与保险机构、投资机构和专业机构的关联关系

79号文明确，底层投资标的应当与保险公司、投资机构和专业机构不存在关联关系，监管规定允许且事先报告和披露的除外。54号文要求标的企业与保险机构聘请的投资咨询、法律服务、财务审计和资产评估等专业服务机构不得存在关联关系。因此，底层投资标的不得与专业机构存在关联关系，与保险机构存在关联关系的，应当按照《银行保险机构关联交易管理办法》

---

[1] 《保险资金投资股权暂行办法》第十三条第一款第二项。
[2] 《保险资金投资股权暂行办法》第十三条第一款第四项。
[3] 《保险资金投资股权暂行办法》第十三条第一款第五项。

的规定,履行内部关联交易控制委员会审查或备案,以及董事会或股东大会审议批准程序后方可施行[①]。

根据《银行保险机构关联交易管理办法》的规定,保险机构的关联方包括关联自然人、关联法人及其他组织,以及实质重于形式和穿透的原则认定的其他关联方。通常而言,保险机构股东、重要人员及对外投资较为繁杂,其关联方按照相关规则认定范围较广[②],加之需考虑管理人自身的关联方,在投资前,需针对本次投资是否存在关联关系做好严谨的法律尽调。

3. 投资标的及其管理团队的信用及涉诉情况

根据79号文的规定,底层投资标的应当满足未涉及重大法律纠纷,资产产权完整清晰,股权或者所有权不存在法律瑕疵,以及股东及高级管理人员诚信记录和商业信誉良好的要求。54号文规定,标的企业不得存在面临或出现核心管理及业务人员大量流失、目标市场或者核心业务竞争力丧失等重大不利变化;控股股东或高级管理人员最近三年受到行政或监管机构重大处罚,或者最近三年发生违约事件,被纳入失信被执行人名单;涉及巨额民事赔偿、重大法律纠纷,或者股权权属存在严重法律瑕疵或重大风险隐患,可能导致权属争议、权限落空或受损等情形。

如果基金S交易所涉及的底层标的发展不如预期,可能会面临较多的诉

[①] 根据《银行保险机构关联交易管理办法》的相关规定,一般关联交易按照公司内部管理制度和授权程序审查,报关联交易控制委员会备案。重大关联交易(指保险机构与单个关联方之间单笔或年度累计交易金额达到3000万元以上,且占保险机构上一年度末经审计的净资产的1%以上的交易)经由关联交易控制委员会审查后,提交董事会批准。董事会会议所作决议须经非关联董事2/3以上通过。出席董事会会议的非关联董事人数不足三人的,应当提交股东(大)会审议。银行保险机构应当按照本办法有关规定统计季度全部关联交易金额及比例,并于每季度结束后30日内通过关联交易监管相关信息系统向银保监会或其派出机构报送关联交易有关情况。

[②] 例如,《银行保险机构关联交易管理办法》规定的关联方包括:持股不足5%但对银行保险机构经营管理有重大影响的自然人、法人或非法人组织;总公司和重要分公司的高级管理人员;具有大额授信、资产转移、保险资金运用等核心业务审批或决策权的人员;银行保险机构控制或施加重大影响的法人或非法人组织;银行保险机构内部工作人员及其控制的法人或其他组织;对银行保险机构有影响,与银行保险机构发生或可能发生未遵守商业原则、有失公允的交易行为,并可据以从交易中获取利益的自然人、法人或非法人组织;根据实质重于形式和穿透的原则,认定可能导致银行保险机构利益转移的自然人、法人或非法人组织。

讼、仲裁，导致无法满足上述关于未涉及重大法律纠纷的要求。对于诉讼、仲裁是否属于"重大法律纠纷"，需要由律师根据该等诉讼、仲裁的标的金额大小、案由、诉讼阶段、对企业持续经营能力的影响等多方面来综合进行判断。若判定属于重大法律纠纷，则保险资金应参考上述不符合底层标的产业要求的处理方法，采取投资排除方式，即不参与该等项目的投资。

五、保险资金参与 S 交易的可能面临的其他法律问题

（一）关于是否涉及明股实债问题

保险资金基于其风险偏好低的特性，较为关注资金安全和收益保障，往往会要求保障资金收益。而根据证监会《关于加强私募投资基金监管的若干规定》，私募基金管理人不得直接或者间接将私募基金财产用于借（存）贷、担保、明股实债等非私募基金投资活动，但是私募基金以股权投资为目的，按照合同约定为被投企业提供 1 年期限以内借款、担保除外（借款或者担保到期日不得晚于股权投资退出日，且借款或者担保余额不得超过该私募基金实缴金额的 20%）。根据基金业协会《私募投资基金登记备案办法》第四十一条的规定，"有下列情形之一的，协会不予办理私募基金备案，并说明理由：（一）从事或者变相从事信贷业务，或者直接投向信贷资产，中国证监会、协会另有规定的除外；（二）通过委托贷款、信托贷款等方式从事经营性民间借贷活动；（三）私募基金通过设置无条件刚性回购安排变相从事借贷活动，基金收益不与投资标的的经营业绩或者收益挂钩……（六）通过投资公司、合伙企业、资产管理产品等方式间接从事或者变相从事本款第一项至第五项规定的活动……"由此可以看出，监管机构对私募基金投资涉及明股实债持明确的否定态度。

结合相关业务实践及司法案例，保险资金投资私募基金或对私募基金股

权投资项目尽调时，相关条款是否涉及明股实债，可结合股权转让或增资交易定价的公允性及客观性、投资人对标的公司日常经营与治理的参与程度、业绩对赌与期间收益的合理性（是否与经营业绩挂钩）、退出渠道的多元性（非唯一性、非强制性）等方面综合判断。

（二）关于基金扩募问题

保险资金参与基金S交易时，除常规的有限合伙份额转让模式，还有可能涉及满足扩募条件的已备案私募股权基金将保险机构设立的S基金作为新增投资者的交易方式。若保险资金参与基金扩募，除上述涉及基金管理人、标的基金、底层资产的合规要求，还应当关注该等拟投资基金是否符合基金扩募条件以及是否满足基金扩募规模要求。

从基金扩募的条件来看，根据《私募投资基金备案指引第2号——私募股权、创业投资基金》（以下简称2号指引）的规定，私募基金扩募，应当满足如下条件：由私募基金托管人进行托管；在合同约定的投资期内；按照基金合同约定经全体投资者一致同意或者经全体投资者认可的决策机制决策通过；中国证监会、基金业协会规定的其他条件。2号指引删除了《私募投资基金备案须知（2019版）》关于基金分散投资的要求，对扩募的条件予以了简化。

从基金扩募的规模来看，2号指引规定，原则上私募基金增加的基金认缴总规模不得超过备案时基金认缴总规模的3倍，但是若基金既存投资者或者新增投资者中存在保险资金，且保险资金实缴出资不低于1,000万元的，私募股权基金开放申购或者认缴，增加的基金认缴总规模不受限制。由于保险资金的体量通常较大，2号指引关于基金扩募的突破性规定在一定程度上解决了此前保险资金无法参与初始募集规模较小的目标基金扩募的问题，对于保险资金参与私募股权投资而言系一大利好。

第三节　S 基金区域性份额转让平台的发展

施忞旻　王小雅　胡艺桐　周禹洛　李忆菲

一、区域性份额转让平台试点概况

2020 年 7 月，国务院常务会议决定在区域性股权市场开展股权投资和创业投资份额转让试点。证监会据此首先批准了北京和上海作为试点。2023 年 6 月开始，这一领域的业务发展和政策完善步伐明显加快，不到一年的时间，浙江、广东、江苏、安徽陆续成为新试点。至此，全国范围内已有 6 个省级区域性股权交易中心经证监会批准，正式成为私募股权和创业投资份额转让试点。其中，北京和上海探索时间较早，已出现不少成功交易的案例，成果较为显著。

（一）政策与规则

为了支持国家的创新举措，6 地政府纷纷出台了指导意见和政策性文件。

区域	试点批复日期	主要地方性政策	发文日期	发文单位
北京	2020.12.20	《关于推进股权投资和创业投资份额转让试点工作的指导意见》	2021.6.21	北京市地方金融监督管理局 中国证券监督管理委员会北京监管局 北京市人民政府国有资产监督管理委员会 北京市财政局 北京市经济和信息化局 北京市科学技术委员会 北京市中关村科技园区管理委员会
上海	2021.11	《关于支持上海股权托管交易中心开展私募股权和创业投资份额转让试点工作的若干意见》	2022	上海市地方金融监督管理局 中国证券监督管理委员会上海监管局 上海市国有资产监督管理委员会 上海市市场监督管理局 上海市财政局 国家税务总局上海市税务局
上海	2021.11	关于印发《上海市国有私募股权和创业投资基金份额转让监督管理办法（试行）》的通知	2023.10.20	上海市国有资产监督管理委员会
浙江	2023.06.01	《关于推进股权投资和创业投资份额转让试点指导意见的通知》	2023.11.29	浙江省地方金融监督管理局 中国证券监督管理委员会浙江监管局 浙江省财政厅 浙江省人民政府国有资产监督管理委员会 浙江省市场监督管理局 国家税务总局浙江省税务局

续表

区域	试点批复日期	主要地方性政策	发文日期	发文单位
广东	2023.08.10	《关于加快推进科技金融深度融合助力科技型企业创新发展实施意见的通知》	2024.02.09	广东省人民政府办公厅
江苏	2023.08.22	关于印发《上海市、南京市、杭州市、合肥市、嘉兴市建设科创金融改革试验区总体方案》的通知	2022.11.11	上海市人民政府 江苏省人民政府 浙江省人民政府 安徽省人民政府
安徽	2024.01.24	《关于规范发展区域性股权市场的通知》	2017.1.20	安徽省人民政府

并且，随着试点工作的深入，各交易平台也在逐步制定和完善一系列的业务规则与操作指南。

平台名称	日期	主要业务规则
北京股权交易中心（以下简称北股交）	2022.7	股权投资和创业投资份额转让业务收费指南（试行） 股权投资和创业投资份额转让平台业务规则（试行） 股权投资和创业投资份额转让平台登记业务规则（试行） 股权投资和创业投资份额转让平台投资者适当性管理规则（试行） 股权投资和创业投资份额转让平台中介服务机构管理办法（试行） 股权投资和创业投资份额转让平台信息披露细则（试行） 股权投资和创业投资份额转让平台客户交易资金结算业务规则（试行） 股权投资和创业投资份额转让平台业务风险防控管理办法（试行） 股权投资和创业投资份额转让平台重大突发事件管理办法（试行） 股权投资和创业投资份额转让平台业务风险隔离制度（试行） 股权投资和创业投资份额转让平台客户投诉管理办法（试行） 股权投资和创业投资份额转让平台系统安全管理制度（试行）

续表

平台名称	日期	主要业务规则
上海股权托管交易中心（以下简称上股交）	2024.1.15	上海股权托管交易中心私募股权和创业投资份额转让业务规则
	2021—2024	私募股权和私募投资基金份额转让业务收费明细 私募股权和创业投资份额质押登记申请材料清单及模板 私募股权和创业投资份额托管申请材料清单及模板 私募股权和创业投资份额登记托管业务收费明细 私募股权和创业投资基金份额托管质押登记工作指引（试行） 私募股权和创业投资份额挂牌转让申请文件清单（试行版） 私募基金份额转让服务业务资格申请文件内容与格式指南 私募股权和创业投资份额转让平台开户资料清单
广东股权交易中心（以下简称广股交）	2023.12	股权投资和创业投资基金份额转让平台业务管理暂行办法 股权投资和创业投资基金份额转让平台托管业务管理规则 股权投资和创业投资基金份额转让平台投资者适当性管理规则 股权投资和创业投资基金份额转让平台中介服务机构业务管理规则 股权投资和创业投资基金份额转让平台信息披露细则 股权投资和创业投资基金份额转让平台客户交易资金结算管理细则 股权投资和创业投资基金份额转让平台收费指南
江苏股权交易中心（以下简称苏股交）	2024.3.28	股权投资和创业投资份额转让平台业务规则（试行） 股权投资和创业投资份额转让平台登记业务规则（试行） 股权投资和创业投资份额转让平台中介服务机构管理办法（试行） 股权投资和创业投资份额转让平台投资者适当性管理规则（试行） 股权投资和创业投资份额转让平台客户交易资金结算业务规则（试行） 股权投资和创业投资份额转让平台信息披露细则（试行） 股权投资和创业投资份额转让平台客户投诉管理办法（试行）

目前北股交、上股交、苏股交和广股交公开了份额转让平台的各项业务规则，其中，北股交、苏股交和广股交已公开的业务规则相似度较高，后两者对北股交的试点经验借鉴颇多。浙江省地方金融监督管理局等六部门联合印发的《关于推进股权投资和创业投资份额转让试点指导意见的通知》规定了共八项主要内容，十三条具体举措，但这些举措如何落实在浙股交的规则层面，还有待观察。安徽同理。

（二）市场数据

根据公开信息，北股交和上股交完成的基金份额转让交易已突破120单，交易份额数超过200亿份，交易金额超过250亿元，上股交在交易数量和规模上超过了北股交；广股交目前上线的交易数量较少，完成情况不明；其他交易平台暂未公开交易数据。

北京：截至2024年4月8日，北股交累计上线基金份额转让85单，上线基金份额130.47亿份，共计完成59单基金份额转让交易，交易基金份额49.02亿份，交易金额44.27亿元，份额持有人涵盖财政、央企、地方国企、商业银行、民营机构等多个类型，实现了服务私募基金类型（公司型、合伙型、契约型）的全覆盖；完成54笔基金份额质押业务，规模达123.39亿元。[①]

上海：截至2024年4月3日，上股交累计完成的份额转让份数为177.63亿份，份额转让金额为206.75亿元；完成份额质押份数为41.01亿份，份额质押金额为51.13亿元。[②]

广东：根据广股交官网公开的挂牌信息，截至2024年4月9日，广股交已上线10笔基金份额转让，份额转让总量为21.73亿份；上线的基金份额质押有10笔。

[①] 北京股权交易中心：《私募股权基金份额转让市场周报》，（2024/04/01—2024/04/07）。
[②] 上海股权托管交易中心【市场数据】，https://www.china-see.com/stockInfo.do?hang=E，最后访问日期：2024年8月26日。

二、进场交易，从"不得不做"到"主动选择"

（一）进场交易的适用性

虽然根据前文介绍，各试点地区先后出台和完善私募股权与创业投资基金份额转让的有关政策以及交易规则，但对于基金份额是否必然适用进场尚没有统一监管口径。与此同时，各区域性股权交易平台也对进场挂牌交易设置了一定的准入条件和程序。

1. 国有私募基金份额交易视角

对于国有基金而言，通过区域性股权交易平台进行份额转让在一定程度上能够解决实践中转让方式的矛盾。一方面，根据 32 号令等有关规定，国有资产交易原则上通过产权市场公开进行转让，但受到国资管理条线的复杂性和国务院国有资产监督管理委员会（国资委）官网窗口指导意见的法律位阶低、效力有限等原因，合伙制国有基金份额转让的进场与否存在不同实践操作。另一方面，证监会和《证券投资基金法》又要求基金募集与转让应面向合格投资者，不得公开进行。

从各交易平台的现有公开文件来看，除上海规定本市国有基金份额为强制性进场交易外，北京和浙江均表述为"支持"进场。上股交曾公开表示[①]，如进场、评估等程序性要求，核心是要符合国有资产保护的实质要求，即使个别规定中明确国有出资的有限合伙企业不作国有股东认定，但若合伙制私募基金作例外处理，实践容易出现规避监管要求的可能。

---

① 上海股权托管交易中心：《【金融课堂】基金研究第二期：国资转让私募基金份额是否需要履行评估程序》，https://mp.weixin.qq.com/s/uN-lJz7JOiMPL3r5Q5ZyFA，最后访问日期：2024 年 8 月 26 日。

地区	规则	规则表述
上海	《上海市国有私募股权和创业投资基金份额转让监督管理试行办法》	国有基金份额转让应当通过本市经中国证监会批准开展私募股权和创业投资份额转让试点的交易场所以市场化方式公开进行
北京	《关于推进股权投资和创业投资份额转让试点工作的指导意见》	支持各类国资相关基金份额（包括但不限于国家出资企业及其拥有实际控制权的各级子企业出资形成的基金份额、各级政府投资基金出资形成的基金份额），通过北京股权交易中心份额转让试点转让交易
浙江	《关于推进股权投资和创业投资份额转让试点指导意见的通知》[①]	支持各类国资相关基金份额（包括但不限于国家出资企业及其拥有实际控制权的各级子企业出资形成的基金份额、各级政府投资基金出资形成的基金份额），通过份额转让平台转让交易

在此值得一提的是受国资从属机构类型影响，进场规则会存在一定的特殊性。有别于国资委监管条线的国有企业，如转让方为财政部规范的金融企业，则将适用财政部单独出台的 54 号令[②] 和 102 号通知[③]。其转让基金份额等金融资产，应当比照股权类资产转让规定执行，确定在产权交易机构公开进行。这意味着国有金融机构便不享有"支持"表述项下的选择空间，而必须执行进场程序。

2. 进场交易的准入门槛

早在 2017 年国务院办公厅发布《关于规范发展区域性股权市场的通知》（国办发〔2017〕11 号）时，就明确规定区域性股权市场的服务范围是有限的，不得为所在省级行政区域外的企业私募证券或股权的融资、转让提供服务。而后从现有公开的平台交易规则来看，基金份额转让的进场亦存在特定

[①] 浙江股权交易中心：《关于推进股权投资和创业投资份额转让试点指导意见的通知》，https://mp.weixin.qq.com/s/0nr-PwtTbs2s6Rp85Bftjw，最后访问日期：2024 年 8 月 26 日。

[②] 《金融企业国有资产转让管理办法》（财政部令第 54 号）。

[③] 《关于规范国有金融机构资产转让有关事项的通知》（财金〔2021〕102 号）。

条件的地区性准入限制。如北京和江苏两地，虽然没有像上股交和广股交一样在转让业务规则中就明确限定管理人或基金注册在当地，但结合交易流程要求，仍免不了限制基金管理人或基金的注册地。根据其平台转让业务规则，基金份额若要在平台进行转让，原则上必须要在本平台进行登记托管，而其平台的登记业务规则中就会对委托方提出管理人或基金需注册在当地的条件要求。

地区	规则	规则表述
上海	《上海市国有私募股权和创业投资基金份额转让监督管理办法（试行）》	上股交设份额转让平台为基金管理人或基金注册地在上海的份额转让提供服务
广东	《广东股权交易中心股份有限公司股权投资和创业投资基金份额转让平台业务管理暂行办法》	转让份额仅限于私募基金管理人或私募基金工商注册地在广东省的基金份额，不接受跨区域的基金份额的转让业务
北京	《北京股权交易中心股权投资和创业投资份额转让平台登记业务规则（试行）》	委托登记结算机构办理基金份额登记托管业务的，其基金管理人或基金工商注册地应当在北京，基金应当在中国证券投资基金业协会备案，基金份额资产的权属应当清晰、可依法转让
江苏	《江苏股权交易中心股权投资和创业投资份额转让平台登记业务规则（试行）》	委托登记结算机构办理基金份额登记托管业务的，其基金管理人或基金工商注册地应当在江苏，基金应当在中国证券投资基金业协会备案，基金份额资产的权属应当清晰、可依法转让

综上来看，对于国资成分的基金来说，份额转让进场交易是否适用并不能仅凭政策性文件进行简单理解，而是需要结合转让方的主体性质和相关条件综合判断。究竟是"必须进"还是"可以进"、如果选择进是否就一定"能够进"等问题均应早做判断，以确保后续交易推进顺畅。

（二）进场交易的意义

区域性股权交易市场对国有基金份额转让解决程序性矛盾有重要作用。而对于其他类型的交易方而言，通过份额转让平台进行交易亦存在特定优势，有助于资产盘活，化解存量。

首先，通过在转让平台进行挂牌，拟转让份额可通过信息公示触达更多意向投资方，进而增加S份额交易机会。2023年S基金市场受宏观环境影响，整体交易规模并未增长，甚至有所下降。赋航资本《S基金2023年终总结报告》数据显示，2023年中国S市场交易量为600亿元，较2022年下降超40%，平均单笔成交规模也从2.52亿元下降至1.92亿元。[1]因此，买方市场仍未呈现可观起量意味着交易方仍有必要利用平台搭建的基础设施进行资源整合。区域性股权交易市场就是如此定位。浙股交业务发展部副总监尹冰接受记者专访时解读称，浙股交将率先在玉皇山南基金小镇落地基金份额转让服务基地，内容涉及份额转让市场的运营，组织路演和培训，为基金小镇的GP（普通合伙人）和全国头部GP、S基金管理团队面对面交流提供平台。[2]

其次，份额转让平台对交易规范性和定价合理性具有一定促进意义。一方面，各平台的双层信息披露机制能够在向有意受让投资者了解转让信息的同时，保障私募基金的非公开性。另一方面，考虑到我国S基金交易市场尚不具备很强的流通性和信息透明度，估值定价是一大难点。而利用平台组织询价或竞价，卖方既能加快匹配成交的速度，又能实现充分询价的效果，保证交易价格的公允性和合理性。相关报价的公开披露还能为其他拟进行交易的主体提供参考，提升价值可比度。上股交于2023年底推出基金份额估值系统并投入试运行，通过该系统，卖方可进行估值管理，提出报价区间；而买

---

[1] 赋航资本：《S基金2023年终总结报告》，https://scrm-wx.weiling.cn/h5/monitorFile/index.html?corp_id=wpW2WmDAAAOgzVuD8ozbvQb87ZD5hYSQ&event_id=1755078718507802624&share_type=1&material_id=1751982080248012800&source_type=corp#/，最后访问日期：2024年4月9日。

[2] 杭州政协：《杭州试点股权投资和创业投资份额转让》，https://www.hzzx.gov.cn/cshz/content/2024-06/03/content_8738872.htm，最后访问日期：2024年8月26日。

方则可以对数据进行解析和调试，从而判断标的价值。①

最后，份额转让平台更能保障交易的合规性和安全性。份额转让平台首先对交易双方的准入设有审核机制，能确保受让方是经平台认定的合格投资者。其次还配有交易保证金服务，若意向受让方未能在要求期限内足额交纳将视为放弃受让资格，以有效推进交易进程。此外，在交易资金结算方面，份额转让平台设立指定账户，待份额权属变更备案完成后由平台向卖方进行结算。总结来说，场内交易通过搭建权威可信的平台，规范包括中介机构在内的S交易参与主体，对非强制要求进场的各类交易而言也具有一定的助益。

实践中，我们发现，确有一些市场化基金通过区域性股权交易市场完成份额转让交易的实例。例如，北股交公布的一起交易双方和目标基金均为民营性质的份额转让交易，双方就出于交易资金安全性、份额确权可信性等因素考虑自愿进场。②

三、场内交易的流程及创新

整体上，无论在任何一个交易平台完成S交易，都要经历资格审查与份额托管，挂牌与交易方式选择，信息披露与尽职调查，估值与磋商定价，审批流程，交易文件谈判及签署，交割、结算与登记七个环节。

---

① 上海股权托管交易中心：《上海首推基金份额估值系统科学估值方法提升交易效率》，https://www.china-see.com/marketServiceDetail.do?articleId=664975391&articleType=user_service_in，最后访问日期：2023年4月9日。
② 北京股权交易中心：《股权投资和创业投资份额转让平台业务介绍》，https://flbook.com.cn/c/hfzYTOuPkC#page/7，最后访问日期：2024年4月9日。

（一）资格审查与份额托管

1. 合格投资者审查

基金份额转让及其他有关活动应当由合格投资者参与，在参与基金份额进场交易前，应当首先接受交易平台的合格投资者审查。各地交易平台均制定了不同形式的合格投资者审查规则，且合格投资者的定义及审查要求存在部分差异。

个人投资者进行场内交易受到限制。根据《上海股权托管交易中心私募股权和创业投资份额转让业务规则》规定，份额转让交易的合格投资者仅限于机构投资者，其应当是投资单只基金的金额不低于 100 万元，净资产不低于 1000 万元的单位。北股交、苏股交以及广股交的《投资者适当性管理规则》在此基础上更加明确指出了："自然人投资者暂不得参与本中心转让平台基金份额转让业务"。例外地，各区域性交易平台均认可，在基金份额转让前已持有该基金份额，同时符合金融监督管理部门关于私募基金合格投资者规定的投资者，可以不受交易平台规则的限制参与已持有基金的份额转让业务。据此，我们理解，个人投资者应当能够在场内转让已持有基金的份额，但受让其他基金的份额存在障碍。

2. 份额托管登记

各地交易平台的业务规则均明文要求：份额持有人进行场内交易的，原则上应通过该交易平台的系统进行基金份额托管登记，确认其持有份额的事实。

在份额登记手续方面，各地的交易平台均采用申请人申报制，亦明确声明其对登记申请材料仅进行形式审查，因申请材料导致的登记不实应由申请人承担一切法律责任。同时，上股交的登记规则还进一步明确要求，进行份额登记的申请人应认定交易平台为唯一的份额登记托管机构。

在接受登记的范围方面，各地的交易平台存在地域限制，仅面向其所在区域的基金或管理人开展办理登记业务。详见本节第二部分中"2. 进场交易的准入门槛"的相关内容。

（二）挂牌与交易方式选择

1. 挂牌申请与审核

当份额持有人事前已经进行登记，或者同意于份额挂牌的同时进行登记的，各地交易平台将根据申请人提交的转让意向发布申请材料进行审核。在这一阶段，就申请材料开展的也是形式审查。申请挂牌时，转让方可能就需要针对相关审批流程的完成情况向交易平台提供材料了，详见本节第三部分"（五）审批流程"的相关内容。

关于挂牌申请方式，上股交和广股交明确既允许转让方自行递交申请，也允许其委托交易平台认可的中介机构进行申请。此外，各交易平台均在建立中介服务机构库，供交易参与者自由选择是否需要估值、尽职调查、撮合交易、法律合规等服务。

2. 交易方式选择

转让方可以根据实际需要，申请采取单向竞价或协议转让的交易方式：（1）单向竞价的方式，由交易平台组织竞价，价高者得，具体竞价方案交易平台可以提供选择；（2）协议转让的方式，包括场内转让方在场内询价后与意向受让方进行协议转让（询价成交），或由双方在场外达成初步转让意向后进场完成协议转让（定价成交）。此外，北股交、苏股交等交易平台还允许转让方经申请采取竞争性谈判、综合评议等方式转让份额。

（三）信息披露与尽职调查

1. 信息披露

针对采取单向竞价交易方式的挂牌交易，各交易平台通常采取双层信息披露机制以兼顾信息对称和信息保密的双重需要。

"第一层级信息披露"或"初始信息披露"：当申请人提交的各项材料满足条件时，交易平台将根据转让方采取的交易方式，由份额持有人、基金管理人及其他有关责任人在指定平台公示份额代码、基金简称、基金成立时间、基金期限、基金投向、基金规模、转让基金份额等基本信息，并面向合格投资者定向披露挂牌转让说明书。当份额挂牌审核完成，交易平台将根据规则发布转让公告。

"第二层级信息披露"或"补充信息披露"：合格投资者提交意向受让申请并经平台审查后，交易平台才会对意向受让方进行第二次信息披露，其他合格投资者无法获知基金详细信息。该阶段信息披露的内容通常至少包括证明份额权属的基金章程、合伙协议或投资协议、基金近一年审计报告和年报、转让方和份额所属基金的主体资格证明文件。此外，上股交还要求此阶段披露份额的评估或估值情况，转让行为符合法律法规及合伙协议、公司章程规定或约定的证明文件；北股交等交易平台还要求披露国资监管等批复文件或授权书（如有）以及受让方资格条件（如适用）。

如果转让方申请采取协议转让方式且受让方已经明确或已初步达成合意，北股交、苏股交、广股交规定可豁免转让公告和后续信息披露流程，但上股交仍要求完成初始信息披露。

为满足各类基金管理人或投资者的展示或询价需求，上股交还创设了基金及份额展示服务。上股交的"爱私基摩"作为创新型的私募股权和私募基金份额报价平台，能够为基金管理人提供基金信息展示服务，为份额持有人提供拟转让份额信息询价展示服务，帮助基金及份额持有人寻找场内交易的潜在商业机会。取得上股交业务资格的份额转让服务中介机构，还能够在接受委托的情况下，提供推荐基金或份额展示服务。"爱私基摩"采取身份认证、匿名、脱密方式，为私募基金直投项目股权或份额转让提供信息交互服务，覆盖登记、开户、展示、咨询、撮合等交易全流程，从而提高撮合交易效率与降低买卖双方信息不对称问题。[①]

[①] 上海联交所：《提升私募股权和创业投资份额服务能级丨上海股交中心自主研发上线"爱私基摩"份额报价平台》，https://mp.weixin.qq.com/s/0cP4kdsNcFrKUmmVz126ig，最后访问日期：2024年8月26日。

2. 尽职调查

买卖双方在经过磋商谈判等达成初步交易意向后,除依赖前述信息披露的内容,还可在场外开展尽职调查,通常包括法律尽调、财务尽调以及商业尽调,对标的份额、交易对手、底层资产等开展核查。

(四) 估值与磋商定价

1. 估值报价

根据公开规则,各交易平台原则上不对平台上的交易进行人为限价,以市场价格为准。同时,各平台也强调涉及国有相关份额转让的,还应当符合相关监管规定;涉嫌侵犯国有资产合伙权益的交易可能被叫停。因此,国有基金份额的场内交易依然需要符合国资监管要求,如上海地区要求定价"以评估为原则,以估值为例外"。

值得一提的是,上股交在估值工具上也有所创新。其上线的"基金份额估值系统"能够通过用户上传的基金信息、GP 信息、LPA 具体安排等数据描绘基金画像,为用户的日常维护提供工具。最具创新性的是,该系统还可以针对不同项目的基本信息及运营情况,采用近期融资法、回购现金流折现法、收益法、市场法、资产基础法等不同推荐算法,借助基金份额估值模型,给出标的资产包的静态估值及动态估值,并提供项目退出时点的估值最大值与最小值预测。

2. 定价流程

单向竞价:在竞价流程上,北京、江苏、广东等交易平台的规则较为宽松,报价期由转让方约定,报价期满后报出最高价的意向受让方成为受让方,多个合格投资者均报出相同最高价的,报价时间在先的成为受让方。而上股交的规则更为详细,不仅规定了转让方应当设置交易保证金条款(一般为交易底价 10%—30%),设置每次加价的幅度上限和下限,而且区分了自由报价期和延时报价期并对报价期限长短进行限制。

协议转让:如前文所述,双方自行协商定价即可。实操中,双方往往以特定估值基准日的评估或估值价格为准，通过磋商来确定价格。

（五）审批流程

在场内交易模式下，交易双方需各自完成其关于本次S交易的各项内外部审批流程。

1. 转让方端

根据相关法律法规以及交易平台规则，对于转让方而言，交易前后需要完成的审批流程通常包括两项：

（1）国资监管手续（如涉及）

在国有资产挂牌的特殊要求上，各交易平台在其挂牌申请材料清单中要求相关份额如涉及国有资产监督管理部门或其他有权机关的决策审批文件，申请人应当提交相关批复文件或授权书。

根据《国有资产评估管理办法（2020修订）》、《企业国有资产评估管理暂行办法》（国资委令第12号）第四条、《金融企业国有资产评估监督管理暂行办法》（财政部令第47号）第十条至第二十四条以及《企业国有资产评估项目备案工作指引》等法律法规，原则上，国有资产占有单位就资产转让、产权转让等事项进行资产评估的，应当相应完成事前核准手续或事后备案手续。不排除一些交易平台可能会在份额转让挂牌环节要求转让方提供该等资料，因此转让方应当在进场前明确进场所需具体材料，提前做好准备。

（2）优先购买权和目标基金内部决策

通常基金合同会对投资人转让基金份额作出限制，例如规定其他投资人的优先购买权及/或需要GP同意。因此，在S交易文件签署前，根据基金组织性文件的有关规定，转让方通常需要就交易事项正式通知管理人和其他LP，征询其是否有意行使优先购买权，并履行相应的GP审批程序。如果部分基金决策机制较为复杂，可能还需要提交咨询委员会或合伙人会议进行审议。

在场内交易中，前述程序可能需要提前准备。例如，上股交《私募股权和创业投资份额转让业务规则》规定，挂牌转让说明书的内容包括"基金管理人或其他份额持有人是否参与受让、是否放弃优先购买权及优先购买权的行权安排等情况说明"，并且该规则第三十三条以及《私募股权和创业投资份额挂牌转让申请文件清单（试行版）》规定，需提交的挂牌转让申请文件包括"转让行为符合法律法规及合伙协议、公司章程规定或约定的证明文件"。据此，转让方或需在提交挂牌申请之前，就优先购买权行使与否和基金内部决策程序取得书面证明文件。

此外，如果现有的其他投资人确定行使优先购买权，通常行权和清算交收也需要在场内完成。例如，上股交在其规则中明确规定，优先权人购买部分份额的，"与原交易系统确认成交的受让方经协商一致后，向上股交申请采取联合受让方式成交全部份额"。即使优先权人选择场外行权，份额和资金的清算交收也需要通过上股交进行。实操中，在北股交挂牌进行的份额转让交易，现有投资人行使优先购买权的也同样需要在交易平台开户，并在场内受让基金份额。

2. 受让方端

就受让方而言，作为私募股权投资基金，其亦需要根据基金合同等内部规定通过投资决策委员会审议等决策流程。当受让方为国有资产占有单位时，同样也需要根据相关规则进行评估核准或备案。

3. 特殊情形

此外需要注意的是，部分地区对于私募股权投资基金的注册和变更登记仍存在短期管制措施（如需要地方金融监管部门进行前置审批）。我们也有看到，个别案例中，交易还涉及其他类型的手续，例如，嘉泽新能（定义见下文）收购宁柏基金（定义见下文）的交易中，嘉泽新能与其他相关方还申报了经营者集中。因此，交易双方应在正式交易前确认交易相关的各项手续，并提早部署。

(六)交易文件谈判及签署

在上述步骤完成后,交易双方可就具体的交易条件和条款开展沟通与谈判,并根据谈判结果签署相应的交易文件。针对基金份额转让交易而言,涉及的主要交易协议包括:

1. 基金份额转让协议

由转让方与受让方共同签署。根据交易惯例以及北股交、苏股交等交易平台的业务规则,基金份额转让协议一般需包括双方主体信息、转让标的、转让价格、付款方式及付款期限、陈述和保证与承诺、先决条件、交割事项、违约责任、过渡期条款等主要内容。需要注意的是,在一般的股权转让协议或合伙企业份额转让协议的基础上,基金份额转让协议还需要结合S交易的特点对相关事项作出特别约定,例如未实缴份额的出资义务及违约责任承担机制、转让方和受让方在目标基金中的权利分割(如涉及)等。

根据各交易平台的业务规则,交易双方通常需将签订后的转让协议交与交易平台进行备案。

2. 基金合同及补充协议

受让方受让标的份额后,通常需与基金的其他投资人、GP共同重新签署基金合同,或单独签署入伙协议以作替代。由于基金合同此前已由基金的现有投资人进行了多方谈判,通常来说,受让方要求重新谈判并修改原有条款的空间不大(除非特殊情况,例如S基金受让多个投资人的份额,使得交易完成后S基金在整个目标基金中持有份额的占比较大),如其有特殊诉求,可争取与管理人或GP另行签署补充协议进行约定。

3. 投资者适当性管理相关文件

为后续办理目标基金投资人变更所涉及的市监局变更登记、基金业协会变更备案等各项内外部程序,需同步准备所需的申请文件(例如,S基金作为新投资人所需签署的入伙协议、认缴出资确认书、风险测评问卷、风险揭示书、合格投资者调查表/确认函等)。

（七）交割、结算与登记

1. 交割

交易文件签署完成后，各方将根据交易协议的约定核查交割先决条件并进行交割与资金结算。根据各交易平台的业务规则，交易平台在备案份额转让协议后将向双方出具基金份额转让凭证，相当于对该次交易提供了第三方鉴证服务。

2. 资金结算

根据已公开的交易平台规则来看，场内交易的资金结算与场外交易不同，通常需要通过受让方向交易平台支付；交易平台再向转让方支付的方式来完成。例如，根据上股交的业务规则，采取单向竞价和协议转让方式的，大致按照以下流程办理：1）受让方应在协议约定的期限内将交易价款支付至上股交指定的结算账户，上股交确认到账后通知转让方；2）份额转让权属变更手续完成后，转让方向上股交申请办理交易价款划转手续；3）上股交经审查认为符合划转条件的，于5个交易日内完成划转。此外，业务规则中也对交易保证金的设置与收付、分期付款等特殊情况进行了安排。在上述一般性流程之外，上股交也对其他方式的资金结算打开了一个窗口，即份额转让协议中双方对交易资金结算另有约定且自担风险的，经上股交审查备案通过，可按相关约定办理。相较于场外交易而言，通过交易平台完成的资金结算不再需要通过基金募集账户和基金财产账户反复兜转[①]，效率有一定提升。

值得注意的是，目前公示的几个交易平台的规则均规定转让资金原则上应当以货币结算，且广股交明确规定为人民币结算。因此，以股换份额等复杂形式的S交易是否可以在场内完成，存在不确定性。

3. 市监局登记与基协备案

份额转让交易交割后，交易双方还需要督促目标基金的管理人办理基金

[①] 相关要求见《私募投资基金募集行为管理办法》第十二条。实务中存在份额转让场景下，基协对违规行为的纪律处分案例。

层面的市监局变更登记手续,并完成基金业协会的重大事项变更手续。

我们看到,浙股交、苏股交和广股交等交易平台正在探索区块链技术、数字化技术与份额转让业务的融合。例如,广股交与深圳证券通信有限公司合作,采用区块链技术开发建设了"股权投资和创业投资基金份额转让系统",并与中国证监会中央监管链对接,实现穿透式监管和全流程可追溯。[①]又如,苏股交在《江苏股权交易中心股权投资和创业投资份额转让平台登记业务规则(试行)》中明确规定,登记结算机构设立电子登记簿记系统,对基金份额权益实行无纸化登记管理,并可依据电子登记簿记系统记录的结果,为基金份额持有人办理交易结算等延伸服务;并且在平台上设置了"链上存证"板块,拟利用区块链技术的优势提升确权可信度。未来该等平台上的份额转让交易有望利用新技术进一步提升交易安全性,以及打破不同监管部门之间的数据孤岛,提升交易效率。

四、案例分享——嘉泽新能收购基金份额交易

(一)案例背景

根据宁夏嘉泽新能源股份有限公司(以下简称嘉泽新能)披露的公告,该公司于 2021 年 12 月 9 日依托于上股交以 60,771.22 万元竞得上海电气投资有限公司(以下简称上气投资)挂牌转让的宁夏宁柏产业投资基金(以下简称宁柏基金)22.7009% 合伙份额(投资成本为 4.9 亿元,价值为 59,862 万

---

① 广东股权交易中心:《【一图读懂】广东股权投资和创业投资基金份额转让试点》,https://www.gdotc.com.cn/news/dd83591b-664f-11ee-978a-005056955b16,最后访问日期:2024 年 8 月 26 日。

元），以及上气投资享有普通合伙人绩效收益 12.5% 的再分配权[1]。嘉泽新能于 2022 年 4 月完成了收购宁柏基金份额的重大资产重组，标志着上股交的首笔公开交易成功。[2]

（二）交易结构

该交易方案整体上较为复杂，包括：（1）引入嘉泽新能控股子公司宁夏开弦资本管理有限公司（以下简称开弦资本）成为宁柏基金普通合伙人；（2）嘉泽新能收购宁柏基金有限合伙份额及转让方享有的 GP 绩效再分配权，持有宁柏基金合计 100% 的合伙份额；（3）嘉泽新能全资子公司上海嘉嵘收购宁柏基金普通合伙份额，成为普通合伙人之一及唯一执行事务合伙人，交易后，宁柏基金由嘉泽新能和开弦资本共同控制。因此，上股交平台上完成的份额转让交易是整个交易的其中一环。

交易前宁柏基金结构：

名称	认缴出资额（万元）	实缴出资额（万元）	认缴出资比例
普通合伙人（执行事务合伙人）& 管理人			
开弦资本	100	100	0.0463%
有限合伙人			
嘉泽新能	166,750	166,750	77.2528%
上气投资	49,000	49,000	22.7009%

---

[1] 宁夏开弦作为普通合伙人，有权在宁柏基金投资项目中处置退出形成可分配收入，并在有限合伙人分配完成后取得比例上限为 20% 的绩效收益。依上海电气与宁夏开弦协议约定，上海电气投资享有普通合伙人绩效收益 12.5% 的再分配权。参见《宁夏嘉泽新能源股份有限公司三届七次董事会决议公告》，http://www.sse.com.cn/disclosure/listedinfo/announcement/c/new/2022-03-15/601619_20220315_20_pxpY3oxV.pdf，最后访问日期：2024 年 8 月 26 日。

[2] 《宁夏嘉泽新能源股份有限公司关于竞得宁夏宁柏产业投资基金（有限合伙）部分份额暨构成重大资产重组的提示性公告》，https://static.sse.com.cn/disclosure/listedinfo/announcement/c/new/2021-12-11/601619_20211211_1_Gln1MzmZ.pdf，最后访问日期：2024 年 8 月 26 日。

交易后宁柏基金结构：

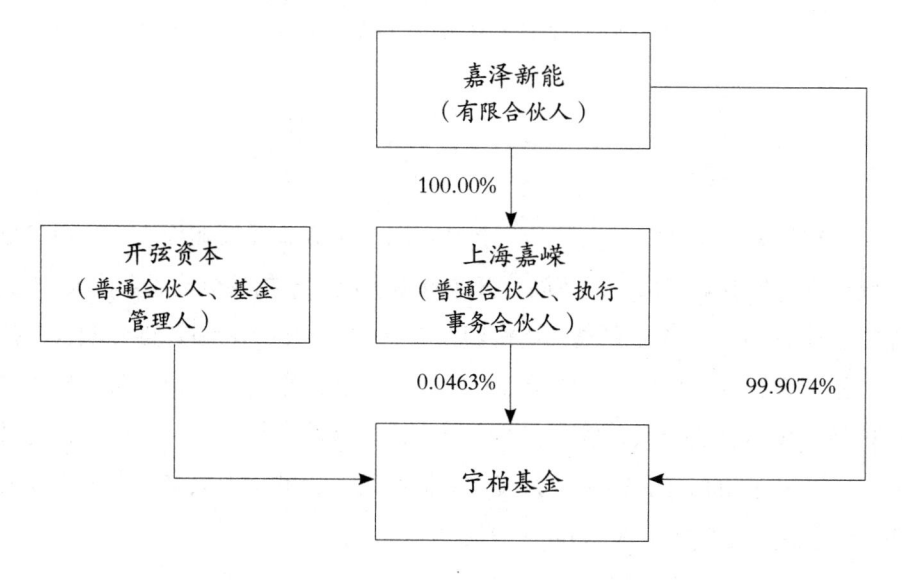

```
                    嘉泽新能
                  （有限合伙人）
                        │
                   100.00%
                        ↓
  开弦资本            上海嘉嵘
（普通合伙人、基金 ──→（普通合伙人、执行
    管理人）          事务合伙人）
     │                   │
     │              0.0463%        99.9074%
     │                   ↓              
     └──────────→    宁柏基金  ←──────────
```

（三）进场原因

该交易选择上股交为平台进行挂牌转让，主要是考虑到：转让方上气投资是一家位于上海地区的国有控股企业全资子公司，根据《上海市国有私募股权和创业投资基金份额转让监督管理试行办法》明确规定，"上海市国有基金份额转让应当通过本市经中国证监会批准开展私募股权和创业投资份额转让试点的交易场所（份额转让平台）以市场化方式公开进行"。

（四）价格确定及支付方式

根据《上海市国有私募股权和创业投资基金份额转让监督管理办法（试行）》第六条规定"国有基金份额转让价格应以经备案的资产评估或估值结果为基础确定。"据此，该交易中份额转让价格以上气投资委托上海东洲资产评估有限公司对标的份额（含再分配权）的评估值6.077122亿元为基础，并以此作为挂牌底价。此外，嘉泽新能委托买方评估机构中和资产评估公司对标的份额的评估定价作为参考，最终拟定的转让价格根据挂牌价格确定，并且相对于买方评估价格稍作折扣。[①]

份额转让合同正式签署前，受让方嘉泽新能已向上股交支付 1.8 亿元保证金，在合同约定的付款日自动转为交易价款的一部分；份额转让合同签署后 3 个工作日内，嘉泽新能向上股交支付全部剩余交易价款。

（五）案例亮点

通过该份额转让及其他相关交易，受让方嘉泽新能实现了重大资产重组，进一步整合了与主营业务相关的新能源产业链，促进行业资源的优化配置，提升自身市场竞争力；同时作为国资 LP 的上气投资通过上股交平台从宁柏基金中顺利退出。此外，本案例作为上股交首笔公开交易的案例，体现了区域性股权市场试点的发展与实践对于私募股权投资基金投资和退出良性循环的积极影响，对于后续国资 LP 基金份额退出的路径选择起到指引作用。

总体来看，区域性股权市场的试点工作正在稳步推进，各项政策和业务规则的出台为市场参与者提供了清晰的指导和便利的服务。随着试点经验的积累和政策的不断完善，区域性股权市场或将在促进股权投资和创业投资健康发展方面发挥更加重要的作用。此外，在 2024 年 3 月举行的十四届全国人大二次会议上，政府工作报告指出"鼓励发展创业投资、股权投资，优化产业投资基金功能"，预示着今年相关部门可能会出台更多扶持股权投资与创业投资发展的措施，带动创投市场稳健发展。

[①] 参考多份公示文件确定，主要包括：（一）《北京市天元律师事务所关于宁夏嘉泽新能源股份有限公司重大资产购买暨关联交易的法律意见》，https://static.sse.com.cn/disclosure/listedinfo/announcement/c/new/2022-01-18/601619_20220118_8_DrOVsHIV.pdf；（二）《上海电气集团股份有限公司关于下属子公司投资股权投资基金的进展公告》，http://static.sse.com.cn/disclosure/listedinfo/announcement/c/new/2022-01-19/601727_20220119_1_tvabqRi9.pdf；（三）宁夏嘉泽新能源股份有限公司关于对上海证券交易所《关于对宁夏嘉泽新能源股份有限公司重大资产购买暨关联交易草案信息披露的问询函》的回复公告，https://static.sse.com.cn/disclosure/listedinfo/announcement/c/new/2022-03-15/601619_20220315_6_RLTuAwTp.pdf；最后访问日期：2024 年 8 月 26 日。

第四节　S 基金交易之国有基金份额的转让

张学达　洪　健

根据中国证券投资基金业协会统计，截至 2023 年 12 月末，存续私募股权投资基金、创业投资基金合计 54,648 只，存续规模合计 14.33 万亿元；随着私募股权产业规模的日益增长，大量私募基金已进入退出期。私募基金投资人（以下简称 LP）的退出模式，包括私募基金通过退出底层投资项目后在私募基金层面进行清算，以实现 LP 的退出或 LP 通过转让其持有的基金份额（以下简称 LP 份额）以实现退出。为拓展退出渠道，解决行业"退出难"的现状，发展私募股权二级市场（S 市场）成为大势所趋；LP 可以通过向 S 基金（Secondary Fund，是指投资于私募股权二级市场的基金类型，主要受让存量基金的 LP 份额或基金的投资组合）转让其持有的基金份额，实现退出和资金回笼的需求。而国有及国有控股企业、国有实际控制企业（以下简称国有企业）基于聚焦主责主业发展要求、盘活自身存量资产及转移投资风险、引导基金到期等原因，亦积极开始参与 S 基金的交易。

鉴于合伙型私募基金为私募基金的主要组织形式，本文旨在讨论国有企业向 S 基金转让其持有的合伙型私募基金（以下简称国有出资私募基金或国有出资合伙企业）的 LP 份额（以下简称国有基金份额或国有权益）时，如何履行国有资产交易的相关规则，以避免国有资产流失。

一、S基金的交易模式简述

S基金的交易模式，按照交易标的划分，可以分为LP份额交易型、底层资产转让型等。其中LP份额交易型，交易标的为基金份额，即指S基金直接受让标的基金的LP持有的标的基金份额，以实现LP的退出。底层资产转让型，交易标的为标的基金的底层资产，即S基金直接受让标的基金投资的底层资产，通过实现标的基金退出底层资产的方式实现标的基金投资者的退出。

按照交易主导者划分，其可以分为LP主导型和GP主导型。LP主导型交易，是指基金的LP由于某种原因需要提前退出，直接将其持有的基金份额转让给S基金；GP主导型交易，也叫直接型交易，将标的基金的一项或多项资产出售给S基金，或与S基金共同成立新基金等。

本文讨论的国有基金份额转让，即属于LP份额交易型、LP主导型交易。

二、国有基金的性质

《企业国有资产法》《企业国有资产交易监督管理办法》（国资委 财政部令第32号，以下简称"32号令"）等国有资产交易的法律、法规和规章，确定了审批、评估和进场交易等国有资产交易相关程序。"32号令"规定，国有企业转让其在其他企业的产权时，应报相应的国资监管机构、本级人民政府或国家出资企业等批准，按要求进行资产评估，并原则上通过产权市场公开转让[①]。

另外，根据财政部发布的《关于规范国有金融机构资产转让有关事项的通知》（财金〔2021〕102号），国有金融机构转让基金份额的，应当比照股权类资产转让规定执行。

本文讨论的范围主要为国资委履行出资人职责的国有企业转让其持有的国有基金份额的规则适用。国有企业在向S基金转让其持有的基金份额时，需要关注国有基金份额转让是否需要按照《企业国有资产法》、"32号令"的上述规定履行审批、评估和进场交易的国有资产交易相关程序。

（一）"32号令"的适用

国有基金份额的转让是否适用"32号令"关于企业产权转让应履行审批、评估、进场交易的相关规定，实务中存在不同观点。

观点一：国有基金份额的转让应适用"32号令"的规定

该种观点认为，国有基金份额的转让应适用"32号令"规定的理由如下：

（1）根据《企业国有资产法》规定，国有资产是指国家对企业各种形式的出资所形成的权益。国有基金份额的出资来源主要包括财政性资金、国有

[①] 《企业国有资产交易监督管理办法》第三条　本办法所称企业国有资产交易行为包括：（一）履行出资人职责的机构、国有及国有控股企业、国有实际控制企业转让其对企业各种形式出资所形成权益的行为（以下称企业产权转让）……

第七条　国资监管机构负责审核国家出资企业的产权转让事项。其中，因产权转让致使国家不再拥有所出资企业控股权的，须由国资监管机构报本级人民政府批准。

第八条第一款　国家出资企业应当制定其子企业产权转让管理制度，确定审批管理权限。其中，对主业处于关系国家安全、国民经济命脉的重要行业和关键领域，主要承担重大专项任务子企业的产权转让，须由国家出资企业报同级国资监管机构批准。

第十二条　对按照有关法律法规要求必须进行资产评估的产权转让事项，转让方应当委托具有相应资质的评估机构对转让标的进行资产评估，产权转让价格以经核准或备案的评估结果为基础确定。

第十三条第一款　产权转让原则上通过产权市场公开进行。转让方可以根据企业实际情况和工作进度安排，采取信息预披露和正式披露相结合的方式，通过产权交易机构网站分阶段对外披露产权转让信息，公开征集受让方。其中正式披露信息时间不得少于20个工作日。

资本资金（国有企业以自有资金参与形成的基金份额）等，具备国有属性，其转让理应受《企业国有资产法》和"32号令"的约束。

（2）国务院国有资产监督管理委员会（以下简称国务院国资委）在其官网关于国有出资合伙企业不适用"32号令"的答复不具备法律效力，不能以此认为国有企业转让其持有的基金份额不适用"32号令"的规定。

综上，国有基金份额转让应从决策、评估、转让等环节适用国有资产交易相关程序。

观点二：国有基金份额的转让不适用"32号令"的规定

该种观点认为，国有基金份额的转让不适用"32号令"规定的理由如下：

（1）"32号令"仅将《企业国有资产法》《公司法》《企业国有资产监督管理暂行条例》等作为制定依据，未将《合伙企业法》作为制定依据，因此"32号令"规定的国有企业不包括有限合伙企业；

（2）《上市公司国有股权监督管理办法》第七十八条中明确，国有出资的有限合伙企业不作国有股东认定；鉴于《上市公司国有股权监督管理办法》与"32号令"共同构成了覆盖上市公司及非上市公司国有产权较为完整的企业国有资产交易监管体系[1]，因此基于国有资产统一的管理逻辑体系，投资非上市公司的国有出资合伙企业亦不应属于国有股东，国有基金份额的转让不适用"32号令"的规定；

（3）国务院国资委曾多次通过其网站的问答答复[2]，认为"32号令"的适

---

[1]《三部门联合发布〈上市公司国有股权监督管理办法〉》，https://www.gov.cn/xinwen/2018-05/18/content_5291945.htm，最后访问日期：2024年8月27日。

[2]《国有企业转让有限合伙企业财产份额是否适用32号文？》，http://www.sasac.gov.cn/n2588040/n2590387/n9854167/c11349294/content.html，最后访问日期：2024年8月27日。

《国有全资公司转让私募基金份额的，是否必须进场交易》，http://www.sasac.gov.cn/n2588040/n2590387/n9854167/c24506916/content.html，最后访问日期：2024年8月27日。

关于《企业国有资产交易监督管理办法》第四十六条相关问题的咨询，http://www.sasac.gov.cn/n2588040/n2590387/n9854157/c28520842/content.html，最后访问日期：2024年8月27日。

用范围为依据《公司法》设立的公司制企业。

综上，国有基金份额的转让不需要履行审批、评估和进场交易等国有资产交易相关程序。

我们认为，是否适用"32号令"，既需要考虑保障国有资产交易的安全，又需要考虑推动国有企业的创新发展，并兼顾私募基金的非公开属性及流动性等因素。我们倾向认为，国有基金份额的转让，无须遵循"32号令"关于企业产权转让应履行审批、评估、进场交易的相关规定，理由如下：

（1）目前国家以及国务院国资委尚未出台明确规则规定国有出资合伙企业的国有或非国有性质，且国务院国资委曾通过其网站的问答答复，国有企业处置其持有的私募基金份额，不在"32号令"规定的范围内，建议按照企业内部管理制度履行决策批准和资产评估及备案等工作程序。

（2）国有出资私募基金虽具备了国有属性，但同时亦具备了私募基金非公开募集的属性。私募基金仅能以非公开方式募集资金，即不得通过报刊、电台、电视台、互联网等方式向不特定对象宣传推介，否则涉嫌非法向公众公开募集资金；"32号令"要求国有资产交易原则上在产权交易机构公开进行，并通过产权交易机构网站对外披露产权转让信息，公开征集受让方；该等公开转让的方式实际与私募基金的非公开募集的属性存在冲突。

（3）在退出渠道有限且退出压力增加的情况下，过于严格的转让要求阻碍了基金份额的流动性、提高了交易风险、降低了交易效率，从而增加了国有资产的风险，实际亦与保障国有资产安全的原则相冲突。

综上，我们倾向认为，国有企业转让国有基金份额，无须适用"32号令"的规定。

（二）国有权益管理

鉴于有限合伙企业中的国有权益规模不断扩大，而以《国家出资企业产权登记管理暂行办法》为核心的国有产权登记管理制度主要针对公司制企业和全民所有制企业的国有产权，尚未覆盖有限合伙企业中的国有权益[1]；为管理国有权益以及完善下一步的监管工作，2020年1月3日，国务院国资委印发了《有限合伙企业国有权益登记暂行规定》（国资发产权规〔2020〕2号），要求国家出资企业（不含国有资本参股公司）及其拥有实际控制权的各级子企业对有限合伙企业出资所形成的国有权益及其分布状况进行登记。

《有限合伙企业国有权益登记暂行规定》的出台，标志着合伙企业中的国有权益已纳入国有资产监管范围。

值得一提的是，国务院国资委在相关答复[2]中明确有限合伙企业国有权益流转不适用"32号令"，后续将出台相应的管理制度，重点对国有企业出资设立有限合伙企业、后期的份额流转以及国有实际控制有限合伙企业对外投资行为予以规范。

三、国有基金份额转让的程序

如前所述，即便目前国有基金份额的转让无须适用"32号令"的规定，但这并不意味着国有基金份额可以随意转让给S基金；国有资产交易的最基本要求仍是保障国有资产的安全。因此，基于国有资产统一的管理逻辑体系，正如本节第二部分"国有基金的性质"提及的"32号令"等法规、规章确定的审批、评估和进场交易的国有资产交易相关程序，对于国有基金份额的转让仍然具有参考作用。且由于各地国资委的要求以及实践不一，国有企业在将其持有的国有基金份额转让给S基金时，应遵循所属国资委、主管部门或者国家出资企业的具体规定和实践要求，以此来判断国有基金份额的转让应

---

[1] 国务院国资委有关负责人就《有限合伙企业国有权益登记暂行规定》答记者问，http://www.sasac.gov.cn/n2588035/c13918696/content.html，最后访问日期：2024年8月27日。

[2] 《对十三届全国人大五次会议第1529号建议的答复》，http://www.sasac.gov.cn/n2588035/c27010972/content.html，最后访问日期：2024年8月27日。

履行的国有资产交易相关程序。

经检索公开信息，部分国有企业转让其持有的基金份额时履行了内部决策、评估和进场交易的程序。具体如下：

基本情况	内部决策	评估或估值	进场交易
某药业（国有控股公司）转让其持有的产业并购基金全部基金份额①	某药业董事会审议、母公司董事会审议	资产评估机构出具估值报告	公开挂牌转让
某新能源（国有控股公司）及其全资子公司联合其他合伙人转让合伙企业50%的合伙份额②	未达到董事会决策权限，无须提交董事会审议	资产评估机构出具评估报告	公开挂牌转让

（一）关于内部决策

根据"32号令"规定，国资监管机构负责审核国家出资企业的产权转让事项，国家出资企业应当制定其子企业产权转让管理制度，确定审批管理权限等。

同理，国有基金份额转让需要履行的内部决策程序，主要依据所属国资委、主管部门的规定以及国家出资企业的内部管理制度的要求，确定内部的审批权限、要求以及相关流程。如2023年2月，国务院国资委发布《中央企业基金业务管理暂行办法》，要求中央企业转让基金份额时，应当按规定履行必要的决策和资产评估程序；北京市国资委则提出将简化国资相关基金份额转让审批流程。

---

① 《重庆莱美药业股份有限公司关于拟公开挂牌转让某股权投资中心（有限合伙）财产份额的公告》，http://www.szse.cn/disclosure/listed/bulletinDetail/index.html?e5c56b54-563d-4fb8-90bf-472054d2ae92，最后访问日期：2024年8月27日。

② 《浙江省新能源投资集团股份有限公司关于挂牌转让股权投资基金份额的公告》，http://www.sse.com.cn/disclosure/listedinfo/announcement/c/new/2023-09-21/600032_20230921_CU53.pdf，最后访问日期：2024年8月27日。

（二）关于评估或估值

1. 关于评估

为避免国有资产的流失，《国有资产评估管理办法》《企业国有资产评估管理暂行办法》、"32号令"等要求国有企业在转让企业产权时应进行评估，并以评估结果作为定价的基础及依据。

国务院国资委、部分地方国资委亦已经出台相关文件，要求国有企业在国有基金份额转让过程中履行资产评估程序，并以评估价格作为定价依据。例如，《中央企业基金业务管理暂行办法》规定，中央企业购买或转让基金份额时，应当按规定履行必要的决策和资产评估程序；上海国资委亦要求履行国资评估和备案程序。

2. 关于估值

国有基金份额的评估，实质是对私募基金底层已投资标的的评估。一方面，对底层投资标的进行评估，国有企业作为私募基金的LP，取得底层投资标的的相关资料需要私募基金管理人、底层投资标的的配合；基于各种因素，底层投资标的未必愿意按照评估的要求提供相关资料和配合评估。另一方面，私募基金行业普遍采取估值方式，中国证券投资基金业协会亦出台了《私募投资基金非上市股权投资估值指引（试行）》，估值方法主要包括市场法、收益法、成本法；其中，市场法包括参考最近融资价格法、市场乘数法、行业指标法；收益法通常使用现金流折现法；成本法通常使用净资产法。对于私募基金份额的估值，还应考虑资产的流动性、GP的绩效收益、基金存续期限等因素的影响。

结合评估的窘境以及私募基金的行业惯例，国务院国资委、部分地方国资委同意采取估值的方式，例如《关于优化中央企业资产评估管理有关事项的通知》规定，中央企业及其子企业进行标的为有限合伙企业份额的交易时可以聘请专业机构对相关标的进行估值；北京国资委、浙江国资委同意采取资产评估或估值方式；而上海国资委则要求原则上采取评估，无法获取评估必需工作资料或无法履行必要评估程序的，可以采用估值的方式。

3. 交易价格

"32号令"规定，产权转让项目首次正式信息披露的转让底价，不得低于转让标的评估结果；因信息披露期满未征集到意向受让方等原因需降低转让底价的，如低于评估结果的90%，应当经经济行为批准单位书面同意。

类似上述规定，国务院国资委发布《关于优化中央企业资产评估管理有关事项的通知》，要求中央企业对外转让标的价格低于评估结果90%时，应当经经济行为批准单位书面同意；北京国资委、浙江国资委要求首次转让报价以评估或估值结果为基准。

基于卖方自身或市场流动性紧张等原因，S基金交易通常存在流动性折扣，例如按照评估价值的八折转让。但为保证国有资产的安全，国有基金份额的转让价格一般不得低于评估或估值，因此将可能存在评估价过高无人报价或报价低于评估价无法进行交易的情形。在实践中，这也成为国有基金份额转让的实质性障碍和难点。如何在国有资产的安全性和基金份额转让的市场性之间寻求平衡与协调，也成为国有基金份额转让亟待解决的问题。

（三）关于进场交易

《企业国有资产法》、"32号令"等法规确定了国有资产交易应采取进场交易的要求。

部分地方国资委，明确要求国有私募基金份额的转让应进场交易（如上海国资委要求国有基金份额转让应经上海基金份额转让试点平台进行）；部分地方国资委（如北京、浙江）未强制要求进场交易，但鼓励国有企业通过基金份额转让试点平台进行。

自2020年始，中国证监会批准区域性股权市场开展股权投资和创业投资份额转让试点。截至目前，中国证监会已批准北京、上海、浙江、广东、江苏、安徽区域性股权市场开展试点工作。区域性股权市场聚集二级市场参与方（如潜在受让方、中介机构等），大力发展S基金，为投资者的退出提供了重要的渠道。区域性股权市场，一方面满足了国有资产交易公开、公正等要求，解决国有基金份额转让的合规性要求；另一方面其实行双层信息披露制度，兼顾了私募基金的非公开募集的属性。

（四）例外情形

根据《2023中国私募股权二级市场白皮书》，政府资金成为S市场交易最主要的卖方主体，主要是由于政府引导基金的整合以及大批引导基金进入退出期。因此，政府投资基金（本文中包括政府投资基金、政府出资产业投资基金、引导基金等）通过转让基金份额给S基金以实现投资退出，退出过程涉及的合规程序尤为重要，即是否需要履行国有资产交易的审批、评估、进场交易程序。

政府投资基金设立的目的比较多样，例如招商引资、推动产业发展、拉动就业等，因此政府投资基金的退出，往往无须履行国有资产交易的审批、评估、进场交易的部分或全部程序。例如，引导基金因其旨在发挥政府财政资金的杠杆放大效应，引导战略性新兴产业等的发展，在设立时存在行业投向、返投等要求，因此引导基金往往制定适当让利给投资人的机制，即一般在基金设立协议等文件中约定了退出价格、退出方式等要素，退出价格往往根据投资期限与原始出资额、利息等相对固定的指标挂钩，而非完全根据底层投资标的的估值确定。

政府投资基金退出是否需要履行国有资产交易的评估、进场交易程序，需要分两种情况：（1）政府投资基金设立文件中已经明确约定了退出方式、退出价格的，可直接依照相关规定或者设立文件的约定履行，操作灵活；（2）政府投资基金设立文件未对退出方式、退出价格作约定，或者存在投资超过一定期限（如国家科技成果转化引导基金、广州科技创新母基金）等特殊情形的，则建议按照所属国资委、主管部门的要求履行审批、评估、进场交易的程序。部分相关规定如下：

项目	文件名称	主要内容
财政部	《政府投资基金暂行管理办法》	政府出资从投资基金退出时，应当按照章程约定的条件退出；章程中没有约定的，应聘请具备资质的资产评估机构对出资权益进行评估，作为确定投资基金退出价格的依据
科技部、财政部	《国家科技成果转化引导基金设立创业投资子基金管理暂行办法》	子基金存续期内，鼓励子基金的股东（出资人）或其他投资者购买引导基金所持子基金的股权或份额。同等条件下，子基金的股东（出资人）优先购买。 对于发起设立的子基金，注册之日起 4 年内（含 4 年）购买的，以引导基金原始出资额转让；4 年至 6 年内（含 6 年）购买的，以引导基金原始出资额及从第 5 年起按照转让时中国人民银行公布的 1 年期贷款基准利率计算的利息之和转让；6 年以上仍未退出的，将与其他出资人同股同权在存续期满后清算退出
北京	《关于推进股权投资和创业投资份额转让试点工作的指导意见》	支持各类国资相关基金份额（包括但不限于国家出资企业及其拥有实际控制权的各级子企业出资形成的基金份额、各级政府投资基金出资形成的基金份额），通过北京股权交易中心份额转让试点转让交易。对于存续期未满但达到预期目标的政府投资基金出资形成的份额，经该基金行业主管部门审核后，可在北京股权交易中心份额转让试点转让交易。基金设立协议等对基金份额转让有明确规定或约定的，从其规定或约定
浙江	《浙江省政府产业基金投资退出管理暂行办法》	政府产业基金退出，应当根据有关法律法规并按照章程协议约定的条件、方式办理退出手续；章程协议没有约定的，原则上应当在依法设立的产权交易机构中采取公开挂牌方式办理退出，并事先应聘请具备资质的中介机构对出资权益进行评估，作为确定政府产业基金退出价格的重要参考依据

续表

项目	文件名称	主要内容
广州	《广州科技创新母基金管理办法》	（一）……所持有子基金份额在3年以内（含3年）的，转让价格参照科创母基金原始投资额确定；（二）……所持有子基金份额在3年以上5年以内（含5年）的，如累计分红高于同期银行贷款基准利率计算的利息，转让价格参照科创母基金原始投资额确定；如累计分红不足同期银行贷款基准利率计算的利息，则转让价格不低于原始投资额加上同期银行贷款基准利率计算的利息与累计分红的差额之和；（三）……所持有子基金份额超过5年的，转让价格按照公共财政原则和引导基金的运作要求，按照市场化方式退出

需要注意的是，政府投资基金在退出时，即使按照上述规定无须履行国有资产交易的评估、进场交易程序，但是否需要履行审批程序，仍需要按照政府投资基金的设立文件、相关管理规定以及所属国资委、主管部门等的规定。

案例一：无须再履行审批程序

为推动地方产业的发展，某地方政府出资设立的创业风险投资A公司，通过成为B公司的股东C合伙企业有限合伙人的方式，间接成为B公司的股东，为B公司提供资金。

C合伙企业的入伙协议约定，自C合伙企业成立之日起1年后，A公司可以要求合伙人对其出资额进行回购，回购价格：3年内为原始投资额；超过3年且不足5年的，为原始投资额与收回出资时中国人民银行公布的同期贷款基准利率计算的收益之和；超过5年的，按照市场价格退出（但不低于原始投资额与收回出资时中国人民银行公布的同期贷款基准利率计算的收益之和）。后续，A公司按照前述入伙协议的约定，将其持有的合伙份额转让给其他合伙人，退出价格按原始投资额加上利息定价。

A 公司的主管部门出具说明，认为 A 公司以财产份额转让方式退出 C 合伙企业属于履行入伙协议约定的行为，无须履行国有资产监督管理部门审批、资产评估及备案、进场交易程序，退出价格依据双方签订的入伙协议约定由各方协商确定，退出价格按原始投资额加上利息定价，退出价格公允，不存在国有资产流失的情形。

案例二：履行审批程序

根据国家科技风险开发事业中心的相关公告[①]，依据《国家科技成果转化引导基金设立创业投资子基金管理暂行办法》等规定设立的国家科技成果转化引导基金，在国家科技成果转化引导基金退出子基金时，需经子基金管理机构申请并报科技部、财政部批准同意。

四、法律后果及补救措施

（一）法律后果

S 基金交易能够降低其盲池风险（底层投资标的确定性高）、缩短其投资周期，因而 S 基金对拥有优质资产的国有基金份额更感兴趣、交易效率更高。但国有企业在转让国有基金份额时，除关注交易效率外，亦应关注国有基金份额转让时未履行国有资产交易相关要求，是否会导致国有基金份额交易合同的效力存在争议，从而导致 S 基金交易"流产"。根据案例分析，未履行审批、评估或进场交易程序进行的国有资产交易所签署交易合同的效力，实务中存在争议。

[①] 科学技术部：《关于国家科技成果转化引导基金转让退出国投（上海）科技成果转化创业投资基金企业（有限合伙）子基金的公告》，https://www.most.gov.cn/tztg/202201/t20220112_179001.html，最后访问日期：2024 年 8 月 27 日。

1. 未履行审批程序，交易合同未生效

根据《民法典》第五百零二条及其司法解释规定，依法成立的合同，自成立时生效……依照法律、行政法规的规定，合同应当办理批准等手续的，依照其规定；合同依法成立后，负有报批义务的当事人不履行报批义务或者履行报批义务不符合合同的约定或者法律、行政法规的规定，对方请求其继续履行报批义务的，人民法院应予支持。

因此，若交易合同未履行审批程序，则交易合同成立但未生效，如国资监管机构明确不批准的则应认定合同不生效。需要指出，此处的审批主要是指《企业国有资产法》等关于国有资产转让涉及的国资监管机构的审批[①]。

最高人民法院在陈某树与云南某集团有限公司股权转让纠纷案件[②]中认为，国有企业云南某集团转让其所持上市公司股份的《股份转让协议》依法属于应当办理批准手续才生效的合同；云南某集团的上级机关明确作出不同意转让的批复，因此，协议已无法经由财政部批准，应认定为合同不生效。

江苏省高级人民法院在（2019）苏民终1072号案件[③]中认为，案涉《股权转让合同》依法属于应当办理批准手续的合同，需经财政部（或国务院国资委）批准才能生效，但因后续未报经批准，应认定为未生效合同。

回到本文讨论的国有基金份额转让涉及的内部决策，需要视该等内部决策是否属于《企业国有资产法》、"32号令"等法规、规章等规定的国有资产管理机构的行政审批手续；正如前文论述，我们倾向认为，国有基金份额的转让，不适用《企业国有资产法》及"32号令"等法规的相关规定；但由于

[①] 刘凡：《审批程序对国有企业国有资产转让的影响——合同成立与效力的两分》，载《吉林工商学院学报》2022年第4期。

[②] 中国裁判文书网：陈某树与云南某集团有限公司一般股权转让侵权纠纷二审民事判决书，（2013）民二终字第42号。

[③] 中国裁判文书网：沈某与江苏省国某集团有限公司股权转让纠纷二审民事判决书，（2019）苏民终1072号。

目前没有法律、行政法规予以明确，因此，存在争议的情况下，国有基金份额转让未履行审批程序的，亦可能导致国有基金份额交易合同存在被认定为未生效的风险。

2. 未履行评估、进场交易程序，交易合同的效力

①交易合同有效

根据《民法典》第一百五十三条第一款规定，违反法律、行政法规的强制性规定的民事法律行为无效。但是，该强制性规定不导致该民事法律行为无效的除外。

该观点主要认为，《企业国有资产法》《国有资产评估管理办法》等法律、行政法规规定了国有资产交易的相关程序要求；但该等程序要求仅是管理性规定，而非效力性规定，未履行该等程序要求不影响合同的效力；至于"32号令"及其他规定，仅为规章或规范性文件，违反规章或规范性文件的规定一般不会导致合同无效。实践中部分案件认可该观点：

最高人民法院在（2013）民申字第2119号案件[①]中认为，国有资产转让须经评估的强制性规定是管理性规定，而非效力性规定。

广东省高级人民法院在（2019）粤民申5405号案件[②]中认为，《国有资产评估管理办法施行细则》属于部门规章，不能以未进行资产评估为由主张涉案合同违反法律、行政法规的强制性规定。

贵州省贵阳市中级人民法院在（2021）黔01民终6661号案件[③]中认为，国有资产转让未履行国有资产对外转让的一般性规定，不宜直接认定合同无效。

[①] 中国裁判文书网：罗某香与日本某实业公司、辽宁某有限公司、辽宁某机械有限公司案外人执行异议纠纷申请再审民事裁定书，（2013）民申字第2119号。

[②] 中国裁判文书网：汕尾某旅游区管理处、汕尾市某投资有限公司合同纠纷再审审查与审判监督民事裁定书，（2019）粤民申5405号。

[③] 中国裁判文书网：蒋某、贵州省某中心等合同纠纷二审民事判决书，（2021）黔01民终6661号。

北京市高级人民法院在（2022）京民申4973号案件[①]中认为，虽然案涉国有资产转让没有在产权交易场所公开进行，但《企业国有资产法》关于国有资产转让的决定、评估、交易方式等规定，系对履行出资人职责的机构及相关人员行为的规范，是法律对国有资产管理者科以的义务，均属规范内部程序的管理性规定，而非效力性规定，不应影响国有企业与第三人订立合同的效力。

②交易合同无效

根据《民法典》第一百五十三条第二款及其司法解释规定，违背公序良俗的民事法律行为无效；前述公序良俗，包括国家安全、社会公共秩序、善良风俗等。此外，最高人民法院在《九民纪要》中认为，强制性规定涉及金融安全、市场秩序、国家宏观政策等公序良俗的，交易方式严重违法的等，为效力性强制性规定。

该种观点主要认为，违反国有资产交易的相关要求，将导致国有资产存在流失的风险，损害国家利益、社会公共利益，该等法律规定为效力性强制性规定，因此相关交易合同无效。实践中亦有部分案件认可该等观点。

甘肃省高级人民法院在（2018）甘民再99号案件[②]中认为，审批、评估和进场交易的国有资产交易原则，旨在通过严格规范的程序保证交易的公开、公平、公正，最大限度地防止国有资产流失，避免国家利益、社会公共利益受损，未依法进行审批、资产评估、进场交易的国有资产转让合同无效。

北京市第三中级人民法院在（2020）京03民终13060号案件[③]中认为，国有资产转让，应当遵循《企业国有资产法》的相关规定，现某实业公司对拟转让的资产未依法进行资产评估，也没有通过法定的交易场所和交易方式

[①] 中国裁判文书网：北京某集团有限公司等与北京某投资有限公司合同纠纷再审审查与审判监督民事裁定书，（2022）京民申4973号。
[②] 中国裁判文书网：兰州某技术服务有限公司与兰州市某公司股权转让纠纷再审民事判决书，（2018）甘民再99号。
[③] 中国裁判文书网：贵州某投资实业集团有限公司与北京某投资管理有限公司与公司有关的纠纷二审民事判决书，（2020）京03民终13060号。

进行转让，违反了法律的强制性规定，因此转让股权的约定应属无效。

北京市高级人民法院在（2022）京民申 3332 号案件[1]中认为，双方当事人未按法定程序进行交易，未经国有资产评估自行确定转让价格，并于公开设立的产权交易机构之外自行缔约，处分国有资产，违反法律及行政法规的相关规定，合同无效。

（二）补救措施

若在国有基金份额转让过程中应履行而未履行国有资产交易相关要求，是否可以采取相关补救措施？根据我们对 IPO 业务的观察，若确未履行国有资产交易相关要求，建议采取相关补救措施，包括补充履行审批程序、追溯评估及备案，并取得主管部门（如所属国资委）出具的确认文件，确认程序上的瑕疵没有导致国有资产流失，不存在纠纷或潜在纠纷等。

项目	补救措施	相关案例
未履行审批程序	补充履行审批程序	国某股份（因撤回终止）
未履行评估程序	追溯评估及备案、主管部门出具确认文件	云某科技（688327）、和某光电（688538）、云某智能（因撤回终止）
未履行进场交易程序	主管部门出具确认文件	天某锂能（301152）、万某新材（301216）

---

[1] 中国裁判文书网：北京某生物工程技术有限公司与北京市某投资开发有限公司合同纠纷再审审查与审判监督民事裁定书，（2022）京民申 3332 号。

五、结论及建议

鉴于国家法律、法规及国务院国资委的现行规则未明确规定国有出资合伙企业是否适用"32号令",我们倾向认为,国有基金份额转让不适用"32号令"的规定;但为了规避法律风险,我们建议,在进行国有基金份额转让给S基金的交易时,应提前与所属国资委、主管部门沟通,严格按照各级国资委、主管部门或国家出资企业的相关规定履行审批、评估、进场交易的程序(如有)。

第四章

跨境投资篇

第一节　中资美元债的发行、监管及典型问题分析

邹林林　陈丹银　林　昕

一、发行双重监管

中资美元债的发行受到境内外双重监管。目前境内的监管机关主要为国家发展和改革委员会（发改委）和国家外汇管理局（外管局）；境外监管则根据发行范围/对象的不同而适用美国证监会（SEC）规则、144A 和 Regulation S（Reg S）。

（一）境内监管

1. 发改委

发改委对中资美元债发行实行审核登记制度，进行事前、事中和事后监管。

根据 2023 年发布的《企业中长期外债审核登记管理办法》（发改委令第 56 号），外债发行适用事前登记，境内企业在境外发行 1 年期以上的债券，须在发行前向发改委申请办理外债审核登记手续并取得《企业借用外债审核登记证明》（《审核登记证明》）。期限为 364 天或以下的美元债则无须取得发改委的外债备案登记证明。

事中和事后监管则表现为报送义务。企业应当在借用每笔外债后 10 个工作日内，通过网络系统向审核登记机关报送借用外债信息，包括企业主要经

营指标和外债借用情况等。企业应于每年1月末和7月末前5个工作日内，通过网络系统向审核登记机关报送外债资金使用情况、本息兑付情况和计划安排、主要经营指标等。在《审核登记证明》有效期届满后10个工作日内，企业应报送相应的外债偿还情况。

发改委对美元债资金用途设立了正面和负面清单，不否认将募集资金用于补充流动资金、弥补亏损、借新还旧。负面清单指出，募集资金的用途不得违反法律法规；不得威胁、不得损害国家利益和经济、信息数据等安全；不得违背国家宏观经济调控目标；不得违反国家有关发展规划和产业政策，不得新增地方政府隐性债务；不得用于投机、炒作等行为；除银行类金融企业外，不得转借他人，在外债审核登记申请材料中已载明相关情况并获得批准的除外。

发改委将严控地方政府隐性债务作为监管目标，对发行人提出以下要求：登记申报主体/发行人不得涉及地方政府隐性债务；发行人的业务构成中政府性收入（如代建、土地整理收入等）合并不能超过50%；发债规模不能超过净资产的40%；发行人近三年平均净利润需覆盖债券利息；发行人需提供境外评级；弱资质发行机构需额外提供备证批复且备证行需提供国际评级。从实务来看，2022年4月后发改委通过窗口指导方式对发行人的业务构成、负债规模、利润水平等方面进行了监管。

2019年发改委通过《关于对房地产企业发行外债申请备案登记有关要求的通知》（发改办外资〔2019〕778号）对地产债的申请材料披露提出了进一步的要求。首先，房地产企业发行外债只能用于置换未来一年内到期的中长期境外债务。其次，房地产企业在外债备案登记申请材料中要列明拟置换境外债务的详细信息，包括债务规模、期限情况、经发改委备案登记情况等，并提交《企业发行外债真实性承诺函》。

地方国有企业亦受到发改委的特殊监管。《关于对地方国有企业发行外债申请备案登记有关要求的通知》（发改办外资〔2019〕666号）指出，地方国有企业发行外债申请备案登记需持续经营不少于三年；地方国有企业作为独立法人承担外债偿还责任，地方政府及其部门不得直接或者承诺以财政资金偿还地方国有企业外债，不得为地方国有企业发行外债提供担保；承担地方政府融资职能的地方国有企业发行外债仅限用于偿还未来一年内到期的中长期外债；地方国有企业……在债券募集说明书等文件中，严禁掺杂可能与政府信用挂钩的误导性宣传信息。

2. 外管局

外管局对资金进出进行管理，根据外管局颁布的《外债登记管理办法》（汇发〔2013〕19号），发行中资美元债后需到当地外管局就外债的签约、提款、偿还和结售汇等信息进行登记。364天或以下的美元债也需办理上述手续。地方外管局对政策解读有较大的自由裁量权，发行一年内期限（364天或以下）境外债券，事前与外管局沟通，取得原则性同意后可发行。根据外管局颁布的《跨境担保外汇管理规定》（汇发〔2014〕29号），担保人签订内保外贷合同后，应办理内保外贷登记。

（二）境外监管

中资美元债境外监管条例较宽松，视发行区域而定。Reg S 的发行限于美国境外的机构投资者，美国本土投资者不可参与，适用的信息披露要求最为宽松，一般面向亚洲及欧洲的投资者。144A 的发行区域为全球，美国境内外的合格机构投资者 QIBs 及欧洲和亚洲的投资者均可参与，但排除美国个人投资者，信息披露没有法定要求，但根据市场惯例介于 Reg S 和 SEC 之间，144A 的发行需要提供《美国证券交易法》（Securities Exchange Act of 1934）下第 10b-5 条的法律意见，重点关注与证券相关的欺诈和欺骗行为。根据美国 SEC 规则的发行范围，向美国公开市场注册发行，信息披露要求最为严格，需按照表格 F-1 或 F-3 注册声明的要求进行全面披露，可以面向亚洲、欧洲、美国的机构及个人投资者发行。

发行人可单独选择 Reg S 或 144A 或 SEC 规则，也可以同时以 Reg S 和 144A 发行。中资美元债早期买方以美国机构投资者为主，发行方式以 144A

居多。亚洲金融危机后境外资本一度大幅撤离，本土投资者逐渐崛起，催生 Reg S 发行方式，目前已是主流形式。但 Reg S 发行方式排除了美国机构投资者，通常流动性较 144A 低，发行成本往往也更高。

二、中资美元债的发行方式

中资美元债的发行结构主要分为直接发行、间接发行和红筹架构发行，其中间接发行包括跨境担保、维好协议和备证发行。

（一）直接发行

直接发行，是指境内公司直接在境外发行美元债，流程简单且无须境外发债平台。这种发行方式结构最为简单，信用度高。

（二）间接发行

跨境担保，是指由境内公司向境外发行人提供跨境担保。担保结构增信较强，债权人可直接向担保人要求偿债，通常融资成本更低。此种增信方式需在担保合同生效后 15 天内向外管局办理跨境担保外汇登记，且募集资金需符合内保外贷的相关规定，如用于境外需提供具体项目情况及事先审批的项目文件。

维好协议，是指境内公司为境外发行人提供维好协议、股权回购协议或流动性支持承诺协议。一旦发生违约，境内公司承诺为境外发行人提供流动资金或购买境外发行人股权。这种增信方式规避了跨境担保限额，无须外管局登记审批。然而，维好协议下境内公司非偿债主体，在法律层面不具有担保责任；发行结构相对复杂，由于增信效力较担保弱，通常融资成本也更高。在跨境担保下资金回流限制大幅放宽后，维好协议发行方式逐步减少。

备证发行，是指境内公司通过境外特殊目的公司发行美元债，境内公司的授信银行提供备用信用证。由于备用信用证效力基本等同于担保，增信力度较维好协议模式更强，债项评级通常等同于开证行的自身国际评级；相较于直接发行模式和担保发行模式，备证发行模式对境内公司资信要求稍低，可减少发行难度，降低票面利率；无须经过审批，发行周期较短。这种增信方式的缺点为发行人需缴纳保函费，且可能占用银行授信额度，需要符合开证行的审批要求。

（三）红筹架构发行

红筹架构的发行人为境外特殊目的公司，境外子公司以其持有的境内经营实体的股权为美元债提供担保，境内经营实体掌握核心资产。红筹架构发行模式在地产债中较为常见。这种发行模式不涉及跨境担保，发行流程较为顺畅。然而，由于主要资产和经营业务均在境内，红筹架构下债券持有人的债务偿还劣后于境内债权人。

三、资金回流的方式及监管

募集资金回流是中资美元债完成定价发行后的重要环节，主要包括外债登记、外债专户开立、结汇、资金提取等。根据《资本项目外汇业务指引（2024年版）》要求，境内机构在境外发行债券的，均应在境外债券交割后15个工作日内，按规定到所在地外汇局办理外债登记手续。不同发行架构下资金回流的方式和面临的监管约束有所不同。

（一）资金回流的方式

1. 直接发行

直接发行架构下，资金回流程序较为简单。完成外管局外债签约登记后，境内企业可自行选择时机将资本金账户中的外汇资本金结转为人民币，纳入结汇待支付账户管理；当境内企业需要实际使用结汇资金进行支付时，再由银行对结汇资金支付用途进行审核。直接发行架构下，中资美元债募集资金原则上需要全部回流。根据《资本项目外汇业务指引（2024年版）》规定，"非银行债务人借用外债或对外发行债券的，原则上应将所涉资金调回境内使用，经外汇局批准存放境外的除外"。此外，外管局资金监管总体遵循"进多少，出多少"的原则，如果资金未回流，可能也难以将境内资金汇出用于还本付息。

2. 跨境担保发行

根据外管局2017年1月26日发布的《关于进一步推进外汇管理改革完善真实合规性审核的通知》（汇发〔2017〕3号），"允许内保外贷项下资金调回境内使用。债务人可通过向境内进行放贷、股权投资等方式将担保项下资金直接或间接调回境内使用"。

因此，担保发行架构下，主要通过两种方式回流：一是向境内放贷，即境外发行人将发债募集资金通过借贷的方式提供给境内担保主体，这构成一笔外债，意味着除内保外贷登记手续，担保方还需就该笔外债在外管局办理外债登记手续。二是股权投资，即境外发行人使用发债募集资金在境内新设外商投资企业、并购境内企业等以实现资金回流，但需要满足相关主管部门对外商直接投资（FDI）的管理规定。

3. 维好协议

与担保发行架构相似，维好协议架构也可通过向境内放贷或股权投资的形式实现资金回流。其中，向境内放贷的方式同样需要在外管局办理外债签约登记。除此之外，维好协议下资金回流方式还包括融资租赁通道、跨境双向人民币资金池、外存内贷、外保内贷等。

在目前的监管框架下，不同发行架构资金回流难度差异已相对不大。

（二）资金回流的监管

1. 监管机构

中资美元债发行和资金回流主要涉及两个监管机构，一是发改委，二是外管局。其中发改委主要负责发行审批，即外债的备案登记，外管局主要负责资金监管，包括外债的签约登记、结汇管理、资金提取等。外管局是中资美元债资金回流监管的核心机构。

2. 监管政策

中资美元债的资金回流经历了由紧到松的三个阶段。（1）2015年以前为严格监管期，在汇发〔2013〕19号、汇发〔2014〕29号的约束下，直接发行和担保发行架构的资金回流受到严格限制。维好协议架构则是在这一背景下应运而生。（2）2015—2016年为部分放开期，直接发行架构的资金回流经历了从重点领域放开到全面放开的过程。（3）2017年以来为全面放开期，担保架构的资金回流限制也大幅放宽。2017年1月26日，外管局发布《关于进一步推进外汇管理改革完善真实合规性审核的通知》（汇发〔2017〕3号），提出允许内保外贷项下资金通过向境内进行放贷、股权投资等方式直接或间接调回境内使用。

四、典型问题分析

（一）违约及法律处置

1. 违约情况

迄今为止，发生实质性违约的中资美元债以地产债为主，2023年违约美元债均为地产债。相较地产债，城投债的违约风险相对较低。首先，发改委的事先审核登记制度针对城投债提出了严格要求，增加发行难度的同时也降低了风险。其次，城投债的发行人为重要国企，与地方政府履约形象紧密相连，为了避免挫伤投资者对当地政府履约能力的信任，城投债严控违约。此外，部分城投债配备银行的信用备证，亦增加了城投债的安全性。因此，城投债的违约风险极低。

2. 违约处置

美元债的违约处置方式有协商、诉讼/仲裁和破产重整/清算。

协商为典型的庭外处置，具体手段包括债券置换、折价兑付、现金要约回购、展期、债转股等，处置回收率和回收周期较破产重整/清算更有优势，亦能节省诉讼成本，且更为灵活。

中资美元债发生实质性违约但债务人尚未失去清偿能力时，债券持有人可通过向管辖法院提起诉讼/仲裁，以达到实现债权的目的。诉讼/仲裁的效果与管辖的约定息息相关，在判断是否采用此种处置方式时，需将是否可以实现保全以及判决/裁决的承认与执行考虑在内。

因美元债发行数量大，违约易导致相关责任主体出现资不抵债的情形，债券持有人可通过参与或启动破产重整/清算程序实现债权清偿。但因相关责任主体通常分散在不同司法管辖区，其主要财产可能位于实际经营的中国子公司也可能位于境外的非经营实体，将涉及复杂的跨境协助。因债务复杂，破产重整和破产清算的周期通常都较为漫长，回收率亦存在不确定性。

3. 管辖问题

中资美元债的争议解决以募集说明书中的约定为准，美国纽约州法和英国法通常被采纳为管辖法律，香港法院则为较受欢迎的管辖法院。

（1）"不对称管辖条款"的效力

此外，中资美元债通常采取"不对称管辖条款"，即一方当事人只能接受某一特定法院的排他性管辖，但是另一方当事人可以在其他法院起诉的管辖条款。反映到中资美元债中则表现为，在间接发行和红筹架构发行模式下发行人为中国境外的非经营实体而其主要财产位于中国境内，因此赋予债券持有人能够在不同的司法管辖区提起诉讼以控制发行人/担保人/维好方主要财产的权利，而发行人仅能在某一特定司法辖区针对债券持有人启动法律程序，从而保障债券持有人的权益。我国内地通过司法案例和最高人民法院于2021年发布的《全国法院涉外商事海事审判工作座谈会会议纪要》认可了"不对称管辖条款"的效力。

根据2008年生效的《关于内地与香港特别行政区法院相互认可和执行当事人协议管辖的民商事案件判决的安排》，内地法院认可和执行香港法院的生效裁判以当事人书面明确约定香港法院具有唯一管辖权为前提。"不对称管辖条款"与之相悖，故约定"不对称管辖条款"的中资美元债纠纷之香港判决无法在内地得到认可与执行。

随着内地与香港于2019年签署的《关于内地与香港特别行政区法院相互认可和执行民商事案件判决的安排》（以下简称《2019安排》）在2024年1月29日生效，此项限制已被取消，此后"不对称管辖条约"不影响香港判决在内地的认可和执行。

（2）多司法辖区的管辖权问题

因美元债违约的责任主体通常分散在不同司法辖区，确定破产管辖权对维护多司法辖区内的债权人利益具有重大意义。

1997年联合国颁布《联合国国际贸易法委员会跨国界破产示范法》（UNCITRAL Model Law on Cross-Border Insolvency），将"主要利益中心地"作为确定破产管辖权的标准。目前这一概念已被众多国家采纳，欧盟、美国、中国均认可这一观点。2021年实施的《最高人民法院关于开展认可和协助香港特别行政区破产程序试点工作的意见》（以下简称《意见》）将"主要利益中心地"定义为债务人的注册地，同时法院应当综合考虑债务人主要办事机构所在地、主要营业地、主要财产所在地等因素认定。同时《意见》明确提出在香港管理人申请认可和协助时，债务人主要利益中心应当已经在香港特别行政区连续存在6个月以上；欧盟要求主要利益中心需连续存在3个月以上；美国则以破产程序申请节点判断"主要利益中心地"。此外，《美国破产法》第十五章（Chapter 15 of Title 11 of the United States Code）根据上述示范法制定了破产辅助程序，认可其他司法辖区的破产程序，达到协助跨境破产的目的。

此外，美元债破产案下通常伴有债权确认或违约责任纠纷之衍生诉讼。衍生诉讼是否应由破产程序的法院管辖？《企业破产法》第二十一条规定，人民法院受理破产申请后，有关债务人的民事诉讼，只能向受理破产申请的人民法院提起，即有关债务人的民事诉讼需接受集中管辖。同时，《仲裁法》通过第五条之规定明确仲裁条款可排除法院集中管辖，即当事人达成仲裁协议，一方向人民法院起诉的，人民法院不予受理，但仲裁协议无效的除外。除此之外，似乎与债务人相关的一切民事诉讼均需要集中管辖，但这并不适用于跨境破产。跨境破产面临较多法律冲突，需通过跨境协调合作解决。

4. 财产保全和判决/裁决的承认与执行

如内地法院或仲裁机构为专属管辖，债券持有人可在向内地法院或仲裁机构提起诉讼或仲裁时向内地有管辖权的法院申请财产保全。

然而，因中国未与其他国家签署关于财产保全的司法协助条约亦无互惠关系，因中资美元债违约在外国提起的诉讼和仲裁无法实现财产保全。

债券持有人在香港法院就中资美元债的违约诉讼取得胜诉生效判决后，可申请财产保全，但根据《2019安排》，中国内地法院无法执行香港法院的财产保全临时济助命令。基于2019年4月最高人民法院与香港特别行政区政府签署的《关于内地与香港特别行政区法院就仲裁程序相互协助保全的安排》，在香港仲裁机构受理前以及仲裁裁决作出前可实现跨境财产、证据和行为保全。

基于中国于1986年加入的《承认及执行外国仲裁裁决公约》（又称《纽约公约》），除存在《纽约公约》第五条约定的不予执行涉外仲裁裁决之情形外，中国承认和执行其他缔约国的仲裁裁决。在中国申请承认与执行外国判决主要需依据国际公约、多边条约或互惠关系，美元债中常见的约定管辖国家美国和英国不在此列，因此中资美元债相关的判决在中国的承认和执行或存在障碍。

根据《2019 安排》，香港法院作出的生效判决可在内地法院认可与执行；根据 2000 年施行的《关于内地与香港特别行政区相互执行仲裁裁决的安排》，香港仲裁机构作出的仲裁裁决，可向内地被申请人住所地或财产所在地法院申请认可与执行。

（二）税务成本

企业境外发债的融资成本，主要由债券利息、汇兑损益以及相关税费等构成。因此，实际负担的税务成本也是企业境外发债应当考虑的问题。企业作为发行主体，在向境外投资主体支付利息时，将实际负担所代扣代缴的相应税款，包括投资人应承担的企业所得税、个人所得税，以及增值税及附加税费等。

1. 企业所得税

（1）直接发行模式

我国税法以登记注册地和实际管理机构所在地标准来划分居民企业与非居民企业。根据《企业所得税法》和《企业所得税法实施条例》规定，如果境外注册企业的实际管理机构在中国境内，则会被认定为居民企业，税率为 25%；如果境外注册成立的企业，其实际管理机构不在中国境内，但在中国境内设立机构、场所的，或者在中国境内未设立机构、场所，但有来源于中国境内所得，境外企业会被认定为非居民企业，减按 10% 的税率征收企业所得税。

对非居民企业取得《企业所得税法》第三条第三款规定的所得应缴纳的所得税，实行源泉扣缴，以支付人为扣缴义务人。实践中，发行人作为境外债券利息支付人，应当作为扣缴义务人在支付利息时按照规定的税率代扣代缴企业所得税。

上述非居民企业应缴纳的 10% 企业所得税，即境内发行人需负担的利息预扣税，详见第四部分"利息预扣税"相关内容。

（2）间接发行模式

在间接发行模式下，中资美元债的发行主体通常为境内企业在 BVI、开曼等离岸地注册设立并控股的 SPV 公司（特殊目的公司），而境内母公司是否需要代扣代缴企业所得税，取决于境外发行主体是否会因在中国境内有"实际管理机构"而被认定为居民企业。

《国家税务总局关于境外注册中资控股企业依据实际管理机构标准认定为居民企业有关问题的通知》（国税发〔2009〕82 号）第二条规定了境外中资企业被判定为实际管理机构在中国境内的居民企业的四个条件：①企业负责实施日常生产经营管理运作的高层管理人员及其高层管理部门履行职责的场所主要位于中国境内；②企业的财务决策（如借款、放款、融资、财务风险管理等）和人事决策（如任命、解聘和薪酬等）由位于中国境内的机构或人员决定，或需要得到位于中国境内的机构或人员批准；③企业的主要财产、会计账簿、公司印章、董事会和股东会会议纪要档案等位于或存放于中国境内；④企业 1/2（含 1/2）以上有投票权的董事或高层管理人员经常居住于中国境内。

若发行人 SPV 公司同时满足上述四个条件，则会被认定为居民企业。这种情况下，发行人应当如同直接发行模式下代扣代缴 10% 企业所得税。

2. 个人所得税

直接发行架构下，当债券持有人为符合前述要求的境外高净值个人投资人时，境内发行人在支付债券利息前，应先按 20% 的税率预先扣缴个人所得税。

间接发行架构下，如果境外发行人被税务机关认定为我国居民企业，则非居民个人投资人就投资债券获得的利息收益应当视为来源于中国境内的收入，发行人支付利息时需要按 20% 的税率代扣代缴个人所得税。

3. 增值税及附加税费

根据财政部、国家税务总局 2016 年 3 月发布的《营业税改征增值税试点实施办法》（以下简称《实施办法》）第二十条的规定，境外单位或者个人在境内发生应税行为，在境内未设有经营机构的，扣缴义务人按照下列公式计算应扣缴税额：应扣缴税额 = 购买方支付的价款÷（1+税率）×税率。境外投资者取得来源于中国境内的利息，属于在中国境内提供贷款服务，其增值税税率应按 6% 计算。其余附加税，如城市建设维护税（市区 7%、县城/镇 5%、其余地区 1%）、教育费附加（3%）、地方教育附加（2%）等，计税基础为实际缴纳的增值税额。综上，增值税及附加合计税率约为 6.72%。

因此，发行人应代扣代缴的增值税款 = 不含税价款÷（1+6%）×6%；应代扣代缴的附加税费（以发行人位于市区为例）= 不含税价款÷（1+6%）×6%×（7%+3%+2%）。且根据《实施办法》第二十七条，发行人接受贷款服务，其相应的增值税进项税额不能抵扣。

直接发行模式下，若境外债券持有人被视为"在境内提供贷款服务"，则发行人作为贷款服务购买方，应对境外债券持有人应缴纳的增值税进行代扣代缴。间接发行模式下，如果发行主体被认定为居民企业，并且境外债券持有人被主管税务机关视为"在境内提供贷款服务"，则发行人也应为债券持有人代扣代缴约 6.72% 增值税及附加税。

4. 利息预扣税

中国境内企业作为中资美元债的发行人，在募资成功后，向投资人支付利息时可能会出现利息预扣税（withholding tax）。

发行债券本身并不会产生任何税务问题，但根据《企业所得税法实施条例》《国家税务总局关于非居民企业所得税源泉扣缴有关问题的公告》（国家税务总局公告 2017 年第 37 号），境内融资方在支付利息时，需代扣代缴境外债权人的应纳税款，所以需要交纳 10% 的利息预扣税。换言之，该项利息预扣税其实是境内发行人替纯境外投资人，向其所在国家或地区的税务部门支付该境外投资人利息收入对应的利息税。该利息税的豁免有以下两种方式：

（1）发行人是外国（境外）主体，且该主体所在的东道国税务部门豁免此税种；

（2）发行人是国内主体，但投资者并非境外投资机构，且可以提供完税证明。

第（1）种豁免方式对应的是间接发行模式。比如，由母公司设立的境外 SPV 发行募集成功，安排资金回流时，采取发改委外债批文与外管政策所许可的境外 SPV 无息借款给境内母公司（债权性质资金回流）。在这种情况下，从法理角度，境内税务机关缺乏利息预扣税的依据。

第（2）种豁免方式对应的则是直接发行模式。之所以出现预扣税，是因为发行人向境外投资人支付利息的资金要出境，而外管局通常要求企业提供完税证明，以证明该笔出境的资金已经完成了境内全部的纳税义务，即在境外的投资人应缴纳其利息收入对应的利息税。基于此，直接发行模式下的发行人可以在募集结束后，向其承销商了解终端投资人的分布，如果是纯境外投资人，则该利息税无法豁免，发行人需要支付 10% 利息预扣税；如果是境内投资人，则需提供完税证明，证明该境内投资人已就其境内利息收入履行了纳税义务。

综上，在直接发行架构下，发行人需要替纯境外投资人支付 10% 的利息预扣税，因此大大增加了发行成本。

上述税务内容均为当债券持有人为境外投资者时，发行人应当承担的税务成本。而当债券持有人为境内投资者时，境内企业投资外债取得的利息收入属于居民企业所得，应当按照法律规定自行缴纳企业所得税、增值税及附加税，不需发行人代扣代缴，以免造成重复纳税。

实践中，建议发行人就可能涉及的税务问题，如税收协定待遇、扣缴税款及税前扣除等存在疑问，应及时咨询主管税务机关，提前与各主管部门沟通，控制涉税合规风险，合理计算债券发行成本。

第二节　ESG视角下，中国企业出海的法律挑战与对策

梁振东

随着中国经济的持续增长和全球经济一体化的深入，越来越多的中国企业将业务拓展至全球范围。出海已经从过去的"可选项"转变为许多企业，尤其是大型企业和一些中小型企业的"必选项"，即"不出海，就出局"。中国企业走出去的步伐由来已久，目前已经进入4.0阶段，这一阶段的企业更加注重产品力和品牌力的提升，打造"新质生产力"。企业不仅在产品和技术上进行创新，还通过打造具有辨识度的品牌形象来吸引海外消费者，从而在国际市场上建立稳固的市场份额。从行业和领域来看，呈现出日益多元化的趋势，从传统的制造业、能源和资源开发，扩展到高科技、互联网、电商、消费电子、医疗器械等新兴领域。特别是新能源汽车、移动游戏、跨境电商等行业，中国企业在这些领域展现出较强的竞争力。在地域分布上，中国企业的海外业务正从传统的欧美、东南亚等成熟市场，逐步扩散到中东、非洲等新兴区域。这一变化反映了中国企业全球化能力的持续提升，以及对全球市场机遇的积极把握。

中国政府积极推动企业"走出去"战略，出台了一系列政策和措施，如"一带一路"倡议、跨境电商综合试验区等，为企业出海提供了支持和便利。尽管中国企业出海取得了一定的成就，但仍面临诸多挑战，包括国际政治经济形势的不确定性、文化差异、法律法规的适应、品牌建设等。企业需要加强风险管理，提升本地化运营能力，加强与当地企业的合作，以更好地适应和把握国际市场的机遇。伴随全球消费者和投资者对可持续发展与社会责任

的关注日益增加，中国企业在 ESG 方面的表现已成为评价其品牌形象和企业价值的重要因素。通过关注和改善 ESG 表现，中国企业可以树立良好的社会形象，增强公众信任，从而提升品牌价值。

在全球化的市场环境中，ESG 已成为企业竞争力的一个重要方面。企业通过在 ESG 方面的努力，可以吸引更多环保意识强的消费者，同时在国际市场上获得更多的合作机会和市场份额。气候变化对企业运营和全球供应链产生深远影响。通过关注 ESG，企业可以更好地识别和管理与气候变化相关的风险，采取适应和减缓措施，减少对环境的负面影响。良好的治理是 ESG 的一个关键组成部分，包括透明的决策过程、有效的监督机制和负责任的商业行为。通过加强内部治理，企业可以提高运营效率，防止腐败和不当行为，从而保护企业和股东的利益。企业在履行社会责任方面的表现，如公平对待员工、支持社区发展和保护消费者权益，有助于促进社会和谐与稳定，为企业创造一个良好的外部环境。

数据隐私保护作为企业社会责任的一部分，关注的是企业如何管理和保护用户及员工的个人信息，以及如何确保数据的安全和合规使用。腾讯在其 ESG 报告中提到了对用户数据的保护，强调了透明度和法律合规性，并采取了一系列技术和管理措施来保护用户数据。数据安全风险会严重影响企业的 ESG 评级，如 Uber 和万豪国际集团因数据泄露事件受到的处罚，表明了数据隐私保护在企业 ESG 表现中的关键作用。一些企业如蚂蚁集团，在其 ESG 战略中明确提出了数据安全及隐私保护的措施和承诺。这些措施不仅有助于提升企业的社会责任形象，还能够增强客户和投资者的信任，从而在资本市场上获得更好的认可。

关注 ESG 不仅是中国企业履行社会责任的表现，也是提升企业竞争力、实现可持续发展的重要途径。随着国内外对 ESG 重视程度的不断提高，中国企业出海更应当注重在这一领域的实践和改进。我们从目前出现问题较多的员工管理和个人隐私与数据保护角度，介绍中国企业出海需要注意到的风险和应当采取的策略及措施。

一、中国企业出海的劳动人事风险策略

在中企出海东南亚的过程中，EOR 的雇佣模式为中企试水、拓展市场提供了非常大的便利。EOR 指的是 Employer of Record，即名义雇主服务，能够为企业出海初期雇用海外员工提供便利，其模式是出海企业与东道国 EOR 服务商签订合同，EOR 服务商与受雇用的劳动者签订劳动合同、建立劳动关系，并且承担劳动法规要求的相关雇主义务，包括缴纳社保及公积金、完成税务申报等，然后 EOR 服务商根据行业不同和工资总额收取一定比例的服务费，通常该服务费比例不低，因为 EOR 供应商作为直接的用工主体受到劳动法律法规相关索赔要求的约束，也就是说该部分服务费用实际上包含了承担这部分法律风险的费用。

这样的雇佣模式下，出海企业可以快速实现人员配置，而且无须承担雇主的义务。但是 EOR 的雇佣模式中，也存在一定风险。

例如，在一个 2021 年马来西亚的裁决案中，案情如下：某出海企业聘用马来西亚某服务商提供 EOR 服务，服务内容包括负责员工按月薪酬发放、法定缴款的缴纳和扣除、获得保险以及为出海企业支付经批准的索赔款。该裁决案中原告劳动者与出海企业、马来西亚某服务商均签订了劳动合同，经过出海企业筛选、面试后原告入职，职责为帮助出海企业寻找业务，在履职过程当中，均声称自己为出海企业员工，并在开展业务中受到出海企业的业务指导与控制和管理。后来由于出海企业董事通过电子邮件告知与原告劳动者终止了劳动关系，因此原告向马来西亚工业法院起诉马来西亚某服务商，其诉称由于自身是公司作为"派遣雇员"被聘用的，因此该马来西亚某服务商才是其合法的雇主。马来西亚工业法院经审理后判决认为原告劳动者与马来西亚某服务商没有建立劳动关系，而是出海企业的雇员。

再如，在泰国采取 EOR 模式用工，泰国虽然没有 EOR 相关法律规定，但其风险可以参考泰国《劳动保护法》中关于外包的规定。在泰国最高法院某案例中，外包公司将自己的外包员工派至某物流公司进行工作，这些外包

员工包括司机和货仓工人，后外包员工向外包公司和物流公司提起诉讼，要求获得无歧视的公平福利和待遇，最终经泰国最高法院审理后，最高法院认为外包员工的工作实际上是该物流公司业务的组成部分，根据泰国《劳动保护法》规定，即便外包员工是与外包公司直接建立的劳动关系，物流公司仍有责任提供与直接雇员同等的公平福利和无歧视福利。泰国最高法院的判决认可了外包员工要求支付的福利和津贴，包括伙食费、生活费、奖励、车辆费还有与类似工作岗位正式员工相同的奖金。除此之外，如果外包公司因为经营不善或破产等导致无力支付外包员工工资等法定款项，根据泰国《劳动保护法》外包员工可以直接起诉实际用工单位支付相关费用。[①]

以上案例说明，出海企业选择 EOR 模式用工并不代表可以完全阻隔用工风险。采取 EOR 模式用工应该了解出海目标国家相关劳动保护法律规定，对可能产生的赔偿、补偿等做好预期管理。

EOR 模式用工实际上是一种属地化用工模式，当前我国出海企业选择跨境劳动用工通常存在以下三种模式，一是对外投资派遣，二是对外劳务合作，三是属地化用工。根据出海企业不同的发展阶段和需求，可以适应性地进行选择，这些方式也直接影响企业在出海目标国家的可持续发展。根据出海企业选择的用工模式的不同，存在的法律合规风险也各有区别，因此针对出海用工的法律合规风险有所侧重地进行规避：

1. 对外投资派遣模式

对外投资派遣模式实际上是指出海企业在境内与员工签订劳动合同并且建立劳动关系，但该员工驻地为境外子公司、分支机构或代表处，这种模式与通常的境内用工无异，出海企业仍需要履行雇主义务，出海企业与员工的劳动关系受中国的劳动法等法律所规制，包括仍应按照中国《社会保险法》为其缴纳社会保险等义务。尽管实践当中，出海企业可能会通过境外子公司

[①] 参见《泰国劳动法摘要》，https://thailawonline.com/zh/thai-labour-laws/，最后访问日期：2024年8月28日。

对员工进行管理或者负责其工资的发放,但在司法实践中,法院会审查是否存在外派员工的事实,如有相应证据证明,那么通常法院会认定该外派员工与出海企业境内公司建立劳动关系,而与境外子公司无关。

由于该模式下,外派员工与出海企业的中国境内主体公司建立劳动关系,中国境内主体公司应当履行中国法下作为工人单位的各项法定义务。对外投资派遣模式的特殊性仅是外派员工由于工作安排需要前往目标国家开展工作,可能也会受到目标国家境内主体公司分公司、分支机构的日常管理,但对外派员工与中国境内主体公司建立劳动关系的法律事实没有影响。

外派员工在目标国家工作也有一些特殊的可能引起法律风险的特点。比如,有的目标国家法律法规对于外派员工也有一些法律规定的保障应当引起出海企业的注意,有的目标国家要求境外分公司、分支机构还应当承担为外派员工在当地缴纳社会保险、工伤保险等义务或者其他义务,这就给企业带来了不必要的负担。因此,出海企业在选择出海用工模式前,应当对目标国家劳动、社会保险等法律法规充分了解,如选择对外投资派遣模式,应当做好成本测算,根据目标国家当地要求履行相应义务,降低海外违规用工风险。再如,由于外派员工通常被要求海外派驻占据一年内的大多时间,并且集中进行工作,其余时间一般在国内休息。外派员工有可能由于超过法定标准工作时间而要求企业支付加班工资,因此企业应当提前与员工协商并征得员工同意,采取不定时工时制或综合计算工时制进行劳动安排。

2. 对外劳务合作模式

对外劳务合作模式是根据2012年国务院颁布的《对外劳务合作管理条例》(以下简称《条例》)的要求,由于"国外的企业、机构或者个人不得在中国境内招收劳务人员赴国外工作",因此通过出海企业海外子公司或机构与对外劳务合作企业签订劳务合作协议的形式开展劳务合作,由对外劳务企业组织劳务人员赴出海企业海外子公司所在国家或地区进行工作。

这种模式下涉及对外劳务合作企业、出海企业海外子公司或机构以及劳务人员三方。根据《条例》的规定,对外劳务企业与劳务人员一般可签订劳动合同或者服务合同，如果劳务人员与对外劳务企业签订服务合同，那么劳务人员与出海企业海外子公司或机构签订劳动合同，双方之间的权利和义务适用境外当地法律。尽管这种情况下，劳务人员按照境外当地法律与海外子公司或者机构建立劳动关系，但根据《条例》规定，对外劳务合作企业应当承担一定的保障义务，例如如果由于劳务人员在境外当地所享受到的权益不符合服务合同约定，对外劳务企业有支持、协助劳务人员维权的义务，如果劳务人员未能得到赔偿或者对外劳务企业拒绝协助支持劳务人员索赔，劳务人员可以向对外劳务企业要求赔偿，即对外劳务企业应当为相应的赔偿承担兜底责任。

该模式受到《条例》的规制，应当注意依据《条例》开展合规工作。首先，出海企业应当审慎选用具有合规资质的对外劳务企业，注意核查是否为境内注册，是否获得商务部许可并且依法取得对外劳务合作经营资格等必备条件。其次，出海企业应当注意加强审核劳务合作合同文本，明确双方的权利义务，避免纠纷。根据《条例》第二十一条、第二十三条之规定，无论对外劳务企业与劳务人员签订劳动合同或者服务合同，均应当在合同内对劳动报酬及支付方式、社保缴纳、劳动条件、劳动保护、福利待遇、居留及工作许可、经济补偿等劳务人员权益保障相关事项进行明确，这些内容都要与劳务合作合同文本中所约定的一致并且均要有所体现。此外，与对外投资派遣模式一样，劳务人员在出海目标国家提供劳务，需要遵守出海目标国家用工管理的相关法律法规，注意包括最低工资、工作时长、劳动保护、休息休假、社会保险及福利待遇等方面的具体要求，避免违反相关规定招致不必要的法律风险。

3. 属地化用工

属地化用工就是出海企业直接在境外雇用当地员工，根据当地法律法规和用工习惯进行招聘和管理。其中 EOR 模式就是一种属地化用工的特殊模式，出海企业通过这种模式尽可能避免海外用工所产生的劳动风险。

部分出海目标国家出于对本国就业和贸易的保护，存在一些对于本地用工的保护性措施，例如限制外籍劳务人员的比例。因此出海企业应当关注此类规定，在选用对外投资派遣模式和对外劳务合作模式进行用工时，注意结合属地化用工的模式避免违反相关的规定。

此外，由于属地化用工方式很可能与出海目标国家劳动者直接建立劳动关系，大多境外国家和地区的工会相对强势，在维护劳动者利益的事项上发挥着很大的作用，因此出海企业可以在成本允许的情况下，聘请专业人士负责工会事务和与劳动监管机关的沟通。如存在较大规模的属地化用工情况，有必要聘任当地专业律师建立当地合规的用工方案，避免给企业造成较大的劳动用工风险。例如，在前述案例中所涉的 EOR 模式用工，依据马来西亚及泰国当地法律，仍存在被认定为直接雇主或者共同雇主的风险，另外还应当从牌照资质、诉讼记录、劳动争议、行政处罚、规模、商誉等多方面考察并选聘 EOR 服务商，审核服务协议中涉及员工劳动关系归属、转包分包的禁止、违约条款等具体合同条款，保证出海企业利益。[①]

二、中国企业出海个人隐私和数据保护策略

2023 年 9 月 15 日，历经两年的调查后，TikTok 因违反欧盟《通用数据保护条例》（GDPR）受到爱尔兰数据保护委员会（DPC）高达 3.45 亿欧元的天价罚款。TikTok 受到处罚的原因是爱尔兰数据保护委员会在调查中发现 TikTok 平台存在两大问题：一是 13 岁至 17 岁的 TikTok 用户的隐私设置为默认公开的状态，使得包括非 TikTok 平台用户可以查看或者评论他们发布的内容。二是 TikTok 的家庭配对功能存在重大缺陷，TikTok 并未对儿童家长或者监护人的身份进行审核，使得并非儿童家长或者监护人的用户能够与儿童用

[①] 《"一带一路"东南亚沿线国家投资的劳工风险研究》，载《四川大学学报（哲学社会科学版）》2022 年第 1 期（总第 238 期）。

户配对，并为儿童用户启用直接消息功能。①

对于前述调查形成的结论，DPC 向所有相关监管机构（CSA）提交了处罚决定草案，但德国柏林和意大利的数据监管机构提出了不同意见，DPC 即将反对意见提交至欧盟数据保护局（EDPB），最终由 EDPB 根据 GDPR 的争议解决机制设置作出裁定，EDPB 对 DPC 调查结论进行了进一步的论证和支持。这也并非 TikTok 第一次遭受因违反 GDPR 儿童个人信息保护义务所带来的处罚。

2018 年，荷兰数据保护局就针对 TikTok 在 2018 年 5 月 25 日至 2020 年 7 月 29 日期间的数据处理行为进行调查并形成报告，报告指出 TikTok 对于荷兰用户仅提供了英文版隐私政策，而没有针对荷兰用户提供荷兰语版本，最终于 2021 年 7 月 22 日被荷兰数据保护局处以 75 万欧元罚款。②

2023 年 4 月，英国数据监管机构调查发现 TikTok 并未对 13 岁以下的儿童用户进行身份核验，而仅是依靠用户自主完成填写，而 TikTok 设定的 13 岁是能够注册平台账号的最低年龄，这样的模式就导致实际上年龄的设置能够被轻易绕开，致使平台上实际存在大量的儿童用户的数据，据此英国数据监管机构对 TikTok 处以了 1,270 万英镑罚款。③

儿童个人信息可能对儿童身心健康、成长发展带来非常大的影响，因此在各国的立法当中，往往有更为严格的要求，出海企业应当重视针对儿童个人信息保护，采取专门的措施或者技术手段以保证合规。

在英国数据监管机构处罚案中，TikTok 未对 13 岁以下的儿童用户进行身份核验的情况造成用户可以绕开年龄设置的情况，明显违反 GDPR 对于在为未满相应年龄的儿童提供信息社会服务时，应当获取监护人的同意的要求。

---

① 腾讯：《TikTok 被欧盟罚逾 3 亿欧元，TikTok 回应称已解决该问题》，https://page.om.qq.com/page/OEhYeg7lwK_KXBAV4JMLvNiQ0，最后访问日期：2024 年 8 月 28 日。

② 腾讯：《TikTok 在荷兰因未能充分解释如何处理个人数据而被罚款 75 万欧元》，https://new.qq.com/rain/a/20210723A00AUJ00，最后访问日期：2024 年 8 月 28 日。

③ 观察者：《TikTok 回应英监管机构千万英镑处罚：不认同决定，但乐见罚款比去年提的降了一半多》，https://www.guancha.cn/internation/2023_04_06_687187.shtml，最后访问日期：2024 年 8 月 28 日。

综合前述的案例来看，TikTok多次受罚也均与不满足GDPR项下儿童个人信息保护义务有关。以欧盟为例，GDPR中对儿童个人信息提出了一些特殊的保护要求：首先，GDPR对儿童个人信息保护就原则性进行阐述，譬如序言第三十八条，就阐明了由于儿童可能并不能充分了解到个人信息处理所产生的风险、后果和保障措施及其权利，因此，在包括进行营销、创建用户画像和档案以及直接向儿童提供服务时，都应该适用特殊的保护。正文第六条对处理的合法性基础的表述当中，第（f）款中叙述到出于数据控制者或者第三方的合法目的，有必要进行数据处理时，但是数据主体利益或者基本权益、自由应该优先于这种合法目的的除外，并且应当注意数据主体是儿童的时候，更应该保护儿童的个人数据。其次，在具体的场景下，GDPR也对儿童的个人信息保护进行了规定，譬如在GDPR序言第七十一条中明确要求不得通过自动化处理的方式对儿童进行评估，又如正文第十二条中规定，数据控制者应当采取简洁、透明、易懂和易于获取的形式，清晰明了的语言向数据主体披露相关信息，特别是针对儿童个人数据主体。

其他主要的出海目标国家也对儿童个人信息保护推出了相关立法，例如美国颁布了《儿童互联网保护法》（CHIPA）、《儿童在线隐私法》（Children's Online Privacy Protection Act，COPPA），其中COPPA就对于收集儿童信息前应当征得其父母的同意以及父母对于儿童个人信息的控制具有持续性的相关权利等进行了要求。英国颁布了《儿童适龄设计准则》（The Age Appropriate Design Code），其中对于儿童知情同意的年龄标准，用户画像的默认关闭等提出了要求。

除本文主要阐述的儿童个人信息保护问题以外，出海企业在海外受到监管数据合规调查的问题还包括数据的跨境传输、数据安全和加密等保护措施是否到位等。例如，2023年10月，TikTok在越南被监管机构认定违反了对于互联网服务和在线信息管理的相关法令，该法令要求外国跨境信息服务提供商必须在越南境内安装至少一台服务器，以满足数据存储需要以及方便监管开展审查、调查。[1]

出海业务的个人信息保护，尤其是针对消费端的互联网企业，应当引起充足的重视，跟进监管的最新动态，及时完成相应的合规建设。

对于儿童个人信息保护方面，出海企业应当在产品的设计过程中，深刻理解并重视这些出海目标国家的儿童个人信息保护规定的应用，包括从语言的选择、表述的措辞、界面展示的方式、流程的设计中贯穿儿童个人信息保护的各项要求，结合执法案例和当前法域其他友商的个人信息保护实践，采取适当的技术措施，以充分避免相关监管风险。

具体而言，出海企业可以采取以下措施：

1. 针对出海目标国家个人信息保护的要求进行充分的梳理，并且应当尤其重视其中与儿童个人信息保护的相关规定，充分参考当地友商针对儿童个人信息保护的实践做法，重视监管案例的研究，对自身儿童个人信息保护的实际情况进行对标，发现当前风险点。

2. 在产品设计中提前融入儿童个人信息的保护要求，尤其是在交互界面的设置、语言引导的选择、字体颜色等方面，避免出现使儿童用户难以理解或者可以轻易规避的方式引导儿童产生不利于其个人信息保护的倾向性选择，并且应当体现不同于成年人的专门的儿童个人信息保护交互界面或者流程设计，相关交互界面和流程设计中充分参考专业隐私保护人员的意见。

3. 为儿童提供专门的隐私政策

在向儿童提供隐私政策并获取儿童同意的流程中，充分考虑儿童个人信息保护的特殊要求以及儿童在语言理解能力、用户习惯上与成年人的不同，出海企业应当注意专门提供使儿童能够明了易懂的隐私政策版本，并设计专门适应儿童特点的获取同意的流程，避免收集儿童个人信息的合法性受到监管质疑。

---

[1] 新浪科技：《越南完成对 TikTok 的调查，认定其违反电子商务、信息安全和儿童保护方面法律》，https://finance.sina.com.cn/tech/digi/2023-10-10/doc-imzqriaf6876939.shtml，最后访问日期：2024年8月28日。

4.依照出海目标国家的具体规定，处理儿童用户个人信息时，特别关注是否应当取得父母或者监护人的授权同意，相应地，应当建立有效的、无漏洞的年龄验证机制，避免平台出现未经父母或监护人授权同意的儿童用户信息大量存在的情况。

5.关注出海目标国家在特定数据处理场景下儿童个人信息保护的要求，例如在用户画像、信息化自动决策和在线营销等方面的相关法律规定，注意其中禁止性要求以及相应合规动作要求的情况。

除儿童个人信息保护以外，受到行业发展及政治局势的影响，出海企业还可能遭遇其他各类数据合规问题和监管调查。为了防范数据合规风险，对于以下典型的问题，可以采取以下措施：

1.合规开展数据跨境工作。准确识别数据跨境的业务场景，分析数据跨境的必要性和本地化成本，充分梳理跨境相对双方法域是否有数据本地化要求的强制性规定，明确所涉法域下数据跨境有哪些合规途径。例如，在GDPR中规定了三大类数据跨境的合法性依据：一是充分性认定（adequate protection），二是适当的保障措施（appropriate safeguards），三是特定情况下的克减（derogation）。目前实务中适用于大多出海企业的跨境依据是第二大类适当保障措施下的经欧委会通过或批准的标准合同条款（Standard Contractual Clauses, SCC），以及同一大类下的经欧盟成员国数据保护机构批准的有约束力的公司规则（Binding Corporate Rules, BCRs）。

2.对于数据安全和加密。采取符合当地法律法规要求的技术措施对数据进行保护，包括个人数据匿名化/假名化、数据系统的持续保密性及完整性、可用性，数据恢复及备份等，并且发生个人数据泄露的情况，采取必要动作，例如向首席数据安全官及监管机构报告、通知个人数据主体等。

3.注意完成敏感操作前的必要动作。例如，在GDPR规制要求下在对数据主体权利可能产生影响的情况下应当开展数据保护影响评估（DPIA），我国《个人信息保护法》也有类似情况应开展个人信息保护影响评估的规定。

除以上两点，中国企业在"走出去"的过程中，还应当积极面对碳关税的挑战。企业应建立和完善自身的碳排放核算体系，根据国际标准如 ISO 14064-1、ISO 14067 等对碳排放进行准确计量。同时，积极参与国内外的碳排放权交易市场，通过购买碳排放配额或碳信用来抵销无法减少的碳排放。企业应加大对低碳技术的研发投入，提高能源利用效率，开发和应用清洁能源，减少化石能源的使用。通过技术创新和产业升级，降低产品的碳足迹，提高产品的附加值和竞争力。企业应与国际伙伴开展合作，共同研发和推广低碳技术和产品。还应积极参与国际气候变化谈判和合作，争取在碳关税政策制定过程中发出中国企业的声音，争取更有利的政策环境。企业应密切关注碳关税相关的政策动态，包括欧盟及其他可能实施碳关税的国家和地区的政策走向，并关注市场需求变化，及时调整出口战略和产品结构。企业应通过绿色认证、绿色标签等方式提升产品的绿色形象，满足消费者和市场对低碳产品的需求。并且，还要加强品牌建设，提高产品的国际知名度和影响力。企业应减少对单一市场的依赖，积极探索新兴市场和发展中国家，通过市场多元化降低碳关税带来的风险。企业应与政府部门保持密切沟通，反映行业关切和企业需求，争取政府在国际贸易谈判中为本国企业争取更有利的条件。通过上述措施，中国企业不仅能够更好地应对碳关税带来的挑战，还能促进企业的可持续发展，提高在全球市场中的竞争力。这些措施也有助于企业实现低碳转型，为全球气候变化的应对做出贡献。

全球投资者和监管机构越来越重视中国企业的 ESG 表现。许多投资者将 ESG 作为投资决策的关键因素之一，而监管机构也在推动相关法律法规的制定和实施。中国企业关注 ESG 有助于满足投资者的期望和遵守监管要求，降低潜在的法律和合规风险。ESG 关注的核心是企业的长期可持续发展。通过环境保护、社会责任和良好治理的实践，企业可以在资源利用、风险管理、创新能力等方面取得更好的表现，从而实现长期的稳定发展。

第五章

投资专题篇

第一节　企业冲刺 IPO，投资人的考验与抉择

刘亚玮　胡艺桐　周禹洛

中国证券投资基金业协会数据显示，截至 2024 年 2 月，我国存续私募基金管理人约 2.2 万家，管理基金数量 153,288 只，管理基金规模 20.28 万亿元[①]。毫无疑问，私募股权基金已成为我国资产管理业务的重要组成部分，但随着募集高峰的时间推移，大量基金开始进入退出期。

私募股权基金的退出方式多种多样，包括 IPO、并购、挂牌交易、回购、S 基金和清算退出等。尽管 IPO 是传统上私募股权基金最主要的退出方式，然而，在目前 IPO 不确定性增强且上市后仍需面对锁定期、减持要求和股价波动等风险的情况下，越来越多的投资人在企业寻求 IPO 的阶段踌躇，思考是否存在其他更安全的渠道退出，比如对赌回购。即使投资人计划与项目公司共赴上市征程，计划将 IPO 而非对赌回购作为其首选的退出路径，在 IPO 申报过程中仍有许多值得投资人考虑的问题。

本文旨在聚焦不同退出场景中私募股权基金可能面临的困难和挑战，希望在帮助基金管理人和投资者寻找资金回笼可行性的同时，也为将来"募""投""管""退"环节中的风控措施带来启发。本节前半部分将结合实践中的真实案例，探讨私募股权基金在项目公司准备冲刺 IPO 时的可选退出路径及相关优先权利的变动，并在后半部分探讨私募股权基金决定跟随项目

[①] 中国证券投资基金业协会：《证券期货经营机构私募资管产品备案月报（2024 年 2 月）》，https://www.amac.org.cn/sjtj/tjbg/smjj/202403/P020240313614143262862.pdf，最后访问日期：2024 年 8 月 26 日。

公司上市后，在正式申报阶段的主要配合核查内容，以及在面对特殊情形或相关承诺请求时的应对思路。篇幅所限，本文主要聚焦于境内 IPO 场景，相关分析对境外架构项目退出不完全适用。

一、向左走，投资人不愿跟随企业 IPO 时的对赌退出路径思考

1. 案例导入

本团队曾代表某国有投资平台下的创投基金就其拟退出某科技类标的公司提供法律服务。在该案例中，根据标的公司的股东会会议纪要，其已敲定 2023 年年初某时点为股改基准日，并计划于同年年中完成改制审计。另根据股东会会议现场相关中介机构提供的 IPO 时间表，标的公司计划于 2024 年年中某时点前完成科创板上市申报。

然而，根据创投基金于投资入股时签订的投资文件，如标的公司未能于 2023 年 12 月 31 日完成境内合格首次公开发行（合格 IPO），则创投基金有权要求公司及管理层股东回购其届时所持有的全部公司股权。从彼时标的公司提供的前述信息和安排来看，尽管标的公司已经启动股改流程，且回购权行使期限当时也尚未届满，但显然标的公司已无法实现合格 IPO。

在此情形下，如果创投基金不看好上市退出，创投基金究竟能否依据行权条件尚不成熟的回购权实现提前退出？如果能，行权过程中又将面临哪些潜在障碍？如果不能，难道只能被动配合标的公司股改，而全无其他博弈的空间吗？这些问题一方面会牵扯出"对赌"这一话题下的各种讨论，另一方面也是私募股权基金在 IPO 前退出场景所不得不解决的难题[①]。

[①] 为免疑义，私募股权基金在标的公司合格 IPO 前的退出路径并不仅限于通过行使回购权退出，像是共售权、拖售权等优先权利更多的是与"并购退出"这一场景相关联，无意在本文中展开论述。

2. 合同权利支撑下的退出可行性

（1）尚不成熟的行权条件可否"催熟"

本文案例中所约定的"合格IPO"实际上是实践中"对赌"协议的一种情形，即投资方与融资方在达成股权性融资协议时，为解决对目标公司未来发展的不确定性、信息不对称以及代理成本而设计的股权回购或金钱补偿。在法律性质层面，标的公司未能完成合格IPO即需要履行回购义务的对赌约定，同时也是一种"附条件条款"，而非"附期限条款"。根据《民法典》第一百五十八条和第一百六十条，前者在条件达成时即生效，而后者则需待到具体期限届满，相对方就此具体期限享有"预期利益"。对于合格IPO这一条件，受限于标的公司经营状况、各利益相关方的配合程度、资本市场发展环境和证券监管机构审批情况等诸多因素的影响，明显不存在必然性。因此，理论上在回购条件已实质性成就时即可要求回购，而无须待到约定中的具体期限届满。

同时，结合司法实践来看，投资方如计划根据标的公司在事实上已满足回购条件主张提前行权，现已有包括最高人民法院在内的不少支持性判决，例如，在（2014）民二终字第111号其他合同纠纷案[①]中，最高人民法院认为涉案公司在2014年12月31日前无法上市已呈事实状态，《补充协议》所约定的股份回购条件业已成就，涉案公司及其股东应当承担回购股份的民事责任。不过值得注意的是，主张提前行权的投资方需就司法机关认可的适用情形承担证明责任，主要是指标的公司显然无法满足约定中采纳的板块上市法定条件。这通常需要结合公司的财务业绩、持续经营能力、实际控制人和高管的合规等因素进行论证。我们建议私募股权投资基金如遇到同类情况，应注意获取相关证明性文件，包括但不限于标的公司的财务报表、中介机构汇

---

① 中国裁判文书网：蓝某某、宜都某渔业有限公司、湖北某鲟业有限公司与苏州某投资中心（有限合伙）其他合同纠纷二审民事判决书，（2014）民二终字第111号。

报的 IPO 申报时间表等材料，同时亦可结合中介机构辅导总结报告和届时上市审核排队等待期平均时长等加强论证。

（2）行权条件实质性达成后"何去何从"

根据上文的分析，即使合格 IPO 约定的期限尚未真正到期，但只要回购条件已经实质性成就，投资方就可以根据投资交易文件的相关规定要求履行回购义务。然而，在挑选履行回购义务主体时，投资方既需要衡量相对方履行能力，在一定程度上也需要考虑标的公司在拟 IPO 申报时所面临的监管要求。理想的投资方退出不应当是拂拂衣袖离去后，留下标的公司和/或外部第三方一地鸡毛。

一旦行权条件实质性达成，受限于各方协议之约定，投资方在挑选履行回购义务主体时，需要综合考虑相对方的履行能力和监管要求。一般会面临三个问题：a）标的公司为回购相对方的"定向减资"问题，如果选择由标的公司进行回购，通常意味着标的公司需要进行减资的法定流程，这可能需要全体股东的一致同意，并涉及债权人保护程序；b）选择实际控制人或管理层股东履行回购义务，则可能面临支付能力在特定表述下受限；c）在引入外部第三方实现回购时，还需注意"突击入股"的监管要求，包括新股东的核查和股权锁定期的规定。

实际上，投资方拟通过行使回购权退出的这一场景还有很多值得细究的问题，比如投资方参与经营管理是否影响对赌条件的触发；投资方希望同时主张业绩补偿的可行性；目标公司为实际控制人提供回购义务担保的效力；回购价款逾期支付的利息计算；等等。我们仅在本文以回购义务主体为切入视角，结合标的公司 Pre-IPO 的大背景探讨各类主体项下较为核心和关键的障碍。

3. 缺少对赌条款支撑时如何另辟蹊径

行文至此的所有分析是基于投资方的合同权利基础已能够实质性支撑其退出，但若投资方没有可以依赖的行权基础，且对标的公司的上市不抱有乐观态度时，是否仍有其他协商或谈判的抓手呢？对此，我们认为可以就投资方拒绝接受标的公司股改和不配合上市流程的可行性加以分析。

根据《公司法》第六十六条第三款之规定，公司变更公司形式的决议必须经代表三分之二以上表决权的股东通过。因此，当投资方股权比例不足三分之一时，并不会对股东会决议造成决定性影响。然另有《公司法》第九十三条和第九十四条规定，发起人制定公司章程和签订发起人协议以明确各自在公司设立过程中的权利和义务均为设立股份有限公司的前提条件。结合各地市场监督管理局对股改变更登记时的材料要求，通常理解为，原有限责任公司的全体股东均应当签署发起人协议，否则该等协议具有潜在争议或瑕疵。

此外，在上市实践中，证监会往往在审核发行人历史沿革情况时，会关注核查股改程序的合规性，包括但不限于创立大会等会议的召开情况，未签署发起人协议的具体原因，等等，中介机构均需对程序瑕疵及其补正情况进行说明。例如，嘉元科技（688388）在其审核问询函回复中，承认嘉元有限责任公司整体变更为股份有限公司时未签署书面发起人协议之程序瑕疵，并说明发行人已于2015年2月18日补签《发起人协议》。在这一环节，根据上市中介机构的不同要求和尺度，目标公司亦需要投资方配合出具不同类型的资料（如不属于三类股东的承诺函、签署放弃股东优先权利、回购权的协议等）。投资方对反向尽职调查的不配合亦可以在现阶段构成施压的立足点。

总结来看，对于股权比例相对较低的投资方而言，尽管无法在股东会决议上构成公司股改的实质性障碍，但作为股份有限公司的发起人之一，如不配合签署相关补充说明、补签发起人协议或配合反向尽职调查，则会在上市阶段对标的公司的上市申报产生不利影响，这均可以成为投资方在Pre-IPO阶段与标的公司协商安排退出的谈判筹码，开拓其他退出可能性。

4. 优先权利的去与留

在分别讨论投资方在Pre-IPO阶段退出的"能"与"不能"后，我们有必要回到优先权利本身，结合监管规则与上市实践，梳理其应在何时得到怎样的处理。毕竟，投资方若被动伴随公司完成股改，特殊权利的去与留仍可能影响其退出路径。

投资方的特殊优先权利，一般可以归纳为估值调整、退出权利和包括公司治理在内的其他保护性权利三大类。本质上特殊权利的安排与我国股份公司"同股同权"的原则相悖，也在不同程度上对公司的控制权稳定性和持续经营能力产生潜在影响。

多数情况下，在投资交易文件的文本层面，优先权利的终止会以附带效力恢复条款的形式予以约定。在本文的案例中，投资方出于保障公司顺利上市之目的，在优先权利构成公司上市法律障碍或产生不利影响的前提下，同意相关优先权利在公司向当地证监局的上市辅导备案之日起自动失效。然而，一旦公司未通过上市辅导验收、延迟提交或主动撤回上市申请、上市申报被中止、终止或否决，则优先权利应立即自动恢复。其中，有关"法律障碍"和"不利影响"的表述并没有得到明确定义或解释，故不能当然得出优先权利需要提前终止的结论。

而从目前的上市规则来看，股东特殊权利的清理并非一刀切，但对于明确不符合要求的，中介机构应及时核查和清理。《监管规则适用指引——发行类第4号》（以下简称《4号指引》）规定，只有在中介机构审慎论证不符合股权清晰稳定、会计处理规范等方面的要求时，不能同时满足下列四项要求的对赌协议才需要在上市申报前清理：a）发行人（公司）不是对赌协议当事人；b）对赌协议不存在可能导致公司控制权变化的约定；c）对赌协议不与公司市值挂钩；d）对赌协议不存在严重影响发行人持续经营能力或者其他严重影响投资者权益的情形。尽管《4号指引》的规定主要针对"对赌协议"，但从其"等类似安排"的表述和实践中证监会的核查范围来看，其他股东特殊权利也都不应豁免。

最后，关于以公司作为回购对象的对赌清理时点问题，除上市监管规则通常以"申报"为审核节点，一般中介机构还会出于符合会计处理规范之需要，在上市申报的审计基准日便要求彻底终止。这一做法核心是为了避免附带特殊权利的相关投资在申报报表中被确认为金融负债，进而影响公司净资产折算股本的相关计算。就回购条款单独而言，履行回购的义务方如果是实际控制人，则实践中具体清理的时点还未形成统一操作。

二、向右走，投资人在 IPO 申报阶段的配合与应对

在投资人选择与项目公司共同完成上市退出的情况下，通常需要面临一些关键性的核查和披露问题，特别是当投资人具备特殊身份或入股时间特殊时，所需核查的范围和深度更甚。

1. 私募基金股东的一般性核查要求

在当前监管规则下，项目公司 IPO 申报时针对私募股权基金的一般核查要求规定在证监会《证监会系统离职人员入股拟上市企业监管规定（试行）》《监管规则适用指引——发行类第 4 号》《监管规则适用指引——关于申请首发上市企业股东信息披露》等相关文件中，具体可以总结为：

- IPO 申报前 12 个月通过增资或股权转让产生的"突击入股"新股东的法人股权结构及其实际控制人，或合伙企业普通合伙人及其实际控制人、有限合伙人的基本信息核查；
- 项目公司与投资人签署的不符合相关要求的对赌协议在申报前的清理情况核查；
- 契约型私募投资基金不属于项目公司控股股东、实际控制人、第一大股东，基金相关主体是否已纳入监管并履行相关程序的核查；
- 股东出资情况及关联交易情况的核查；
- 股东信息穿透核查及限制人员持股核查等。

基于上述申报及核查要求，项目公司可能在申报阶段要求私募基金股东

配合相关核查并对以下列举的各类有关事项作出声明及承诺。

针对基金层面，项目公司可能需要私募基金股东确认：

a）基金持股真实，取得项目公司股份/股权出于真实意思表示，相关资金来源合法，不存在违规入股，入股交易价格无明显异常；

b）基金与项目公司及其股东、实际控制人、董事、监事、高级管理人员、核心技术人员现时不存在且未来也不会发生关联关系或其他利益关系；

c）基金控制、可施加重大影响的企业与项目公司的客户、供应商现时不存在且未来也不会发生重叠，现时不存在且未来也不会发生关联关系、交易、资金往来或利益安排。

除直接持股的私募基金股东的主体适格内容外，项目公司亦可能就以下涉及基金直接及间接投资者的事项要求确认：

a）基金及基金的直接及间接投资者不存在不具备股东资格、禁止持股情形或属于本次发行的中介机构或其负责人、高级管理人员、经办人员，不存在以项目公司股份/股权进行不当利益输送；

b）基金的直接及间接自然人投资者不属于证监会系统离职人员，不存在该等人员通过基金向项目公司入股的情形；

c）基金及基金的直接及间接投资者直接或间接持有的项目公司股份/股权现时不存在且未来不会发生信托、代持、结构化安排、收益权转让或其他利益安排；

d）基金及基金的直接及间接投资者现时不存在且未来不会实施以委托持股或信托持股等形式代他人持有项目公司股份/股权的行为；

e）基金及基金的直接及间接投资者与项目公司本次发行的中介机构及其负责人、高级管理人员、经办人员现时不存在且未来不会发生或存在亲属关系、关联关系、委托持股、信托持股或其他利益输送安排；

f）基金及基金的直接及间接投资者与项目公司及其股东、实际控制人、董事、监事、高级管理人员不存在业绩承诺及补偿、股份/股权回购、反稀释条款、优先权等对赌安排或类似安排；

g）基金及基金的直接及间接投资者向项目公司及相关中介机构提供的全部资料及信息披露均真实、准确、完整，不存在虚假记载、误导性陈述或者重大遗漏。

在面对项目公司提出的签署相关声明及承诺函的要求时，私募股权基金应当就《声明及承诺函》所列事项进行逐一确认，包括关注：a）基金及其上层股东与项目之间的关联关系、供应商客户重叠关系；b）股权安排上是否存在信托、代持；c）除基金与项目公司之间的协议安排外，基金上层股东是否直接与项目公司存在优先权等股权安排或业绩对赌安排等。

此外，在为配合项目公司完成申请IPO企业之股东资格的核查而出具该等《声明及承诺函》的同时，私募基金股东还应注意：a）项目公司要求作出的声明及承诺是否超出相关监管要求；b）相关声明及承诺是否符合实际情况等事项，避免因进行过度的或与实际不符的承诺，而承担不必要的风险或利益损失。

2024年3月，证监会在《关于落实政治过硬能力过硬作风过硬标准全面加强证监会系统自身建设的意见》中提出"要从严从紧整治政商'旋转门'问题""从严限制入股和从业行为，对重点部门和关键岗位工作人员设置离职'冷冻期'，加强离职后从业跟踪管理，强化穿透核查"。2024年10月8日，新规《证监会系统离职人员入股拟上市企业监管规定（试行）》开始实施，并取代2021年6月发布的《监管规则适用指引——发行类第2号》。新规将核查范围扩大至离职人员的直系亲属，并要求发行人及律师对各层级投资人开展更深的穿透核查，投资人配合接受发行人及中介机构的访谈，并根据要求出具确认函的情况将更加常见。如上层投资人与发行人有借款等资金往来的，还可能需要配合提供银行流水并承诺材料真实、完整。在新规所强化的穿透核查要求下，私募基金股东可能会更频繁地接受相关核查工作，也可能需要提供更多材料，在合理配合的同时，应更加注意风险的防范。

2.私募基金存在特殊情形的应对

（1）国资合规程序的应对

在 IPO 申报阶段，如发行人的现有股东或历史股东存在国资背景，由于涉及产权登记、产权转让审批、国资决议、国资评估、进场交易程序等复杂的国资监管程序，将成为受监管机关重点关注的棘手问题。因此，如私募股权基金的项目公司股权来源具有国资背景，相关股改及股权转让或增减资造成的股权比例变动以及项目公司其他非国有单位股东以非货币资产出资的，都应进行评估并履行备案程序，同时还应根据《企业国有资产产权登记管理办法》《国家出资企业产权登记管理暂行办法》的规定纳入产权登记范围。

此外，国资监管的要求可能引起国资股权合规程序以外的问题，包括但不限于项目公司可能考虑到其国资股东的特殊身份和内部操作规范，在公司治理程序上以国资股东意见优先或额外提供便利等。

序号	公司/证券代码	审核问询情况
1	金帝股份（603270）	要求结合相关法律法规说明高新区财金向发行人子公司转让其持有的国有股权是否履行了必要审批及备案程序，高新区管委会是否为相关国有股权转让批复的有权机关
2	航天环宇（688523）	要求结合发行人股权转让法律瑕疵、股权转让的作价、实际支付安排等，说明发行人历史沿革中程序瑕疵的整改措施是否合法、有效，发行人是否实质涉及国有资产流失
3	中远通（301516）	要求说明在实控人实际支配的表决权高于国资股东的情况下，于《一致行动人协议》中约定各方在日常经营管理事项不能达成一致意见时以国资股东的意见为准的原因及合理性

但是，上述国资评估、进场交易等国资监管要求是否适用于有限合伙制基金仍有待讨论。根据《企业国有资产交易监督管理办法》（以下简称《32号令》）第三条规定企业国有资产交易行为包括履行出资人职责的机构、国有及国有控股企业、国有实际控制企业转让其对企业各种形式出资所形成权益

的行为（以下称企业产权转让）。根据该条以及第四条的规定，《32号令》监管的企业是"国有及国有控股企业、国有实际控制企业"，但该等适用对象是否包含国有企业投资的有限合伙型基金，实践中一直存在争议。

就此问题，国务院国资委也曾在其官方网站"互动交流"板块中进行回复（2018年12月29日、2019年5月27日、2022年4月13日）："《32号令》第四条是针对公司制企业中的国有及国有控股企业、国有实际控制等情形进行分类。"但因《企业国有资产法》第十五条第一款规定，履行出资人职责的机构对本级人民政府负责，向本级人民政府报告履行出资人职责的情况，接受本级人民政府的监督和考核，对国有资产的保值增值负责。在实践中，针对各级国资监管部门对国资参与的合伙制基金向第三方转让底层资产的程序问题，目前尚无明确的态度或标准。经我们查询公开信息，有限合伙型国资基金所持股权在转让时，进场和不进场的交易案例均有，各地监管口径尚未统一。

综上所述，如私募基金股东的项目公司股权来源具有国资背景，则应当就该等问题与对应的各级国资监管部门进行进一步的沟通确认。

（2）基金引入信托的应对

因信托具有灵活、复杂、隐秘的特点，而A股上市审核中对发行人股权的清晰性要求较为严格，信托持股的情况于境内不太常见，但近年来，也出现信托通过基金成为发行人间接股东的情形，在充分披露信托结构信息且不是控股股东或实际控制人的前提下，有案例显示部分信托架构能够得到一定程度的保留。当私募股权基金的上层投资人存在信托结构时，应当以清理调整为原则，在确有必要保留的情形下根据监管动态进行充分应对，从而尽可能减少信托持股对IPO造成的负面影响。

在2022年4月深交所发布的《创业板审核动态》（2022年第1期）中，审核机关以3个案例对信托持股问题进行了解析。根据当时有效的《创业板首次公开发行股票注册管理办法（试行）》第十二条、《深圳证券交易所创业板股票首次公开发行上市审核问答》问题十的相关规则，审核机关认为，目前监管规则并未对信托持股情况是否触及发行条件加以明确，并承认通过信托（特别是家族信托）持股是境外较为常见的财产管理方式。该分析对涉及控制权的相关股权中存在信托持股持否定态度，要求相关情形应当在申报之前予以清理，而对于非控制权条线中的信托结构，则要求针对股份权属清晰、控制权稳定影响等因素综合考虑、区别处理。

结合上市申报案例的具体审核问询情况，相关成功上市的案例依然较少，且其中有关信托持股架构的问询及信息披露仍基于已失效的《首发业务若干问题解答》《上海证券交易所科创板股票发行上市审核问答》《深圳证券交易所创业板股票首次公开发行上市审核问答》等文件规定的"三类股东"核查要求。在审核问询过程中，发行人及其律师对信托名称、受托机构等信息进行了披露（但委托人、受益人、权益安排等信息未被要求公开披露），主要针对信托架构不属于公司控股股东、实际控制人、第一大股东以及不属于直接股东等事实对股东适格性进行论证，并通过确认间接持股股东已纳入国家金融监管部门有效监管，已履行审批、备案或报告等合规程序以及由股东作出不存在潜在争议或纠纷和锁定安排的承诺，从而满足发行人股权清晰稳定的要求。

（3）基金突击入股的应对

"突击入股"股东在IPO申报阶段往往备受关注，在锁定期方面亦受到比项目公司一般股东更为严格的监管要求。根据《监管规则适用指引——关于申请首发上市企业股东信息披露》规定，在发行人提交申请前12个月内通过增资或受让股权转让的方式取得拟上市公司股权的"突击入股"股东，应当承诺所持新增股份自取得之日起36个月内不得转让。当私募股权基金成为"突击入股"股东，受到核查及承诺要求时，可结合监管规则和既有案例的申报核查重点，进行有侧重的提前应对。

在核查方面，《监管规则适用指引——关于申请首发上市企业股东信息披露》也对"突击入股"股东作出更详尽核查规定。针对"突击入股"股东，发行人应当充分披露其：a）基本情况、入股原因、入股价格及定价依据；b）

新股东与发行人其他股东、董监高是否存在关联关系；c）新股东与本次发行的中介机构及其相关人员是否存在关联关系；d）新增股东是否存在股份代持情形。

结合上市申报案例的具体审核问询情况，以 2023 年 11 月底新近在科创板上市的京仪装备（688652）为例，监管机关就其在申报前 12 个月内向新增股东股权转让的原因、背景、合理性、受让股权的情况提出了问询，并特别关注"突击入股"股东转让股权的发起人退出原因、背景及合理性，以及新增股东的出资来源。

序号	公司 / 证券代码	审核问询情况
1	京仪装备（688652）	要求说明 1）新增股东入股项目公司的背景、原因、资金来源、投资其他企业的情况，增资或转让协议是否存在对赌约定或其他特殊条款；2）新增股东是否与项目公司或中介机构及其相关人员存在关联关系；3）设立项目公司的背景及发起人后期退出、对外转让股权的原因、背景、合理性
2	安芯电子（预披露）	要求说明新增股东的出资来源，并说明股权转让、增资支付凭证的具体类型及是否为银行转账记录之外的其他资料，中介机构发表相关资金来源为自有资金的结论是否已取得充分的外部凭证
3	宇谷科技（预披露）	要求说明股权变动价格在历史上由 1 元骤升至 50 元，股权变动价格差异较大的原因，以及报告期内股权变动价格差异较大的原因及合理性
4	辉芒微（预披露）	要求说明 1）前次撤回后引入投资人的原因，新增股东的基本情况、穿透核查情况、穿透后股东与发行人及关联方、主要经销商终端客户是否存在关联关系或其他密切关系，入股原因和资金来源，股份锁定承诺情况；2）股东协议、补充协议签订主体、权利义务主体、主要条款，特殊权利条款的具体内容，签订后不久迅速废除的原因，是否已经全部清理，是否不可撤销的终止且自始无效

三、结语

随着越来越多的私募基金步入退出期，并又受制于目前复杂的市场环境，私募股权基金退出难的相关问题已十分普遍。私募股权基金在 IPO 前后的退出过程中，不仅要关注退出路径的选择，还需严格遵守监管规则，合理应对各种特殊情形。我们希望通过自身专业的法律服务，助力私募基金在保障合规性的同时，最大化各投资项目的退出回报。同时，期待随着未来资本市场的不断发展和监管规则的更新，私募股权基金的退出通道也能进一步丰富和通畅。

第二节　新《公司法》视角下投资人如何行使股东知情权控制项目风险

罗　超　张　凡

股东知情权是股东的重要法定权利，也是股东行使其他股东权利的一项基础保障。《公司法（2023修订）》相较于《公司法（2018修正）》，对股东知情权规定的权利范围更广泛，权利保护方式也更加全面。本文主要从新《公司法》视角下，就股权投资人针对非公众公司的投资，如何更好地通过行使股东知情权以控制项目风险、做好投后管理。

一、行使股东知情权是做好投后管理的基础

在投资人完成项目投资后，项目更多依赖于企业的自生长，投资人并不参与企业日常经营管理。但是，当被投企业在面临重大事项决策或存在经营风险时，如拟申请较大金额的项目贷款、开发新的业务板块、核心知识产权遇到外部纠纷等情形时，有一定行业和项目管理经验的投资人，若能在第一时间得知，即可协助企业作出相关专业判断，并提供必要的支持；在一些已投项目出现影响投资及退出的经营风险时，投资人如能及时了解详情，即可设计有针对性的退出方式，并抓住退出的最佳时机。

上述投后问题及应对方式，都依赖于投资人对被投企业信息的及时充分把握，在缺少企业信息的情况下，任何投后管理的决策都存在巨大风险。因此，

行使好股东知情权,是做好投后管理、控制项目风险的基础。股东知情权是股东的基本权利,只有在充分了解公司经营、管理及财务等主要信息的基础上,投资人才能履行股东的决策权,也只有在充分履行股东知情权和表决权的基础上,才能更好地为被投企业"有效赋能",并做好项目风险的控制。

二、新《公司法》对股东知情权保护范围和方式的扩张

《公司法(2018修正)》第三十三条、第九十七条分别规定了有限公司与股份公司股东的知情权范围,赋予了股东知情权的法定基础,但尚不足以满足作为中小股东的投资人充分、及时地了解公司信息的需求,且针对股东知情权范围、行使方式在实务中仍存在较多争议;《公司法(2023修订)》在原有法律规定的基础上,针对股东知情权的范围及行使方式作出了更明确的规定,修订前后规定的基本内容如下:

《公司法(2018修正)》	《公司法(2023修订)》
第三十三条　股东有权查阅、复制公司章程、股东会会议记录、董事会会议决议、监事会会议决议和财务会计报告。 股东可以要求查阅公司会计账簿。股东要求查阅公司会计账簿的,应当向公司提出书面请求,说明目的。公司有合理根据认为股东查阅会计账簿有不正当目的,可能损害公司合法利益的,可以拒绝提供	第五十七条　股东有权查阅、复制公司章程、股东名册、股东会会议记录、董事会会议决议、监事会会议决议和财务会计报告。 股东可以要求查阅公司会计账簿、会计凭证。股东要求查阅公司会计账簿、会计凭证的,应当向公司提出书面请求,说明目的。公司有合理根据认为股东查阅会计账簿、会计凭证有不正当目的,可能损害公司合法利益的,可以拒绝提供查阅,并应当自股东提出书面请求之日起十五日内书面答复股东并说明理由。公司拒绝提供查阅的,股东可以向人民法院提起诉讼。 股东查阅前款规定的材料,可以委托会计师事务所、律师事务所等中介机构进行。 股东及其委托的会计师事务所、律师事务所等中介机

续表

《公司法（2018修正）》	《公司法（2023修订）》
查阅，并应当自股东提出书面请求之日起十五日内书面答复股东并说明理由。公司拒绝提供查阅的，股东可以请求人民法院要求公司提供查阅	构查阅、复制有关材料，应当遵守有关保护国家秘密、商业秘密、个人隐私、个人信息等法律、行政法规的规定。 股东要求查阅、复制公司全资子公司相关材料的，适用前四款的规定
第九十七条　股东有权查阅公司章程、股东名册、公司债券存根、股东大会会议记录、董事会会议决议、监事会会议决议、财务会计报告，对公司的经营提出建议或者质询	第一百一十条　股东有权查阅、复制公司章程、股东名册、股东会会议记录、董事会会议决议、监事会会议决议、财务会计报告，对公司的经营提出建议或者质询。 连续一百八十日以上单独或者合计持有公司百分之三以上股份的股东要求查阅公司的会计账簿、会计凭证的，适用本法第五十七条第二款、第三款、第四款的规定。公司章程对持股比例有较低规定的，从其规定。 股东要求查阅、复制公司全资子公司相关材料的，适用前两款的规定。 上市公司股东查阅、复制相关材料的，应当遵守《中华人民共和国证券法》等法律、行政法规的规定

（一）查阅会计账簿、会计凭证的权利

《公司法（2018修正）》规定，有限公司股东可查阅会计账簿，新《公司法》修订后，有限公司的股东以及满足"连续一百八十日以上单独或者合计持有百分之三以上股份"的股份公司股东均可查阅公司的会计账簿、会计凭证，该项修订扩展了股东知情权的范围。

根据《会计法》的规定，会计账簿包括总账、明细账、日记账和其他辅助性账簿，而会计账簿登记必须以经过审核的会计凭证为依据。在《公司法》（2018年修正），法律仅规定有限公司股东有权查阅企业的会计账簿，股东是

否有权查阅企业的会计凭证一直存在争议。股东通过查阅企业的财务报告、会计账簿能够获知企业运营的基本情况，但对于可能涉及公司经营中的专项问题处理或财务处理等事项，则需要通过查阅企业的原始凭证才能知悉。因此，《公司法（2023修订）》明确赋予了有限公司股东以及满足条件的股份公司股东查阅企业会计账簿、会计凭证的权利，扩展了股东知情权范围。

（二）复制公司章程、股东名册、"三会"文件、财务会计报告的权利

《公司法（2018修正）》规定，股份公司股东仅能够查阅公司章程、股东名册、股东会会议记录、董事会会议决议、监事会会议决议、财务会计报告，但股东仅通过现场查阅资料难以详细比较和评估公司的经营情况与决策过程，并不利于股东有效行使知情权。《公司法（2023修订）》则明确赋予股份公司股东复制公司章程、股东名册、股东会会议记录、董事会会议决议、监事会会议决议、财务会计报告等材料的权利，进一步扩大了股东知情权的行使方式。

（三）委托中介机构查阅的权利

由于股东通常无法兼备法律、会计等各项专业知识，股东通过查阅会计账簿、会计凭证行使知情权时，无法获知信息指代的具体情况，股东知情权也无法充分实现。2023年《公司法》修订前，均未提及股东可以借助第三方力量行使股东知情权，仅在《最高人民法院关于适用〈中华人民共和国公司法〉若干问题的规定（四）（2020修正）》中规定了中介机构在股东知情权诉讼中的协助查阅权限。本次《公司法》修订则吸收了此项规定的内容，明确规定股东可以委托中介机构在遵守保密等相关法律、法规的前提下，查阅会计账簿、会计凭证等材料，以保障股东更有效地行使知情权。

三、股东知情权的协议保护

《公司法（2023修订）》极大地拓展了股东知情权的范围及行使方式，增强了股东提供投后服务以及进行风险防控的基础，但从PE/VC的投后管理角度，非公众公司在业务、财务、法律、公司治理等各方面存在规范和成长的不确定性风险。因此，投资人可以在《公司法（2023修订）》赋予的股东知情权的框架下，结合投资人的管理需求，通过有效设计股东协议及投资协议的条款，来约定更充分的知情权保障，以更有效地实现对被投企业的投后服务和风险控制。

（一）扩展股东知情权行使范围

《公司法（2023修订）》第五十七条、第一百一十条明确规定了股东获取企业信息的范围，但在知情范围及知情主体上，特别是对于中小股东来说，仍存在不足以支持投资人投后管理及风险控制的可能性，投资人可以在投资协议和股东协议中通过扩大知情范围以及明确知情权以进一步扩展知情权益。

	法定知情权范围	约定知情权范围
扩展股东知情权行使范围	公司章程	公司内部控制制度及管理制度
	"三会"会议记录/决议	"三会"会议议案及与议案内容相关的论证材料
	财务会计报告、会计账簿、会计凭证（特定股东）	会计凭证、合同、文书及交易流水等

1. 公司章程及相关管理制度

新旧《公司法》均规定了股东对公司章程的知情权，公司章程规定了公司的组织结构、"三会"权限及公司运作的基本规则，但公司组织的有效运行，还依赖公司内部制度的有效运作，如公司内部的客户管理、供应商管理、对外投融资、对外担保、财务管理、研发及技术管理、子公司管理、人力资源管理等相关制度的有效运作及实施，才能保障公司的有效运营。

因此，为了更充分把握公司组织机构的运转机制，投资人可以在投资协议及股东协议条款中，约定除公司章程之外，对公司其他内部控制制度及管理制度亦具有查阅及复制权，且在相关制度变更或修订时，公司应及时更新相关制度并报送投资人。

2.会议记录/决议及议案等论证文件

《公司法（2023修订）》规定了股东有权查阅、复制股东会会议记录、董事会会议决议、监事会会议决议。法定知情权主要体现为"三会"会议记录及决议，但由于投资人不参与公司日常经营，对于"三会"审议事项的背景及其内容并不能充分、准确知悉。因此，投资人需在相关会议召开前，充分了解相关议案的背景及具体内容，方能有效参与相关事项的决策过程，并从专业角度提供有利于公司发展的意见，或预先准备有效的风险控制措施。例如，公司对外投资事项，投资人只有在充分评估、分析投资标的价值和风险的基础上才能作出合理判断，而股东知情权范围则需包括与拟投资标的公司相关的可行性论证材料。

因此，为了投资人能更有效地参与到公司重大决策的过程中，在投资协议及股东协议条款中，投资人可以约定其可查阅的相关会议材料除会议记录及决议外，应包括会议议案及与议案内容相关的必要决策参考或论证材料。

3.会计账簿、会计凭证及相关合同、文书、交易流水

《公司法（2023修订）》回应了实务中股东能否查阅企业会计凭证的争议，明确有限公司股东及股份公司"连续一百八十日以上单独或者合计持有公司百分之三以上股份"的股东查阅企业会计凭证的权利，但针对企业经营管理中的重大事项，仅仅从财务会计报告和会计账簿并无法充分、准确地了解事实情况，投资人还需结合具体的业务合同、政府文书、交易流水等相关经营资料及信息，才能对具体事项做出准确判断。

因此，为了更有效保障投资人对公司经营及财务信息的知情权，为可能涉及的投资风险提前做好预防措施，在投资协议及股东协议条款中，除公司财务会计报告、会计账簿、会计凭证，还可以明确约定对公司的业务合同、文书、交易流水等材料的查阅及复制权，以保障投资人在特殊情况下，能够更真实全面了解相关事实，必要时固定相关证据材料，做出有效的风险处置措施。

（二）丰富股东知情权行使方式

丰富股东知情权行使方式	法定知情权行使方式	约定知情权行使方式
	会计账簿及会计凭证的查阅权、委托中介机构查阅权	会计账簿及会计凭证的复制权
		委托中介机构尽调
	未规定企业回复期限	明确知情权所涉资料的提供期限

1. 丰富知情权行使方式

（1）明确行使方式为查阅及复制

《公司法（2023修订）》规定股东有权查阅、复制公司财务会计报告等材料，有限公司股东及满足条件的股份公司股东有权查阅公司会计账簿、会计凭证。对于会计账簿、会计凭证，股东仅有查阅权而未规定复制权，由于会计账簿包含总账、明细账、日记账和其他辅助性账簿且会计凭证数量较多、不易翻阅，所涉信息量较大，股东仅通过现场查阅无法及时、充分掌握相关信息，也无法留存备份。在一些股权投资纠纷中，特别是涉及公司控股股东滥用控制地位、与关联方输送利益的行为，外部投资者往往因缺少相关证据材料，导致无法确认事实及获得相应赔偿。

因此，投资人可在投资协议及股东协议条款中明确约定，对股东知情权范围内相关材料的查阅及复制权，并做好严格的保密措施。

（2）有效借助第三方专业力量

《公司法（2023修订）》明确规定股东可以委托会计师事务所、律师事务所等中介机构查阅被投企业的会计账簿、会计凭证等有关材料。

在被投企业进行重大事项决策或出现重大经营风险时，如公司提供信息不充分或仅从财务信息无法综合研判风险的情况下，投资人可以在必要时借助第三方专业机构对被投企业进行全面调查，例如法律专项尽职调查、财务专项审计、业务调查等，以全面了解相关重大事项或经营风险的具体情况，并及时针对风险作出快速反应。在股东纠纷的司法实务中，第三方专业机构对重大事项或经营风险出具的相关专项审计报告、尽职调查报告等文件，是司法机构确定事实和责任的重要证据材料。

因此，在投资协议及股东协议条款中，作为外部投资者可以明确在公司进行重大事项决策判断时，有权委托第三方机构进行财务审计、法律、商业尽职调查等，且公司有义务提供必要的协助与配合；涉及的相关中介费用一般由委托方（投资人）支付，如通过专项的尽调或审计发现公司提供的决策材料，有重大隐瞒、遗漏或虚假陈述的，则应当由公司承担费用。

2.明确股东知情权的响应期限

《公司法（2023修订）》拓展了股东知情权的知情范围及行使方式，但未对股东行使知情权后企业的响应期限作出明确规定，而实务中大量的投资纠纷及退出困难的项目，投资人往往因为没有及时充分获得项目相关的重要信息，导致无法进行有效决策及采取必要的风控措施，进而错失了投资追加及投资退出的最佳机会。

因此，投资人可以在投资协议或股东协议中明确约定股东知情权及所涉资料的提供期限，诸如年报、半年报、月度报表、"三会"会议议案及相关材料的最晚提供期限。若被投企业未按照约定期限提交知情权所涉相关材料，投资人有权向被投企业发出书面通知，若企业仍未按照通知中所列时间期限提供完毕，无特殊情况下即构成违约，适用投资协议或股东协议的违约条款，承担相关的违约责任，投资人也可以据此启动必要的司法保障措施。

（三）股东知情权的保障措施

股东知情权保障措施	合同保障	司法保障
	协议约定的违约行为及违约责任	财务账簿保全、司法审计
		查封、扣押等司法强制措施

1. 明确违约行为及违约责任

《公司法（2023修订）》扩展了股东的知情范围及知情方式，但对于公司控股股东、实际控制人、董事、高级管理人员等阻挠股东行使股东知情权的法律责任，并未有明确的法律规定。为了更有效地保障投资人行使股东知情权，双方可以在投资协议或股东协议中，就侵犯股东知情权的行为设定相应的违约责任。例如，因公司内部治理结构不完整或效率低下导致向投资者拖延提供资料，投资者可要求其在限定时间内采取补救措施，因此给投资人造成损害的，应承担相应赔偿责任；因公司或控股股东、实际控制人、董事、高级管理人员等在限定补救期限内拒不提供相关资料或其他恶意阻挠投资者合理行使知情权的行为，则触发投资回购条款，投资人有权要求公司或相关股东限期履行回购义务。

在股权投资项目中，非公众公司的属性相对于公众公司，具有更强的人合属性，因此，对于股东知情权违约责任的约定，应更着眼于股东共同建立与完善公司治理结构及公司内控制度，而不能陷入纯粹的投资风险防控角度，如此也更体现投资人投后服务的价值。

2. 司法保障措施

在司法实践中，被投企业怠于提供会计账簿、公司章程、财务会计报告或存在其他侵害股东知情权行为的，投资人有权向有管辖权的人民法院申请财务账簿保全及司法审计。司法机关有权采取查封、扣押等强制搜查的执行措施，并通过司法审计方式对被投企业的财产等进行调查、审计。如果被投企业存在隐匿、故意销毁会计凭证、会计账簿行为，还可能触发刑事责任。

投资人如申请启动司法强制措施，除依据《公司法》赋予投资者的法定知情权外，投资人与被投企业签署的股东协议、投资协议中的相关约定条款也提供了重要依据及补充。因此，投资人与被投企业签署协议中须明确约定投资人的知情范围、知情方式，以及被投企业的违约责任，以有效保护投资人的知情权。

四、股东知情权的双重效应

通过行使股东知情权，投资人能够更加充分地了解被投企业经营、管理、财务、内部控制等全方面情况，在此基础上才能根据被投企业的需求和问题，有针对性地为被投企业提供投后增值服务，如基于相关专业经验协助企业完善治理结构，从市场资源角度为企业拓展客户等。

在行使股东知情权过程中，投资人也能够更充分了解被投企业的风险，在被投企业已经出现影响投资人退出的重大风险事项时，能够及时作出判断，有针对性地设计应对措施。在股权投资纠纷中，通过行使股东知情权收集、保存、锁定相关证据，也可以为处置股东纠纷及司法诉讼提供有效的证据支持及保障。

第三节　新《公司法》视野下投资方主张目标公司履行回购责任的实务探究

刘元涛

投资方在对外投资时，出于解决投资时的信息不对称、代理成本以及目标公司未来发展不确定性等因素通常会设置回购条款，投资方主张回购的对象有目标公司的股东、目标公司自身等情形，回购条款的设计也直接关乎投资方的退出安排。笔者从对回购条款裁判案例来看，投资方与目标公司股东的回购条款通常能够获得裁判的支持，而投资方要求目标公司承担回购责任或者对回购责任承担担保情况下却存在不同的处理意见。《九民纪要》明确不因与目标公司对赌而导致协议无效，同时设置了目标公司回购投资方股权需要先完成减资，而减资的流程并非投资方能够单方面完成；投资方与目标公司对赌如何履行需要进一步探究。2023年12月29日，十四届全国人大常委会第七次会议审议通过了《中华人民共和国公司法》（以下简称《公司法（2023修订）》），《公司法（2023修订）》将自2024年7月1日起施行。《公司法（2023修订）》对定向减资提供了可选择的路径，为投资方要求目标公司回购股权提供了可能。本文将结合要求目标公司回购的前提、《公司法（2023修订）》定向减资对公司回购自身股权影响、投资方如何操作等事项进行展开分析。

一、投资方要求目标公司履行回购责任，需要按照《九民纪要》先完成目标公司减资

《九民纪要》第五条载明，投资方与目标公司订立的"对赌协议"在不存在法定无效事由的情况下，目标公司仅以存在股权回购或者金钱补偿约定为由，主张"对赌协议"无效的，人民法院不予支持，但投资方主张实际履行的，人民法院应当审查是否符合公司法关于"股东不得抽逃出资"及股份回购的强制性规定，判决是否支持其诉讼请求。《九民纪要》还进一步规定，投资方请求目标公司回购股权的，需要满足公司法"股东不得抽逃出资"或者"关于股份回购的强制性规定进行审查"。《九民纪要》在理解与适用部分进一步释明，目标公司没有履行减资程序以保护债权人利益的情况下，对投资方有关目标公司回购其股权的请求不予以支持。

《九民纪要》统一了投资方要求目标公司回购股权的协议效力，即不能仅因与目标公司存在股权回购或者金钱补偿为由否定协议的效力。在此之前，如最高人民法院（2019）最高法民申4797号裁决以投资方与目标公司对赌为由而将协议认定为无效。《九民纪要》虽认可投资方与目标公司对赌协议效力，投资方要实现要求目标公司承担回购责任，还需要先完成目标公司的减资程序，核心的底层逻辑在于投资方要求目标公司回购股权会触及公司法资本维持规则及无盈利不分配的规则，以保护债权人利益。目标公司能否完成减资程序关乎投资方最终能否实现要求目标公司回购其持有的股权，且此种情况下的减资很可能为仅减少投资方持有的注册资本的定向减资，而不是各股东同比例减资。

二、《公司法（2023修订）》提供了定向减资的选择

《公司法（2023修订）》第二百二十四条第三款规定，公司减少注册资

本，应当按照股东出资或者持有股份的比例相应减少出资额或者股份，法律另有规定、有限责任公司全体股东另有约定或者股份有限公司章程另有规定的除外。上述规定系《公司法（2023修订）》的新增规定。

《公司法（2023修订）》规定公司减少注册资本原则上是按照股东出资比例，同时也列举了可以不同比例减资的例外情形：（1）法律另有规定。（2）有限责任公司全体股东另有约定。（3）股份有限公司章程另有规定。法律另有规定主要是指《公司法（2023修订）》第五十二条未出资股东催告失权制度以及第八十九条、第一百六十一条分别规定的有限责任公司、股份有限公司"对股东会相关决议投反对票的股东可以请求公司回购其股权"。《公司法（2023修订）》新增"有限责任公司全体股东另有约定或者股份有限公司章程另有规定"可以不同比例减资，赋予了股东能够根据自身情况约定哪些情况下可定向减资的安排，也为投资方与目标公司对赌提供履行的依据。在依据明确的情况下，投资方需要考虑定向减资事项如何履行。

三、目标公司定向减资，需要得到目标公司、股东等的配合

《公司法（2023修订）》第二百二十四条第一款、第二款规定"公司减少注册资本，应当编制资产负债表及财产清单。公司应当自股东会作出减少注册资本决议之日起十日内通知债权人，并于三十日内在报纸上或者国家企业信用信息公示系统公告。债权人自接到通知之日起三十日内，未接到通知的自公告之日起四十五日内，有权要求公司清偿债务或者提供相应的担保"。上述规定与原《公司法》在减资流程上并无本质区别。成都市场监督管理局载明公司减资登记需要提交如下资料[①]：（1）公司登记（备案）申请书。（2）

---

① 成都市市场监督管理局：《新〈公司法〉系列答疑第二期——如何正确减资？违法减资后果很严重》，https://scjg.chengdu.gov.cn/cdscjgj/c136902/2024-03/28/content_a3d6bfe1b2eb4d69ae21845998594db8.shtml，最后访问日期：2024年8月24日。

股东会决议作出减资及修改章程的决议。（3）修改后的公司章程或公司章程修正案。（4）公司债务清偿或债务担保情况的说明。（5）仅通过报纸发布减少注册资本公告的，需要提交依法刊登公告的报纸样张。应当自公告之日起45日后申请变更登记，已通过国家企业信用信息公示系统发布减少注册资本公告的，可免于提交减资公告材料。（6）已领取纸质版营业执照的缴回营业执照正、副本。

公司减资的总体流程为：（1）公司编制资产负债表及财产清单；（2）公司就减资作出股东会决议，并拟定减资后的公司章程或修正案；（3）向债权人进行公告，并根据债权人要求提前清偿债务或者提供相应的担保。最终需要提交市场监督管理局的文件需要：（1）股东签署；（2）公司盖章；（3）公司法定代表人签章。从前述减资流程的角度观察，若目标公司或其股东或目标公司法定代表人等不予以配合，投资方将难以取得符合市场监督管理局登记减少注册资本需要的资料，也难以实现减资的目的。

笔者核查投资方通过诉讼要求目标公司减资的裁判案例，认为公司减资属于内部事项，司法不宜干预。如最高人民法院（2020）最高法民终223号判决载明"公司减资属于公司内部自治事项，公司法规定了经股东会决议后公司减资应履行的程序，但是目前尚无法律规定人民法院可以强制公司减资，事实上，强制公司减资也违背公司法关于公司自治的立法精神。原审法院认为在无法律规定的情况下司法不宜直接干预此问题，并无不当"。《九民纪要》载明了与前述判决一致的观点，即通过诉讼的角度起诉要求目标公司履行减资义务，很可能被法院以"公司减资属于公司内部自治事项，司法不宜干预"而驳回。

四、关于投资方追究目标公司及董事、高级管理人员责任的探讨

（一）关于投资方追究目标公司未按约办理减资的违约责任

《九民纪要》认可了投资方与目标公司签署回购股权协议的效力，具备了探讨目标公司未完成减资情况下，投资方是否可以要求目标公司承担违约责任的可能。通过检索相关案例发现，上述问题存在两种不同的裁判结论：

第一，支持投资方追究目标公司未履行回购义务的违约责任，如北京市高级人民法院（2021）京民终495号裁判认为"目标公司在不回购股权的情况下，其基于未履行股权回购义务支付违约金，并不导致公司注册资本的减少，亦不必然导致债权人利益受损"，进而支持了投资方要求目标公司承担违约责任。

第二，不支持投资方追究目标公司未履行回购义务的违约责任，如北京市高级人民法院（2020）京民终549号裁判认为"目标公司承担回购义务或支付基于回购义务而产生的违约金，则相当于让目标公司股东变相抽逃或部分抽逃出资"，进而不支持投资方要求目标公司承担违约责任的请求。

从上述案例来看，投资方要求目标公司承担未履行减资的违约责任存在不同的观点及裁判案例，也可能存在其他不支持目标公司承担违约责任的理由，比如湖南省高级人民法院（2021）湘民终960号裁判认为投资方本为目标公司大股东，可以召开履行减资的股东会，减资程序未完成不能完全归咎于目标公司，进而不支持投资方要求目标公司承担违约责任。

（二）关于投资方追究目标公司董事、高级管理人员未履行减资手续的侵权赔偿责任

《公司法（2023修订）》第一百九十二条规定，公司的控股股东、实际控制人指示董事、高级管理人员从事损害公司或者股东利益的行为的，与该董事、高级管理人员承担连带责任。站在投资方的立场，投资方可以以上述规

定追究未履行职责的公司董事、高级管理人员以及实际指示公司董事、高级管理人员的控股股东、实际控制人的责任。

同时，投资方也可能遭遇拟追究责任对象的抗辩，比如：其一，如本节第三点的论述，目标公司要减少注册资本需要股东出具股东会决议、公司需要盖章相关文件、履行减资流程等事项，若追究某一个主体的责任，其也很可能提到自身没有过错，属于其他方不配合等理由，难以直接将责任归责到具体主体上。其二，《公司法》第二百二十六条规定"违反本法规定减少注册资本的，股东应当退还其收到的资金，减免股东出资的应当恢复原状；给公司造成损失的，股东及负有责任的董事、监事、高级管理人员应当承担赔偿责任"，该条明确规定了不当减资的法律后果；按照中国政法大学李建伟教授的观点，定向减资有可能会有股东掩护其他有实力的股东变相抽逃出资，需要强化债权人的保护；被追究责任主体很可能以减资可能损害其他股东、债权人利益为由暂不启动。其三，被追究责任的董事、高级管理人员可能以不知情、不实际执行公司事务或者以已经启动减资程序还在处理中为由对抗投资方要求目标公司董事、高级管理人员承担未减资的损害赔偿责任。

因此，在没有约定的情况下，投资方直接要求目标公司董事、高级管理人员等承担未履行定向减资的赔偿责任，很可能会遭遇被追究责任的董事、高级管理人员的激烈抗辩。

（三）关于投资方追究目标公司董事、高级管理人员等未履行减资手续的违约责任

本文探讨投资方追究目标公司董事、高级管理人员等违约责任的前提是投资方与目标公司董事、高级管理人员等就未办理减资手续情况下存在违约责任的"约定"，且相关责任人是该约定的签署主体。笔者倾向认为，在有明确约定情况下，投资方是可以追究相关董事、高级管理人员等未履行减资违约责任的，理由如下：其一，按照《九民纪要》的规定，协议本身不会因与目标公司对赌而无效，即约定关于目标公司董事、高级管理人员等未履行减资违约责任的约定是有效的；其二，追究目标公司董事、高级管理人员等违约责任也不涉及抽逃出资等情况；其三，目标公司减资手续办理是董事、高级管理人员等的履职范畴。

因此，笔者理解，若投资方与目标公司进行对赌，将目标公司股东、董事、高级管理人员等需要办理减资流程主体作为签署方，并明确其未履行办理减资手续的义务及匹配违约责任倾向能够获得支持，将有助于促使目标公司完成回购前的减资手续。

五、关于投资方要求目标公司股东承担回购责任，目标公司承担担保责任

投资方与目标公司的股东对赌，从现有的裁判案例来看，要求目标公司承担担保责任存在三种不同的裁判观点：第一，支持目标公司对投资方的回购责任承担担保责任，如最高人民法院（2016）最高法民再128号案件认为，投资方投资全部用于公司经营发展，有利于目标公司提升持续的盈利能力，目标公司全体股东因而受益，进而认可目标公司应当对目标公司股东承担责任提供增信，支持了投资方要求目标公司对目标公司股东所承担股权转让款及逾期付款违约金债务承担连带清偿责任。最高人民法院（2020）最高法民申6603号裁定也与上述结论一致。第二，以目标公司的担保未经过股东会决议，认定目标公司承担过错责任，如最高人民法院（2017）最高法民再258号认为，虽然目标公司约定了要承担担保责任，但此未经过目标公司股东会决议及追认，按照担保法解释的规定，目标公司仅承担所有责任项下二分之一的赔偿责任。第三，不支持目标公司向投资方承担担保责任，如最高人民法院（2017）最高法民申3671号认为目标公司为股东之间的股权转让提供担

保，在回购方不能支付转让款的情况下，目标公司需要进行支付，导致目标公司利益及目标公司其他债权人的利益受损，形成股东以股权转让的方式变相抽回出资的情形，进而不认可目标公司向投资方承担担保责任。

《九民纪要》没有对目标公司对股东之间的回购义务承担担保作出规定，笔者理解若要实现担保的效果，首先，需要按照公司对外担保的程序履行完成决策程序，如按照《公司法（2023修订）》第十五条第二款规定"公司为公司股东或者实际控制人提供担保的，应当经股东会决议"；其次，结合最高人民法院（2020）最高法民终762号裁判动向，目标公司为投资方退出提供连带担保责任得到裁判支持很可能也需要先完成目标公司的减资程序、目标公司存在足够的利润。

六、结语及参考建议

从上述分析来看，投资方要求目标公司回购需要先完成减资手续，而减资手续往往不是投资方能够单方完成实现的，履行上存在一定难度，站在投资方的立场，在投资时的交易模式有如下参考建议：

第一，投资方在投资时可以选择债转股的模式，在目标公司满足投资方转股的条件下，投资方将投资转为股权，并进行工商登记，避免因为投资方要求目标公司回购而需要完成减资手续的一系列履行问题。

第二，投资方主张回购对象最好选择目标公司的股东等主体，避免要求回购责任主体为目标公司。投资方若还期望目标公司承担责任的情况下，同时采取如下措施：（1）由目标公司对上述股东的回购责任提供增信；（2）目标公司结合自身章程的约定出具股东会或董事会决议认可目标公司为回购投资方股权提供增信；（3）目标公司在章程中约定，发生约定的情形定向向投资方减资的条款并作出对应的决议。

第三，投资方需在目标公司履行回购责任或承担担保责任情况下，将未来办理减资事项的责任人，如目标公司董事、股东、高级管理人员等作为签署主体，明确其触发回购条件未办理目标公司减资事项的违约责任，促使相关经办主体更有动力办理目标公司的减资事项。

第四节　新《公司法》视野下债权人追究公司股东出资责任的探究

刘元涛

2023年12月29日，十四届全国人大常委会第七次会议审议通过了最新修订的《中华人民共和国公司法》（以下简称《公司法（2023修订）》），自2024年7月1日起施行。《公司法（2023修订）》对于公司的资本制度条款作出了相关实质性调整。笔者在服务相关企业过程中，注意到部分投资方作为股东在设立公司时出于体现"有实力""好谈业务"等想法，会将注册资本设置得比较高，同时在章程中约定一个较长的出资期限，公司注册资本通常需要较长期限方才实缴或迟迟未能够实缴。该种思路在新《公司法》视野下无法继续，且原有采用上述操作的思路也存在较大的风险。

本文通过梳理现行规则及裁判案例，从股东责任加速到期的情形、条件、出资与否的举证责任、股东出资加速到期承担责任的形式等进行探究。

一、股东出资加速到期的情形

（一）《九民纪要》视野下的股东出资加速到期

2019年11月实施的《九民纪要》规定，在注册资本认缴制下，股东依法享有期限利益。债权人以公司不能清偿到期债务为由，请求未届出资期限的股东在未出资范围内对公司不能清偿的债务承担补充赔偿责任的，人民法院不予支持。但是，下列情形除外：（1）公司作为被执行人的案件，人民法院穷尽执行措施无财产可供执行，已具备破产原因，但不申请破产的；（2）在公司债务产生后，公司股东（大）会决议或以其他方式延长股东出资期限的。

上述规则总体还是遵循优先保护股东认缴出资的期限利益，以不支持出资期限加速到期为原则，只规定两种除外情形为例外。《九民纪要》中股东期限利益的第（2）种除外情形通常比较容易理解，其认定不易产生分歧。而对于第（1）种情形的认定，笔者依据在实务案件操作中的经验总结如下：通常债权人对公司申请强制执行未完全实现债权，人民法院出具的终结本次执行程序的裁定，即作为满足"公司作为被执行人的案件，人民法院穷尽执行措施无财产可供执行，已具备破产原因，但不申请破产的"的要件，债权人据此可要求公司股东出资加速到期。除上述情形外，在公司出现不能继续存续的情况，也会导致股东出资加速到期，包括：（1）公司解散时，股东尚未缴纳的出资均应作为清算财产（包括尚未届满缴纳期限的出资）；（2）公司进入破产程序，管理人应当要求该股东缴纳所认缴的出资，而不受出资期限的限制。

（二）《公司法（2023修订）》视野下的股东出资加速到期

《公司法（2023修订）》第四十七条规定，有限责任公司的注册资本为在公司登记机关登记的全体股东认缴的出资额。全体股东认缴的出资额由股东按照公司章程的规定自公司成立之日起五年内缴足。法律、行政法规以及国务院决定对有限责任公司注册资本实缴、注册资本最低限额、股东出资期限另有规定的，从其规定。《积极贯彻落实〈公司法〉推动存量公司依法调整注册资本》（市场监管总局2024年2月6日发布）进一步规定，《公司法》施行前设立的存量公司设置三年过渡期，过渡期自2024年7月1日起至2027年6月30日止。有限责任公司可以在过渡期内将出资期限调至五年以内，2032年6月30日前完成出资即符合要求。

《公司法（2023修订）》第五十四条规定，公司不能清偿到期债务的，公司或者已到期债权的债权人有权要求已认缴出资但未届出资期限的股东提前缴纳出资。

按照《公司法（2023修订）》之规定，首先，除有特别规定外，有限责任公司股东出资期限本来不超过五年，存量公司需要在2027年6月30日之前完成出资期限的调整，2032年6月30日前完成实缴出资义务；其次，对于股东出资责任加速到期的情形为"公司不能清偿到期债务"，相比于《九民纪要》，无须在设定特定情形下，即可实现股东出资加速到期。而实务操作中，如何认定"公司不能清偿到期债务"，是否需要债权人对于公司进行强制执行而未实现债权，取得人民法院出具的终结本次执行程序的裁定方才满足"公司不能清偿到期债务"的条件，也需要结合届时的实务操作来观察。

二、公司原股东未出资即转让股权的责任

（一）《公司法（2023修订）》之前的规定

《最高人民法院关于适用〈中华人民共和国公司法〉若干问题的规定（三）》（以下简称《公司法解释三》）第十八条规定"有限责任公司的股东未履行或者未全面履行出资义务即转让股权，受让人对此知道或者应当知道，公司请求该股东履行出资义务、受让人对此承担连带责任的，人民法院应予支持；公司债权人依照本规定第十三条第二款向该股东提起诉讼，同时请求前述受让人对此承担连带责任的，人民法院应予支持。受让人根据前款规定承担责任后，向该未履行或者未全面履行出资义务的股东追偿的，人民法院应予支持。但是，当事人另有约定的除外"。

《最高人民法院关于民事执行中变更、追加当事人若干问题的规定》第十九条规定"作为被执行人的公司，财产不足以清偿生效法律文书确定的债

务，其股东未依法履行出资义务即转让股权，申请执行人申请变更、追加该原股东或依公司法规定对该出资承担连带责任的发起人为被执行人，在未依法出资的范围内承担责任的，人民法院应予支持"。

原股东未实缴出资即转让股权，《公司法解释三》规定"受让人根据前款规定承担责任后，向该未履行或者未全面履行出资义务的股东追偿的，人民法院应予支持"，体现相对于股东，出资义务人是原股东，债权人可以要求受让人与原股东承担连带责任，且责任形态为连带责任。笔者查询实务案例有不同的观点：第一种，认为《九民纪要》第六条系关于股东出资应否加速到期的规定，不适用于本案股东已经转让股权的情形，如最高人民法院（2021）最高法民申6423号执行异议之诉案件；第二种，原股东转让时存在恶意才能追究其责任，而判断恶意的标准主要是原股东转让时对外的负债是否已经形成，如成都市中级人民法院（2021）川01民终6343号执行异议之诉案件、（2021）川01民终3031号执行异议之诉案件；第三种，直接依据"《最高人民法院关于民事执行中变更、追加当事人若干问题的规定》第十九条"的规定，以原股东未依法履行出资义务即转让股权，应当追加为被执行人，比如（2022）川0129民初661号执行异议之诉案件。

（二）《公司法（2023修订）》的规定

《公司法（2023修订）》第八十八条在现有规定基础上进行了继承及发展，规定"股东转让已认缴出资但未届出资期限的股权的，由受让人承担缴纳该出资的义务；受让人未按期足额缴纳出资的，转让人对受让人未按期缴纳的出资承担补充责任。未按照公司章程规定的出资日期缴纳出资或者作为出资的非货币财产的实际价额显著低于所认缴的出资额的股东转让股权的，转让人与受让人在出资不足的范围内承担连带责任；受让人不知道且不应当知道存在上述情形的，由转让人承担责任"。

《公司法（2023修订）》规定"受让人未按期足额缴纳出资的，转让人对受让人未按期缴纳的出资承担补充责任"，体现出责任人是受让方，转让方是相对受让人承担补充责任。从规则层面也赋予了受让人不知道未实缴出资，则不承担责任，实际这种情况是基本不可能的，因为受让人作为商事主体对受让股权时负有审慎的审查注意义务，同时，转让方是否实缴出资也会从股权转让价格方面予以体现。

《公司法解释三》与《公司法（2023修订）》就原股东承担责任的形态有差异，共同之处是原股东很可能都需要承担责任。原股东并不会因为转让股权就免除公司未实缴出资的责任。原股东为避免自身责任一方面需要选择能够切实完成公司出资的受让股东，另一方面需要在转让协议中约定若因为出资未到位被债权人追偿，原股东与受让方之间责任的承担及追偿安排。

三、公司债权人追究公司现有未出资股东的责任并胜诉，还能否另案再追究原股东的责任

《最高人民法院关于适用〈中华人民共和国民事诉讼法〉的解释》第二百四十七条规定："当事人就已经提起诉讼的事项在诉讼过程中或者裁判生效后再次起诉，同时符合下列条件的，构成重复起诉：（一）后诉与前诉的当事人相同；（二）后诉与前诉的诉讼标的相同；（三）后诉与前诉的诉讼请求相同，或者后诉的诉讼请求实质上否定前诉裁判结果。当事人重复起诉的，裁定不予受理；已经受理的，裁定驳回起诉，但法律、司法解释另有规定的除外。"

公司债权人在已经起诉公司现有股东且胜诉的情况下，另行提起对于公司原股东诉讼要求其对公司尚未出资的范畴内承担责任，与公司债权人追究现有股东涉及的诉讼关乎的当事人是不同的；因此，笔者理解，公司债权人在追究公司现有股东胜诉的情况下，也能够另行通过执行异议之诉的程序追究公司原股东的责任。

四、股东出资与否的举证责任分配

关于股东是否向公司履行出资的举证责任分配上，不能单纯将举证责任分配给主张方，即债权人一方。按照《公司法解释三》第二十条"当事人之间对是否已履行出资义务发生争议，原告提供对股东履行出资义务产生合理怀疑证据的，被告股东应当就其已履行出资义务承担举证责任"之规定，向债权人提供初步合理怀疑的证据，并不一定达到完全证明股东就是未出资的标准，最终已经履行出资的证明责任是需要股东自行来承担的。若公司公示的年报信息或工商档案中的文件显示公司股东未履行出资责任，法院就会据此认定股东未出资。笔者近期处理的追究股东责任的案件，如（2022）川0108民初18564号案件，系通过债务人公司在国家企业信用信息公示系统公示的年报及其工商档案的信息显示其未出资，法院据此认定股东未实缴出资。《公司法（2023修订）》暂未就股东出资与否的举证责任作出规定，笔者推测在实务操作上也会按照上述规则处理。

五、未实缴出资股东能否直接向债权人承担责任

债权人主张股东承担责任，并不是要求股东将未履行出资部分直接缴付至公司。按照《公司法解释三》第十三条第二款"公司债权人请求未履行或者未全面履行出资义务的股东在未出资本息范围内对公司债务不能清偿的部分承担补充赔偿责任的，人民法院应予支持；未履行或者未全面履行出资义务的股东已经承担上述责任，其他债权人提出相同请求的，人民法院不予支持"之规定，未出资股东系直接向债权人承担"补充赔偿责任"。支持的判决通常描述为，被告在对公司未出资的金额内向债权人承担补充赔偿责任，这样债权人更有积极性来追究未出资股东的责任。

《公司法（2023修订）》在吸收《公司法解释三》的基础上作出规定，

"公司不能清偿到期债务的，公司或者已到期债权的债权人有权要求已认缴出资但未届出资期限的股东提前缴纳出资"，即债权人有权要求已认缴但未届出资期限的股东缴纳出资，从规则来看"缴纳出资"是否只能支付给公司，还是可以直接支付给债权人，《公司法（2023修订）》并未明确，尚需要进一步的解释予以明确。笔者倾向于，债权人仍然可以要求未出资股东承担责任，并直接向债权人进行支付，当然在债务人涉及破产情况下，将按照《企业破产法》等规定处理。

六、债权人追究未出资股东责任的流程

债权人追究股东责任的情形通常为已经对该公司申请执行而未完全获得清偿，由法院出具终结本次执行裁定后，债权人通过申请执行的法院提起执行异议，要求追加公司股东在未出资的范围内承担补充赔偿责任。在笔者处理的案件的执行异议环节中，其通常不开庭审理，而裁定结果有支持的，如成都市成华区人民法院（2021）川0108执异32号裁定，也有驳回追究公司股东为被执行人的申请，如成都市成华区人民法院（2022）川0108执异707号裁定，据核查过的案例大部分在该环节系驳回追究公司股东责任。在债权人取得驳回追加公司股东作为被执行人的裁定15日内需要向该院提起执行异议之诉，执行异议之诉通过诉讼的方式，在满足股东未出资、执行法院出具终结本次执行程序裁定的情况下，法院通常会判决公司股东在未出资范围内对债权人承担补充赔偿责任。

七、结语

从上述分析来看，现行规则下，公司股东尚未完成实缴出资义务，债权

人在人民法院强制执行公司仍未能获得清偿，债权人要求公司股东对公司应当承担的债务承担补充赔偿责任的，往往能够得到法院的支持。《公司法（2023修订）》一方面明确公司股东的最长出资期限，另一方面也规定公司不能清偿到期债务，公司或者债权人均有权要求股东提前缴纳出资。

从公司原股东的角度，对持有的公司未出资股权的转让需要与受让方约定未出资份额的出资责任，也需要选择具有后续出资能力，并能够实际出资的受让方，以避免后续可能承担的责任。

从公司投资方、创始人的角度，理解判断公司实力需关注其总资产、净资产、利润等更为实际的财务指标，还需关注其行业、公司治理层面的规范性等，而不是仅关注工商登记的注册资本。投资方作为股东设立公司时，注册资本最好匹配其公司实际开展业务需要投入的资金，若后续随着公司开展业务需要补充投资的，可以通过增资进行投入，这样将有助于避免股东因公司债务而承担补充赔偿责任。

第五节　私募基金参与对赌的主要法律问题分析

吴金凤　唐雪妮　徐　岩

私募基金对外溢价投资项目时，一般会要求与目标公司及/或其控股股东、实际控制人等签署"对赌条款"，约定在出现特定情形时，私募基金有权要求相对方承担一定的义务与责任。本文结合现行法律法规以及司法案例，就私募基金参与对赌所面对的主要法律问题，分别从私募基金签署"对赌条款"时的注意事项、私募基金投资期间"对赌条款"履行注意事项以及私募基金退出时的法律问题等进行分析并提出相应的建议，以供探讨。

一、私募基金签署股权回购"对赌条款"注意事项

私募基金签署"对赌条款"时涉及回购义务主体的选择、触发回购情形的约定以及行权期间的设置等特定问题，条款的设计事关私募基金能否实现顺利退出，必须非常谨慎。由于实践中投资方与股东、实际控制人签署股权回购"对赌条款"一般不涉及效力问题，亦不涉及需要履行减资程序的操作性问题，因此，本部分将主要分析投资方仅与目标公司签署股权回购"对赌条款"的注意事项。

（一）选择公司作为对赌主体面临的困境

2019年11月，最高人民法院发布《九民纪要》对对赌协议的效力及可履行性进行了明确，并特别认可了投资方与目标公司订立的对赌协议的效力。

但相比直接与股东、实际控制人对赌，投资方与目标公司对赌仍然存在回购可履行性方面的问题。

1. 公司作为对赌义务人的协议效力已受到认可

针对投资方与目标公司对赌约定的效力认定，《九民纪要》首次确定了诉讼处理规则：投资方与目标公司订立的"对赌协议"在不存在法定无效事由的情况下，目标公司仅以存在股权回购或者金钱补偿约定为由，主张"对赌协议"无效的，人民法院不予支持，但投资方主张实际履行的，人民法院应当审查是否符合公司法关于"股东不得抽逃出资"及股份回购的强制性规定，判决是否支持其诉讼请求。

自《九民纪要》确立上述审判思路后，关于投资方要求公司承担回购股权义务的，司法裁判已基本达成两点共识：(1)投资方与目标公司对赌，只要不存在法定的无效事由，则一般应认定为合同有效；(2)法院应审查目标公司是否已触发约定回购条件，如触发回购条件，则应重点审查对赌协议是否具有可履行性。可见，最高人民法院支持并认可了与股东以及目标公司订立的对赌协议的有效性，其关注点从协议效力转向对赌协议能否得到履行的问题上。

2. 要求公司作为对赌义务人承担责任须履行减资程序

根据《九民纪要》的规定，投资方请求目标公司回购股权的，人民法院应当依据《公司法》（未特殊注明均为2018年修正版本）第三十五条关于股东不得抽逃出资或者第一百四十二条关于股份回购的强制性规定进行审查。经审查，目标公司未完成减资程序的，人民法院应当驳回其诉讼请求。所以，若投资方要求公司承担回购股权义务的，多数法院已将"是否减资"作为此类纠纷所必须查明的事实予以对待，而目标公司完成减资的举证责任多被分配给投资方承担。例如，在（2020）最高法民申1191号[①]新增资本认购纠纷

[①] 中国裁判文书网：某投资管理中心、某信息技术有限公司新增资本认购纠纷、买卖合同纠纷再审审查与审判监督民事裁定书，（2020）最高法民申1191号。

一案中，最高人民法院即明确"股权回购是否经过三分之二以上有表决权的股东通过、目标公司是否已完成减资程序、债权人是否同意等事项均具有不确定性。原判决在上述事实未经审理的情形下直接认定合同本身必然无效确有不当。但鉴于投资方并未主张目标公司已完成减资程序，也未提交有关减资的证据，故原判决从实体结果处理上来说并无不当"。因此驳回了投资方的再审申请。

可见，减资程序是投资方主张公司作为回购义务人所需要履行的程序。此外，关于减资程序的履行，也存在难以履行通知债权人等程序的困境。根据《公司法》第一百七十七条规定，公司减资时，必须编制资产负债表及财产清单、通知债权人（债权人有权要求公司清偿债务或提供担保）、进行报纸公告等。司法实践中，部分案例［如（2020）最高法民申2957号[①]股权转让纠纷一案］认为目标公司应当按照《公司法》第一百七十七条完成一系列减资程序后才能履行回购义务，而不仅仅是形成股东会决议即可主张目标公司支付回购款。但在仲裁中存在例外案例，如（2021）京04民特670号[②]申请撤销仲裁裁决一案。在该案中公司及创始股东作为申请人申请撤销（2021）中国贸仲京字第2015号仲裁裁决，该仲裁裁决认为"尽管《九民纪要》第二（5）条规定目标公司在完成减资程序前无法承担股权回购的义务，但《九民纪要》并非法律或行政法规，并非仲裁庭裁决的法定依据"并裁定公司及创始股东连带向回购权人支付股权回购款，同时明确了回购款的计算方式（该案中，投资协议约定的回购义务方为公司和/或创始股东）。北京市第四中级人民法院最终驳回了撤销该仲裁裁决的申请。后申请人又在（2021）沪01执异247号[③]中针对仲裁裁决的执行提起执行异议，上海市第一中级人民法院亦

[①] 中国裁判文书网：某投资中心、某股份有限公司股权转让纠纷再审审查与审判监督民事裁定书，（2020）最高法民申2957号。

[②] 中国裁判文书网：董某等与某投资中心（有限合伙）申请撤销仲裁裁决民事裁定书，（2021）京04民特670号。

[③] 中国裁判文书网：某投资中心（有限合伙）与董某等仲裁执行异议案件执行裁定书，（2021）沪01执异247号。

驳回了其执行异议申请。该案中，虽未经减资程序，但回购权人主张公司支付股权回购款的诉求仍得到了仲裁机构的支持，仲裁裁决的执行亦得到了法院的支持。

3. 与目标公司签署对赌条款的建议

私募基金在投资活动中应尽量直接与股东或者实际控制人订立对赌条款，为充分保障投资方利益，可酌情考虑约定由目标公司为股东或者实际控制人的对赌义务承担连带责任保证担保，并就担保事宜取得目标公司董事会、股东会决议同意；亦可酌情考虑要求自然人股东或实际控制人的配偶签署书面文件，同意与股东或实际控制人共同履行回购义务或者同意以夫妻共同财产履行回购义务。在仅能选择与目标公司对赌的情形下，可考虑采取以下方式尽量防范风险：

（1）争取约定实际控制人就目标公司的回购义务承担连带责任、补充回购责任。若是仅约定由实际控制人对目标公司的回购义务承担连带责任，则投资方对实际控制人享有的权利系从权利，考虑到目标公司作为回购义务人在司法实践中面临可操作性的问题，从权利也将面临难以被法院支持的风险。有鉴于此，为平衡各方诉求，可争取约定在适用法律法规不允许公司承担回购责任或公司在一定期限内实际不能履行回购责任的情况下，回购权人有权要求实际控制人就公司未能履行的回购责任部分，承担第二顺位的补充回购责任，同时可将对实际控制人承担责任的限额以及特定情形下（如后续融资估值以及融资金额均达到一定规模）免除其责任进行约定以作为谈判时平衡各方利益的方法。

（2）约定股东有义务全面配合履行减资程序，未在一定期间内配合履行减资程序的，回购权人有权要求股东就公司未能履行的回购责任部分及/或有权要求股东以股权回购款为基数按日向回购权人承担违约责任。该等约定将有利于促使股东作出关于同意回购权人减资退出的股东会决议，即便未能履行减资程序，回购权人亦可主张股东回购及/或承担违约责任，这将有利于降低回购权人的风险。

（3）事先就减资事宜达成书面一致：投资方可以在投资协议及目标公司章程中明确约定目标公司履行股权回购义务所须作出的减资股东会决议内容及股权变更对外公示程序，并可考虑预先签署包含"触发对赌条件"这一生效条件的减资股东会决议。届时一旦约定的条件得到满足，决议即具备法律效力，从而确保对赌协议得以顺利执行。但前述章程以及附条件生效的股东会决议签署后，目标公司存在新增股东的可能，这就需要签署新章程以及新的股东会决议对投资方的权利予以维持，否则仍然存在无法进行工商变更登记的问题。

此外，《公司法（2023修订）》第二百二十四条第三款规定，除"法律另有规定、有限责任公司全体股东另有约定或者股份有限公司章程另有规定"之外，公司原则上应当按照股东出资或者持有股份的比例减资。至此，《公司法（2023修订）》对股东定向减资给予了一定的自治空间，另外，《公司法（2023修订）》第八十九条、第一百六十一条、第一百六十二条第一款第（四）项、第二百一十九条规定了异议股东收购请求权，也为投资方特定情形之下的退出提供了法定依据。

（4）利用《公司法（2023修订）》增加的异议股东回购请求权：《公司法（2023修订）》第八十九条在原有异议股东回购请求权的基础上，新增了一款异议股东回购请求权。这一改动为对赌交易中投资方遇到控股股东滥用权利的情况提供了新的救济途径。只要能够证明控股股东滥用股东权利，导致对赌合同权利无法实现并严重损害投资方或者公司利益，投资方即可依据《公司法（2023修订）》第八十九条第三款要求目标公司回购其股权。对赌投资方可通过这一机制避免《九民纪要》的规则限制，实现由目标公司回购股权的目的。

（5）在公司章程中将"回购事件"明确为公司解散事由：《公司法》第七十四条第一款规定，有下列情形之一的，对股东会该项决议投反对票的股东可以请求公司按照合理的价格收购其股权：……（三）公司章程规定的营业期限届满或者章程规定的其他解散事由出现，股东会会议通过决议修改章程使公司存续的。因此，投资方可考虑将"回购事件"明确列入公司章程，规定其为"公司解散事由"之一，同时约定投资方的优先清算权。在此情形下，若公司创始人股东期望公司继续运营，则需召集股东会会议修改章程使公司存续。若该决议获得通过，作为在股东会上投反对票的投资方股东可依据《公司法》第七十四条的规定要求公司回购其股权，从而实现投资回报并退出公司，否则也将有权提起解散公司并享有优先清算权。

（6）对投资方知情权作出明确约定：投资方的知情权关系到能否掌握是否已出现触发回购的情形，因此，在投资协议中详尽约定知情权条款非常重要，即明确规定投资方不仅享有公司法规定的股东知情权，还有权查阅目标公司的会计账簿及相关凭证，目标公司还应定期向投资方提交审计报告和财务报表。同时，也可考虑约定目标公司年度审计机构的选定需经投资方认可或由投资方与目标公司共同选定，以确保审计结果的公正性。

（二）触发回购情形的约定

实践中，根据目标公司所处生命周期不同，投资方可选择一个或者多个指标、事件作为对赌目标，常见的指标或事件主要有：

1. 行为指标：目标公司、股东或者董监高存在违反对赌协议约定的情形，通常表现为某一主体实施了某种行为，例如实际控制人或股东违反竞业禁止条款、目标公司或股东违反不得欺诈条款以及控股股东滥用股东权利，严重损害公司或者其他股东利益等。此外，有其他投资方主张回购也常常被约定作为触发回购的情形之一。

2. 财务指标：一般为设定营收额、利润率、增长率以及亏损不得超过净资产的一定比例等可以量化的财务指标。

3. 非财务指标：对于互联网和电商等新业态企业而言，其核心的发展策略在于迅速占领市场，以获取先行优势，并构建规模经济效应。为实现这一目标，投资方通常会选择以非财务指标作为对赌的依据，包括但不限于新增注册用户数、活跃用户数和市场占有率等。除此之外，实践中还包括研发特定产品、获取开展业务所必需的行政许可、认证以及取得与主营业务相关的专利数量等因素作为指标的情形。

4.IPO 等上市目标：这是一种常见的对赌指标，投资方通常以财务投资者的身份参与，旨在实现利益最大化。IPO 作为一种资本放大器，恰好满足了投资者追求高额回报的需求。对于经历过多轮融资的企业，投资方最为关注的是投资回报和退出机制。因此，投资方通常会要求目标公司在特定时间内完成 IPO 以实现退出。

（三）行权期间设置注意事项

行权期间的设置与否以及如何设置关系到投资方在一定期限内未主张权利时权利是否丧失的问题。若投资协议约定为投资方"有权"主张回购，逾期或者一定期限内未行权是否丧失权利，不同法院基于不同案情，存在不同的认定。

部分法院认为应适用诉讼时效制度，将满足触发条件的回购权作为普通债权，对投资方主张回购是否适时的审查，适用诉讼时效相关规定［如（2022）京 03 民终 14424 号股权转让纠纷案[1]］；部分法院认为投资人的此类回购权属形成权，应适用除斥期间的规则，不适用诉讼时效的规定［如

---

[1] 中国裁判文书网：黄某涛与某资本管理有限公司股权转让纠纷二审民事判决书，（2022）京 03 民终 14424 号。

在（2022）京 03 民终 14424 号股权转让纠纷案中，一审法院认为，根据投资协议关于投资方于特定情形出现后应如何行使权利的约定可知，其权利行使包含两个方面的行为，一是向回购义务人发出要求其回购股权的意思表示，二是回购义务人履行回购义务支付回购款。投资方行权的目的在于通过主张股权回购权，请求回购义务人履行回购义务支付回购款，因此，投资方能否实现本案诉讼目的，有赖于回购义务人是否同意履行股权回购款的给付义务，故投资方与回购义务人之间的金钱给付权利义务属于债的法律关系，投资方的请求在权利性质上属于债权请求权，在规范性法律文件并无例外规定的情况下，其诉请应适用诉讼时效制度的规定。

（2020）沪民申 1297 号股权转让纠纷案[1]]。

《人民法院报》2024 年 8 月 29 日刊载的问答[2]中，最高人民法院民一庭杜军法官认为"投资方行使此种权利有自主选择的空间，以合理期限加以限定，较为符合当事人的商业预期。具体而言：1. 如果当事人双方约定了投资方请求对方回购的期间，比如约定投资方可以在确定未上市之日起 3 个月内决定是否回购，从尊重当事人自由意志的角度考虑，应当对该约定予以认可。投资人超过该 3 个月期间请求对方回购的，可视为放弃回购的权利或选择了继续持有股权，人民法院对其回购请求不予支持。投资方在该 3 个月内请求对方回购的，应当从请求之次日计算诉讼时效。2. 如果当事人双方没有约定投资方请求对方回购的期间，那么应在合理期间内行使权利，为稳定公司经营的商业预期，审判工作中对合理期间的认定以不超过 6 个月为宜。诉讼时效从 6 个月之内、提出请求之次日起算"。此观点未明确指出回购权属形成权还是请求权，但对于其提出的"6 个月"的合理期限，部分观点认为投资人在期满后是否丧失权利仍需进一步讨论。

因此，若投资协议约定为投资方"应当"在一定期限内主张回购，该约定则对投资方而言更为不利，逾期未主张的，将更易被认定为已丧失权利。基于审慎角度，对投资方而言，如设置对赌权利的行使期限，表述上建议使用"有权"在一定期限内主张而非"应当"，并建议按照约定期限及时主张，避免未按约行使导致权利减损或丧失。如未设置对赌权利行使期限，则在对赌条件触发情况下投资方有权随时主张权利，但如其主张的权利间隔时间过长（超过 6 个月存在被认定为间隔时间过长的风险），亦存在被不予支持的风

---

[1] 中国裁判文书网：吕某铭与蔡某股权转让纠纷审判监督民事裁定书，(2020) 沪民申 1297 号。
在（2020）沪民申 1297 号股权转让纠纷案中，再审法院认为，合理期间的确定应依据诚实信用、公平原则，综合考量公司经营管理的特性、股权价值的变动，合同的目的等因素。从权利的性质及行使的后果出发，股权回购权的行使期间应短于合同解除权的行使期间。回购权与撤销权、解除权同属形成权，行使期限届满，权利消灭，不适用诉讼时效的规定。
[2] 《法答网精选答问（第九批）——公司类精选答问专题》，载《人民法院报理论周刊》2024 年 8 月 24 日，第 7 版。

险。所以，投资方仍应考虑在合理期限内主张和行使权利。

二、私募基金投资期间"对赌条款"注意事项

私募基金投资期间或将面临被回购义务人主张解除对赌条款以及出现触发对赌情形从而需要发送主张回购的通知等问题。

（一）以股改、IPO要求为由被主张解除"对赌条款"

目前实务中，大部分公司在上市申报过程中会要求投资方签署协议明确公司作为回购主体的对赌条款自始无效，且大部分公司在股改时即要求解除对赌条款。在上市申报前，公司的上市预期已较为明显，此时解除对赌条款存在合理性，但股改时却并非如此，此时就存在投资方与公司的博弈问题。公司通常主张投资方若拒不签署回购条款自始无效相关协议，则其投资款将或被确认为金融负债，从而影响投资方的股东权益，由此促使投资方解除对赌条款。

1. 规则层面关于股权回购对赌条款解除的规定已逐渐明确

投资方投资款会计分类的规则普遍认为拟上市公司在收到投资款时应将带回购义务的投资款确认为金融负债，在解除回购条款后终止确认为金融负债，并确认为权益工具。需要特别关注的是，财政部会计司于2022年9月13日发布的《金融负债与权益工具的区分应用案例——补充协议导致发行人义务变化》明确不可追溯调整以前年度的会计分类，即拟上市公司仅能在终止其回购义务的协议签署后方能终止确认金融负债并开始确认为权益工具。

证监会于2023年2月17日发布的《监管规则适用指引——发行类第4号》则作出了不同的规定，明确了在财务报告出具日前对回售责任进行"自始无效"约定"可视为"发行人在报告期不存在回购义务，即将相关投资款在报告期内确认为权益工具而非金融负债，明确了在特定情形下可进行追溯

调整以前年度的会计分类。

2. 股改时被要求解除"对赌条款"的应对探讨

在上市申报前解除对赌条款，投资方大多能接受，但公司股改时是否必须解除对赌条款，实务中存在较大的争议。根据《九民纪要》的规定，投资方与公司签订的"对赌协议"在不存在法定无效事由的情况下，应为有效，但投资方主张公司实际履行回购义务时需要先履行减资程序。这意味着《九民纪要》认可投资方具有公司股东权益，而无论公司会计层面将投资方的投资款处理为权益工具还是金融负债。除此之外，《监管规则适用指引——发行类第4号》的前述规定亦涉及理解问题。根据《民法典》规定，无效的或者被撤销的民事法律行为自始没有法律约束力，但投资方与发行人签署补充协议约定"自始无效"并不属于《民法典》规定的无效或者被撤销的民事法律行为，因此前述监管规则或不能按照《民法典》关于"自始无效"的规定进行理解，而应按照《民法典》中关于合同协商一致解除的规定进行理解，即理解为带追溯性条款的解除，投资方与发行人基于意思自治，一方面可约定对赌条款追溯至签署时解除，另一方面也可视合同履行情况约定合同履行期内发生过的回购恢复原状或者不恢复原状。

同理，考虑到股改时公司的上市预期并非一定非常明显，若此时被解除与公司对赌的条款，将使得投资方丧失一项重要的权利。在这种情况下，投资方可考虑谋求与公司签署协议，约定回购条款自公司股东会审议通过股改事宜时失效，自股改事宜完成工商变更登记之日起恢复效力；当然亦可与公司协商，解除和公司的对赌并补充与实际控制人的对赌约定，但此时实际控制人的配合意愿可能较弱。

（二）触发"对赌条款"情形下行权的注意事项

1. 回购通知发送注意事项

当出现投资协议约定的触发回购情形时，投资方应注意在协议约定的期限内向回购义务人发送回购通知。关于发送主张回购的通知，除严格按照投资协议的约定方式发送外，建议同时采用多种方式（如邮寄纸质回购通知书、发送回购通知书扫描件至指定联系人电子邮箱、微信）进行发送，并保留相关证明材料。关于邮寄纸质回购通知，建议主要采用 EMS 发送，邮寄时明确备注发送的文件名称等（如 A 致 B 关于 C 公司的股权回购通知书）并保留发送 EMS 的凭证（注明邮寄资料内容以及邮寄时间）。

2. 避免出现回购意思表示变更从而导致回购权基础丧失

出现投资协议约定的触发回购情形后，部分投资方或将面临是否发送回购通知以及回购通知发送后无法及时退出，从而需要继续作为股东在股东会上进行表决等问题。在发送主张回购的通知后，投资方需要特别注意避免出现回购意思表示变更的情形。

在（2021）京民终 418 号[①]合同纠纷一案中，北京市高级人民法院认为，投资方对被投企业 2020 年第四次股东会决议作出的确认（投资方选择向项目公司增资扩股或债转股的方式继续合作而不是退出被投企业）改变了其 2019 年 3 月作出的股权回购的意思表示。据此，投资方要求回购义务人回购其持有的被投企业股权的诉讼请求，不应得到支持。在（2020）粤 20 民终 2568 号[②]股权转让纠纷一案中，广东省中山市中级人民法院认为，虽然依据协议投资方享有在项目公司未完成 IPO 时的股权回购权，但投资方与全体股东一起参加了决议内容涉及同意项目公司在新三板挂牌的股东会会议，没有对股东会决议提出异议，也未提出保留股权回购协议的意见，而是签署并确认该等股东会决议，该等股东会决议事实上变更了原股权回购协议中与股权回购相关的条件，其主张不应支持。

在前述两个案例中，投资方的行为均存在与主张回购的通知相矛盾的问题，最终导致了回购权基础丧失的严重后果。投资方在发送主张回购的通知

[①] 中国裁判文书网：某休闲旅游发展有限公司与郝某合同纠纷二审民事判决书，（2021）京民终 418 号。

[②] 中国裁判文书网：某投资中心（有限合伙）与孙某玉、某有限公司股权转让纠纷一案二审民事判决书，（2020）粤 20 民终 2568 号。

后，若需要对股东会进行任何表决，建议关注该项表决是否与主张回购的通知矛盾，若存在较难判断而又必须签署相关决议的情形，建议在签署文件时一并注明签署该文件并不构成对公司回购义务的豁免，不改变并保留主张回购的意思表示。

三、私募基金对赌退出主要法律问题

（一）国有私募资金对赌退出是否需要进场交易

《企业国有资产法》及《企业国有资产交易监督管理办法》（以下简称32号令）明确规定，企业国有资产交易应当在依法设立的产权交易机构中公开进行，国家法律法规另有规定的从其规定。适用《企业国有资产法》及32号令的国有及国有控股企业、国有实际控制企业的定义也在32号令第四条中进行了明确规定。

1. 有限责任公司形式的国有私募基金

若国有私募基金属于32号令规定的"国有及国有控股企业、国有实际控制企业"范围内的有限责任公司，则其回购退出涉及的股权转让行为应当按照《企业国有资产法》及32号令的相关规定履行进场交易程序。虽然国有私募基金依据投资协议主张股东或实际控制人回购也是为了避免国有资产流失，但由于该行为仍然属于32号令规定的企业国有资产交易，从法规层面上无法豁免进场交易程序。在此种情形下，如仍然按照32号令规定履行进场交易程序，可能导致最终交易价格低于投资协议约定的回购价格，因此，有的国有私募基金可能会采取诉讼形式，依据法院作出的裁判文书行使投资协议约定的回购权利（如后文表1中的问答4）。32号令规定的企业国有资产交易程序与回购退出的冲突问题，仍待国务院国资委进一步地明确规定。

若国有私募基金拟以减资的方式实现对赌退出，则不属于《企业国有资产法》及 32 号令规定的"企业国有资产交易",无须按照《企业国有资产法》及 32 号令规定履行进场交易行为,但国资委并不鼓励国有股东通过减资方式退出(详见后文表 1 中的问答 4),且通过减资方式退出仍应依据《企业国有资产评估管理暂行办法》等相关规定履行评估程序。

2. 有限合伙企业形式的国有私募基金

《企业国有资产法》及 32 号令并未明确规定有限合伙企业是否属于其规范范围,但根据国务院国资委的官方问答(详见后文表 1 中的问答 1、问答 2),有限合伙企业形式的国有私募基金应不属于《企业国有资产法》及 32 号令的规范对象,但在实践中,国务院国资委鼓励有限合伙企业对外投资的企业股权转让通过产权交易机构挂牌转让(详见后文表 1 中的问答 1)。

例如,上海市《关于支持上海股权托管交易中心开展私募股权和创业投资份额转让试点工作的若干意见》(沪金监〔2022〕120 号)规定"1. 支持各类国有基金份额通过上海股权托管交易中心(以下简称上海股交中心)开展转让试点。市区两级政府投资基金出资形成的份额,经主管部门审核后,可通过上海股交中心有序退出"。北京市《关于推进股权投资和创业投资份额转让试点工作的指导意见》规定"(三)支持各类国资相关基金份额(包括但不限于国家出资企业及其拥有实际控制权的各级子企业出资形成的基金份额、各级政府投资基金出资形成的基金份额),通过北京股权交易中心份额转让试点转让交易。对于存续期未满但达到预期目标的政府投资基金出资形成的份额,经该基金行业主管部门审核后,可在北京股权交易中心份额转让试点转让交易。基金设立协议等对基金份额转让有明确规定或约定的,从其规定或约定"。

除此之外,亦有部分国有企业内部制定了有限合伙企业形式的国有私募基金进场交易的相关规定,因此,国有私募基金还应根据当地的相关政策及其企业内部管理制度综合判定是否履行进场交易程序。

经检索国务院国资委官网,国务院国资委对国有私募资金对赌退出是否需要进场交易的问题,有如下相关问答:

表 1　国务院国资委官网问答[①]

序号	发布时间	问题详情	回复内容
1	2023.12.28	对于管理人为国资全资或控股且存在国有 LP 的合伙制私募股权基金，在将基金所持的股权依投资协议约定转让或采取市场化方式转让给第三方时，上述股权转让行为是否需要进场交易	32 号令规范的对象是依据《公司法》设立的公司制企业，不包括有限合伙企业，有限合伙企业对外投资的企业股权转让不在 32 号令规范范围内。实践中，鼓励有限合伙企业对外投资的企业股权转让通过产权交易机构挂牌转让
2	2022.4.13	国有全资公司担任某家私募基金的有限合伙人，占股 14，现拟转让全部合伙企业份额的，是否必须参照《企业国有资产交易监督管理办法》或其他相关法规进场交易，是否可以在进行审计评估后，依据公允价值直接向潜在受让方进行转让	32 号令规范的对象是公司制企业的情形。国有企业处置其持有的有限合伙企业中的份额，不在 32 号令规范范围，建议按照企业内部管理制度履行决策批准和资产评估及备案等工作程序
3	2022.6.9	我们公司是一家国有独资公司，2020 年投资了一家民营企业，投资协议中约定了控股股东回购的条款，其中之一为企业控制权转让，目前该企业出现了该事项，控股股东将控制权转让给我们的兄弟企业（为同一实际控制人），该种情况下我们将按照协议要求原控股股东回购我司持有的股份，那是否需要按照 32 号令履行进场交易程序	根据《企业国有资产法》和 32 号令有关规定，企业国有资产交易应当遵循等价有偿和公开公平公正的原则，在依法设立的产权交易机构中公开进行。国有企业对外签订的合同、协议等应当符合国家法律法规和国资监管规定

[①] 国务院国有资产监督管理委员会官网【问答选登】板块，http://www.sasac.gov.cn/n2588040/index.html，最后访问日期：2024 年 8 月 28 日。

续表

序号	发布时间	问题详情	回复内容
4	2021.12.17	我司系一家国有全资的私募基金管理人，在管基金均为公司制的基金（国有全资），上述基金对外投资形成的股权，在满足投资协议的情形下，需要大股东进行回购（已履行评估程序），针对此种情形，有如下疑问，烦请解答： 1. 上述大股东回购该基金投出的国有产权实质属于根据协议转让特定股东，是否需要在公开产权交易机构进行？是否与公司法规定的对内转让程序相悖？ 2. 根据产权交易所的文件，挂牌需要转让标的公司的内部决议，现该公司不予配合出具有关材料，导致无法开展进场的程序，该如何处理？ 3. 该股权通过减资方式，以不低于评估的价格退出是否属于规避32号令监管？ 4. 通过司法诉讼途径要求对方履行回购义务，通过司法文件确定是否属于规避32号令监管	按照《公司法》设立的国有企业转让其持有的子企业产权应当按照《企业国有资产评估管理暂行办法》（国务院国有资产监督管理委员会令第12号）、32号令等相关规定执行。 国有股东原则上不宜采取减资方式退出。当国有股东权益受到侵害时，可通过协商、司法诉讼等方式来维护国有权益

（二）能否同时主张回购款以及业绩补偿款

在私募基金股权投资中，业绩补偿及股权回购都是常见的对赌条款，但对于投资方是否能够同时主张业绩补偿和股权回购（注：主张目标公司承担金钱补偿义务的，法院将审查目标公司是否有利润补偿投资方以及利润是否足以补偿投资方），司法实践中却存在截然不同的意见。

1. 业绩补偿与股权回购属于并列的两种权利，可同时主张

在（2021）京民终753号[①]合同纠纷案中，北京市高级人民法院认为"《补充协议一》并未就现金补偿与回购价款能否同时主张进行约定，亦未对两种权利是否具有排他性进行约定，而是以不同的条款对回购价款和现金补偿分别进行了约定，且相互之间并不存在矛盾之处。故从合同文义解释的角度，无论是主张现金补偿，还是回购价款，均是投资方的权利"。

2. 业绩补偿款与股权回购款属于不同的法律关系，支持同时主张

在（2019）渝01民初781号[②]合同纠纷案中，重庆市第一中级人民法院认为"现金补偿款属于目标公司向股东分红及目标公司未完成约定的利润时应向投资方支付的业绩补偿款，与股权回购款属两个不同的法律关系，故对投资方要求股东同时支付现金补偿及股权回购价款的诉讼请求，本院予以支持"。

3. 业绩补偿与股权回购为因果关系，而非并列关系，不能同时主张

在（2021）粤0113民初9418号[③]买卖合同纠纷案中，广东省广州市番禺区人民法院认为"《××网络投资协议书》明确将第10.1条第（4）款约定的标的公司、原股东、实际控制人未按约支付业绩补偿与第10.1条第（5）款约定的标的公司、原股东、实际控制人存在第11.1条约定的重大瑕疵情形并列，均是股权回购成就的情形，即不支付业绩补偿是导致股权回购发生的情形之一，两者为因果关系，而非并列关系，投资方在要求股权回购同时主张业绩补偿，不符合双方约定，本院对投资方的业绩补偿请求不予

[①] 中国裁判文书网：吴某莉等合同纠纷二审民事判决书，（2021）京民终753号。
[②] 中国裁判文书网：某合伙企业与易某华、崔某等增资纠纷一审民事判决书，（2019）渝01民初781号。
[③] 中国裁判文书网：某股份有限公司、某科技有限公司等买卖合同纠纷一审民事判决书，（2021）粤0113民初9418号。

支持"。

4. 业绩补偿及股权回购均具有因违约行为承担损害赔偿责任的性质，应当综合进行考量，不支持同时主张

在（2020）沪0115民初93539号[①]合同纠纷案中，上海市浦东新区人民法院认为"《投资协议》第十条'估值调整和补偿'、第十一条'股份回购及转让'对两项权利的行使分别约定了不同的适用条件，两项权利独立存在，协议并没有特别约定仅能择一行使，但无论是支付业绩补偿还是回购股权均具有因违约行为承担损害赔偿责任的性质，应当综合进行考量。《投资协议》约定的股权回购价格的计算方式，已经充分考虑了对被告违约行为给原告投资造成的损失的弥补。故原告同时主张被告吴某峰、上海××中心支付业绩补偿及股权回购不尽合理"。

5. 对投资方的司法保护应限定在其实际投资本金及适当的资金占用补偿之和范围内，不支持同时主张

在（2020）粤03民终19235号[②]股权转让纠纷案中，广东省深圳市中级人民法院认为"对赌协议作为估值调整机制，一方面是为了防控投资人的投资风险，但另一方面，其并不是投资人规避风险、保证收益的工具。对赌协议防控的风险是对目标公司未来发展的不确定性、因不参与目标公司的经营而与目标公司信息不对称的风险，而不是为了让投资方获得确定的保障或者获取较高的投资回报。无论是股权回购，还是业绩补偿，均是估值调整的安排。当投资人同时主张股权回购款和金钱补偿时，对投资人的司法保护应限定在其实际投资本金及适当的资金占用补偿之和范围内……"

[①] 中国裁判文书网：某投资基金管理有限公司与某投资中心（有限合伙）等其他合同纠纷一审民事判决书，（2020）沪0115民初93539号。

[②] 中国裁判文书网：徐某平、王某国等股权转让纠纷二审民事判决书，（2020）粤03民终19235号。

6. 股权回购与现金补偿的适用前提相同，不支持同时主张

在（2021）粤01民终1354号[①]合同纠纷案中，广东省广州市中级人民法院认为"虽然合作协议、补充协议中没有明确约定股份回购与现金补偿是二者择其一还是同时适用的关系，但从协议约定的股份回购价格以及现金补偿款的计算方式来看……两种计算方式均体现了标的公司达不到约定业绩数额时刘某兵应对投资方承担一定的补偿责任，在补偿数额计算上均带有一定的补偿及惩罚性质……另外，需要指出的是，本案所涉协议约定的股权回购与现金补偿的适用前提相同，即未达到实际报表利润，只是分属于不同利润空间范围的对应方式……投资方已获得了部分现金补偿，故其在本案中再请求刘某兵向其支付股权回购款本金、溢价款及逾期利息，无事实及法律依据。"

结合上述案例，在司法实践中，不同法院对业绩补偿与股权回购是否可以同时主张具有不同的意见，虽然投资方在设定该等条款的过程中无法保证能够被同时支持，但仍然可以从以下几个方面提高业绩补偿与股权回购权利同时得到实现的可能性：

（1）由全体股东签署同意定向利润分配用于业绩补偿以及同意定向减资用于股权回购的书面文件，并在公司章程中对此予以明确规定。

（2）在投资协议中，业绩补偿与股权回购应当以独立的条款出现，具有不同的触发情形及后果，且在逻辑上应为并列关系，而非因果或递进等关系，也不会因同时主张业绩补偿与股权回购导致出现矛盾。

（3）在投资协议中，业绩补偿与股权回购应具有不同的计算公式，避免因同时主张业绩补偿与股权回购构成重复计算。

（4）业绩补偿与股权回购应与市场常规水平保持一致，避免因主张价款畸高而被裁判机构主动调减。

（5）将业绩补偿与股权回购与违约条款进行区分，避免业绩补偿款与股

[①] 中国裁判文书网：某投资合伙企业、刘某兵合同纠纷二审民事判决书，（2021）粤01民终1354号。

权回购款被认定为违约金或损害赔偿金性质。

（6）明确约定投资方有权同时主张业绩补偿及股权回购，并明确业绩补偿及股权回购是各方协商一致且审慎考虑的结果，不得随意调整。

（7）主张业绩补偿权利应注意在业绩补偿条件成就时，投资方仍应具有股东身份。

第六节　投资并购的反垄断合规研究

刘　倩　聂　鑫

一、引言

随着中国整体经济体量的增加，以及我国对反垄断监管的增强，在我们协助客户开展对外投资、境内和跨境并购等交易活动业务实践中，反垄断合规成为大概率发生事件。股权收购、资产收购、设立合资企业、合并交易（新设合并、吸收合并）等可能取得对其他经营者的控制权的交易模式，在很多时候都可能构成《反垄断法》第四章所述"经营者集中"情形，而不可避免地涉及反垄断合规申报问题。

反观反垄断合规审查的大背景，自2020年以来，各级立法机关和执法部门都持续表现出对反垄断立法、执法工作（尤其是与经营者集中审查相关）的高度重视和加强反垄断监管的决心。

在法律法规层面，2022年6月24日，第十三届全国人民代表大会常务委员会第三十五次会议通过了《关于修改〈中华人民共和国反垄断法〉的决定》，修订后的《反垄断法》于2022年8月1日起实施。相较于修订前的《反垄断法》（2008年8月1日起施行），围绕经营者集中申报，修订后的《反垄断法》主要有两大立法革新，其一，引入了经营者集中审查期限的"停表"制度，其二，大幅度提高违法经营者集中的处罚标准（违反实施集中，且具有或可能具有排除、限制竞争效果的，可处上一年度销售额10%以下的罚款；不具有排除、限制竞争效果的，可处五百万元以下的罚款）。此外，中国证券监督管理委员会、司法部、中华全国律师协会于2022年1月联合发布了《监管规则适用指引——法律类第 2 号：律师事务所从事首次公开发行股票并上市法律业务执业细则》(以下简称《执业细则》)，《执业细则》首次明确提出律师需在从事首次公开发行股票并上市法律业务过程中，对发行人进行反垄断合规核查的要求[①]，《执业细则》已于 2022 年 2 月 27 日起实施。

在执法层面，国家市场监督管理总局（以下简称市场监管总局）对于实施经营者集中而未依法进行反垄断申报的"抢跑行为"呈现日趋严厉的执法态度，截至 2023 年底，共审结经营者集中案件 5,787 件，其中禁止 3 件，附加限制性条件批准 61 件。

因此，在反垄断强监管的大趋势下，企业在开展对外投资、并购活动时应当提高经营者集中申报的意识，聘请专业律师梳理、判断和规划拟议交易中的经营者集中申报义务。同时，采取何种风险规避措施亦变得尤为重要。下文将通过梳理反垄断申报相关法律要求，并结合常见投资并购模式，为开展对外投资、并购活动的企业提供风险提示和合规建议。

二、经营者集中申报标准

（一）形式标准

判断拟议交易是否需要进行经营者集中申报，从形式上需要判断是否同时满足以下两个标准：

[①] 《监管规则适用指引——法律类第 2 号：律师事务所从事首次公开发行股票并上市法律业务执业细则》第二十六条　律师应当按照中国证监会、证券交易所相关规定要求，查验发行人已经完成或者拟进行的收购或出售资产、资产置换、资产剥离等行为是否符合法律法规的规定，具体查验内容包括：（一）上述行为是否按照法律法规及公司章程的规定履行内部决策程序，是否需要取得国有资产管理部门、外商投资管理部门、反垄断主管部门等有关部门的批准或者备案；（二）发行人是否签署相关协议，所签署的协议是否真实、合法、有效，以及协议履行情况。如尚未履行完毕的，是否存在继续履行的重大法律障碍，是否存在纠纷、潜在纠纷或者重大法律风险；（三）上述行为是否会导致发行人主营业务发生重大变化。

1. 该项交易是否构成"经营者集中"行为，经营者是否存在控制权的变化，即"申报行为标准"。

参考《关于经营者集中申报的指导意见》关于"控制权"的规定[①]，可以看出市场监管总局对"控制权"的认定采取的是"认定＋推定"的双重判断模式，持股比例并非判断是否取得控制权的唯一因素，各经营者在交易前后对公司治理、业务经营或其他重大方面的影响力变化程度也是判断控制权的重要因素。通常来说，对董事会成员的决定权、对董事会重大决策事项的否决权、高级管理人员的提名权或任免权、经营计划或投资计划的决定权或否决权，以及财务预算的决定权或否决权、投资人与目标公司的附加业务合作协议（如订单保障、优先采购、限制与投资人的竞争对手合作）等，会作为判断是否取得控制权的重要因素。

需要特别注意的是，下列具有"迷惑性"的交易模式也可能触发经营者集中申报义务：

（1）少数股权收购

如前所述，持股比例并不是认定控制权的决定性标准，在公布的处罚案例中，有不少案例所涉及的股权收购比例不超过10%。以思凯企业管理有限

---

① 《关于经营者集中申报的指导意见》第三条　经营者集中所指的控制权，包括单独控制权和共同控制权。判断经营者是否通过交易取得对其他经营者的控制权或者能够对其他经营者施加决定性影响（控制权和决定性影响以下统称为"控制权"），取决于大量法律和事实因素。集中协议和其他经营者的章程是重要判断依据，但不是唯一的依据。虽然从集中协议和章程中无法判断取得控制权，但由于其他股权分散等原因，实际上赋予了该经营者事实上的控制权，也属于经营者集中所指的控制权取得。判断经营者是否通过交易取得其他经营者的控制权，通常考虑包括但不限于下列因素：（一）交易的目的和未来的计划；（二）交易前后其他经营者的股权结构及其变化；（三）其他经营者股东大会的表决事项及其表决机制，以及其历史出席率和表决情况；（四）其他经营者董事会或监事会的组成及其表决机制；（五）其他经营者高级管理人员的任免等；（六）其他经营者股东、董事之间的关系，是否存在委托行使投票权、一致行动人等；（七）该经营者与其他经营者是否存在重大商业关系、合作协议等。控制权取得，可由经营者直接取得，也可通过其已控制的经营者间接取得。

第四条　对于新设合营企业，如果至少有两个经营者共同控制该合营企业，则构成经营者集中；如果仅有一个经营者单独控制该合营企业，其他的经营者没有控制权，则不构成经营者集中。

公司收购内蒙古科尔沁牛业股份有限公司股权案为例[①]，思凯企业管理有限公司作为战略投资人虽仅持有目标公司 10% 的股份，但其通过向目标公司委派高管人员，对目标公司未来战略发展计划、经营计划、对外投资和并购等事项具有影响力，因此被认定已取得对目标公司的消极控制权。

根据我们的经验判断，在引入多方投资人的多轮融资活动中，投资人通常只是进行少数比例的股权投资，仅基于公司法或财务报表的角度通常不能构成对标的公司的控制，但如在投资协议、公司章程等交易文件中约定投资人对标的公司的各种重大经营事项享有决定权或否决权，那么投资人很可能被认为取得了标的公司的控制权，而构成《反垄断法》下的"控制"，从而触发经营者集中申报义务。同样，对于合伙企业而言，如果存在类似权利安排，导致普通合伙人和/或有限合伙人对合伙企业的管理与投资决策拥有决定权以及否决权，也可能导致该合伙人被认定为拥有合伙企业的控制权。

（2）无偿划拨资产

以辽宁港口集团取得大连港集团和营口港务集团 100% 股权案[②]为例，2017 年 12 月 20 日，大连市国资委、营口市国资委分别与辽宁港航签署了《大连港集团有限公司股权无偿划转协议》和《营口港务集团有限公司股权无偿划转协议》，将大连港集团和营口港务集团的 100% 股权无偿划转给辽宁港航。该案中的无偿划转协议签署之后，交易各方并未进行经营者集中申报便完成了股权变更登记。市场监管总局通过调查发现，交易三方中有两方（大连港集团和营口港务集团）的营业额达到了申报标准，且辽宁港航取得了大连港集团和营口港务集团的控制权，因此存在控制权变化。最终，市场监管总局认定本次无偿划转构成经营者集中，依法应当进行经营者集中申报，对

[①] 商务部：思凯企业管理有限公司收购内蒙古科尔沁牛业股份有限公司股权案，经营者集中简易案件公示表，http://fldj.mofcom.gov.cn/article/jyzjzjyajgs/201711/20171102670946.shtml，最后访问日期：2024 年 8 月 26 日。

[②] 国家市场监督管理总局行政处罚决定书（国市监处〔2019〕48 号），https://www.sac.gov.cn/cms_files/filemanager/samr/www/samrnew/fldys/tzgg/xzcf/202204/t20220424_341807.html，最后访问日期：2024 年 8 月 28 日。

辽宁航港处以人民币 35 万元罚款的行政处罚。

由此可见，评估控制权的变化不需要考虑取得控制权的过程是通过何种具体交易形式。即便是国企之间无偿划拨的方式，只要达到了经营者集中申报的标准，未依法进行申报也并不能免于处罚。

（3）分步交易

在实操过程中，参与集中的经营者可能出于尽快完成交易的考虑，而采取将整体交易分拆为多个步骤进行的方式，但市场监管总局在执法过程中可能还是会将该多个步骤的交易视为一项整体的经营者集中予以审查。

以佳能株式会社（以下简称佳能）收购东芝医疗系统株式会社（以下简称东芝医疗）全部股权案[①]为例，本案集中分为两个步骤实施完成，第一：特殊目的公司 M 公司先行收购东芝医疗发行的有投票权的 20 股 A 类股，同时，佳能收购东芝医疗无投票权的 1 股 B 类股和 100 份认股权证；第二：在获得包括中国在内的各司法辖区的反垄断批准后，佳能行权并将认股权证转化为有表决权的普通股；同时，东芝医疗将从 M 公司和佳能分别回购 A 类与 B 类股并予注销。至此，佳能将完成收购东芝医疗 100% 股权。佳能在向商务部申报之时，步骤一已实施完毕，而步骤二尚未开始。在本案的行政处罚决定书中，商务部认为："本交易虽然分为两个步骤实施，但两个步骤紧密关联，均是佳能取得东芝医疗全部股权不可分割的组成部分，构成《反垄断法》第二十条［《反垄断法（2022 修正）》第二十五条］规定的经营者集中"且本案已达到申报标准，因此，佳能在向反垄断执法机构进行申报前已经开始实施交易的行为，已违反《反垄断法》第二十一条［《反垄断法（2022 修正）》第二十六条第一款］规定，构成未依法申报违法实施的经营者集中。最后，商务部对佳能处以人民币 30 万元罚款的行政处罚。

[①] 商务部行政处罚决定书（商法函〔2016〕965 号），https://tfs.mofcom.gov.cn/xzcf/art/2017/art_a03e1c60eacd49449cd9eee02dbf18bd.html，最后访问日期：2024 年 8 月 28 日。

（4）协议控制

相较于前文所述股权交易、资产交易等，协议控制形式的经营者集中交易更具有迷惑性和隐蔽性。根据《国务院关于经营者集中申报标准的规定》的规定，经营者集中包含"经营者通过合同等方式取得对其他经营者的控制权或者能够对其他经营者施加决定性影响"的情形，以及《国务院反垄断委员会关于平台经济领域的反垄断指南》的规定："涉及协议控制架构的经营者集中，属于经营者集中反垄断审查范围"，可以看出，协议控制结构同样受到《反垄断法》的监管和制约。

尤其是，市场监管总局于2020年4月公布的无条件批准上海明察哲刚管理咨询有限公司与环胜信息技术（上海）有限公司新设合营企业案[1]，是中国首起正式立案审查并无条件批准的涉及协议控制（VIE结构）的经营者集中案件。另外，2020年底，市场监管总局分别发布阿里巴巴投资有限公司收购银泰商业（集团）有限公司股权未依法申报违法实施经营者集中案（国市监处〔2020〕26号）、阅文集团收购新丽传媒控股有限公司股权未依法申报违法实施经营者集中案（国市监处〔2020〕27号）、丰巢网络收购中邮智递股权未依法申报违法实施经营者集中案（国市监处〔2020〕28号）[2]三个未依法申报经营者集中的行政处罚决定书，综观这三个案件，呈现以下的共同点：第一，均为协议控制结构（VIE结构）下的股权收购；第二，收购方均为互联网平台企业；第三，三个案件所涉交易最终均评估为不具有排除、限制竞争的效果。市场监管总局在前述三个案件中均根据《反垄断法（2007）》第四十八条处以50万元的顶格罚款处罚。

---

[1] 国家市场监督管理总局：上海明察哲刚管理咨询有限公司与环胜信息技术（上海）有限公司新设合营企业案，经营者集中简易案件公示表，https://www.samr.gov.cn/zt/qhfldzf/art/2020/art_abd13a651326450cafb76ea483d1c2d5.html，最后访问日期：2024年8月28日。

[2] 国家市场监督管理总局：丰巢网络收购中邮智递股权未依法申报违法实施经营者集中案行政处罚决定书（国市监处〔2020〕28号），https://www.samr.gov.cn/zt/qhfldzf/art/2020/art_49f48e0b907347dcbf462d632d753f3e.html，最后访问日期：2024年8月28日。

因此，如相关交易中存在协议控制架构，且参与集中的经营者达到申报标准的，仍应当依法进行经营者集中申报。

2. 该项交易是否达到《反垄断法》《国务院关于经营者集中申报标准的规定》等相关规定的营业额标准，即"申报规模标准"。

2024年1月22日，国务院总理李强签署第773号国务院令公布《国务院关于经营者集中申报标准的规定（2024修订）》并于公布之日起施行，对我国自2008年实施至今的经营者集中申报标准进行了大幅度提高。考虑到全球和中国GDP增长等情况，将申报标准中参与集中的经营者全球合计营业额标准从人民币100亿元（币种下同）提高至120亿元，将中国境内合计营业额标准从20亿元提高至40亿元，将单方中国境内营业额标准从4亿元提高至8亿元。

（1）参与集中的所有经营者上一会计年度在全球范围内的营业额合计超过人民币120亿元，并且其中至少两个经营者上一会计年度在中国境内的营业额均超过8亿元人民币；

（2）参与集中的所有经营者上一会计年度在中国境内的营业额合计超过40亿元人民币，并且其中至少两个经营者上一会计年度在中国境内的营业额均超过8亿元人民币。

（3）上述第（1）和第（2）项所述营业额为经营者及与该经营者存在直接或者间接控制关系的所有经营者的营业额总和，包括该经营者所能控制的主体、控制该经营者的主体及其能控制的其他主体。

根据国家市场监管总局反垄断局关于施行《经营者集中反垄断审查申报表》的说明，我们对申报表进行了梳理，界定参与集中的经营者的主要方式可以归纳为以下表格内容：

集中情形	参与集中的经营者	举例
经营者合并（包括新设合并和吸收合并）	合并各方	例1：新设合并，即A公司与B公司合并为C公司，合并后，A与B均归于消灭。 例2：吸收合并，即A公司与B公司合并，合并后，A公司继续存在，B公司归于消灭。 参与集中的经营者为A公司和B公司，A公司和B公司的原股东不是参与集中的经营者
新设合营企业	合营各方	A公司与B公司共同成立合营企业C公司，并对C公司形成共同控制。参与集中的经营者为A公司和B公司，C公司不是参与集中的经营者
交易后，取得目标公司的单独控制权	取得控制权的经营者、目标公司	例1：A公司收购B公司持有的C公司全部或部分股权或资产，使得A公司取得对C公司的控制权，B公司丧失对C公司的控制权。参与集中的经营者为A公司和C公司，B公司不是参与集中的经营者。 例2：A公司和B公司共同收购C公司持有的目标公司D公司全部或部分股权或资产，仅有A公司取得对D公司的控制权，B公司未取得对D公司的控制权，交易后C公司亦不再控制D公司。参与集中的经营者是A公司和D公司，B公司和C公司不是参与集中的经营者
交易后，两个或两个以上经营者取得目标公司的共同控制权，原控制方丧失控制权	取得控制权的经营者、目标公司	A公司和B公司共同收购C公司持有的目标公司D公司全部或部分股权或资产，使得A公司和B公司取得对D公司的共同控制权，C公司丧失对D公司的控制权。参与集中的经营者为A、B、D公司，C公司不是参与集中的经营者

续表

集中情形	参与集中的经营者	举例
交易后，目标公司的控制权由单独控制变为共同控制，原控制方仍具有控制权	具有共同控制权的所有经营者	交易前，C公司由A公司单独控制，交易后，A公司与B公司对C公司形成共同控制。参与集中的经营者为A公司与B公司，C公司不是参与集中的经营者
通过作为投资工具的特殊目的公司参与交易	视情况而定	A公司通过特殊目的公司B公司或其收购工具C公司收购D公司80%的股权并取得D公司的单独控制权，参与集中的经营者为A公司和D公司，B公司或C公司不是参与集中的经营者

对于达到申报标准的经营者集中，经营者应当在集中协议签署后、集中实施前向市场监管总局申报，如经营者未依法申报，或虽已提交申报，但市场监管总局尚未作出最终审查决定的，经营者均不得实施相关集中。

因此，我们建议，在实施复杂的交易过程中，如该交易已达到前述申报标准的，参与集中的经营者应善意合作、谨慎判断各个交易步骤的实施时点，并可考虑在交易文件中将完成反垄断申报义务作为实质性推进整体交易的前提条件或协议本身的生效条件，避免因在取得市场监管总局的批准决定前实施相关步骤而被认定为构成"抢跑"。

（二）实质标准——排除、限制竞争效果

根据《反垄断法》第三条第三项的规定，经营者集中表述为"具有或者可能具有排除、限制竞争效果的经营者集中"，我们也会经常看到市场监管总局在大部分未依法申报违法实施经营者集中案的行政处罚决定书中会有"该

案构成未依法申报违法实施经营者集中,但不具有排除、限制竞争的效果"的认定,应当认为"排除、限制竞争效果"其实是市场监管总局在审查经营者集中过程中的实质标准。

需要注意的是,《反垄断法(2007)》第二十一条仅明确要求达到申报标准的经营者集中行为,经营者应当进行经营者集中申报,对于未达到申报标准的情形为经营者可以"自愿申报",而并无强制性义务要求。但是新《反垄断法(2022修正)》第二十六条第二款提出了进一步的要求:"经营者集中未达到国务院规定的申报标准,但有证据证明该经营者集中具有或者可能具有排除、限制竞争效果的,国务院反垄断执法机构可以要求经营者申报",该条实际赋予市场监管总局主动发起调查的权利,任何具有或可能具有排除、限制竞争效果的交易都可能引发市场监管总局的主动调查。《反垄断法(2022修正)》增加这一款的规定与此前颁布的《国务院反垄断委员会关于平台经济领域的反垄断指南》(以下简称《平台经济领域反垄断指南》)第十九条[①]的规定相呼应,也体现了市场监管总局对初创企业或者新兴平台对外投资、参与并购等投资活动的重点关注。

我们注意到,在市场监管总局反垄断局编撰的《中国反垄断执法年度报告(2019)》中曾提及成功阻却过一起"虽未达到申报标准,但是可能产生排除、限制竞争效果"的案件:在湖南尔康制药股份有限公司收购河南九势制

---

① 《国务院反垄断委员会关于平台经济领域的反垄断指南》
第十九条　国务院反垄断执法机构主动调查
根据《国务院关于经营者集中申报标准的规定》第四条,经营者集中未达到申报标准,但按照规定程序收集的事实和证据表明该经营者集中具有或者可能具有排除、限制竞争效果的,国务院反垄断执法机构应当依法进行调查。
经营者可以就未达到申报标准的经营者集中主动向国务院反垄断执法机构申报。
国务院反垄断执法机构高度关注参与集中的一方经营者为初创企业或者新兴平台、参与集中的经营者因采取免费或者低价模式导致营业额较低、相关市场集中度较高、参与竞争者数量较少等类型的平台经济领域的经营者集中,对未达到申报标准但具有或者可能具有排除、限制竞争效果的,国务院反垄断执法机构将依法进行调查处理。

药股份有限公司案中，交易方未达申报标准但可能产生排除、限制竞争效果。经营者集中审查与滥用市场支配地位执法协同发力，与当事方多次进行商谈和沟通，提醒其不得违反《反垄断法》规定实施集中。通过反复沟通，当事方放弃交易，将事前防范与事后监管更好地结合起来，充分发挥执法合力，更好地保护市场公平竞争，结合参与集中的经营者曾在 2018 年 12 月 30 日因滥用扑尔敏原料药市场支配地位实施不公平高价销售商品、拒绝交易等违法行为接受处罚的背景，有理由相信市场监管总局对存在市场支配地位或市场份额较大，或此前接受过反垄断处罚的相关经营者的经营集中行为更为关注，并可能采取主动调查。

结合市场监管总局在附加限制性条件批准经营者集中的案件中关于竞争分析的论述，以及对参与集中的经营者所设置的限制性条件（市场监管总局在 2021 年共作出附加限制性条件批准经营者集中 4 件；市场监管总局在 2022 年已作出附加限制性条件批准经营者集中 2 件，具体案件信息详见下表），我们认为至少应当从以下方面来判断集中行为是否存在"排除、限制竞争效果"的情况：(1) 集中后实体将在相关市场中取得较高的市场份额或取得市场支配地位；(2) 集中将减少相关市场内的主要竞争对手，例如参与集中的经营者在相关市场中互为紧密的竞争者，如推进集中，将会造成相关市场内的竞争不足；(3) 集中可能进一步提高相关市场进入壁垒，包括但不限于增加了潜在竞争者进入相关市场的难度、增加相关市场内上下游相对方转换交易对手的成本等。

案件	竞争分析	限制性条件
思科系统公司收购阿卡夏通信公司股权案（审查期限为450天）	（一）集中后实体具有实施原料封锁的能力。（二）集中后实体具有实施原料封锁的动机。（三）集中可能在中国光传输系统市场产生排除、限制竞争效果	要求集中后实体履行如下义务：继续履行现有客户合同；按照公平、合理、无歧视的原则，继续向中国客户供应相关数字信号处理器；不得对中国客户强制搭售商品，或附加其他不合理的交易条件；交易双方和集中后实体应对其相关管理人员与员工进行培训，采取必要措施，确保承诺方案落实
丹佛斯公司收购伊顿股份有限公司部分业务案（审查期限为346天）	（一）集中将进一步增强交易双方的市场控制力，导致相关市场集中度大幅提高。（二）集中消除了交易双方之间的紧密竞争关系。（三）集中将进一步提高相关市场的进入壁垒。（四）集中将进一步削弱下游用户的议价能力	要求丹佛斯和集中后实体履行如下义务：剥离丹佛斯动力系统（江苏）有限公司的摆线马达业务，所有有形资产和无形资产（包括知识产权）、协议、租约、承诺和客户订单，以及人员等
伊利诺斯工具制品有限公司收购美特斯系统公司股权案（审查期限为252天）	（一）集中将导致集中后实体取得市场支配地位，市场集中度大幅提高。（二）集中消除了交易双方之间的紧密竞争关系。（三）集中进一步削弱下游用户的议价能力	要求伊利诺斯、美特斯和集中后实体履行如下义务：继续履行与中国客户的所有涉及相关商品和服务的现有业务合同；继续保持对中国客户的服务水平；向中国客户销售的相关商品和服务的价格不得高于交易双方在生效日前24个月内在相当条件下的平均价格；除非有正当理由或遵循过往商业惯例，不得：（1）拒绝、限制或延迟向中国客户供应相关商品或服务；（2）对中国客户施加任何不合理的交易条件；（3）降低向中国客户供应相关商品和/或服务的质量或技术水平；（4）降低对中国客户在交货期、售后服务和支持（包括维修）、软件更新、技术规范和用户手册方面的服务水平

续表

案件	竞争分析	限制性条件
SK海力士株式会社收购英特尔公司部分业务案（审查期限为359天）	（一）交易将提高SATA企业级固态硬盘市场集中度，增强集中后实体的市场控制力。 （二）交易将提高PCIe企业级固态硬盘市场集中度，增强集中后实体的控制力。 （三）集中可能增强相关市场竞争者协调价格的动机和能力。 （四）市场进入壁垒高，短期内难以出现新的有效竞争者	要求集中后实体履行如下义务： 不得以不合理的价格向中国境内市场供应PCIe企业级固态硬盘产品和SATA企业级固态硬盘产品，在交易条款相当的情况下，价格不得高于其在生效日前24个月内的平均价格； 在生效日起5年内持续扩大相关产品的产量； 依据公平、合理、无歧视原则向中国境内市场继续供应所有产品； 不得强制或者变相强制中国境内市场的客户排他性地采购产品；不得强制搭售或捆绑销售； 帮助一个第三方竞争者进入相关市场； 不得在销售价格、产量或销量方面与其在中国的主要竞争对手达成任何排除或限制竞争的书面或口头协议、决定或进行其他协同行为（包括默示协同）
环球晶圆股份有限公司收购世创股份有限公司股权案（审查期限为391天）	（一）交易进一步提高了集中后实体在全球和中国境内8英寸区熔晶圆市场控制力。 （二）交易进一步提高了相关市场的集中度。 （三）交易可能增强相关市场竞争者协调价格的动机和能力。 （四）市场进入壁垒高，短期内难以出现新的有效竞争者	要求交易双方和集中后实体履行如下义务： 剥离环球晶圆的区熔晶圆业务。 自审查决定生效日起6个月内完成剥离；经市场监管总局批准，上述时限可延长3个月；如未能在上述期限内完成剥离，应根据《经营者集中审查暂行规定》委托剥离受托人寻找合适的剥离买方并完成剥离。 按照公平、合理、无歧视的原则，继续向中国境内客户供应各类晶圆产品；在同等条件下，不得对中国境内客户实施差别对待。 合同期满后，集中后实体无正当理由不得拒绝中国境内客户续签合同要求，且续签条件不得低于原合同。 对相关管理人员和员工进行持续培训，并采取必要措施，确保承诺方案的落实

续表

案件	竞争分析	限制性条件
超威半导体公司收购赛灵思公司股权案（审查期限为367天）	（一）集中后实体在CPU、GPU加速器、FPGA市场具有排除、限制竞争的能力。 （二）集中后实体在CPU、GPU加速器、FPGA市场具有排除、限制竞争的动机。 （三）集中可能在CPU、GPU加速器和FPGA市场产生排除、限制竞争的效果。 （四）市场进入壁垒高，短期内难以出现新的有效竞争者	要求交易双方和集中后实体履行如下义务： 不得强制搭售，或者附加任何其他不合理的交易条件；不得阻碍或限制客户单独购买或使用相关产品；不得在服务水平、价格、软件功能等方面歧视单独购买上述产品的客户。 与中国境内企业进一步推进相关合作，并依据公平、合理、无歧视原则，向中国境内市场继续供应相关产品。 继续开发并确保赛灵思FPGA产品系列的可获得性，确保其开发方式与基于ARM的处理器相兼容且符合赛灵思在交易前的计划。 继续保证向中国境内市场销售的超威相关产品与第三方相关产品的互操作性，且不低于超威相关产品的互操作性水平；互操作性升级的相关信息、功能和样品应当于升级后90天内提供给第三方相关产品制造商。 对第三方相关产品制造商的信息采取保护措施；将第三方相关产品制造商的保密信息储存在独立且互不相通的硬件系统中

在过去，如果参与集中的一方经营者是初创企业或新兴平台，即便其所在相关市场集中度高、参与竞争者数量有限，相关交易可能存在限制市场竞争的情况，但是因初创企业或新兴平台的营业额达不到经营者集中的申报标准，从而导致原有申报规则难以适用。在目前反垄断强监管的大背景下，我们建议，为避免事后被调查或被处罚的风险（尤其是参照上述附加限制性条件批准经营者集中案件，可以注意到，一旦因未进行经营者集中申报而被调查，整个调查工作持续时间通常将远超过正常申报所需要的时间），公司可以在进行此类交易之前，咨询律师进行相关市场评估及竞争损害分析，或向市场监管总局就经营者集中申报申请商谈，听取市场监管总局的指导意见。

三、经营者集中的申报程序

（一）经营者集中的申报主体

根据《经营者集中审查规定》第十三条第一款的规定："通过合并方式实施的经营者集中，合并各方均为申报义务人；其他情形的经营者集中，取得控制权或者能够施加决定性影响的经营者为申报义务人，其他经营者予以配合。"

在同一案件中，有申报义务的经营者是两个或两个以上时，可以约定由其中一个经营者负责申报，也可以共同申报。但是，需要注意的是，即便参与集中的经营者之间约定由一个经营者申报而其未按约申报的，其他有申报义务的经营者也不因此而减免其未依法申报法律责任。申报义务人未进行集中申报的，其他参与集中的经营者可以提出申报。

（二）经营者集中的申报时间

申报人应当在集中协议签署后，集中实施前向市场监督总局申报。以公开要约方式收购上市公司的，已公告的要约收购报告书可视同为已签署的集中协议。但申报人必须综合考虑和安排申报时间（具体审查流程和时限详见下文表格），以免延误并购、投资等集中的商业时机。

（三）商谈

根据《关于经营者集中简易案件申报的指导意见》第一条的规定："在正式申报前，经营者可以就拟申报的交易是否符合简易案件标准等问题向反垄断局申请商谈……"商谈不是经营者集中申报的必经程序，经营者自行决定是否申请商谈。

根据我们的经验，由于在商谈过程中需要向市场监管总局提供交易概况、交易各方的基本信息等文件和资料，如参与集中的经营者对于相关交易是否需要提交经营者集中申报以及是否符合简易案件标准等问题存在疑问，可以考虑在相关交易已相对确定的情况下向市场监管总局发出商谈申请，以确保相关交易能够合法、合规地予以推进，避免存在任何"抢跑"行为而承担不必要的调查或行政处罚。拟商谈问题可以包括：（1）交易是否需要申报，包括相关交易是否属于经营者集中，是否达到申报标准、是否符合简易案件标准等；（2）需要提交的申报文件资料，包括申报文件资料的信息种类、形式、内容和详略程度等；（3）具体法律和事实问题，包括如何界定相关商品市场和相关地域市场等；（4）就申报和审查程序提供指导，包括申报的时间、申报义务人、申报和审查的时限等。市场监管总局将根据商谈申请方提供的信息，就其关心的问题提供指导意见。

商谈申请应以书面形式，通过传真、邮寄或专人递送等方式提交。

（四）经营者集中的审查流程

流程		审查事项	时限
立案前阶段		市场监管总局应对申报人提交的文件、资料进行审核。申报人提交的文件、资料不完备、不完整或不准确的，应当在规定的时限内补充、修改、澄清和说明。市场监管总局审核后，认为申报文件、资料（包括补充的文件、资料）符合《反垄断法》第二十八条规定的，应当立案审查，并向申报人递送立案通知	无 （根据我们的经验，视具体情况，通常在15—30个自然日之内，市场监管总局期间可能提出一轮或以上补充问题，届时需要提交补充材料）
审查阶段	初步审查	市场监管总局将在立案后进行初步审查，做出是否实施进一步审查的决定	30日 （多数简易案件在本阶段审结）

续表

流程		审查事项	时限
审查阶段	进一步审查	市场监管总局将根据需要实施进一步审查，做出是否禁止经营者集中的决定，逾期未作出决定的，经营者可以实施集中	90日
	延长审查	有下列情形之一的，由市场监管总局书面通知申报人延长进一步审查的期限，时间最长不超过60日： 经营者同意延长审查期限的； 经营者提交的文件、资料不准确，需要进一步核实的； 经营者申报后有关情况发生重大变化的	可延长60日

在审查阶段，针对简易案件，市场监管总局在立案后将对申报人填报《经营者集中简易案件公示表》在市场监管总局网站予以公示（公示期为10个自然日），在公示期内，任何单位和个人均可对该案是否应被认定为简易案件提交书面意见。如审查发现不应认定为简易案件，可要求申报人按非简易案件程序重新申报。而针对非简易案件，不会设置前述公示期，但是在审查过程中，市场监管总局可能视具体情况向行业主管部门、行业协会、竞争对手、上下游企业、消费者等单位或个人征询关于拟议交易是否可能引起竞争问题等的意见。

四、历史交易未依法申报风险

值得注意的是，《经营者集中反垄断审查申报表》第4.1.15条要求参与集中的经营者填写其及其关联实体过去三年在相关市场的经营者集中情况，如经营者或目标公司在历史上存在应进行经营者集中申报而未申报的经营者集中交易，可能会引起市场监管总局的关注和主动调查。

就此类历史交易未依法申报的情况，根据《反垄断法》规定，对于违法实施经营者集中的，市场监管总局有权要求责令停止实施集中、限期处分股份或者资产、限期转让营业以及采取其他必要措施恢复到集中前的状态，并可以处50万元以下的罚款。结合市场监管总局公布的未依法申报违法实施经营者集中的行政处罚案例情况来看，自2021年以来，市场监管总局对涉案企业多处以人民币50万元的顶格罚款。

但如前文所提示的，《反垄断法》第五十八条在原有采取必要措施恢复到集中前的状态基础上，大幅提高违法实施经营者集中的处罚金额（违反实施集中，且具有或可能具有排除、限制竞争效果的，可处上一年度销售额10%以下的罚款；不具有排除、限制竞争效果的，可处500万元以下的罚款），同时，《反垄断法》第六十三条新增了惩罚性罚款的规定，市场监管总局有权就严重违法行为按照前述罚款数额的基础处以2倍以上5倍以下的罚款。虽然如何判断"情节特别严重、影响特别恶劣、造成特别严重后果"尚有待市场监管总局的进一步细化规定，但是可以肯定的是企业将就未依法进行经营者申报而面临更高的违法成本。

并且，虽然根据《行政处罚法》的规定："违法行为在二年内未被发现的，不再给予行政处罚"（前述两年期限应从违法行为发生之日起计算；违法行为有连续或者继续状态的，从行为终了之日起计算），但从目前已公布的行政处罚决定来看，在不少未依法申报的案件中，执法机构进行立案调查的时间距离集中实施已逾多年（如皮尔博格和幸福摩托车设立合营企业案[①]，该案中皮尔博格和幸福摩托车于2013年3月1日签订合资协议，设立合营企业，双方分别持股50%。合资企业已于2013年6月18日成立并领取营业执照。

---

① 国家市场监督管理总局：对皮尔博格和幸福摩托车设立合营企业未依法申报案的行政处罚决定书（国市监处〔2019〕46号），https://www.samr.gov.cn/jzxts/tzgg/xzcf/art/2019/art_8fcf6bf9192142be804515a744fd84ce.html，最后访问日期：2024年8月28日。

即便该交易已经过去近6年，交易方仍于2019年3月11日被正式立案调查，并最终于2019年11月作出未依法申报的处罚决定），可以看出市场监管总局倾向于认为未依法申报的收购、并购、新设合营企业等经营者集中行为均属于连续性的违法行为，因此并不会起算行政处罚的两年追诉时效。因此，市场监管总局仍可能以违法行为持续存在，而对历史交易未依法申报的情况进行调查，并不排除按照《反垄断法》进行处罚的可能性。

此外，除行政处罚本身造成的损失外，市场监管总局的相关调查程序通常耗时较长，并且可能对拟定交易的时间表、企业后续的申报进程、企业的公众形象和其他政府/证券交易所审批事项产生负面影响或构成实质性障碍。以上市公司为例，《上市公司重大资产重组管理办法》第十一条明确要求将上市公司符合反垄断法律和行政法规的规定列为实施重大资产重组的先决条件之一，并要求上市公司及中介机构就此作出充分说明及披露，此外，《执业细则》亦要求律师在首次公开发行股票并上市法律业务过程中对发行人进行反垄断合规核查的要求。以青岛港国际股份有限公司IPO为例，根据青岛港国际股份有限公司招股说明书[①]，青岛港国际股份有限公司一家间接子公司与青岛港招商局国际集装箱码头有限公司于2009年12月合资设立合资公司的交易，在IPO申报前受到了商务部的立案调查，在IPO审核过程中被认定构成未依法申报经营者集中并受到行政处罚决定，发行人从以下多个角度对其反垄断合规瑕疵"不属于重大违法违规行为、不会对本次发行构成重大不利影响"进行披露说明并最终过会：(i)该等行为的发生基于发行人对经营者集中申报事项的适用范围理解与法规原意有所偏差，不存在违法违规的主观故意；(ii)合资公司未纳入发行人合并报表范围，且对发行人的投资收益贡献占比很低；(iii)执法机构认为经营者集中不会产生排除、限制竞争的影响，并开具相关行政

[①] 来源网址：https://static.cninfo.com.cn/finalpage/2019-01-08/1205715069.PDF，最后访问日期：2024年8月28日。

处罚不构成重大行政处罚的证明；(iv)发行人已建立反垄断内控制度。

基于上述案例，我们建议，在公司对外投资、并购或拟上市过程中，有必要对合作方、投资标的或拟上市公司本身或者其直接或间接子公司存在未申报的经营者集中情形进行必要的尽调及合规性论证工作，视情况对该交易进行主动申报或争取获得反垄断执法机构出具的相关证明，并对相关潜在风险做好充分的风险隔离、责任分摊的约定。

五、跨境并购的反垄断风险

根据《反垄断法》及相关配套法规的规定，无论跨境并购交易是否发生在中国境内，亦无论经营者或并购标的是否为境内实体，只要该等交易可能对中国境内市场竞争产生排除、限制影响，在满足申报标准的情况下均应履行中国经营者集中申报程序。例如，在广东省广晟香港控股有限公司（以下简称广晟香港）收购澳大利亚泛澳全部股权案[1]中，2015年7月，广东省国资委直属的国有独资企业广东省广晟资产经营有限公司通过其香港全资子公司广晟香港，以场外公开要约收购的方式取得澳大利亚泛澳100%股权，且广晟香港和澳大利亚泛澳2014年在中国境内的营业额达到了法定申报标准，属于应当申报的情形，但在收购实施前未依法进行申报，因此广晟香港被商务部处以人民币15万元的罚款。

由于跨境并购交易可能涉及多个司法辖区的反垄断监管，因此，我们建议，相关交易主体在必要时可与包括中国反垄断执法机构在内的不同司法辖区的反垄断机关进行充分的沟通，以正确认识并评估不同司法辖区的反垄断合规风险，并就履行不同的反垄断申报及审查程序进行合理安排、协调。

---

[1] 商务部行政处罚决定书（商法函〔2017〕205号），https://tfs.mofcom.gov.cn/xzcf/art/2017/art_029f572442a14a43b60536e5e402b7b6.html，最后访问日期：2024年8月28日。

第七节　当估值坐上过山车——
降价融资的冲突与困境

王小雅

一、降价融资缘何发生

根据《华尔街日报》的消息，在美国市场上风生水起的电商Shein，在2023年最新一轮的融资中筹到了20亿美元，估值虽然高达660亿美元，但相比更早一年的1,000亿美元估值已跌了近三分之一。我们自己的体感同样是，这类估值下降的股权投融资交易在过去的2年中有所增加。

所谓降价融资（down round）是指投资人在该轮融资中购买公司单位股权的价格，低于投资人在上一轮融资中单位股权购买价格的情况。也可以简单理解为新一轮融资对公司的（投前）估值低于公司之前的（投后）估值。在中文里，人们形象地称降价融资为"流血融资"，意味着对于公司和投资人来说，这是件"伤筋动骨"的大事。受篇幅限制，此篇中我们主要聚焦新股发售形式的降价融资，讨论降价融资的成因以及利害相关方为预防降价融资需要事前考虑的问题。

无论是募资、投资还是退出端，境内外私募股权投资市场在2023年度均处于较为低迷的状况。

以风险投资为例，根据 PitchBook 的数据[①]，2023 年度，全球风险投资交易规模为 3,457 亿美元，交易数量为 37,809 笔，与 2022 年度 5,314 亿美元、51,894 笔的数据相比有较大程度的下滑；全球风投募资金额为 1,609 亿美元，仅为 2022 年度的一半左右；全球风投退出金额为 2,247 亿美元，为 2022 年度的 70% 左右，而经过简单计算我们可以发现，平均每笔投资交易的金额在 2023 年度也有所下降。

在中国股权投资市场，清科等研究机构给出的数据也显示出类似的趋势。就中国股权投资市场的整体情况来看，IPO 等传统退出渠道受阻，整个 2023 年境内外中企共上市 399 家，同比下降 21.5%，[②] 且该趋势预期将在一定时间内持续；而在并购交易和 S 基金等新兴存量交易方式中，买方不可避免地以二级市场较低的估值水平去衡量一级市场交易估值。同时，市场玩家发生结构变化，更加谨慎和保守的国有资金逐渐替代纯市场化的专业投资机构，主导地位越发提升，而且由于国家相关政策的推动，我们可以预测，未来的一段时间，寻求收购兼并低价资产的上市公司和其他产业投资机构会增多，这些资金的出价也会相对保守。

以上多种因素共同促使一级市场的估值进一步去泡沫化。在这个市场环境下，风险投资、私募股权以及并购阶段发生的降价融资交易越来越普遍也在意料之中。尽管我们没有看到直接统计国内市场降价融资情况的数据，但参考 KPMG 的报告[③]，在亚洲市场上，2023 年度发生降价融资的比例超过 10%，与 2021 年度和 2022 年度相比有较大幅度的上升，考虑到位于亚洲的印度等新兴市场股权融资的相对活跃，该类降价融资交易中中国企业的占比

---

① PitchBook（风险投资、私募股权和并购数据库）：《PitchBook -NVCA Venture Monitor First Look》（《2023 年第四季度风险投资初探》），https://pitchbook.com/news/reports/q4-2023-pitchbook-nvca-venture-monitor-first-look，最后访问日期：2024 年 3 月 31 日。

② 清科研究中心：《2023 年中国股权投资市场研究报告》，https://report.pedata.cn/1700098909911039.html，最后访问日期：2024 年 2 月 4 日。

③ KPMG（毕马威）：《Venture Pulse Q4 2023》（《2023 年第四季度风投脉搏》），https://assets.kpmg.com/content/dam/kpmg/xx/pdf/2024/01/venture-pulse-q4-2023.pdf，最后访问日期：2024 年 3 月 31 日。

可能较亚洲整体水平更高。

二、把时钟拨回过去，如何预防降价融资风险？

"防患于未然"是应对降价融资最好的方式之一。我们列出了一些在"正常融资阶段"通常可考虑的风险防范措施，以期给利害相关方带来一些启发。"亡羊补牢，为时未晚。"即使历史融资已经完成，投资人和公司仍有机会回顾历史融资与历史交易文件，查漏补缺。

（一）灵活选择融资方式

投资人在参与公司融资时，需要谨慎判断公司估值。如果公司估值一时难以准确判断，投资人采取可转债或者 SAFE 等"过渡方式"可以暂时规避公司在下一轮降价融资的问题。而从融资公司角度出发，如果市场行情不好，公司预计下一轮发生降价融资的概率较大，则接受前述"过渡方式"投资需要考虑可转债或者 SAFE 本身可能带来的降价加成效果，并在交易文件中作相应的条款安排。

（二）合理把握投资节奏

在估值不清晰或者交易风险较高的情况下，投资人还可以考虑以公司实现预定的产品开发或业务里程碑为条件，分期支付融资款（或分期交割）。如果条件未达成，投资人可以选择不付后续的融资款来降低初始投资估值过高可能带来的损失，或者就后续融资款以更低的估值取得公司对应股权。而从融资公司角度出发，在遭遇迫切融资需求但市场环境不佳时，如果自身看好公司中长期的业务发展和估值提升水平，也可以主动采取分期融资机制以避免被一次性过多稀释。

(三)谨慎考虑估值调整机制

与分期融资机制相呼应的另一种策略是估值调整机制（Valuation Adjustment Mechanism），它在境内风险投资市场中通常以"业绩对赌"的形式出现，也是境内投资人和公司常用的应对估值波动与信息不对称的工具。根据《九民纪要》的定义，对赌一般包含股权回购、金钱补偿等对未来目标公司的估值进行调整等内容。与分期融资机制强调的"先完成里程碑，再出资"不同，对赌反而是"先出资，再完成里程碑，完成不了（或超预期）再调整价格"。在现有法律制度下，两者的风险程度不同，对赌无疑在司法视角中受到更多挑战（后文中有一些举例可供参考），因此各方需要谨慎抉择。

(四)仔细斟酌保护性条款

当投资人和公司均接受按照"正常股权融资"方式完成一轮融资时，双方需要更多关注保护性条款的设置，尤其是相应条款降价融资场景下的法律效果，典型的条款内容包括：

1. 反稀释条款（Anti-dilution）

（1）条款含义

当发行新股的价格低于投资者认购价格时，反稀释条款允许投资人的原始投资单价降低，并以此"更低价格"获取股权或现金补偿。

（2）商业考虑要点

● "更低价格"的计算方式：按照市场惯例，通常分为全棘轮、加权平均（细分为广义和狭义）两种方式，前者的效果是使投资人的投资单价降至与新股发行单价持平，后者的降价效果较弱一些，需综合考虑新股发行价和发行量的权重。对于中后期投资人而言，争取全棘轮算法能够获得更多的股权或现金补偿，保护力度最大；对于普通股股东来说，加权平均的算法相对而言可以减少股权稀释和现金补偿金额，更为有利；对于非常早期的投资人来说，则需要一事一议，有时候投资人整体适用加权平均模式反而更优，因为中后期投资人一旦全棘轮反稀释，对早期投资人本身带来正向的股权稀释效果，极端情况下这种稀释效果可能是非常突出的（具体受到中后期投资人投资规模、降价融资轮新老股单价差距幅度等因素的影响）。我们试举一些简单的例子（未考虑 ESOP、Warrant 和各种特殊情况），请见例 1 和例 2。

● 补偿形式：境外项目中，反稀释条款往往只触发股权补偿（倒也不意味着现金补偿一定不行），境内项目中，有时会设置投资人对股权补偿和现金补偿的自主选择权。对于投资人来说现金补偿有时更有意义（特别在现在的市场环境下）；对于公司来说，出现降价融资可能意味着现金流危机，此时对老投资人进行现金补偿可能使降价融资本身的意义消解，并且可能成为新一轮融资的交易阻碍。

● 补偿时机：很多项目会规定反稀释调整应于降价融资交割之前完成，对于投资人来说这是和公司谈条件的抓手之一，于公司而言则可能构成"及时"完成降价融资、解救公司的阻碍。

● "老投资人参与降价融资"：有时降价融资的参与者不是外部投资人，而是既存老投资人进行追投。在这种情况下，参与降价融资的老投资人本身是否也可行使反稀释权建议在协议里明确约定，否则未来易发生争议。

例 1：普通股股数为 170 万股。天使轮投资人的投资金额为 300 万元，取得 20 万股，即每股单价 15 元。A 轮投资人的投资金额为 700 万元，取得 23.3333 万股，即每股单价 30 元。降价融资出现在 B 轮，新投资人的投资金额为 280 万元，取得 20 万股，即每股单价 14 元。

【模式一：天使轮和 A 轮适用全棘轮反稀释】

根据背景，天使轮和 A 轮均触发反稀释，每股单价降低为 14 元，则经过如下测算：

股东类别	投资金额（万元）	投前股数（万股）	每股单价（元）	反稀释调整前股权比例	反稀释调整后单价	反稀释调整后股数（万股）	调整&投后股权比例	未调整的投后股数（万股）	未调整的投后股权比例
普通股		170.0000		85.00%		170.0000	65.03%	170.0000	72.86%
天使轮	300	20.0000	15	10.00%	14	21.4286	8.20%	20.0000	8.57%
A轮	700	23.3333	30	11.67%	14	50.0000	19.13%	23.3333	10.00%
B轮	280		14			20.0000	7.65%	20.0000	8.57%
合计		213.3333				261.4286		233.3333	

【模式二：天使轮和A轮适用加权平均反稀释】

仍然假设天使轮和A轮均触发反稀释，经过测算：

股东类别	投资金额（万元）	投前股数（万股）	每股单价（元）	反稀释调整前股权比例	反稀释调整后单价	反稀释调整后股数（万股）	调整&投后股权比例	未调整的投后股数（万股）	未调整的投后股权比例
普通股		170.0000		85.00%		170.0000	72.47%	170.0000	72.86%
天使轮	300	20.0000	15	10.00%	14.91429	20.1149	8.58%	20.0000	8.57%
A轮	700	23.3333	30	11.67%	28.62857	24.4511	10.42%	23.3333	10.00%
B轮	280		14			20.0000	8.53%	20.0000	8.57%
合计		213.3333				234.5660		233.3333	

比较上述测算结果会发现，在后续轮次（这里的A轮）投资金额相对较高且降价幅度较大的情况下，对于早期（这里的天使轮）投资人而言，"反稀释条款"本身可能对其投资造成正稀释效果，此时加权平均模式下的正稀释效果会小于全棘轮模式下的正稀释效果，全棘轮可能导致早期投资人在反稀释调整后的股权比例低于调整前的股权比例。

例2：其他条件相同，A轮投资金额修改为300万元（两轮投资人的投资金额持平），取得股数修改为10万股。

【模式一：天使轮和A轮适用全棘轮反稀释】

股东类别	投资金额（万元）	投前股数（万股）	每股单价（元）	反稀释调整前股权比例	反稀释调整后单价	反稀释调整后股数（万股）	调整＆投后股权比例	未调整的投后股数（万股）	未调整的投后股权比例
普通股		170.0000		85.00%		170.0000	73.01%	170.0000	72.27%
天使轮	300	20.0000	15	10.00%	14	21.4286	9.20%	20.0000	9.09%
A轮	300	10.0000	30	5.00%	14	21.4286	9.20%	10.0000	4.55%
B轮	280		14			20.0000	8.59%	20.0000	9.09%
合计		200.0000				232.8571		220.0000	

【模式二：天使轮和A轮适用加权平均反稀释】

股东类别	投资金额（万元）	投前股数（万股）	每股单价（元）	反稀释调整前股权比例	反稀释调整后单价	反稀释调整后股数（万股）	调整＆投后股权比例	未调整的投后股数（万股）	未调整的投后股权比例
普通股		170.0000		85.00%		170.0000	77.05%	170.0000	72.27%
天使轮	300	20.0000	15	10.00%	14.90909	20.1220	9.12%	20.0000	9.09%
A轮	300	10.0000	30	5.00%	28.54545	10.5096	4.76%	10.0000	4.55%
B轮	280		14			20.0000	9.06%	20.0000	9.09%
合计		200.0000				220.6315		220.0000	

比较上述测算结果会发现，在后续轮次（这里的A轮）投资金额相对较低的情况下，对于早期（这里的天使轮）投资人而言，后续轮次投资人适用"反稀释条款"对其投资造成的正稀释效果较小，此时全棘轮比加权平均更有利。

2."新股"（New Shares）

（1）条款含义

融资文件通常会有一个条款来定义"新股"的内涵和外延。落在"新股"以内的降价发售行为会触发反稀释、一票否决权等相关条款。

（2）商业考虑要点

我们发现，一些降价融资中，公司和投资人可能对"新股发行"的含义（反稀释条款是否触发）产生争议。例如，

●发行期权、认股凭证、可转债等未来可转换为公司股权的金融工具；

●重新发行因为回购或股东放弃产生的库存股（treasury stock）；

●发行事前预留未发的股份（reserved shares）；

●转让（也可能以发新股形式完成）管理团队为特定对象代持的股份。

这些股份的新发（或转让）是否算新股发行无法一概而论，应当结合具体的背景和目的来判断。因此这里给到投资人和公司的建议是，充分考虑未来可能出现的各项降价情形，并且（至少在反稀释权和/或一票否决权的语境下）尽可能落定在"新股"的外延或排除条款中。假如公司有确切计划以较低融资价格引进一些重要商业合作伙伴，则可与投资人商议将此等发股排除出"新股"范畴；投资人也可以考虑在文件中进一步明确，除ESOP等特定情形产生外，原则上库存股的再发行仍属于新股发行。

3．一票否决权（Veto）

（1）条款含义

一些特定的重大决策事项，需要特定投资人同意方可通过。

（2）商业考虑要点

●Veto事项：如"新股"部分所述，关于发股事项受制于一票否决权的具体范围，双方均应谨慎敲定。这里特别提一点，反稀释调整本身可能涉及新股发行，投资人可明确在veto事项中予以排除，以免受到管理层或其他未被补偿投资人的阻碍。

●权利人：站在方便管理、减轻决策阻力的角度，公司（特别到中后期）会倾向于减少或合并有权行使一票否决权的主体，如要求多个轮次合并的多数股同意即可满足决策通过条件；站在投资人角度，则应当考虑到不同投资人（特别是不同轮次）的利益不完全一致，如在降价融资中，可能仅有部分轮次的老投资人触发反稀释，或部分老投资人得到退出承诺而对是否触发反稀释不再关注，所以投资人应结合自身的轮次及投资策略对重大事项的表决权设置予以慎重考量。

●融资文件的修订：融资文件的修改和生效应当与重大事项表决权的设

置相匹配，以免在实际执行降价融资的处理或其他重要事项时，无法达到股东在签署/通过融资文件时的预期效果。

4．清算优先权（Liquidation Reference）

（1）条款含义

清算优先权给予投资人在清算事件下优先于其他股东收回投资本金和利息的权利。

（2）商业考虑要点

● 触发情形：如降价融资交易完成后原股东的表决权低于50%，则严格从交易文件审视，该交易可能构成交易文件下的清算事件，但许多项目在该等情形下是否触发清算优先权约定得并不清晰，易在投后管理阶段产生争议。类似的问题还包括实控人变更是否构成整体出售事件等。我们建议公司和投资人充分考虑降价融资的各种场景，明确相关情形是否触发清算优先权，如触发，则投资人有机会提前从公司融资款中收回资金。

● 担保：为扩大责任资产，境内投资人（包括中国背景的美元基金）倾向于要求创始人对优先清算责任（有时还包括员工持股平台）共同承担连带责任或者补充责任，同时，初创企业的创始人也对这类条款越来越重视，特别是个人承担该类担保责任的时机、触发条件、责任范围和上限等直接影响其权益的事项。

5．回购权（Redemption）

（1）条款含义

回购权给予投资人在特定情形下要求公司和/或创始人回购其股权，并支付本金和利息的权利。

（2）商业考虑要点

● 触发情形：与清算优先权的问题类似，降价融资交易完成后创始人的控制权可能丧失（如创始人在表决权和董事委派权上丧失大股东地位）。有时，投资人会要求将实控人变更、控制权转移作为回购权触发的情形，这对于降价融资本身可能造成阻碍，建议公司在与投资人协商确定回购权条款时充分考虑这一风险。此外，很多时候，"硬性"（以"无法在约定期限内完成合格上市"等硬性指标作为触发条件）的回购权是投资人在降价融资发生时实现退出的主要抓手，公司在与投资人往往在该类条款上会发生充分博弈。

● 回购义务人和担保人：实践中，回购义务人为公司和／或股东的情况都存在。在回购义务人为公司的情况下，投资人为扩大责任资产，也会倾向于要求创始人（和／或员工持股平台）进行担保。

6. 最惠国待遇（MFN）

（1）条款含义

公司给予其他股东的一切特权、优惠和豁免，权利人也同样享有。

（2）商业考虑要点

● 条款触发方向：实务中，公司为限制最惠国待遇条款的适用，通常将其适用方向确定为过往各轮次融资，而无法自动向后延伸，但考虑到潜在降价融资中，新投资人的估值更低，在公司同意最惠国待遇条款的前提下，投资人可争取将最惠国待遇的适用范围涵盖"向后"（后续轮次）中估值更低的投资人和／或股权适用的更优惠条款。

以上决策要点并没有囊括融资交易相关条款下的所有考虑事项，只是聚焦于对降价融资处理影响较大的方面。虽然我们列出了部分要点，但实践远比理论复杂，谈判的策略和节奏、利益的妥协、替代措施的选择、法律和司法对条款的态度等，都需要各方小心把握和衡量。而且在国资大举进军私募股权投资市场后，一些老的共识在瓦解，新的现象在产生。投资和管理的复杂性，是投资人、公司、律师和法务人员都要面对的挑战。

三、进入争议解决阶段，降价融资风控措施能否被执行

现实比理想骨感。受制于境内法律法规的规定以及司法机关的裁判尺度，很多风险防范措施在实践中未必能100%得到支持和执行，这些风险也是投

资人和公司需要知晓与思考的。我们在这里举例一二。

（一）股东进行股权补偿的可行性

正常情况下（不存在恶意串通、以合法形式掩盖非法目的等违法情形），仅考虑投资人、股东和公司三种直接的利害相关方，我们看到法院倾向于认为股权补偿条款是有效的。比如在（2019）京03民终6335号案件[1]中，北京市第三中级人民法院在论证中指出，案涉协议中的反稀释条款系当事人的真实意思表示，并不违反法律、行政法规的强制性规定，应属有效。无独有偶，在（2020）京民终167号案件[2]中，北京市高级人民法院认定，业绩补偿（包括股权补偿和现金补偿）和股权回购等内容均未违反相关法律法规的强制性规定，亦均不违背公序良俗，且均系签约各方自愿达成的真实意思表示，故均应属有效。

但是否协议有效就一定可以执行或者没有其他风险了呢？实务中并不能直接得出肯定的答案。比如，进行股权补偿的股东（多为创始人）本身有其他债务，其他债权人可能依据《民法典》规定的"债务人以明显不合理的低价转让财产"，对股权补偿（通常以名义对价转让）提起债权人撤销权之诉。目前，我们尚未在公开渠道看到最近几年在反稀释、对赌等条款导致的股权补偿场景下，债权人提起撤销权之诉的案例，但是根据撤销权的构成要件以及参考其他低价转让股权场景下的相关案例，当债权人有证据显示股权转让价格显著低于公司股权价值［如在（2020）粤民终995号案件[3]以及相关一审中，法院依据公司的资产价值和投资前景等信息认定股权实际价值高于转让价格］，且影响债权人的债权实现（比如债务人在转让后不履行或无法履行债

---

[1] 中国裁判文书网：林某与某创新投资中心（有限合伙）股权转让纠纷二审民事判决书，（2019）京03民终6335号。

[2] 中国裁判文书网：徐某栋等与卜某君二审民事判决书，（2020）京民终167号。

[3] 中国裁判文书网：贾某、深圳市某投资发展有限公司企业借贷纠纷二审民事判决书，（2020）粤民终995号。

务），则存在法院支持债权人撤销股权转让的风险。

此外，进行股权补偿的股东（转让方）还要考虑潜在税收风险。根据《股权转让所得个人所得税管理办法（试行）》（国家税务总局公告 2014 年第 67 号，并于 2018 年修订），不具合理性的无偿让渡股权或股份，视为股权转让收入明显偏低，主管税务机关可以核定股权转让收入。触发股东特殊权利导致的股权补偿通常是无偿或以名义对价完成，如果转让时的标的股权存在一定价值（税务局可以多种方式酌定"价值"，比如净资产份额、最近一轮融资估值等），则转让方被税务机关核定征税的风险相对较大，这就意味着事前的补偿条款和事中的转让需要合理的设计方案，以尽可能地降低税务成本。

（二）股东、公司进行现金补偿的可行性

根据《九民纪要》，在司法审判的理解中，"对赌协议"是指投资方与融资方在达成股权性融资协议时，为解决交易双方对目标公司未来发展的不确定性、信息不对称以及代理成本而设计的包含股权回购、金钱补偿等对未来目标公司的估值进行调整的协议，因此，无论是回购权还是反稀释权都可以被理解为一种"对赌协议"。根据最高人民法院在海富投资与甘肃世恒案（对赌）中的口径，以及从（2018）粤 0305 民初 692 号[①]（反稀释）的判决来看，在司法实践中，如果现金补偿发生在股东之间，且现金补偿不会影响到公司或外在债权人的实际利益，则在符合当事人真实意思表示的前提下，法院倾向于认可其合法性、有效性。

但如果现金补偿的义务主体或者担保主体是公司，则会有很多不确定性。《九民纪要》的口径——与目标公司对赌有效，但能否实际履行需另行审查，其中对于"金钱补偿型"对赌，应当审查是否符合《公司法》关于"股东不得抽逃出资"及关于利润分配的强制性规定；如果公司的利润不足以补偿投

[①] 中国裁判文书网：上海某投资管理合伙企业（有限合伙）与吴某海股权转让纠纷一审民事判决书，（2018）粤 0305 民初 692 号。

资方，法院应当在该时点驳回或部分支持其诉讼请求，未来公司有利润时投资方可另行起诉。当公司作为担保主体而非直接回购主体出现时，不同的司法案例中，裁决思路和结果并不一致。在一些案例［如（2020）最高法民终762号[①]］中，法院认为仍然需要审查目标公司是否完成减资程序、是否存在足够利润；而在另一些案例［如（2020）最高法民申6603号[②]］中，法院又没有要求进行该等审查。

并且，根据前面的分析我们可以看出，《九民纪要》实际上将"金钱补偿型对赌"拟制为目标公司对投资人的定向利润分配。所以，需要特别注意的是，2024年7月生效的《公司法（2023修订）》可能对公司提供现金补偿产生潜在影响。根据《公司法（2023修订）》第二百一十条第四款和《九民纪要》，现金补偿型对赌因涉及定向利润分配，也需要（有限责任公司）全体股东约定或（股份有限公司）公司章程的明确约定。并且，《公司法（2023修订）》第二百一十一条新增了"违法定向分配"时的救济措施：如未满足新《公司法（2023修订）》第二百一十条对于定向分配的前提条件，则即便在控股股东的配合下，目标公司未提出相应抗辩并向投资人支付了现金补偿，其他小股东仍然可以根据《公司法（2023修订）》第一百八十九条另行提起股东代表诉讼，要求获益的投资人向目标公司返还所获得的现金补偿。

另外，在现金补偿模式下，补偿金额可能会被法院调整。在不少案件，如（2018）川民初24号[③]、北京金融法院（2021）京74民初304号[④]中，法院支持了投资本金部分的现金支付请求，但以一定的利率为限，下调了投资

---

① 中国裁判文书网：合肥某新能源科技有限责任公司、杭州某置业有限公司等合同纠纷二审民事裁定书，（2020）最高法民终762号。

② 中国裁判文书网：上海某机器人科技有限公司、毕某洲合伙协议纠纷再审审查与审判监督民事裁定书，（2020）最高法民申6603号。

③ 中国裁判文书网：四川某发展投资基金有限公司与廖某、林某虹合同纠纷一审民事判决书，（2018）川民初24号。

④ 中国裁判文书网：某保险股份有限公司与大连某金枪鱼钓有限公司等股权转让纠纷一审民事判决书，（2021）京74民初304号。

溢价及违约金的金额。而在另一些案例，如（2019）最高法民终 1642 号[①]和（2022）最高法民申 418 号[②]中，法院倾向于认为，在商业投融资业务中，当事人均为成熟专业的商事交易主体，即使约定条款导致一方的投资溢价率很高，也不适用借款利息调整和违约金调整的相关规定，且不构成显失公平的情形。

（三）股东个人责任的金额上限

目前主流的投资实践中，凡涉及个人责任，交易文件里总会约定一个金额上限，如"以股权为限""以股权价值为限""以股权变现价值为限"等。司法裁判结果未必能符合各方签署协议时的心理预期。参考（2019）沪 0151 民初 8768 号[③]判决结果，在股东"以股权为限"为回购权提供担保的语境下，这里的"以股权为限"是指"以担保股东持有的股权价值为限"，而非仅指"以回购权人持有的股权比例为限"，因此"以股权为限"的表述不涉及将担保股东的其他个人财产也纳入责任资产，也即该表述起到了隔离股东个人财产的效果。但根据另一些案件，如（2019）粤 03 民终 25530 号[④]和（2022）京 04 民特 522 号[⑤]等，"以股权价值"和"以股权价值为限"这样的表述，仍然有将股东其他个人财产纳入责任资产的可能性，反过来也存在责任资产小于股权实际变现价值的风险，问题的关键在于——在未明确约定"股权价值"以什么时点和什么方式计算的情况下，法院有较大的解释空间，比如（2019）

[①] 中国裁判文书网：中国吉林某工业集团有限责任公司、某投资管理有限合伙企业合伙协议纠纷、股权转让纠纷二审民事判决书，（2019）最高法民终 1642 号。
[②] 中国裁判文书网：翟某伟、青海某创业投资基金合同纠纷民事申请再审审查民事裁定书，（2022）最高法民申 418 号。
[③] 中国裁判文书网：某资产管理中心与张某叕、吴某等股权转让纠纷一审民事判决书，（2019）沪 0151 民初 8768 号。
[④] 中国裁判文书网：福建某投资有限公司、深圳某科技股份有限公司合同纠纷二审民事判决书，（2019）粤 03 民终 25530 号。
[⑤] 中国裁判文书网：北京某科技有限公司与深圳市某股权投资中心（有限合伙）申请撤销仲裁裁决民事裁定书，（2022）京 04 民特 522 号。

粤 03 民终 25530 号和（2022）京 04 民特 522 号两个案例里均以各方就相关交易协议达成合意时的股权价值为标准确定责任的金额上限。

四、结语

在当前经济形势下，企业在资本市场上的融资之路并非一帆风顺，降价融资现象尤为突出。本文剖析了降价融资的根源、其对各方的影响，以及如何采取有效措施以预防和缓解其潜在风险。笔者认为，即便市场估值普遍下降，通过灵活的融资策略、审慎的投资节奏控制、估值调整机制的合理设计，以及精心构建的保护性条款，可以降低降价融资带来的不利影响。同时，也提醒各方考虑在争议解决过程中可能遭遇的法律障碍和执行难题，以及在降价融资的决策过程中，全面考虑公司的长期发展愿景、新老投资人的合法权益，以及法律法规的框架限制。降价融资不应仅被视为财务和法律层面的挑战，它更是检验公司战略规划、市场定位和未来发展能力的重要时刻。面对这一挑战，公司和投资人需要展现出更高的战略眼光和更大的合作勇气，共同寻找到最佳的解决路径，以实现互利共赢和企业的长期可持续发展。

第八节　新能源汽车充电桩项目投资法律问题解析

张学达　王诗漫

以 2006 年比亚迪在深圳市建立首个充电站为起点，我国充电基础设施（充电桩）行业发展历经三个阶段：2006 年至 2014 年的行业发展初期；2014 年至 2020 年的快速发展期，这一时期民间资本入场激发充电产业市场活力；2020 年以后的高速增长期。[①]2020 年 3 月 4 日，中共中央政治局常务委员会召开会议，会议指出要加快 5G 网络、数据中心等新型基础设施建设（以下简称新基建）进度，新能源充电桩亦纳入新基建范围，成为国家基础设施建设的重点。2022 年 1 月 10 日，国家发改委等部门发布《关于进一步提升电动汽车充电基础设施服务保障能力的实施意见》，指出到"十四五"末，我国电动汽车充电保障能力进一步提升，形成适度超前、布局均衡、智能高效的充电基础设施体系，能够满足超过 2000 万辆电动汽车充电需求。2023 年 6 月 8 日，国务院办公厅发布《关于进一步构建高质量充电基础设施体系的指导意见》，提出到 2030 年，基本建成覆盖广泛、规模适度、结构合理、功能完善的高质量充电基础设施体系，有力支撑新能源汽车产业发展，有效满足人民群众出行充电需求的发展目标。鼓励地方建立与服务质量挂钩的运营补贴标准，加大对大功率充电、车网互动等示范类项目

[①]　安信证券研报：《关注多元场景和新技术下带来的充电桩板块投资机会》，https://data.eastmoney.com/report/zw_industry.jshtml?infocode=AP202311271612389344，最后访问日期：2023 年 11 月 27 日。

的补贴力度，通过地方政府专项债券等支持符合条件的充电基础设施项目建设。

可见，由新能源汽车渗透率提升带来充电桩需求增加，叠加政策催化作用，充电桩行业快速发展。[①] 在此风口之下，新能源充电桩建设及收购交易项目频繁出现，投资者在把握投资机遇的同时，应特别关注项目的合法合规问题，保障项目顺利开展。本文就新能源充电桩投资建设及收购交易项目中的法律关注点进行分析，供投资者参考。

一、政策法规背景

（一）中央政府部门政策法规

自2014年起，中央政府部门发布了一系列涉及新能源充电桩项目（新能源汽车充电基础设施）建设的政策文件，其中部分重点文件如下：

发布时间	文件名称	发布主体	重点内容
2014年7月14日	《关于加快新能源汽车推广应用的指导意见》（国办发〔2014〕35号）	国务院办公厅	制定充电设施发展规划和技术标准；完善城市规划和相应标准；完善充电设施用地政策，鼓励在现有停车场（位）等现有建设用地上设立他项权利建设充电设施；完善用电价格政策，充电设施经营企业可向电动汽车用户收取电费和充电服务费

[①] 安信证券研报：《关注多元场景和新技术下带来的充电桩板块投资机会》，https://data.eastmoney.com/report/zw_industry.jshtml?infocode=AP202311271612389344，最后访问日期：2023年11月27日。

续表

发布时间	文件名称	发布主体	重点内容
2015年9月29日	《关于加快电动汽车充电基础设施建设的指导意见》（国办发〔2015〕73号，已失效）	国务院办公厅	到2020年，基本建成适度超前、车桩相随、智能高效的充电基础设施体系，满足超过500万辆电动汽车的充电需求；建立较完善的标准规范和市场监管体系，形成统一开放、竞争有序的充电服务市场；形成可持续发展的"互联网+充电基础设施"产业生态体系，在科技和商业创新上取得突破，培育一批具有国际竞争力的充电服务企业
2015年10月9日	《电动汽车充电基础设施发展指南（2015—2020年）》	国家发展改革委、国家能源局、工业和信息化部、住房城乡建设部	到2020年，新增集中式充换电站超过1.2万座，分散式充电桩超过480万个，以满足全国500万辆电动汽车充电需求
2016年1月11日	《关于"十三五"新能源汽车充电基础设施奖励政策及加强新能源汽车推广应用的通知》（财建〔2016〕7号）	财政部、科技部、工业和信息化部、发展改革委、国家能源局	对充电基础设施配套较为完善、新能源汽车推广应用规模较大的省（区、市）政府进行综合奖补。奖补资金应当专门用于支持充电设施建设运营、改造升级、充换电服务网络运营监控系统建设等相关领域
2016年7月25日	《关于加快居民区电动汽车充电基础设施建设的通知》（发改能源〔2016〕1611号）	国家发展改革委、国家能源局、工业和信息化部、住房城乡建设部	加强现有居民区设施改造，规范新建居住区设施建设，新建居住区应统一将供电线路敷设至专用固定停车位（或预留敷设条件），预留电表箱、充电设施安装位置和用电容量，并因地制宜制定公共停车位的供电设施建设方案，为充电基础设施建设安装提供便利

续表

发布时间	文件名称	发布主体	重点内容
2018年11月9日	《关于印发〈提升新能源汽车充电保障能力行动计划〉的通知》（发改能源〔2018〕1698号）	国家发展改革委、国家能源局、工业和信息化部、财政部	提高充电设施技术质量，提升充电设施运营效率，优化充电设施规划布局，强化充电设施供电保障，推进充电设施互联互通，完善充电设施标准体系，积极鼓励商业模式创新，持续加大政策支持力度
2019年3月26日	《关于进一步完善新能源汽车推广应用财政补贴政策的通知》（财建〔2019〕138号）	财政部、工业和信息化部、科技部、发展改革委	地方应完善政策，过渡期后不再对新能源汽车（新能源公交车和燃料电池汽车除外）给予购置补贴，转为用于支持充电（加氢）基础设施"短板"建设和配套运营服务等方面。如地方继续给予购置补贴的，中央将对相关财政补贴作相应扣减
2020年10月20日	《新能源汽车产业发展规划（2021—2035年）》（国办发〔2020〕39号）	国务院办公厅	大力推动充换电网络建设，加快充换电基础设施建设。科学布局充换电基础设施，加强与城乡建设规划、电网规划及物业管理、城市停车等的统筹协调。推动充换电、加氢等基础设施科学布局、加快建设，对作为公共设施的充电桩建设给予财政支持
2022年1月10日	《关于进一步提升电动汽车充电基础设施服务保障能力的实施意见》（发改能源规〔2022〕53号）	国家发改委、国家能源局、工信部、财政部等	到"十四五"末，我国电动汽车充电保障能力进一步提升，形成适度超前、布局均衡、智能高效的充电基础设施体系，能够满足超过2000万辆电动汽车充电需求

续表

发布时间	文件名称	发布主体	重点内容
2023年5月14日	《关于加快推进充电基础设施建设更好支持新能源汽车下乡和乡村振兴的实施意见》（发改综合〔2023〕545号）	国家发改委、国家能源局	适度超前建设充电基础设施，优化新能源汽车购买使用环境，对推动新能源汽车下乡、引导农村地区居民绿色出行、促进乡村全面振兴具有重要意义
2023年6月8日	《关于进一步构建高质量充电基础设施体系的指导意见》（国办发〔2023〕19号）	国务院办公厅	到2030年，基本建成覆盖广泛、规模适度、结构合理、功能完善的高质量充电基础设施体系，有力支撑新能源汽车产业发展，有效满足人民群众出行充电需求

（二）地方政策法规

根据上述国家层面的部署和要求，各地也针对新能源汽车充电桩建设及运营事宜制定具体的配套管理办法，并且出台了相关补贴及扶持政策。以北京、上海、广东为例：

省市	相关规定	发布时间
北京市	《北京市人民政府办公厅关于进一步加强电动汽车充电基础设施建设和管理的实施意见》（京政办发〔2017〕36号）	2017年8月20日
	《北京市城市管理委员会、北京市交通委员会关于加强停车场内充电设施建设和管理的实施意见》（京管发〔2018〕94号）	2018年8月9日
	《北京市城市管理委员会关于进一步明确经营性集中式充换电设施的通知》（京管发〔2019〕126号）	2019年10月28日

续表

省市	相关规定	发布时间
北京市	《北京市城市管理委员会关于印发北京市电动汽车社会公用充换电设施安全生产管理办法（试行）的通知》（京管发〔2020〕5号）	2020年3月6日
	《2022年度北京市电动汽车充换电设施建设运营奖补实施细则》（京管发〔2022〕19号）	2022年7月28日
	《"十四五"时期北京市新能源汽车充换电设施发展规划》（京管发〔2022〕13号）	2022年8月5日
	《北京市居住区新能源汽车充电"统建统服"试点工作方案》（京管发〔2023〕9号）	2023年5月23日
	《2023年北京市电动汽车充换电设施建设运营奖励实施细则》（京管发〔2023〕11号）	2023年10月13日
上海市	《上海市鼓励电动汽车充换电设施发展暂行办法》（沪府办发〔2013〕19号）	2013年3月29日
	《上海市电动汽车充电设施建设管理暂行规定》（沪交科〔2015〕553号）	2015年5月29日
	《上海市交通委等关于进一步加强本市电动汽车充电基础设施规划建设运营管理的通知》	2016年8月9日
	《上海市促进电动汽车充（换）电设施互联互通有序发展暂行办法》（沪发改规范〔2020〕4号）	2020年3月31日
	《关于印发〈上海市公路沿线充电基础设施建设行动方案〉的通知》（沪交科〔2022〕596号）	2022年9月14日
	《上海市公共停车场（库）充电设施建设管理办法》（沪交行规〔2023〕1号）	2023年2月1日
	《上海市居民小区电动汽车充电设施建设管理办法》（沪交行规〔2023〕3号）	2023年4月7日
	《上海市鼓励电动汽车充换电设施发展扶持办法》（沪发改规范〔2025〕3号）	2025年3月6日

续表

省市	相关规定	发布时间
广东省	《广东省人民政府办公厅关于加快新能源汽车推广应用的实施意见》（粤府办〔2016〕23号）	2016年3月28日
	《广东省电动汽车充电基础设施规划（2016—2020年）》（粤发改能电〔2016〕632号）	2016年9月30日
	《广东省电动汽车充电基础设施建设运营管理办法》（粤发改能电〔2016〕691号）	2016年10月28日
	《广东省能源局关于印发广东省电动汽车充电基础设施发展"十四五"规划的通知》	2021年12月27日
	《广东省贯彻落实〈国家发展改革委等部门关于进一步提升电动汽车充电基础设施服务保障能力的实施意见〉重点任务分工方案》	2022年9月15日
深圳市	《深圳市新能源汽车充电设施运营商备案管理实施细则》	2015年10月26日
	《关于明确电动汽车充电设施有关消防审批问题的通告》（深公消〔2017〕33号）	2017年7月27日
	《深圳市新能源汽车充电设施管理暂行办法》（深发改规〔2018〕3号）	2018年11月8日
	《福田区新能源汽车充电设施管理实施细则》（深福发改规〔2019〕4号））	2019年10月29日
	《深圳市罗湖区新能源汽车充电设施建设运营管理实施细则》（罗发改〔2020〕71号）	2020年3月12日
	《深圳市新能源汽车充换电设施管理办法》（深发改规〔2023〕10号）	2023年9月26日

可以预见，在"双碳"政策及新能源汽车需求不断增长的背景下，充电桩行业在未来一段时间仍将持续受到政策鼓励。

二、充电桩投资建设应注意的法律问题

（一）充电设施建设相关审批手续

1. 城乡规划

《电动汽车充电基础设施发展指南（2015—2020年）》规定，各地要将充电基础设施专项规划的有关内容纳入城乡规划，完善独立占地的充电基础设施布局，明确各类建筑物配建停车场及社会公共停车场中充电设施的建设比例或预留条件要求。此后，全国各城市和地区则根据自身实际情况，规定了城乡规划的要求。以广东省为例，《广东省人民政府办公厅关于加快新能源汽车推广应用的实施意见》要求的充电基础设施配建比例如下：

配建区域	配建比例要求
新建住宅小区停车位建设或预留安装充电设施接口	100%
新建的商业服务业建筑、旅游景区、交通枢纽、公共停车场、道路停车位等场所	原则上应按照不低于总停车位的一定比例配建充电设施或预留充电设施安装条件（包括电力管线预埋和电力容量预留），其中广州、深圳不低于30%，珠三角地区其他地市不低于20%、粤东西北地区不低于10%。
老旧小区充电设施规划建设	根据实际需求逐步推进，鼓励在已建住宅小区等场所按照不低于总停车位数量10%的比例逐步改造或加装基础设施
具备条件的公共机构内部停车场	不低于20%的比例设置电动汽车专用停车位并配建充电桩
新建高速公路服务区和有条件的加油（气）站	原则上应按不低于停车位总数20%的比例配建充电桩或预留充电设施接口

《深圳市新能源汽车充换电设施管理办法》在上述基础上对充电设施配建比例提出了更高的要求，例如要求具备建设条件的高速公路服务区应100%配建充电设施，新建社会公共停车场应按100%充电车位预留电力容量及安

装条件等。

2. 立项备案/审批

根据《政府核准的投资项目目录（2016年本）》相关规定，充电设施建设项目属于"城市快速轨道交通项目""城市道路桥梁、隧道"之外的其他城建项目，应当由地方政府自行确定实行核准或者备案。目前，不同地区对充电设施建设项目的核准或备案规定不同，原则上政府出资项目履行审批手续，其他项目依具体规定适用备案手续；对外营运的专用充电设施和公用充电设施项目需履行备案手续，其中经营性集中式充电设施项目适用备案部门级别可能较其他项目更高。就深圳市而言，根据《深圳市新能源汽车充换电设施管理办法》（深发改规〔2023〕10号）的规定，新建（或改扩建）充换电设施项目开工建设前，应依照深圳市社会投资备案相关管理规定办理深圳市社会投资备案。

3. 建设审批

根据《城乡规划法》《建筑工程施工许可管理办法》等法律法规及规章，以及《关于加快居民区电动汽车充电基础设施建设的通知》（发改能源〔2016〕1611号）《电动汽车充电基础设施发展指南（2015—2020年）》等规范性文件的规定，充电设施项目是否需要建设审批取决于项目是否涉及新增土地，无须新增土地的项目不需要办理报建手续。充电设施与其他主体建筑物建设同步进行的，无须单独为同步建设的充电设施办理报建手续。具体要求如下表所示：

配建区域	报建手续要求
个人在自有停车库、停车位，各居住区、单位在既有停车位安装充电设施	无须办理建设用地规划许可证、建设工程规划许可证和施工许可证
建设城市公共停车场	无须为同步建设充电桩群等充电基础设施单独办理建设工程规划许可证和施工许可证

续表

配建区域	报建手续要求
新建独立占地的集中式充换电站	符合城市规划，并办理建设用地规划许可证、建设工程规划许可证和施工许可证
新建或改扩建住宅项目按规定需配建充电基础设施	至少需要相关建设工程规划许可证

2023年9月26日，深圳市发改委发布《深圳市新能源汽车充换电设施管理办法》(深发改规〔2023〕10号)，对充换电设施建设工程项目建设许可手续办理予以细化规定，要求涉及新增建(构)筑物面积的新建(或改扩建)且建设规模超过限额(建筑工程面积大于500平方米且工程造价大于100万元)的充换电设施，应当在所在辖区住房建设部门办理施工许可证；不涉及新增建(构)筑物面积的新建(或改扩建)或者涉及但建设规模小于限额(建筑工程面积小于等于500平方米或工程造价小于等于100万元)的充换电设施，个人租赁或所有的固定停车位以及各住宅小区、单位、公园、交通枢纽及市政公共设施等既有停车位安装的充换电设施，无须办理施工许可证，仅需办理相关备案手续。

4. 节能审查

根据《固定资产投资项目节能审查办法》《广东省固定资产投资项目节能审查实施办法》等规定，年综合能源消费量1,000吨标准煤以上(含1,000吨标准煤)，或年综合能源消费量不满1,000吨标准煤但电力消费量满500万千瓦时的项目，应依法依规办理项目节能审查，其中：(1)1,000吨标准煤及以上(或年电力消费量500万千瓦时及以上)的固定资产投资项目，其节能审查由县(市、区)节能审查机关负责；(2)5,000吨标准煤及以上的固定资产投资项目，其节能审查由地级以上市节能审查机关负责；(3)年综合能源消费量不满1,000吨标准煤且年电力消费量不满500万千瓦时的固定资产投资项目，按照节能标准、规范建设，不再单独进行节能审查。

因此，若充电设施建设预计的年综合能源消费量达到1,000吨标准煤以上的，应当按照当地的节能审查办法在相应的主管部门办理节能审查。《深圳市新能源汽车充换电设施管理办法》中将该等节能审查作为市级新能源汽车充换电设施安全监控平台信息登记的必备材料，要求充换电设施所有人提交登记。

5. 项目验收

充电设施建设经营企业应在充电设施建设、安装完成后通过工程验收，各地制定了关于充电设施建设完工后验收的要求。例如，《广东省电动汽车充电基础设施建设运营管理办法》规定，城乡规划行政主管部门在核发相关建设工程规划许可证时，要严格执行配建或预留充电基础设施的比例要求，建设主管部门将充电基础设施配建情况纳入整体工程验收范畴；对获得财政补贴资金的充电设施，按属地管理原则，各地级以上市供电部门组织相关专业技术机构进行验收，确认工程建设规模和具体建设内容、充电服务能力，验收结果通报同级发展改革、财政、公安、住房城乡建设、质量技术监督、安全生产监管等部门。

除上述规划、建设、供电方面的验收之外，根据建设充电设施的不同类型及各地主管机关的不同要求，充电设施验收还包括消防和防雷等方面。

（1）消防审批及验收

深圳市公安局消防监督管理局《关于明确电动汽车充电设施有关消防审批问题的通告》（深公消〔2017〕33号）规定，独立建造的充电站应申报消防设计备案和竣工验收备案抽查手续，除独立建造的充电站设置在建筑内的充电设施（含充电站、充电桩）以外的其他形式充电设施无须办理消防审批，具体要求如下：

充电设施形式	消防验收要求	
独立建造的充电站	申报消防设计备案和竣工验收备案抽查手续	
设置在建筑内的充电设施（含充电站、充电桩）	所在建筑属于办理消防设计审核和验收行政许可的	充电设施应办理消防设计审核和验收行政许可
	所在建筑属于办理消防设计和竣工验收消防备案的	其充电设施应办理消防设计和竣工验收消防备案
其他形式的充电设施	无须办理消防手续	

（2）防雷装置设计审核及验收

根据深圳市气象局于 2017 年 6 月 30 日公布的《深圳市气象局关于优化防雷装置设计审核及竣工验收审批行政许可有关事项的通告》，房屋建筑工程、市政基础设施工程和非独立占地的公共交通运输建设工程（主要包括：公交场站、停靠站和综合交通枢纽）防雷装置设计审核、竣工验收许可，已整合纳入建筑工程施工图审查、竣工验收备案并统一由市、区住房和建设部门监管，按照住房和建设部门的规定办理；交通运输、水务、电力、通信等专业建设工程防雷管理，原则上按目前深圳市建设工程管理职责划分由各级专业部门负责，按照各级专业部门的规定办理。深圳市气象局不再承担其防雷装置设计审核及竣工验收行政许可审批和监管工作。

以上列举的为深圳市关于消防及防雷审批等方面验收的规定，投资尽调时，由于各地政策不同，需关注项目运营前是否按照当地规定完成相应的审批及验收。

（二）充电设施建设及运营相关资质及要求

1. 充电设施运营商管理制度

各地方政府对充电设施运营商采取不同的管理制度，如云南、福建、湖南等地对充电设施运营商采取备案管理制度,而深圳市自 2017 年起取消了对充电设施运营商备案制度,实行市场化管理,并在《深圳市新能源汽车充电设施管理暂行办法》中对运营商的责任主体、安全生产责任制、教育培训上岗、安全监控系统、应急处置措施、日常运行管理等方面予以了具体规定。2023 年 9 月 26 日,深圳市发改委颁布《深圳市新能源汽车充换电设施管理办法》(深发改规〔2023〕10 号),对充换电设施所有人运营监管要求进一步细化,具体而言,充换电设施运营主体应履行如下义务:

市级平台信息登记及变更义务	●充换电设施所有人应对投入运营和使用的充换电设施,在市级新能源汽车充换电设施安全监控平台(以下简称市级平台)办理信息登记。 ●充换电设施所有人凭建设项目竣工验收资料(包括节能审查、项目备案、规划许可、施工许可、建设验收等环节资料)在市级平台进行登记;自用充电设施所有人可自行或委托维护管理单位在市级平台进行登记。 ●属于强制管理的用于贸易结算的新能源汽车充电桩,还应依据计量强制检定管理相关规定,在广东省计量强制检定管理平台申请检定。 ●充换电设施运营期间,若所有人或运营主体发生变更或有改扩建等情形的,应将更新情况及时向市级平台进行变更登记。充换电设施终止运营和使用的,充换电设施所有人应在 30 日内向供电企业办理销户手续,及时拆除设施设备,并将拆除信息在市级平台进行登记
建立充换电设施安全监控系统义务	充换电设施运营主体应建立充换电设施安全监控系统(以下简称系统),并应满足以下要求: ●系统应采用信息化技术对充换电设备编码、设备使用状态、充电量、使用率、运行时间、运行状态、安全监控及隐患排查治理等信息进行管理,系统数据保存时间不少于 1 年。 ●系统应保证数据的完整性、准确性和一致性,按数据采集标准实时上传相关数据至市级平台;受委托管理的自用充电设施数据具备上传能力的,应同步上传至市级平台

续表

安全生产主体责任	充换电设施运营主体、自用充电设施所有人应落实安全生产主体责任： ● 充换电设施运营主体负有运营安全管理责任，应按照《深圳市新能源汽车充换电设施建设运营主体质量安全管理规范》配置人力、软硬件等资源，建立健全全过程管理制度规范和专业化的安全风险防控体系。 ● 自用充电设施所有人应按照《深圳市新能源汽车充换电设施建设运营主体质量安全管理规范》履行安全生产管理责任，不具备日常安全管理条件或能力的，应委托充换电设施企业或物业服务人代为维护管理，并签署相应委托协议。 ● 充换电设施运营主体应建立健全安全管理制度、消防安全制度及运营规范，加强安全生产内部监督，并落实全员安全生产责任制；依据安全生产相关法律法规要求，设置安全管理机构，配备专职或兼职安全生产管理人员，明确岗位从业人员安全生产责任，可聘请具备相应资质的安全生产技术、管理服务机构开展安全生产监督工作。 ● 充换电设施运营主体的管理人员和作业人员应接受消防、安全生产培训，熟练掌握新能源汽车充换电操作规程、用电安全规范、紧急情况处置和触电急救等知识技能，经培训合格后方可上岗
充换电设施日常运行管理要求	充换电设施运营主体、自用充电设施所有人应做好充换电设施日常运行管理： ● 充换电设施运营主体应每月开展电气安全、运维操作、消防及防雷设施安全检查，落实整改责任、措施、资金、时限、预案，及时消除安全隐患，并完善相应台账
建立和完善应急管理体系义务	充换电设施运营主体应建立和完善应急管理体系： ● 充换电设施运营主体应建立突发事件应急预案和现场处置方案（包括火灾、防风防汛、车辆故障、电池破损燃烧爆炸、供电系统故障、人员触电、电池故障和设备故障等），并定期开展应急培训、演练和评估。 ● 充换电设施建设所在地业主方、物业服务人和供电企业应配合充换电设施运营主体开展应急预案演练和评估处置

由此可以看出，深圳市取消了充电设施运营商备案对于经营范围、注册资本、场地、人员等的要求，重点转向运营商的充电运营管理制度、人员教

育培训、安全隐患排查等日常运行管理，并更加强调运营商作为责任主体的安全生产责任，并增加了市级新能源汽车充换电设施安全监控平台进行信息登记的要求。对于上述主管部门运营监管的重点方面，投资人需注意充电设施运营商在日常运营中的合法合规情况。

2. 充电设施施工单位的资质要求

相关地方规定对于充电设施项目的施工单位具有特别的资质要求，例如《广东省电动汽车充电基础设施建设运营管理办法》规定，充电设施施工单位应具有相应级别的水电安装资质、电力设施承装（修、试）资质或电力工程施工总承包资质。

3. 电工进网作业许可证/特种作业操作证

在2017年9月之前，充电设施运营商聘用的负责充电设施安装、试验、检修、运行等作业的专业人员，需申请取得电工进网作业许可证，有效期为3年。从2017年9月起，取消电工进网作业许可证核发，由安全监管部门考核发放特种作业操作证（电工）。

三、充电桩收购交易应注意的法律问题

（一）用地问题

"用地"相关风险因素是新能源充电桩法律尽职调查时最重要的关注点之一。新能源充电桩项目的建设从用地上可以分为在已取得土地使用权的场地建设和在新取得土地使用权的独立场地建设两种形式，而利用现有建设用地建设充电桩分为在自有土地上建设新能源充电场站，以及在租赁土地上建设充电场站两种情形。若充电桩涉及的用地为临时用地而非永久用地，则该土地的性质会影响后续充电运营的稳定性以及收购交易的对价问题。而对于租赁使用他人场地进行充电基础设施建设的，可能会面临土地性质和权属方面

的瑕疵问题，以及租赁的稳定性问题。

在对充电场站租赁合同进行尽职调查时，一般需要注意租赁合同是否已经到期、租赁合同续签的条件、土地的性质、出租方是否为产权人等如下问题：

（1）如果出租方不是土地使用权人，甚至有多手转租的情形，需要寻求上游出租方直至最终产权人的同意，以保证租赁合同无瑕疵；无法取得原始出租人的产权证书或者同意转租声明的，应尽量取得出租方确认，避免因为土地到期或土地使用权人不同意转租导致提前终止充电场站租赁，确实无法续期的，应另行协调场地。

（2）如果租赁合同已经到期或者即将到期，应与土地使用权人续签租赁合同，或者取得土地使用权人同意以现有条款续租的同意函。

（3）根据租赁合同续签的条件及土地的性质综合判断，如果不能确定续租的场站，收购方应评估场站到期无法续租的风险。

（4）转让租赁合同、变更租赁合同的主体应当取得出租方及产权人的同意，并作为收购的前提条件。

由于项目用地的复杂性，投资者应根据不同的用地模式对用地合规性进行充分审查，并在交易协议中，对用地权属瑕疵、租赁合同无法续期导致的损失，设置违约责任及其他补救措施条款。

（二）相关合同的转让

在新能源充电桩收购交易中，如果存在资产剥离，会涉及设备及其他有形资产的转让，以及与充电场站相关的各类合同的转让，如充电服务协议等业务合同、租赁合同、工程建设类合同、保险合同等。在商业谈判中，需对该等合同转让的具体事项进行逐项讨论，并取得合同相对方的同意，在交易中一并转让给买方。该等转让应作为收购交易的先决条件，在交易协议中进行约定。

（三）其他问题

在新能源充电桩收购交易中还需要注意其他问题，例如，交易的充电场站是否涉及抵押、应收账款质押、融资租赁等情形，交易的转让方内部投资人是否享有一票否决权，转让方是否存在其他重大债务情况，交易是否涉及充电工人等相关人员的转移等。我们建议，投资方应根据投资项目的类型以及发展阶段评估具体项目的法律风险，寻求相应的防控措施。

四、小结

自充电桩被纳入新基建的核心板块之一后，充电桩行业迎来快速发展时期。在新能源汽车充电桩项目的建设、运营以及收购产业链条中，因地区、项目类型的差异涉及不同的监管政策及法律问题。建议投资者在交易前通过尽职调查全面梳理充电桩全生命周期相关的法律风险点，从充电桩建设初期的立项、建设项目规划审批、节能审查手续，到充电桩建设涉及的施工单位及人员资质，充电桩建设完成后的工程、消防等验收手续，以及充电桩运营涉及的运营商备案/信息登记、运营商是否符合相关管理要求等，并注意拟收购项目涉及的用地、合约等问题，以确保项目顺利落地和依法合规发展。

第九节　医疗美容行业的合规关注

龚曼昀

医疗美容行业的快速发展、消费者对医疗美容服务的需求促进了大批医疗美容机构及相关企业的涌现。在医美市场扩张的背景下，如何有效控制法律风险、平稳发展核心业务成为医美行业相关主体在资本市场获得优势的重点。

医疗美容是指运用手术、药物、医疗器械以及其他具有创伤性或者侵入性的医学技术方法对人的容貌和人体各部位形态进行的修复与再塑。近年来，已有部分医疗美容行业企业进入资本市场进行挂牌或上市。随着市场扩张，监管机构加大对医美行业乱象的整顿力度，在此背景下，医疗美容行业企业想要获得资本市场的垂青，其合规性成为不可忽视的关键。

一、医疗美容行业与诊疗服务

医疗美容机构作为医疗美容行业中直接为消费者提供诊疗服务的主体，是目前行政主管部门监管的重点，也是与消费者发生诊疗纠纷的主要对象。根据2021年3月15日北京朝阳区法院发布的《北京朝阳区人民法院医疗美容纠纷案件民事审判白皮书》（2016年度—2020年度）[1]，朝阳区法院受理的

---

[1] 来源网址：http://www.jiandaojianding.com/article_1618819413000011.html，最后访问日期：2024年8月21日。

医美纠纷案件数占同期医疗纠纷案件数比例逐年上升，该项数字由 2016 年的 10.8% 上升至 2020 年的 27.0%。因此，规范诊疗服务有助于医疗美容机构从根源上减少诊疗事故及纠纷。

（一）执业资质的合规性要求

1. 机构资质

医疗美容机构应当取得《医疗机构执业许可证》，并在许可范围内进行诊疗活动。根据《医疗机构管理条例》规定，诊所未经备案执业的，由县级以上人民政府卫生行政部门责令其改正，没收违法所得，并处 3 万元以下罚款；拒不改正的，责令其停止执业活动。诊疗活动超出登记或者备案范围的，由县级以上人民政府卫生行政部门予以警告、责令其改正，没收违法所得，并可以根据情节处以 1 万元以上 10 万元以下的罚款；情节严重的，吊销其《医疗机构执业许可证》或者责令其停止执业活动。

2. 从业人员资质

医疗美容机构中提供诊疗服务的主要人员包括主诊医师及护士，根据《医疗美容服务管理办法》的要求，前述人员应当符合以下条件：

主诊医师	护士
（1）具有执业医师资格，经执业医师注册机关注册； （2）具有从事相关临床学科工作经历。 其中，负责实施美容外科项目的应具有 6 年以上从事美容外科或整形外科等相关专业临床工作经历；负责实施美容牙科项目的应具有 5 年以上从事美容牙科或口腔科专业临床工作经历；负责实施美容中医科和美容皮肤科项目的应分别具有 3 年以上从事中医专业和皮肤病专业临床工作经历； （3）经过医疗美容专业培训或进修并合格，或已从事医疗美容临床工作 1 年以上； （4）省级人民政府卫生行政部门规定的其他条件	（1）具有护士资格，并经护士注册机关注册； （2）具有二年以上护理工作经历； （3）经过医疗美容护理专业培训或进修并合格，或已从事医疗美容临床护理工作 6 个月以上

医疗美容机构若使用非卫生技术人员从事医疗卫生技术工作，依据《医疗机构管理条例》可被处 5,000 元以下罚款，情节严重的将吊销其《医疗机构执业许可证》。

（二）医疗档案管理的合规性要求

对于医疗机构而言，建立医疗档案不仅有利于追溯就医人员的诊疗历史，为就医人员更好地提供专业的诊疗意见，同时也是证明自身合规诊疗的书面材料，在发生医疗纠纷时能够起到良好的证明作用。根据《医疗事故处理条例》《医疗纠纷预防和处理条例》规定，医疗机构应当按照国务院卫生行政部门规定的要求，书写并妥善保管病历资料。如若医疗机构未按有关规定书写、保存病历资料，医疗机构及其医务人员、直接负责人员将有受到行政处罚的风险。

根据《医疗事故处理条例》《医疗纠纷预防和处理条例》规定，存在未按规定填写或保管病历资料、未按规定补记抢救病历、拒绝为患者提供查阅或复制病历资料服务等行为的，将面临最高 5 万元以下罚款，情节严重的，对直接负责的主管人员和其他直接责任人员给予或者责令给予降低岗位等级或者撤职的处分，对有关医务人员可以责令暂停 1 个月以上 6 个月以下执业活动；构成犯罪的，将依法追究刑事责任。

（三）医疗器械与药品管理的合规性要求

随着医疗美容技术的不断发展，医疗美容设备及各类药剂更新迭代速度加快，使用高端进口产品成为部分医疗美容机构吸引消费者的重要途径。但在使用前沿产品的同时，依然需要遵守我国对于医疗器械及药品监管的相关要求。

1. 医疗器械的管理要求

医疗美容机构在诊疗活动中不可避免地涉及医疗器械的使用与管理，包括但不限于各类光电医美仪器以及一次性使用无菌注射器等第三类医疗器械。

我国对医疗器械按照风险程度实行分类管理，第一类医疗器械实行产品备案管理，第二类、第三类医疗器械实行产品注册管理。医疗器械使用单位应当具备与在用医疗器械品种、数量相适应的贮存场所和条件，按照产品说明书、技术操作规范等要求使用医疗器械，并对有关医疗器械进行定期检查、检验、校准、保养、维护。对于一次性使用的医疗器械，医疗器械使用单位不得重复使用，应按照规定销毁使用过的一次性使用的医疗器械；对于第三类医疗器械，应当妥善保存购入时的原始资料，并确保信息具有可追溯性；对于进口医疗器械，应当确保其属于我国已注册或者已备案的医疗器械。

违法使用医疗器械将有可能面临严重的行政处罚。对于违法使用未经注册或备案、不合格的医疗器械的行为，最高可处违法使用医疗器械货值20倍以下罚款；对于重复使用一次性医疗器械、未按规定消毒和管理医疗器械、使用存在安全隐患医疗器械的行为，最高可处30万元以下罚款，暂停相关医疗器械使用活动，直至由原发证部门吊销执业许可证，相关责任人员暂停6个月以上1年以下执业活动，直至由原发证部门吊销相关人员执业证书，对违法单位的法定代表人、主要负责人、直接负责的主管人员和其他责任人员，没收违法行为发生期间自本单位所获收入，并处所获收入30%以上3倍以下罚款。

目前，《医疗器械监督管理条例》并未禁止对可重复使用医疗器械的租赁行为，但不得买卖、出租、出借相关医疗器械许可证件，否则医疗器械许可证件将由原发证部门予以收缴或者吊销，违法机构并将面临最高违法所得20倍以下的罚款。

2.药品的管理要求

根据《药品管理法》《药品注册管理办法》规定，在中国境内上市的药品，应当经国务院药品监督管理部门批准，取得药品注册证书（国外药品应取得《进口药品注册证》/港澳台药品应取得《医药产品注册证》）。其中，境外生产的管制类药品除取得前述注册证还需在进口之前向国家药品监督管理局申请获得药品《进口准许证》。

药品使用单位使用未取得药品批准证明文件生产或进口的药品、未经审评审批的原料药生产药品等国家禁止使用的药品的，最高可处 300 万元以下罚款，情节严重的，药品使用单位的法定代表人、主要负责人、直接负责的主管人员和其他责任人员有医疗卫生人员执业证书的，还应当吊销执业证书。

根据《药品管理法》《药品管理法实施条例》《医疗机构药品监督管理办法（试行）》规定，药品使用单位应当建立各项药品管理制度，例如进货验收制度、有效期管理制度、保管及养护制度，并按规定配备药品养护人员，建立养护档案，对直接接触药品的人员还应当定期进行健康检查，并建立健康档案。未按规定进行药品管理的单位存在违法行为有被记入医疗机构药品质量管理信用档案的风险。

二、医疗美容行业与医疗广告投放

（一）广告主投放广告的合规性要求

2021 年 11 月，市场监管总局发布《医疗美容广告执法指南》，明确医疗美容广告属于医疗广告，广告主必须依法取得医疗机构执业许可证、《医疗广告审查证明》才能发布或者委托发布医疗美容广告；广告经营者、广告发布者设计、制作、代理、发布医疗美容广告必须依法查验《医疗广告审查证明》，并严格按核准内容发布。该指南对医疗美容广告乱象予以重点打击，医疗美容广告除需要符合药品、医疗器械、广告等法律法规规定外，亦不得违背社会良好风尚，制造"容貌焦虑"。

目前，医疗美容广告的宣传重点主要集中在从业人员资历、诊疗效果（包括但不限于使用设备及产品的先进性、诊疗方案对消费者改善程度）、服务体验感等方面。广告主作为对广告真实性负责的主体，夸大宣传、虚假宣传等行为除可能违反广告管理相关法规外，亦存在使自身陷入不正当竞争的风险。根据市场监管总局 2021 年 10 月发布的《2021 年度重点领域反不正当竞争执法典型案例（第三批）——医美领域不正当竞争篇》，公布案例涉及的违法行为包括虚假宣传医生资历、医疗机构资质荣誉，虚假宣传医美产品功效、服务疗效，在推广类 APP 编造用户评价虚假宣传、在直播平台夸大功效进行虚假宣传等，涉案企业均依据《反不正当竞争法》受到了相应的行政处罚。

因此，医疗美容广告主应当严格遵守法规要求进行恰当的广告投放，并履行相应的广告投放审批程序，降低在广告活动中的法律风险，规范市场竞争行为。

（二）平台投放广告的合规性要求

虽然现行法规中由广告主对广告内容的真实性负责，但互联网广告发布者对所发布的广告仍负有一定的审核义务。根据《互联网广告管理办法》规定，互联网广告发布者、广告经营者应当按照国家有关规定建立、健全互联网广告业务的承接登记、审核、档案管理制度；审核查验并登记广告主的真实身份、地址和有效联系方式等主体身份信息，建立登记档案并定期核实更新。互联网广告发布者、广告经营者应当查验有关证明文件，核对广告内容，对内容不符或者证明文件不全的广告，不得设计、制作、代理、发布。

出于对未成年人的保护，《互联网广告管理办法》还要求如果平台系针对未成年人的媒介，则该等互联网媒介上不得发布医疗、药品、保健食品、特殊医学用途配方食品、医疗器械、化妆品、酒类、美容广告，以及不利于未成年人身心健康的网络游戏广告。

三、医疗美容行业与金融消费

快速扩张的医疗美容市场催生出了不少依托医疗美容场景的金融产品和

消费服务，部分金融机构积极和第三方医疗美容机构合作，推出"医美分期""医美贷"等相关金融产品和服务，其中主要以医疗美容分期贷款业务为主。医疗美容分期贷款业务推出的初衷是为了满足消费者在无法一次性支付高昂诊疗费用的条件下也能实现求美的需求，但在利益的驱动下，违法机构已不满足于通过违规放贷的手段获取利益，更有甚者联合医疗美容机构，以免费案例等名义吸引消费者，劝说消费者以贷款的方式缴纳全额手术费用，并虚假承诺后续以补贴形式返还消费费用，从而使消费者背负高额贷款，以此牟利。

医疗美容分期贷款业务与其他场景下的分期贷款业务类似，通常采用受托支付的贷款发放模式，消费者作为借款人，金融机构作为贷款人，并可能存在助贷平台、医美分期平台作为授权第三方，由授权第三方进行贷款的收付。在该模式下，存在的风险包括但不限于：授权第三方的资金池风险、回款纠纷风险，消费者变相承担授权第三方支付费用、增加贷款成本的风险等。

鉴于"医美贷"服务的规范性较低，目前沪深交易所已禁止新增的在交易所挂牌的消费类金融资产证券化产品入池基础的资产中包含"医美贷"相关贷款，但已发行金融资产证券化产品不受影响。国家广播电视总局办公厅亦发布《关于停止播出"美容贷"及类似广告的通知》，要求广播电视和网络视听机构、平台一律停止播出"美容贷"及类似广告。

中国互联网金融协会于2021年5月发布的《关于规范医疗美容相关金融产品和金融服务的倡议》[①]，对规范开展医疗美容相关的金融产品及服务提供了一定的方向。对于金融机构及为金融机构提供服务的第三方机构，应当选择证照齐全、依法合规经营的第三方医疗美容机构合作；在产品推介环节，应保障消费者的知情权和自主选择权，明示贷款主体、年化综合成本、还本付息安排、违约责任、逾期清收以及咨询投诉渠道基本信息；在授信环节，按

---

① 中国互联网金融协会：《关于规范医疗美容相关金融产品和金融服务的倡议》，https://www.nifa.org.cn/nifa/2955692/2955730/2996956/index.html，最后访问日期：2024年8月26日。

照适当性原则，充分评估消费者的还款能力，自主确定客户授信额度和贷款定价标准；在审批支付环节，不得将贷款审批等核心风控环节外包或将贷款本息回收、止付等关键环节操作全权委托第三方合作机构执行。对于医疗美容机构，则应当选择具备合法资质的正规金融机构进行合作。

四、结语

医疗美容行业的加速发展和医美市场的扩张在吸引资本市场关注的同时也暴露了该行业在业务合规性方面的薄弱。医疗美容行业内的各类相关主体，无论是直面消费者提供诊疗服务的医疗美容机构，还是从事信息推介服务的平台、提供金融消费服务的金融机构等，均应牢守合规底线，有效控制法律风险，以保证核心业务的长远平稳发展。

第十节　顺势而为：网络游戏公司的合规要点

方啸中　吴芷茵

网络游戏行业在我国过去 20 年间发展迅速，历经行业起步到迅速发展，随着网络游戏行业逐渐成熟，近年来针对网络游戏公司违规行为专项整治行动和处罚也在不断增加，意味着市场及监管部门对于网络游戏公司提出了更高的合规要求。在此趋势下，网络游戏公司需积极做好合规整改的准备，避免因不合规而遭受行政处罚等损失。

本文主要关注网络游戏公司所需的资质与许可、未成年人保护、个人信息保护和知识产权合规四大层面，对网络游戏公司开展业务所需满足的合规要求进行梳理并提出相应建议。

一、网络游戏公司的资质、许可与外资限制

网络游戏公司的业务在细分之下主要分为三大类型，分别为网络游戏的开发、出版（发行）和运营，如公司仅从事网络游戏的开发业务，无须办理资质或许可，亦无外资持股的限制；如公司从事网络游戏的出版或运营业务，则需视业务类型办理相应的资质与许可，同时将受到外资持股的限制，具体如下。

（一）网络游戏的出版

1.《网络出版服务许可证》

根据《网络出版服务管理规定》第七条规定，从事网络出版服务，必须依法经过出版行政主管部门批准，取得《网络出版服务许可证》。国家新闻出版署为网络出版的行政主管部门。《网络出版服务管理规定》第八条、第九条规定了从事网络出版服务及取得《网络出版服务许可证》的各项条件。对于网络游戏公司而言，满足从事网络出版服务的各项条件存在一定难度且将增加其运营成本，例如"法定代表人和主要负责人至少1人应当具有中级以上出版专业技术人员职业资格；除法定代表人和主要负责人外，有适应网络出版服务范围需要的8名以上具有国家新闻出版广电总局（现已调整为国家新闻出版署）认可的出版及相关专业技术职业资格的专职编辑出版人员，其中具有中级以上职业资格的人员不得少于3名"。因此在实践中，网络游戏运营公司与其他具备网络出版资质的公司合作出版游戏成为行业的常规做法，以2024年3月为例，在通过审批获得网络游戏版号的107款游戏中，有104款网络游戏是运营单位与出版单位以合作的形式进行申请的，仅有3款网络游戏的运营单位同时为出版单位（未包含3家出版单位为运营单位控股股东的情形）。

2. 版号

除游戏出版主体需要获得《网络出版服务许可证》外，网络游戏产品的出版上线也需要取得游戏版号，即"网络游戏出版物号（ISBN）核发单"。游戏版号是国家新闻出版署批准相关游戏出版运营的批文号，网络游戏必须获得游戏版号方可出版上线。根据《关于贯彻落实国务院〈"三定"规定〉和中央编办有关解释，进一步加强网络游戏前置审批和进口网络游戏审批管理的通知》（新出联〔2009〕13号），未经新闻出版总署前置审批的网络游戏，一律不得上网。未经审批即上线运营的游戏将被按照非法出版物查处，游戏出版公司将面临《网络出版服务管理规定》规定的处罚。为解决未批上线问题，一些游戏公司通过借用、套用、盗用和收买版号等方式开展业务，但版号具有专属性，一个版号仅对应一个游戏，借用、盗用和收买游戏版号无法解决版号的问题，相关游戏仍将被认定为非法出版物，如版号所有方存在出售或出租版号行为，将面临《出版管理条例》第六十六条规定的处罚。

此外，即使出版单位已就游戏申请版号，也并不能一劳永逸。根据《关于移动游戏出版服务管理的通知》规定，已经批准出版的移动游戏的升级作品及新资料片（指故事情节、任务内容、地图形态、人物性格、角色特征、互动功能等发生明显改变，且以附加名称，即在游戏名称不变的情况下增加副标题，或者在游戏名称前增加修饰词，如《新××》，或者在游戏名称后用数字表明版本的变化，如《××2》等进行推广宣传）视为新作品，按照本通知规定，依其所属类别重新履行相应审批手续。已经批准出版的移动游戏变更游戏出版服务单位、游戏名称或主要运营机构，应提交有关变更材料，经省级出版行政主管部门审核后报国家新闻出版广电总局办理变更手续。未按照本通知要求履行相关审批手续即上网出版运营的移动游戏，一经发现，相关出版行政执法部门将按非法出版物查处。在实践中，为了抢占先机，公司可能在游戏尚未开发完成时即已申请游戏版号，导致最终上线出版的游戏与过审时的游戏内容存在较大差异，且名称也可能存在变更的情形，也存在同一游戏、同一版号，使用多个游戏名称或版本（如移动端、游戏端、网页版）的情形，针对前者，主管部门一般会认为游戏构成重大变更，应当重新提交申请；针对后者，如游戏名称发生变更、游戏版本存在增加，公司应及时办理变更备案申请，但同一游戏、同一版号仅能对应一个游戏名称，如以多个名称上线，将被视为违规运营，可能存在版号被撤销的风险。

3. 外资限制

根据《网络出版服务管理规定》第十条及《外商投资准入特别管理措施（负面清单）（2024年版）》的规定，网络出版类业务属于外资禁止投资类业务，网络游戏出版业务不得存在外资成分。

（二）网络游戏的运营

1.《网络文化经营许可证》

此前关于网络游戏许可的规定主要源于文化部发布的《互联网文化管理暂行规定》及《网络游戏管理暂行办法》。于 2003 年出台、2017 年修订的《互联网文化管理暂行规定》规定设立经营性互联网文化单位应当取得《网络文化经营许可证》，2010 年出台的《网络游戏管理暂行办法》则进一步明确规定："申请从事网络游戏运营、网络游戏虚拟货币发行和网络游戏虚拟货币交易服务等网络游戏经营活动，应当具备以下条件，并取得《网络文化经营许可证》。"根据该条规定，从事网络游戏运营、网络游戏虚拟货币发行和网络游戏虚拟货币交易服务的公司，均需事先取得《网络文化经营许可证》。

随着 2018 年国家机构改革，文化部与国家旅游局合并后组成中华人民共和国文化和旅游部（以下简称文旅部）。随后文旅部于 2019 年 5 月 14 日发布《文化和旅游部办公厅关于调整〈网络文化经营许可证〉审批范围进一步规范审批工作的通知》（办市场发〔2019〕81 号，以下简称 81 号文），其中规定"文化和旅游部不再承担网络游戏行业管理职责。自接到本通知之日起，各省（区、市）（包括新疆生产建设兵团，下同）文化和旅游行政部门不再审批核发涉及'利用信息网络经营网络游戏''利用信息网络经营网络游戏（含网络游戏虚拟货币发行）''利用信息网络经营网络游戏虚拟货币交易'等经营范围的《网络文化经营许可证》。已经核发的《网络文化经营许可证》仅含前述网络游戏经营范围且尚在有效期内的继续有效。原经营范围仅有前述网络游戏经营活动的，有效期届满后不再换发新证"，正式宣布文旅部不再承担对网络游戏公司进行许可和审批的职能。此后，文旅部于 2019 年 7 月 10 日发布《文化和旅游部关于废止〈网络游戏管理暂行办法〉和〈旅游发展规划管理办法〉的决定》，决定废止《网络游戏管理暂行办法》。因此，目前普遍认为国家新闻出版署是网络游戏行业主要监管机构。

现行有效的《互联网文化管理暂行规定（2017 修订）》仍规定了从事经营性互联网文化活动的单位应申请《网络文化经营许可证》，但 81 号文调整了《网络文化经营许可证》的审批范围，且 2019 年至今，网络游戏公司的《网络文化经营许可证》的申请管辖部门仍未确定，从而使网络游戏公司亦无从申请《网络文化经营许可证》。但无法获得或续期《网络文化经营许可证》系国家相关主管部门职能调整的客观原因造成，普遍认为 2019 年后，网络游戏公司未能取得《网络文化经营许可证》不影响网络游戏的经营活动。但日后新闻出版主管部门等管辖部门是否会要求公司办理《网络文化经营许可证》或履行其他相关的审批、备案程序仍有待相关部门的进一步立法及规定。

2. 外资限制

根据《外商投资准入特别管理措施（负面清单）（2024 年版）》的规定，互联网文化经营（音乐除外）属于外资禁止投资类业务。根据《互联网文化管理暂行规定》的相关定义，互联网文化产品的制作、复制、进口、发行、播放等活动均属于互联网文化活动，因此网络游戏业务属于外资禁止投资类业务，如网络游戏出版业务，网络游戏运营业务亦不得存在外资成分。

（三）关于《增值电信业务经营许可证》

增值电信业务，是指利用公共网络基础设施提供的电信与信息服务的业务，开展网络游戏运营需要依赖公共网络基础设施提供相关服务并赚取利润。《电信业务分类目录（2015 年版）》中规定信息服务业务是指通过信息采集、开发、处理和信息平台的建设，通过公用通信网或互联网向用户提供信息服务的业务。此前一般认为网络游戏业务属于增值电信业务中的 B25- 信息服务业务，从事网络游戏运营的公司应取得《增值电信业务经营许可证》（ICP）。但随着增值电信业务的进一步放宽，经咨询相关通信管理局，目前已不要求网络游戏公司办理《增值电信业务经营许可证》，且网络游戏公司办理或对《增值电信业务经营许可证》进行续期的前提为取得《网络文化经营许可证》或《网络出版服务许可证》，如为拟申请续期的公司，可以尝试通过持有版号的方式办理续期申请。基于前文提到的原因，目前持有《网络文化经营许可证》或《网络出版服务许可证》的网络游戏公司仅为少数，因此日后网络游戏公司如因自身发展原因希望办理《增值电信业务经营许可证》亦存在一定困难。

二、网络游戏公司的未成年人保护合规要求及建议

（一）公司所运营的网络游戏账号注册及登录均需经过实名制认证

根据《国家新闻出版署关于进一步严格管理切实防止未成年人沉迷网络游戏的通知》的规定，所有网络游戏用户必须使用真实有效身份信息进行游戏账号注册并登录网络游戏。因此网络游戏公司需设置实名制注册和登录程序，并在注册和登录界面设置用户应当以真实身份信息注册及登录的明确提示，并对未成年人账号进行识别。

但即使设置了实名制注册和登录，未成年人冒用成年人身份信息注册、登录或利用手机内置的微信、支付宝一键登录等功能避开针对未成年人限制的操作层出不穷，网络游戏公司的一般应对手段包括：1.在注册时加入审核环节，审核注册人与注册信息是否一致，不一致的情况下不予注册账号；2.在注册和登录时，均插入主动弹窗提示，说明未成年人使用网络游戏相关服务前，应当取得父母或法定监护人的同意；3.在登录操作上设置不接受一键登录或强制要求玩家输入密码登录等重复验证程序，以证明公司尽最大努力识别、验证未成年人，且已经合法合理履行必要程序。

（二）网络游戏需接入国家新闻出版署网络游戏防沉迷实名验证系统，且配合设置游戏时长限制

与上文的实名制认证配套，国家新闻出版署亦要求所有网络游戏必须接入国家新闻出版署网络游戏防沉迷实名验证系统，且所有网络游戏公司仅可在周五、周六、周日和法定节假日的20时至21时向未成年人提供1小时网

络游戏服务，其他时间均不得以任何形式向未成年人提供网络游戏服务。网络游戏公司应当配合在游戏中接入该系统且配合在界面中设置针对未成年人游戏时段、时长限制的主动弹窗提示及强制退出程序。

（三）对网络游戏内容进行审查并分类，且在显著位置做出适龄提示

《未成年人保护法》要求网络游戏公司对游戏产品进行分类，并作出适龄提示。《未成年人网络保护条例》规定，网络游戏服务提供者应当建立、完善预防未成年人沉迷网络的游戏规则，避免未成年人接触可能影响其身心健康的游戏内容或者游戏功能。网络游戏服务提供者应当落实适龄提示要求，根据不同年龄阶段未成年人身心发展特点和认知能力，通过评估游戏产品的类型、内容与功能等要素，对游戏产品进行分类，明确游戏产品适合的未成年人用户年龄阶段，并在用户下载、注册、登录界面等位置予以显著提示。

具体而言，网络游戏公司首先需要对产品进行内容审查和评估，根据其是否涉及暴力、血腥、色情和恐怖等维度进行评估，具体公司可以颁布的详细团体标准进行评估及分类。在完成分类后公司应当在游戏产品的显著位置，例如网页、游戏下载界面、注册及登录界面和游戏游玩界面插入适龄提示标识，充分告知和提示该产品的适龄用户，并提示非适龄用户不得使用该产品。

三、网络游戏公司的个人信息保护要求及建议

2021年11月1日，《个人信息保护法》正式生效，这是我国第一部专门针对个人信息保护的法律。随着电子化、网络化时代的发展，《个人信息保护法》对互联网企业的运营和在合规体系建设中的地位尤为重要。在实名制注册和登录的要求下，网络游戏公司不可避免地涉及收集和处理个人信息，因此如何落实个人信息保护的合规要求也成为网络游戏公司必须考虑的问题。

（一）在法定范围内收集和处理个人信息，并就收集和处理个人信息专门取得个人的明确同意

《个人信息保护法》第五条至第九条规定了收集和处理个人信息的基本原则，包括合法、正当、必要和诚信原则，最小程度原则和明确性与相关性原则等。网络游戏公司收集和处理个人信息应当以满足该些原则为前提开展，并在法定范围内收集和处理个人信息，不过度收集和使用个人信息。

此外，《个人信息保护法》亦要求需取得个人的同意方可处理其个人信息，一般操作方式为在网页界面或游戏中设置公司对个人信息收集和处理的相关制度与政策，向用户说明公司收集和处理个人信息的目的、必要性和安全保护措施等事项，并通过勾选方式取得用户对公司收集、处理其个人信息的明确同意。

（二）建立公司内部关于个人信息保护的相关制度及配套操作细则

《个人信息保护法》规定了个人信息处理者的一系列义务，因此网络游戏公司在安排及调整公司内部制度时还应当制定与个人信息保护相关的内部制度及配套的落地操作细则，包括对法律法规要求的情况进行个人信息保护影响评估、对收集的个人信息进行分类管理、采用可靠的技术手段对个人信息进行加密和去标识化处理、制定和实施个人信息安全事件的应急预案等。

（三）谨慎对待未满十四周岁的未成年人的个人信息处理

《个人信息保护法》要求对未满十四周岁未成年人的个人信息给予特别保护。此外，《儿童个人信息网络保护规定》更是细化了未满十四周岁未成年人的个人信息的收集、存储、使用、转移、披露行为。关于上述主体的个人信息保护要点如下：

原则	收集、存储、使用、转移、披露未满十四周岁未成年人个人信息的，应当遵循正当必要、知情同意、目的明确、安全保障、依法利用的原则进行
事先评估	处理未满十四周岁未成年人个人信息、委托处理个人信息、向其他个人信息处理者提供个人信息、公开个人信息的，应当事前进行个人信息保护影响评估
处理过程	以显著、清晰的方式告知监护人关于收集、使用、转移、披露未满十四周岁未成年人个人信息的，且需明确告知收集、存储、使用、转移、披露儿童个人信息的目的、方式和范围、信息存储的地点、期限和到期后的处理方式及安全保障措施等必要事项
	收集、使用、转移、披露未满十四周岁未成年人的个人信息的，应当征得其监护人的同意
	收集、使用、转移、披露未满十四周岁未成年人的个人信息征得同意的同时，也应当提供拒绝选项
	未成年人、父母或者其他监护人要求信息处理者更正、删除未成年人个人信息的，应当及时更正、删除
内控制度	设置专门的未满十四周岁未成年人个人信息的处理和保护规则与用户协议，并指定专人负责该类个人信息保护
	发现未满十四周岁未成年人的个人信息发生或者可能发生泄露、毁损、丢失的，应当立即启动应急预案，采取补救措施；造成或者可能造成严重后果的，立刻履行向有关部门报告和未满十四周岁未成年人及监护人告知的义务

四、网络游戏公司的知识产权保护措施

知识产权对于网络游戏公司而言是最为重要的核心资产，公司应当实施有效的知识产权保护措施，保护本公司的知识产权或暂未形成知识产权的商业秘密不被窃取和泄露。

网络游戏是指由软件程序和信息数据构成，通过互联网、移动通信网等信息网络提供的游戏产品和服务。但网络游戏并非一个简单的产品，其中涉及软件程序、视觉设计、游戏剧本与剧情安排、游戏角色设计、游戏音乐、人机交互和游戏玩法等多种类型的产品或设计，因此网络游戏中涵盖的知识产权也可能涉及多种权利类型。

（一）网络游戏的程序和编码享有计算机软件著作权

根据《计算机软件保护条例》的释义，网络游戏的程序本身属于计算机软件，软件著作权人享有网络游戏的计算机软件著作权。

值得注意的是，虽然我国著作权采取自动取得原则，但经过登记的软件著作权将拥有初步权属证明效力，公司在开发网络游戏并取得初步成果后，建议尽快就网络游戏程序进行软件著作权登记，取得软件著作权证书。

（二）除网络游戏程序外，网络游戏的图像、画面、剧情、音乐等组成亦可单独享有著作权保护

根据《著作权法》第三条的规定，在网络游戏中独创的音乐、剧本、图像等，均可以被拆解为作品并受到著作权的保护。

值得关注的是，人机交互和游戏玩法亦会受到著作权的保护，网络游戏公司在设计玩法的时候也需要格外关注该类型的侵权可能性。在江苏省高级人民法院（2018）苏民终1054号民事判决书[①]中，法院认为，界面布局和玩法规则上基本一致或构成实质性相似、游戏中的装备和属性数值呈现相同或者同比例微调的对应关系等也会构成侵权。这也提醒了网络游戏公司在开发和设计游戏时也需要时刻警惕是否存在与市场上已发布的游戏案例相似的情况，避免出现侵权行为。

---

① 江苏省知识产权局：《2019年江苏法院知识产权司法保护十大案例》，https://jsip.jiangsu.gov.cn/art/2020/4/24/art_76029_9056750.html，最后访问日期：2024年8月28日。

（三）网络游戏的名称

网络游戏的名称和标志等可以代表与联系到特定网络游戏的要素，同时也是第三方侵权的多发事项，建议在初步确定网络游戏名称或标志后，向商标局申请商标注册，取得商标登记证书，同时亦是验证公司拟使用的名称或标志是否侵犯第三方权益的手段之一。

五、结语

基于以上，对于网络游戏公司，应注意以下合规要点：

1.资质、许可方面，网络游戏公司从事网络游戏的出版或运营业务的，应注意视业务类型办理相应的资质与许可，并避免违反相应的外资持股的限制。

2.未成年人保护方面，网络游戏公司需注意：（1）设置实名制注册和登录程序及相应提示，并采取合法合理履行必要程序以尽最大努力识别、验证未成年人账号；（2）接入国家新闻出版署网络游戏防沉迷实名验证系统，在游戏系统及界面中设置针对未成年人游戏时段、时长限制的主动弹窗提示及强制退出程序；（3）对网络游戏内容进行审查并分类，并在显著位置做出适龄提示。

3.在个人信息保护方面，网络游戏公司落实个人信息保护的合规要求，包括：（1）在法定范围内收集和处理个人信息，并就收集和处理个人信息专门取得个人的明确同意；（2）建立公司内部关于个人信息保护的相关制度及配套操作细则；（3）谨慎对待未满十四周岁未成年人的个人信息处理。

4.在知识产权保护方面，网络游戏中涵盖多类型的知识产权，游戏公司应注意及时取得其网络游戏的程序和编码的软件著作权，网络游戏的图像、画面、剧情、音乐等的单独著作权及网络游戏名称或标志的商标权，并注意避免对市场上已发布的游戏案例构成侵权。

因网络游戏行业的特殊性，针对网络游戏行业的规定涉及广泛且多样，仅本文篇幅无法全部覆盖，因此本文仅就网络游戏公司的合规要点进行介绍。

图书在版编目（CIP）数据

趋势、创新与破局：基金投资法律实务精要 / 国枫研究院编. -- 北京：中国法治出版社，2025.6.
ISBN 978-7-5216-4886-7

Ⅰ. D912.287.4

中国国家版本馆CIP数据核字第20245R8D16号

责任编辑　王　彤　　　　　　　　　　　　　封面设计　周黎明

趋势、创新与破局：基金投资法律实务精要
QUSHI CHUANGXIN YU POJU: JIJIN TOUZI FALÜ SHIWU JINGYAO

编者 / 国枫研究院
经销 / 新华书店
印刷 / 保定市中画美凯印刷有限公司
开本 / 710毫米×1000毫米　16开　　　　印张 / 27.75　字数 / 388千
版次 / 2025年6月第1版　　　　　　　　　2025年6月第1次印刷

中国法治出版社出版
书号ISBN 978-7-5216-4886-7　　　　　　　　　　定价：92.00元

北京市西城区西便门西里甲16号西便门办公区
邮政编码：100053　　　　　　　　　　　　传真：010-63141600
网址：http://www.zgfzs.com　　　　　　　编辑部电话：010-63141675
市场营销部电话：010-63141612　　　　　印务部电话：010-63141606

（如有印装质量问题，请与本社印务部联系。）